新时代的中国式法治现代化研究丛书

公丕祥　总主编

新时代的中国式
社会治理法治化

主　编丨龚廷泰

副主编丨庞　正

XINSHIDAI DE ZHONGGUOSHI

SHEHUI ZHILI FAZHIHUA

法律出版社

LAW PRESS · CHINA

北京

图书在版编目(CIP)数据

新时代的中国式社会治理法治化 / 龚廷泰主编 ; 庞正副主编. -- 北京 : 法律出版社, 2023
(新时代的中国式法治现代化研究丛书)
ISBN 978-7-5197-7903-0

Ⅰ. ①新… Ⅱ. ①龚… ②庞… Ⅲ. ①社会管理-法治-研究-中国 Ⅳ. ①D922.104

中国国家版本馆 CIP 数据核字(2023)第 076754 号

新时代的中国式社会治理法治化
XINSHIDAI DE ZHONGGUOSHI SHEHUI ZHILI FAZHIHUA

龚廷泰 主 编
庞 正 副主编

策划编辑 肖 越 魏艳丽
责任编辑 肖 越 魏艳丽
装帧设计 汪奇峰

出版发行 法律出版社
编辑统筹 法商出版分社
责任校对 王晓萍 王语童
责任印制 胡晓雅
经 销 新华书店

开本 710 毫米×1000 毫米 1/16
印张 23.75 字数 290 千
版本 2023 年 12 月第 1 版
印次 2023 年 12 月第 1 次印刷
印刷 唐山玺诚印务有限公司

地址:北京市丰台区莲花池西里 7 号(100073)
网址:www.lawpress.com.cn
投稿邮箱:info@lawpress.com.cn
举报盗版邮箱:jbwq@lawpress.com.cn

销售电话:010-83938349
客服电话:010-83938350
咨询电话:010-63939796

书号:ISBN 978-7-5197-7903-0
定价:88.00 元

凡购买本社图书,如有印装错误,我社负责退换。电话:010-83938349

前　言

2022年10月，在开启全面建设社会主义现代化国家新征程、向第二个百年奋斗目标进军的关键时刻，中国共产党召开了具有重大而深远意义的第二十次全国代表大会。这是党和国家政治生活中的一件大事。为了深入学习贯彻、研究阐释党的二十大精神，中国法治现代化研究院院务(扩大)会议经过慎重研究，决定编写六卷本的"新时代的中国式法治现代化研究丛书"。

在庆祝中国共产党成立100周年大会上的重要讲话中，习近平总书记明确提出了"中国式现代化新道路"的崭新概念，指出："中国特色社会主义是党和人民历经千辛万苦、付出巨大代价取得的根本成就，是实现中华民族伟大复兴的正确道路。我们坚持和发展中国特色社会主义，推动物质文明、政治文明、精神文明、社会文明、生态文明协调发展，创造了中国式现代化新道路，创造了人类文明新形态。"党的十九届六中全会审议通过的《中共中央关于党的百年奋斗重大成就和历史经验的决议》(以下简称十九届六中全会《决议》)进一步强调，"党领导人民成功走出中国式现代化道路，创造了人类文明新形态，拓展了发展中国家走向现代化的途径，给世界上那些既希望加快发展又希望保持自身独立性的国家和民族提供了全新选择”。在党的二十大报告中，习近平总书记运用马克思主义世界观和方法论，深刻把握全面建成社会主义现代化强国、实现第二个百年奋斗目标、以中国式现代化全面推进中华民族伟大复兴这一新时代新征程中国共产党的中心任务，系统论述了中国式现代化的历史进程、本质要求、战略安排、目标任务、重大原则等一系列重大问题。这些重要论述精辟概括了中国共产党百年奋斗创造的伟大成就，深刻揭示了中国式现代化的内在特质、丰富内涵、基本要求和重大意义，为坚持和拓展中国式现代化指明了前进方向。

中国式现代化是一个内涵丰富、意义深刻的重大命题，涉及经济、政治、社会、文化、生态、中国与世界的关系等广泛领域，是一个与本国国情相适应的、体现社会主义性质的、反映现代化客观规律的全方位的崭新的现代化道路。中国式法治现代化，是中国式现代化在法治领域中的集中体现，是在中国的具体国情下所展开的法治变革过程，是超越西方法治现代化模式的法治现代化的中国道路，是既符合中国国情又汲取人类法治文明成果的现代化法治之路。

因此，这套六卷本的“新时代的中国式法治现代化研究丛书”的分析主轴是：深入考察党的十八大以来坚持和拓展中国式法治现代化的波澜壮阔的时代进程，充分展示新时代推进全面依法治国取得的历史性成就、发生的历史性变革。编写这套丛书的总体要求是：深入学习贯彻党的二十大精神，坚持以习近平法治思想为指导，全面系统地研究新时代中国式法治现代化的重要理论和实践问题，注重理论分析与实证研究的有机结合，深入考察党的十八大以来全面推进依法治国、加快建设法治中国、实现中国式法治现代化的重大进展，深刻总结推进中国式法治现代化的基本经验，对新时代新征程中国式法治现代化建设的重要领域及其发展前景进行战略性、整体性、前瞻性的深入研究，更加坚定中国特色社会主义法治道路自信，更加坚定不移走中国式法治现代化新道路，从而以高质量的研究成果为推进和拓展中国式法治现代化奉献智识和力量。

这套六卷本丛书的写作分工是:

中国法治现代化研究院法治发展战略研究所:《中国式法治现代化的理论逻辑》;

中国法治现代化研究院立法发展研究所:《新时代的中国式立法现代化》;

中国法治现代化研究院法治政府研究所:《新时代的中国式行政法治现代化》;

中国法治现代化研究院司法改革与现代化研究所:《新时代的中国式司法现代化》;

中国法治现代化研究院法治社会研究所:《新时代的中国式社会治理法治化》;

中国法治现代化研究院区域法治发展研究所:《新时代的中国式区域法治现代化》。

这套丛书的编写工作得到了法律出版社的鼎力支持,张雪纯副总编和薛晗分社长给予了热情指导和支持,各卷责任编辑做了精心的编辑工作;江苏省委宣传部及江苏省新型智库建设办公室、南京师范大学对这套丛书的编写工作给予了大力支持;中国法治现代化研究院办公室做了大量具体协调工作。在此,谨致以衷心的感谢!

编 者

2022 年 11 月于南京

总　序

公丕祥

党的十八大以来“新时代十年的伟大变革”，[①]是党和国家事业取得历史性成就、发生历史性变革的十年，是坚持全面依法治国、推进中国式法治现代化取得重大进展的十年。以习近平同志为核心的党中央高瞻远瞩，总揽全局，科学把握共产党执政规律、社会主义建设规律和人类社会发展规律，把全面依法治国纳入“四个全面”战略布局予以有力推进，对全面依法治国、加快建设社会主义法治国家作出了一系列重大战略谋划和精心部署，创立了“习近平法治思想”这一原创性的法治理论，推动当代中国法治领域取得历史性成就，中国式法治现代化正在向纵深推进。在认真学习贯彻党的二十大精神的新形势下，以习近平法治思想为指导，深入回顾党的十八大以来全面推进依法

① 参见习近平：《高举中国特色社会主义伟大旗帜　为全面建设社会主义现代化国家而团结奋斗——在中国共产党第二十次全国代表大会上的报告》，人民出版社2022年版，第15页。

治国的历史性成就,深刻总结全面依法治国、建设法治中国的基本经验,无疑具有重要的意义。

一、创立原创性的法治理论

习近平法治思想是党的十八大以来最为重要的原创性的法治理论。习近平法治思想坚持和运用马克思主义法治基本原理和方法论原则,深入思考和研究为什么要推进全面依法治国、怎样推进全面依法治国这一重大时代课题,提出了一系列原创性的新时代坚持和发展中国特色社会主义法治的新理念新思想新战略,成为推进全面依法治国、实现中国式法治现代化的根本指导思想,对马克思主义法治理论在21世纪的发展作出了原创性的贡献。

习近平法治思想开启了马克思主义法治理论中国化时代化的新的历史性飞跃。20世纪以来,马克思主义法治理论在中国广泛传播和深入发展。中国共产党在领导人民进行革命、建设和改革的伟大斗争中,坚持把马克思主义法治理论同中国具体实际相结合、同中华优秀传统法律文化相结合,有力推动了马克思主义法治理论的新发展。在中华民族迎来从站起来、富起来到强起来的伟大飞跃的历史进程中,习近平法治思想应运而生,这在马克思主义法治理论中国化进程中具有里程碑意义,实现了马克思主义法治理论中国化时代化的新的历史性飞跃。习近平法治思想把握全面依法治国、建设法治中国的战略机遇和发展大势,系统阐述了新时代中国特色社会主义法治思想,将其精辟地概括为"十一个坚持",科学回答了建设中国特色社会主义法治的基本问题,它构成了习近平法治思想的核心要义,是马克思主义法治理论中国化时代化的最新重大理论成果。习近平法治思想注重加强对事关全面依法治国全局性、长远性、整体性重大问题的战略谋划,是一个博大精深、内容丰富、逻辑严密、系统完备的科学的法治理论体系,科学把握全面依法治国的政治方向、重要地位、工作布局、重点任务、重大关系和重要保障,具有深刻的理论逻辑和巨大的实践伟力。

习近平法治思想是中华文化和中国精神的时代精华。怎样对待本国传统文化,是世界各国在实现现代化的过程中都必须解决好的重大问题。中华民族有着悠久的文化传统。中华民族之所以能够在几千年的历史长河中生生不息、薪火相传、顽强发展,其中一个很重要的原因,“就是中华民族有一脉相承的精神追求、精神特质、精神脉络”。[①] 中国共产党人始终是中华优秀传统文化和中国精神的忠实继承者和弘扬者。在延绵经久的中华文明发展进程中,中华民族铸造了体现独特的民族法律品格的博大精深的法律文化。中华优秀传统法律文化为马克思主义法治理论中国化提供了文化沃土,也是中国特色社会主义法治赖以存在和发展的历史传承。习近平法治思想蕴含深厚的民族精神,鲜明体现中华民族五千多年来积累的伟大历史智慧,深入中华民族历久弥新的法律精神世界,科学对待中华优秀传统法律文化,悉心总结我国古代治国理政的有益经验,着力开掘和传承中华政治文明和法律文化精华,汲取营养,择善而用,努力实现中华优秀传统法律文化的创造性转换、创新性发展,使之与中国特色社会主义法治文明相融相通,共同服务于新时代建设法治中国、推进中国式法治现代化的历史使命。习近平法治思想注重把握世界法治文明发展大势,记载深厚的中国经验,融入丰富的中国元素,体现鲜明的中国精神,从而展现出深厚的历史逻辑和强大的理论生命力。

习近平法治思想是当代中国马克思主义法治理论、21 世纪马克思主义法治理论。20 世纪以来中国革命、建设和改革的历史进程的新进展,都伴随马克思主义法治理论中国化时代化的新飞跃。习近平法治思想着眼于推进新时代治国理政的战略考量,创造性地阐述和运用马克思主义历史唯物主义法治基本原理,深入考察当代中国法治发展的内在矛盾运动,创立了具有原创意义的 21 世纪马克思主义法治理论体系,标志着当代中国马克思主义法治理论创新发展进入了一个崭新的历史阶段。习近平法治思想不断深化对共产党执政规律的认识,创造性地论述坚持党的领

---

① 参见习近平:《论党的宣传思想工作》,中央文献出版社 2020 年版,第 111 页。

导、人民当家作主、依法治国有机统一的重大法治方针；不断深化对社会主义建设规律的认识，创造性地论述中国特色社会主义法治建设的重大战略问题；不断深化对人类社会发展规律的认识，创造性地阐述推动人类法治文明发展、构建人类命运共同体进程中的重大理论和实践问题，闪烁着马克思主义法治理论的真理光辉，开辟了当代中国马克思主义法治理论、21 世纪马克思主义法治理论创新发展的崭新境界。

二、推进法治领域变革性实践

党的十八大以来，随着中国特色社会主义进入新时代，法治在国家现代化进程中的地位更加突出、作用更加重大。以习近平同志为核心的党中央高度重视新的时代条件下法治建设的系统性、整体性和协同性，以前所未有的力度加强对全面依法治国的战略谋划和协调推进。在中央全面依法治国工作会议等重要会议上，习近平总书记回顾总结了十八大以来我们党坚定推进全面依法治国的变革性实践。

一是从全面依法治国的战略考量来看，党中央明确提出全面依法治国，并将其纳入"四个全面"战略布局予以有力推进。

二是从全面依法治国总体战略决策来看，党的十八届三中全会在我们党的历史上第一次提出"推进国家治理体系和治理能力现代化"和"推进法治中国建设"的重大命题，对全面深化改革进行系统整体设计，具有划时代意义。党的十八届四中全会在我们党的历史上第一次专门研究全面依法治国若干重大问题，并作出专门的决定，在新中国法治史上具有里程碑意义。党的十九大将"明确全面推进依法治国总目标"确立为习近平新时代中国特色社会主义思想的重要组成部分，将"坚持全面依法治国"确立为新时代坚持和发展中国特色社会主义基本方略的有机构成要素，并且对新时代推进中国式法治现代化作出战略安排。党的十九届四中全会专题研究坚持和完善中国特色社会主义制度、推进国家治理体系和治理能力现代化的重大问题，意义重大，影响深远。

三是从中央全面依法治国委员会的重要作用来看，党的十九大召开后，党中央组建由习近平总书记担任主任的中央全面依法治国委员会，从全局和战略高度对全面依法治国作出一系列重大的决策部署，推动新时代法治中国建设大踏步前进。

四是从健全完善党领导全面依法治国制度来看，通过完善党领导立法、保证执法、支持司法、带头守法制度，党对全面依法治国的领导更加坚强有力。

五是从全面依法治国总体布局来看，将建设中国特色社会主义法治体系确立为全面依法治国的“总抓手”，完善顶层设计，统筹推进法律规范、法治实施、法治监督、法治保障和党内法规体系建设，中国特色社会主义法治体系建设加快推进，全面依法治国总体格局基本形成。

六是从落实全面依法治国重点任务来看，适应党和国家事业发展要求，完善立法体制，加快重点领域立法；坚持依宪治国，宪法实施和监督得到全面加强；推进法治政府建设，推进严格规范公正文明执法；加快推进司法体制改革，依法纠正一批冤错案件；推进全民普法，人民群众法治意识进一步增强；坚持依法执政，加快党内法规制度建设；贯彻依法治军战略；等等。

显然，新时代推进全面依法治国的变革性实践波澜壮阔、深入展开，取得了重大进展。从党的十八届三中全会作出“推进法治中国建设”的重大战略决策，到十八届四中全会提出全面依法治国的总蓝图、路线图和施工图；从十九大提出坚持全面依法治国基本方略，并且对新时代推进中国式法治现代化作出“两步走”的重大战略安排，十九届四中全会作出加强国家制度与法律制度建设的重大决策，十九届五中全会描绘开启全面建设社会主义现代化国家新征程第一个五年的法治蓝图，十九届六中全会对十八大以来推进全面依法治国及其历史性成就进行深刻总结，到二十大对新时代新征程坚持全面依法治国、推进法治中国建设作出新的重大战略部署，全面依法治国、建设法治中国所取得的每一个重大进展，都是在以习近平同志为核心的党中央的坚强领导下取得的，凝结着当代中国共产党人领导人民治国理政的重大法治成果。

三、全面依法治国取得突破性进展

党的十八大以来，在习近平法治思想的指引下，社会主义法治建设迈出重大步伐，全面依法治国的重要领域和关键环节取得突破性进展，深刻改变着当代中国国家与社会生活的基本面貌，中国式法治现代化进入了一个新的历史发展阶段。

第一，党领导全面依法治国的体制机制更加健全。中国共产党的领导是中国特色社会主义最本质的特征，是推进全面依法治国的根本保证。这必然要求健全和完善党领导全面依法治国的体制、制度和工作机制，推进党对全面依法治国领导的制度化、法治化，把党对全面依法治国的领导构筑在坚实的法治基础之上。习近平总书记强调，“推进党的领导制度化、法治化，既是加强党的领导的应有之义，也是法治建设的重要任务”[①]。党的十八大以来当代中国法治建设的一个鲜明特点，就是党对全面依法治国的战略统筹及其组织化程度显著有效提升，成为中国式法治现代化向纵深推进的强大动力。党的十八大以后，全面推进依法治国、加快建设法治中国，已经成为全党的普遍共识，成为全党意志的集中体现。党中央还加大推进法治领域改革的组织领导力度。根据十八届三中全会精神，中央成立了以习近平总书记为组长的中央全面深化改革领导小组，“负责改革总体设计、统筹协调、整体推进、督促落实”。[②] 在中央全面深化改革领导小组的强有力的领导推动下，当代中国新一轮法治领域改革如火如荼、有声有色，法治领域改革的顶层设计方案、试点方案以及一系列具体的改革项目计划相继推出，法治领域改革的计划性和系统性大大增强。十八届四中全会明确提出，要健全党领导依法治国的制度和工作机制，完善保证党确定依法治国方针政策和决策部署的工作机制和程序，进而将党对全面依法治国领导的制度机制概括为

---

① 习近平：《论坚持全面依法治国》，中央文献出版社 2020 年版，第 223 页。

② 参见《中共中央关于全面深化改革若干重大问题的决定》，人民出版社 2014 年版，第 58 页。

“三统一”“四善于”。[①]

党的十九大以来,我们党加强和改进对全面依法治国领导所取得的重大制度创新成果,就是组建由习近平总书记担任主任的中央全面依法治国委员会。习近平总书记指出:“党中央决定组建中央全面依法治国委员会,这是我们党历史上第一次设立这样的机构,目的是加强党对全面依法治国的集中统一领导,统筹推进全面依法治国工作。”[②]根据十九大和十九届三中全会的精神,中央全面依法治国委员会作为党中央决策议事协调机构,旨在加强党中央对法治中国建设的集中统一领导,健全党领导全面依法治国的制度和工作机制,更好落实全面依法治国基本方略。其重要职责是统筹协调全面依法治国工作,研究全面依法治国重大事项、重大问题,协调推进中国特色社会主义法治体系和社会主义法治国家建设等。[③] 县级以上地方各级党委也相应成立统筹协调本地法治工作的决策议事协调机构。习近平总书记多次主持召开中央全面依法治国委员会全体会议并发表重要讲话,对推进新时代全面依法治国作出了一系列重大部署。在中央全面依法治国委员会的坚强领导和统筹协调下,新时代法治中国建设迈出了新步伐。

第二,更加坚定维护宪法尊严和权威。宪法是治国安邦的总章程,是国家长治久安的根本法治保证。我们党高度重视宪法在治国理政中的重要作用。党的十八大以来,以习近平同志为核心的党中央对依宪治国、依宪执政提出新的更高要求,采取一系列重大举措,把全面贯彻实施宪法摆在推进全面依法治国的突出位置,更加坚定维护我国宪法尊严和权威,加强宪法实施和监督。习近平总书记深刻阐述当代中国共产党人在新的历史条件下崭新的治国理念,指出:“依法治国首先要坚持依宪治国,依法执

---

① 参见《中共中央关于全面推进依法治国若干重大问题的决定》,人民出版社 2013 年版,第 49 页。

② 习近平:《论坚持全面依法治国》,中央文献出版社 2020 年版,第 222 页。

③ 参见《深化党和国家机构改革方案》,人民出版社 2018 年版,第 4 ~ 5 页。

政首先要坚持依宪执政。”[①]党的十八届三中全会提出，要健全宪法实施监督机制和程序。党的十八届四中全会进一步提出，要完善全国人大及其常委会宪法监督制度，健全宪法解释程序机制；加强备案审查制度和能力建设，把所有规范性文件纳入备案审查范围，依法撤销和纠正违宪违法的规范性文件；将每年12月4日定为国家宪法日；在全社会普遍开展宪法教育，弘扬宪法精神；并且决定建立宪法宣誓制度，明确凡经人大及其常委会选举或者决定任命的国家工作人员正式就职时公开向宪法宣誓。全国人大常委会先后于2014年11月和2015年7月，通过关于设立国家宪法日的决定和关于实行宪法宣誓制度的决定。2015年8月，依据宪法规定，全国人大常委会通过《关于特赦部分服刑罪犯的决定》，国家主席发布特赦令，这是我国改革开放以来第一次实行特赦，具有重大政治意义和法治意义。2017年3月，党中央提出明确要求，规定工作范围，全国人大常委会宪法解释程序机制进一步完善。党的十九届二中全会审议通过《中共中央关于修改宪法部分内容的建议》，强调要以这次宪法修改为契机，把依法治国、依宪治国提高到一个新水平。十三届全国人大一次会议审议通过现行宪法第五个修正案，充实完善现行宪法有关制度规定。党的十九届四中全会通过的《中共中央关于坚持和完善中国特色社会主义制度　推进国家治理体系和治理能力现代化若干重大问题的决定》基于坚持和完善中国特色社会主义制度、推进国家治理体系和治理能力现代化的战略考量，明确提出要“健全保证宪法全面实施的体制机制”，强调要“加强宪法实施和监督，落实宪法解释程序机制，推进合宪性审查工作”。

宪法的伟力来自人民的内心拥护和真诚信仰。党的十八大以来，遵守宪法、学习宪法、维护宪法的宪法宣传教育活动在中华大地蓬勃兴起。宪法教育纳入“八五”全民普法教育之中，并且作为党员干部教育的重要内容，在全社会大力营造有利于保证宪法实施、维护宪法权威的浓厚

---

① 习近平：《论坚持全面依法治国》，中央文献出版社2020年版，第230页。

氛围。

此外，根据现行《宪法》和《香港特别行政区基本法》，全国人大及其常委会还先后作出《关于〈中华人民共和国香港特别行政区基本法〉第一百零四条的解释》、批准《内地与香港特别行政区关于在广深港高铁西九龙站设立口岸实施“一地两检”的合作安排》，通过《关于完善香港特别行政区选举制度的决定》等一系列有关香港特别行政区宪制与法治问题的重要文件，充分表明中央贯彻“一国两制”方针的坚定决心和反对“港独”的坚定立场。

第三，中国特色社会主义法律体系加快完善。经过新中国成立以来特别是1978年改革开放以来40多年的不懈努力，中国特色社会主义法律体系形成，国家生活和社会生活各方面总体上实现了有法可依，“这是一个了不起的重大成就”。[①] 随着中国特色社会主义进入新时代，面对推进国家治理现代化的时代要求，立法工作的任务繁重而艰巨。党的十九大提出“以良法促进发展、保障善治”的重大战略任务。加快形成完备的法律规范体系，是法律体系内在和谐一致性的必然要求，是建设中国特色社会主义法治体系的前提和基础。

建设法治体系，必须坚持立法先行。以习近平同志为核心的党中央始终把完善中国特色社会主义法律体系放在治国理政法治化的大局来谋划和推进，着力推动法律体系随着时代前进的步伐和实践发展的要求而不断完善和发展。党的十八大以来，全国人大及其常委会围绕“五位一体”总体布局，深入推进全过程人民民主建设，紧紧抓住事关改革发展稳定的重大立法项目，加强立法工作组织协调，加强重点领域立法，《国家安全法》《慈善法》《网络安全法》《监察法》《外商投资法》《民法典》《反外国制裁法》等一批重要法律陆续出台，不断满足人民群众日益增长的法治新需求。在中央全面依法治国工作会议上，习近平总书记总结十八大以

---

① 参见《中共中央关于全面推进依法治国若干重大问题的决定》，人民出版社2014年版，第52页。

来我国法律体系建设取得的成就,指出:“党的十八大以来,全国人大及其常委会通过宪法修正案,制定法律 48 件,修改法律 203 件次,作出法律解释 9 件,通过有关法律问题和重大问题的决定 79 件次。截至目前,现行有效法律 282 件,行政法规 608 件,地方性法规 12,000 余件。”①这为建设中国特色社会主义法治体系奠定了坚实的基础。

第四,法治政府建设加快推进。在当代中国,加快建设法治政府,是一场深刻的政府革命。习近平总书记强调,“法治政府建设是重点任务和主体工程,要率先突破”。② 党的十八大和十八届五中全会都把“法治政府基本建成”确定为 2020 年全面建成小康社会宏伟目标的重要内容。2015 年 12 月,中共中央、国务院公布《法治政府建设实施纲要(2015—2020 年)》,确立了法治政府基本建成的衡量标准,提出加快建设法治政府的 7 大主要任务和 40 项具体措施。2021 年 8 月,中共中央、国务院颁发《法治政府建设实施纲要(2021—2025 年)》,由 10 个部分、35 条组成,展现了“十四五”时期全面推进法治政府建设的路线图和施工图,确立了到 2025 年法治政府建设的总体目标各领域分目标及其重大举措。

加强法治政府建设示范创建活动。活动要求从 2019 年启动第一批法治政府建设示范地区评估认定开始,每两年开展一次,梯次推进,树立一批新时代法治政府建设的新标杆,形成样板效应,营造法治政府建设创优争先的浓厚氛围,并且公布了《市县法治政府建设示范指标体系》,对法治政府建设进行量化评估,借以加强对建设法治政府的具体指引。在中央的强有力推动下,全国范围内的法治政府建设示范创建活动有序展开,法治政府建设的内生动力竞相迸发。

第五,法治经济建设深入展开。习近平总书记强调,“社会主义市场经济本质上是法治经济”,“必须坚持法治思维、增强法治观念,依法调控

---

① 习近平:《坚定不移走中国特色社会主义法治道路 为全面建设社会主义现代化国家提供有力法治保障》,载《求是》2021 年第 5 期。

② 习近平:《论坚持全面依法治国》,中央文献出版社 2020 年版,第 4 页。

和治理经济”。[①] 党的十八届五中全会鲜明提出“加快建设法治经济”的历史性任务。这既是完善和发展社会主义市场经济的内在要求，也是建设中国特色社会主义法治体系的重要内容。

产权是现代市场经济的基石，是激励市场主体创新发展的制度安排，也是法治经济的价值所在。党的十八届三中全会、十八届四中全会都把完善产权保护制度作为全面深化改革、全面依法治国的重要内容；十八届五中全会把“产权得到有效保护”确定为全面建成小康社会的目标要求之一，明确提出要“推进产权保护法治化”，加快形成有利于创新发展的产权制度。因此，加快建设法治经济，必须把产权保护法治化放在更加突出的位置。2016 年 11 月，中共中央、国务院发布《关于完善产权保护制度依法保护产权的意见》，对完善产权保护法律制度机制提出了顶层设计方案，强调“推进产权保护法治化，在事关产权保护的立法、执法、司法、守法等各方面各环节体现法治理念”。这是在新的历史条件下推进产权保护法治化的纲领性文献。民法是调整市场经济关系的基本法律，是产权保护法治化的法典化样式，因而是法治经济的制度基石。《民法典》的编纂与实施，标志着当代中国法治经济制度建设的历史性进步。

“法治是最好的营商环境。”[②]运用法治思维和法治方式营造和优化稳定、公平、透明、高效、可预期的法治化营商环境，是发展社会主义市场经济、推进改革开放、推动经济高质量发展的应有之义。党的十八大以来，以习近平同志为核心的党中央采取一系列强有力的法治举措营造和优化法治化营商环境。继十三届全国人大二次会议审议通过《外商投资法》之后，国务院又于 2019 年 10 月发布《优化营商环境条例》，对标国际先进水平，对优化营商环境作出了制度安排，从市场主体保护、市场环境、政务服务、监督执法、法治保障等方面设置了具体规定。与此同时，中央全面依法治国委员会办公室还组织开展“营造法治化营商环境　保护民

---

① 参见《习近平关于全面依法治国论述摘编》，中央文献出版社 2015 年版，第 115 页。

② 习近平：《论坚持全面依法治国》，中央文献出版社 2020 年版，第 254 页。

营企业发展”专项督察活动，进一步推动法治化营商环境的持续改善。

第六，法治社会建设不断深入。法治社会是一个信仰法治、依法治理的社会。党的十八大以来，加快建设法治社会成为全面依法治国工作布局的有机组成部分，被提上党和国家的重要议事日程。习近平总书记指出：“法治社会是构筑法治国家的基础。”[①]继党的十八届三中全会、十八届四中全会和十九大之后，党的十九届四中全会对加快推进法治社会建设作出了新的部署，使之成为新时代国家制度和国家治理体系建设的重要内容。

坚持和发展新时代“枫桥经验”。形成于20世纪60年代初的“枫桥经验”，充分展示了在党组织领导下依靠群众化解基层矛盾纠纷、维护社会稳定、促进社会和谐的显著优势。在新的历史条件下，“枫桥经验”被赋予了新的时代内涵，党建引领、人民主体、“三治结合”、共建共享等构成了新时代“枫桥经验”的基本要素，成为加强和创新基层社会治理的有效载体。习近平总书记多次对坚持和发展新时代“枫桥经验”作出重要指示和批示，强调要“坚持把非诉讼纠纷解决机制挺在前面”，为促进纠纷多元解决机制建设、推进基层社会治理现代化指明了方向。中央政法委和最高人民法院、最高人民检察院、公安部、司法部以及各地党委政府和有关部门加大工作力度，提出具体实施方案，全面推进多元化纠纷解决机制建设，取得了显著成效。

加快推进市域社会治理现代化。在当代中国，市域（设区的市）是纵向的国家行政辖区层级体系的空间单元之一。市域社会治理在国家治理进程中具有承上启下的独特地位，是国家治理体系的基础性环节。近年来，各地从实际出发，坚持改革创新，强化问题导向，推进法治保障，努力构建市域社会治理制度机制，着力破解市域社会治理面临的突出问题，不断提升市域社会治理效能，取得了较为明显的成效。习近平总书记强调，要“推进市域社会治理现代化”。党的十九届四中全会着眼于构建新时

① 习近平：《论坚持全面依法治国》，中央文献出版社2020年版，第230页。

代基层社会治理新格局,提出“加快推进市域社会治理现代化”。2019 年 12 月,中央政法委召开全国市域社会治理现代化工作会议,就贯彻落实习近平总书记重要讲话和十九届四中全会精神作出专门部署,提出推进市域社会治理现代化的总体思路、重点工作和具体措施,并且印发《全国市域社会治理现代化试点工作实施方案》和《全国市域社会治理现代化试点工作指引》,旨在解决市域社会治理突出问题,创新市域社会治理体制机制,为推进国家与社会治理现代化打下坚实的基础。时下,新时代市域社会治理现代化进程正在深入展开。

第七,司法体制综合配套改革不断深入。新中国成立 70 多年来,当代中国司法改革经历了一个极不平凡的过程。党的十八大以来,以习近平同志为核心的党中央从中国的国情出发,加强对深化司法体制改革的战略筹划和总体设计,党的十八届三中全会、十八届四中全会专门作出部署,增强推进司法体制改革的计划性、组织性和系统性,逐步推出深化司法体制改革的顶层设计方案、试点方案以及一系列具体的司法改革项目,健全机制,强化责任,因地制宜,狠抓落实,努力形成推进司法体制改革的强大动力,当代中国司法体制改革正在以空前的广度和深度全方位地展开,取得了历史性的重大进展。

加强深化司法体制综合配套改革的统筹谋划。习近平总书记强调,“要抓住司法责任制这个‘牛鼻子’,深入研究司法责任制综合配套改革方案,加快构建权责一致的司法权运行新机制”①。在习近平法治思想的指引下,党的十八届四中全会、十九大和十九届四中全会都提出要全面落实司法责任制。中央政法委制定的《关于政法领域全面深化改革的实施意见》提出,要推动政法领域工作质量变革、效率变革、动力变革。最高人民法院发布的《人民法院第五个五年改革纲要(2019—2023)》提出,要健全以司法责任制为核心的审判权力运行体系等十大体系,并提出 65 项具体改革举措。最高人民检察院发布的《2018—2022 年检察改革工作规

---

① 习近平:《论坚持全面依法治国》,中央文献出版社 2020 年版,第 234 页。

划》提出，要完善检察权运行体系等六大体系改革构想，在全面落实司法责任制的深化和配套方面下功夫、见成效。与此同时，正确处理有序放权与有效监管的关系，进一步完善司法监督管理机制，规范起诉量刑权、量刑建议权，制定法官检察官权力清单和履职指引，严格司法责任追究。在党中央的统筹部署下，全国政法系统深入开展队伍教育整顿工作，查处了一批“害群之马”，得到了广大人民群众的好评。

第八，加快构建完善的党内法规体系。党内法规体系是中国特色社会主义法治体系的重要组成部分。习近平总书记强调，“加强党内法规制度建设是全面从严治党的长远之策、根本之策”，要“以改革创新精神加快补齐党建方面的法规制度短板，力争到建党一百周年时形成比较完善的党内法规制度体系”①。党的十八大以来，以习近平同志为核心的党中央加大依法治国与依规治党统筹推进、一体建设的力度，制定《关于加强党内法规制度建设的意见》和两个中央党内法规制定工作的五年规划，出台一批标志性、关键性、基础性的法规制度，有规可依的问题基本得到解决，到建党 100 周年之时形成了一个以党章为根本、以准则条例为主干、覆盖党的领导和党的建设各方面的党内法规制度体系，从而充分发挥依规治党对依法治国的引领和保障作用。

规范党内法规制定和备案审查程序，提升党内法规执行力。党的十八大以来，习近平总书记多次强调要切实提高党内法规制定质量，加大党内法规执行力度。党中央修订出台《中国共产党党内法规制定条例》，进一步明确党内法规的制定事项和制定权限，使党内法规制定程序更加完备；修订出台《中国共产党党内法规和规范性文件备案审查规定》，进一步细化合法合规性、合理性、规范性等审查标准，有力提升了党内法规和规范性文件的科学化规范化水平；出台《中国共产党党内法规执行责任制规定（试行）》，切实解决党内法规“执行难”问题，维护党内法规的权威性和严肃性。

---

① 习近平：《论坚持全面依法治国》，中央文献出版社 2020 年版，第 169 页。

第九，深入推进依法治军。党的十八大以来，以习近平同志为核心的党中央把依法治军纳入全面依法治国总体布局，全面贯彻依法治军战略，新时代依法治军实践取得重大进展。作为党中央总书记、国家主席、中央军委主席，习近平同志高度重视依法治军、从严治军，贯彻依法治军战略，强调“一个现代化国家必然是法治国家，一支现代化军队必然是法治军队。深入推进依法治军、从严治军，是全面推进依法治国总体布局的重要组成部分，是实现强军目标的必然要求”。[①] 按照党中央和习近平主席的要求，中央军委印发《关于新形势下深入推进依法治军从严治军的决定》，采取一系列有力措施，加大依法治军、从严治军工作力度，推动治军方式发生深刻变革，努力实现从单纯依靠行政命令的做法向依法行政的根本性转变，从单纯依靠习惯和经验开展工作的方式向依靠法规和制度开展工作的根本性转变，从突击式、运动式抓工作的方式向按条令条例办事的根本性转变，有力提高了国防和军队建设法治化水平。

着力构建中国特色军事法治体系。党的十八大以来，人民军队坚持以习近平强军思想、习近平法治思想为指引，准确把握依法治军战略的基本要求，既从战略和全局的高度加强系统谋划，推进贯彻依法治军战略的顶层设计，又抓住重点领域和关键环节，强化军事立法、法规制度实施、法规制度执行监督、涉外军事法治工作等方面的针对性、实效性，在构建系统完备、严密高效的军事法规制度体系、军事法治实施体系、军事法治监督体系、军事法治保障体系上落实举措，从而凝聚起贯彻依法治军战略的强大合力，加快形成中国特色军事法治体系。

第十，加快涉外法治工作战略布局。当今世界正处在一个全球治理体系大变革的进程之中。习近平总书记强调，“中国走向世界，以负责任大国参与国际事务，必须善于运用法治”[②]，要加快涉外法治工作战略布局，协调推进国内治理和国际治理，更好维护国家主权、安全、发展

① 习近平：《论坚持全面依法治国》，中央文献出版社 2020 年版，第 130 页。

② 习近平：《论坚持全面依法治国》，中央文献出版社 2020 年版，第 225 页。

利益。[①] 党的十八大以来,在习近平法治思想的指引下,涉外法治体系建设加快推进,健全促进和保障境外投资的法律、政策和服务体系,坚定维护中国企业的海外合法权益;健全外商投资国家安全审查、反垄断审查、国家技术安全清单管理、不可靠实体清单等制度;加快我国法域外适用法律体系建设,健全现行法律域外适用的标准和程序;建立健全法治工作应对机制,在重点国家和地区使领馆探索建立法务参赞制度,加强有关部门之间的协同配合,从法治上有效应对各种国际摩擦纠纷;运用法律武器坚决反击某些西方国家的"长臂管辖",十三届全国人大常委会二十九次会议审议通过了《反外国制裁法》,此外,商务部经批准发布了《阻断外国法律与措施不当域外适用办法》;积极参与国际规则制定,推动《区域全面经济伙伴关系协定》(Regional Comprehensive Economic Partnership, RCEP)的正式签署和实施,有力提升我国在全球治理变革中的话语权和影响力。

进一步完善开放型经济新体制的法律体系。适应推进高水平对外开放的法治需要,2019 年 3 月,十三届全国人大二次会议审议通过《外商投资法》,明确规定国家对外商投资实行准入前国民待遇加负责清单管理制度,国家保障外商投资企业依法平等参与标准制定工作,依法通过公平竞争参与政府采购活动,国家保护外商投资者和外商投资企业的知识产权,国家建立健全外商投资服务体系,国家建立外商投资信息报告制度,从而构建了一个崭新的外商投资法律制度,为推动形成当代中国新一轮高水平对外开放新格局夯实法治基础。

四、形成法治建设标志性成果

党的十八大以来,以习近平同志为核心的党中央从坚持和发展中国特色社会主义全局和战略高度,对全面推进依法治国、加快实现中国式法

---

① 《习近平在中央全面依法治国工作会议上强调　坚定不移走中国特色社会主义法治道路　为全面建设社会主义现代化国家提供有力法治保障》,载人民网 2020 年 11 月 18 日, http://jhsjk.people.cn/article/31934590。

治现代化作出一系列重大决策部署，推动我国社会主义法治建设取得一系列重大成果，全面依法治国进入了一个新时代。

其一，召开中央全面依法治国工作会议。2020 年 11 月 16 日至 17 日，党中央在北京召开中央全面依法治国工作会议。这是继 2014 年 10 月党的十八届四中全会之后党中央召开的专门研究全面依法治国重大问题的又一次十分重要的会议，是新中国成立以来首次召开的中央全面依法治国工作会议。这次会议最重大的成果，就是正式提出“习近平法治思想”，确立了习近平法治思想在全面依法治国中的指导地位，这是我国社会主义法治建设历程中具有里程碑意义的一件大事。习近平法治思想是顺应实现中华民族伟大复兴时代要求而生的重大理论创新成果，是马克思主义法治理论中国化最新成果，是习近平新时代中国特色社会主义思想的重要组成部分，实现了马克思主义法治理论同中国具体实际相结合、同中华优秀传统法律文化相结合的新的历史性飞跃，是全面依法治国、推进中国式法治现代化的根本遵循和行动指南，具有重大的政治意义、理论意义、实践意义和世界意义。在这次会议上，习近平总书记从十一个方面系统阐述新时代中国特色社会主义法治思想，将其精辟地概括为“十一个坚持”，对新时代推进全面依法治国重点抓好的工作提出了明确要求。“十一个坚持”阐发透辟、思想深刻，集中体现了当代中国共产党人对坚持全面依法治国的重大理论与实践问题的全方位思考，科学回答了建设中国特色社会主义法治的基本问题，构成了习近平法治思想的核心要义。

其二，完善法治中国建设的战略规划。随着全面建成小康社会的第一个百年奋斗目标的实现，当代中国进入了全面建设社会主义现代化国家、向第二个百年奋斗目标进军的新发展阶段。2021 年 1 月，中共中央正式发布《法治中国建设规划（2020—2025 年）》。这是新中国成立以来我们党关于法治中国建设的第一个专门的战略规划，是“十四五”时期建设法治中国的总蓝图、施工图，是新时代推进全面依法治国的纲领性文献。《法治中国建设规划（2020—2025 年）》由九个部分构成，分为三个板块。第一板块为总论，即第一部分，主要阐述党的十八大以来推进全面依法治国取得的重大进展,新时代新阶段法治中国建设面临的新形势新任务新要求,“十四五”时期法治中国建设的指导思想、必须遵循的基本原则、主要目标以及到2035年的总体目标。第二板块为分论,总体上按照建设中国特色社会主义法治体系的“总抓手”来组织安排,分领域阐述“十四五”时期法治中国建设的重点任务,设定了七个部分,明确全面贯彻实施宪法、建设完备的法律规范体系、建设高效的法治实施体系、建设严密的法治监督体系、建设有力的法治保障体系、建设完善的党内法规体系以及依法维护国家主权、安全、发展利益等重点领域的思路和重点工作,作出具体工作部署。第三板块为结尾,即第九部分,主要阐述加强党对法治中国建设的集中统一领导,深入学习宣传贯彻习近平法治思想,推进依法执政,加强中国特色社会主义法治理论研究,加强党对全面依法治国的统一领导、统一部署、统筹协调等内容。与《法治中国建设规划(2020—2025年)》相配套,我国还发布了《法治政府建设实施纲要(2021—2025年)》《法治社会建设实施纲要(2020—2025年)》《关于加强社会主义法治文化建设的意见》等重要文件,从而形成了新时代全面依法治国、建设法治中国的总体战略构想。

其三,通过现行宪法第五个修正案。2018年3月11日,十三届全国人大一次会议根据党的十九届二中全会提出的《中国共产党中央委员会关于修改宪法部分内容的建议》,在充分审议的基础上,高票表决通过了《宪法修正案》(以下简称“宪法新修正案”),亦即1982年发布并实施的《宪法》(以下简称“八二宪法”)的第五个修正案。这是党和国家政治生活中的一件大事,具有重大的现实意义和深远的历史意义。“宪法新修正案”坚持党的领导、人民当家作主、依法治国有机统一,在总体保持现行宪法连续性和稳定性的基础上,对宪法部分内容做了适当修改,充分反映党的十八大以来党和国家事业发展的新成就新经验新要求,充实完善宪法的有关重大制度规定,涉及国家指导思想、坚持党的领导、人大制度、统一战线制度、宪法宣誓制度、国家元首制度、国务院管理制度、监察制度、地方立法制度等关乎党和国家长治久安的重大制度安排。“宪法新修正案”第 32 条将习近平新时代中国特色社会主义思想确立为党和国家必须长期坚持的指导思想，丰富和发展了新时代国家和社会生活的指导思想；第 36 条在现行《宪法》“总纲”第 1 条第 2 款中增写“中国共产党领导是中国特色社会主义最本质的特征”的重要内容，使现行《宪法》关于我国国体的表述更加坚实、更加丰富、更加深刻；第 32 条完整地表述了中国特色社会主义事业“五位一体”总体布局，充分展示了新时代国家现代化进程的战略方向；基于坚持和完善中国特色社会主义制度、推进国家治理体系和治理能力现代化的战略考量，进一步完善国家制度的重要安排、国家机构的设置及其运行体制机制，意义重大，影响深远。

其四，编纂和实施《民法典》。党的十八大以来，以习近平同志为核心的党中央高度重视民法典编纂工作。十八届四中全会提出了“编纂民法典”的重大法治任务，十二届全国人大五次会议审议通过了《民法总则》，十三届全国人大常委会持续进行民法典各分编草案的审议工作。在此基础上，2020 年 5 月 28 日，十三届全国人大三次会议审议通过《民法典》，2021 年 1 月 1 日，《民法典》正式施行。这在新时代中国法治建设进程中具有里程碑意义。在新中国的立法史上，《民法典》是第一部以“法典”命名的法律，分为总则编、物权编、合同编、人格权编、婚姻家庭编、继承编、侵权责任编及附则，总计 1260 条，形成了和谐协调、有机统一的集大成的民事法律体系，具有鲜明的中国特色、实践特色、时代特色，在中国特色社会主义法律体系中具有基础性的重要地位。编纂和实施《民法典》，是坚持以人民为中心、保障人民权益实现和发展的必然要求。民法典是社会生活的“百科全书”，是公民民事权利保护的宣言书，充分反映人民利益和愿望，以保护民事主体合法权益为立法宗旨，确立了平等、自愿、公平、诚信等民事活动基本准则，注重解决人民群众最关心、最直接、最现实的利益问题，集中体现了对生命健康、财产安全、交易便利、生活幸福、人权尊严等各方面的权利平等保护，建构了一个更加完备、更加有效、更具时代性的民事权利体系和民事权利保护机制。《民法典》的编纂和实施，对于全面依法治国、建设法治中国，发展社会主义市场经济，依法维护人民权益,推进国家治理体系和治理能力现代化,更好发挥法治固根本、稳预期、利长远的保障作用,意义重大而深远。

其五,推进国家监察体制改革。党的十八大以来,以习近平同志为核心的党中央从新时代推进全面从严治党、完善和发展中国特色社会主义制度与国家治理体系的战略全局出发,对推进国家监察体制改革作出重大决策部署。2016 年 12 月 25 日,十二届全国人大常委会二十五次会议根据党中央的重大决策部署作出《关于在北京市、山西省、浙江省开展国家监察体制改革试点工作的决定》。经过一年多的试点实践,国家监察体制改革积累了可复制、可推广的经验。党的十九大强调要构建集中统一、权威高效的国家监察体系,并且提出"制定国家监察法,依法赋予监察委员会职责权限和调查手段,用留置取代'两规'措施"。根据十九大的精神,十二届全国人大常委会三十次会议通过《关于在全国各地推开国家监察体制改革试点工作的决定》。由此,这项改革试点工作在全国有序展开,迈出了坚实步伐。十九届二中全会审议通过的《中国共产党中央委员会关于修改宪法部分内容的建议》提出将监察委员会纳入国家机构体系。十九届三中全会审议通过的《深化党和国家机构改革方案》把组建国家监察委员会列在深化党中央机构改革方案第 1 条。十三届全国人大一次会议审议通过的"宪法新修正案",规定在《宪法》第三章"国家机构"中增加一节"监察委员会",并对国家监察委员会和地方各级监察委员会的性质、地位、名称、人员组成、任期任届、领导体制、工作机制等作出了具体规定。十三届全国人大一次会议审议通过的《监察法》明确了监察工作的指导思想、领导体制、工作原则和方针、监察委员会的产生和职责、监察委员会的监察范围、工作权限及监察程序等,为坚持党内监督与国家监督有机统一、坚持走中国特色监察道路提供了有力法治保障。

其六,改革和完善立法体制。立法体制是国家治理体制的重要制度安排。"八二宪法"基于我国国情特点,确立了"在中央的统一领导下,充分发挥地方的主动性、积极性"的宪法原则,建立了统一性与分层性相衔接、中央立法与地方立法相结合的中国特色立法体制。2000 年施行的

《立法法》,进一步明确了我国的立法体制。面对新时代对立法工作的新需求,习近平总书记强调,“推进科学立法,关键是完善立法体制”[①]。党的十八届三中全会提出改革立法体制的战略性任务,十八届四中全会进一步提出“依法赋予设区的市地方立法权”。在当代中国,从地方没有立法权,到赋予省一级地方立法权,再到少数设区的市(较大的市)拥有地方立法权,进而到所有设区的市均被赋予地方立法权,形成了从中央到地方的完整立法体系。这是一个与国家现代化与法治现代化进程相适应的循序渐进、逐步放开的过程,是当代中国立法体制的一次重大变革。

其七,建立健全香港特别行政区维护国家安全的法律制度和执行机制。自1997年香港回归以来,“一国两制”实践过程中面临的一个突出问题就是香港特别行政区国家安全风险日益凸显。一些外国和境外势力公然干预香港事务,利用香港从事危害我国国家安全的活动,香港反中乱港势力公然鼓吹“港独”“自决”“公投”等主张,特别是2019年“修例风波”以来发生的一系列严重危害公共安全、破坏社会稳定、破坏国家统一、分裂国家的激进暴力犯罪行为,严重危害国家主权、统一和领土完整,严重损害香港居民合法权益,严重危害香港长期繁荣稳定,严重挑战“一国两制”原则底线,必须采取有力措施依法予以防范、制止和惩治。对此,以习近平同志为核心的党中央高度重视在“一国两制”之下建立健全香港特别行政区维护国家安全的法治体系。针对《香港特别行政区基本法》第23条立法被长期“搁置”的风险,党的十九届四中全会明确提出要“建立健全特别行政区维护国家安全的法律制度和执行机制”。习近平总书记强调,“法治是香港长期繁荣稳定的重要基石”,“止暴制乱、恢复秩序是香港当前最紧迫的任务”。[②] 在党中央的坚强领导下,全国人大常委会从国家层面抓紧推进香港维护国家安全立法工作。2020年5月28日,根据宪法和香港基本法以及多年来的有关实践,十三届全国人大三次会议审

① 习近平:《论坚持全面依法治国》,中央文献出版社2020年版,第114页。

② 习近平:《论坚持全面依法治国》,中央文献出版社2020年版,第120、123页。

议通过《关于建立健全香港特别行政区维护国家安全的法律制度和执行机制的决定》,确立了香港特别行政区维护国家安全制度安排的基本原则和核心要素,为下一步制定相关法律提供了依据。2020 年 6 月 30 日,十三届全国人大常委会二十次会议通过的《香港特别行政区维护国家安全法》(以下简称《香港国家安全法》),分为六章,共 66 条,是一部兼具实体法、程序法和组织法内容的综合性法律,明确规定中央人民政府对有关国家安全事务的根本责任和香港特别行政区维护国家安全的宪制责任,明确规定香港特别行政区维护国家安全应当遵循的重要法治原则、相关机构及其职责,明确规定四类危害国家安全的罪行和处罚以及案件管辖、法律适用和程序,明确规定中央人民政府驻香港特别行政区维护国家安全机构及其工作机制等。上述决定和《香港国家安全法》的制定与实施,符合我国现行宪法规定和宪法原则,体现"一国两制"方针和香港基本法精神,从国家层面建构了香港特别行政区维护国家安全的法治制度,有力促进了香港特别行政区维护国家安全制度安排的法律化、规范化、明晰化,为加强香港特别行政区维护国家安全执法司法工作提供了有力的宪制依据和法律依据。实践充分表明,上述决定和《香港国家安全法》的制定与实施,成为香港特别行政区维护国家安全,维护宪法和香港特别行政区基本法确立的特别行政区宪制秩序,维护国家主权、安全、发展利益的"定海神针",具有十分重要的作用。

其八,制定和实施《反外国制裁法》。近年来,某些西方国家出于其不可告人的政治目的,打着所谓维护民主、人权等幌子,利用各种借口,肆意对中国内外政策进行歪曲、诋毁、遏制和打压,甚至依据其本国法律实行"长臂管辖",对中国有关国家机关、企业、组织和人员实施所谓"制裁",粗暴干涉我国内政,严重破坏国际法治。面对这一特殊形式的国际斗争,党的十八大以来,以习近平同志为核心的党中央综合运用政治、经济、外交、法治等多种手段加以应对,把法治应对摆在更加突出位置,坚持统筹推进国内法治和涉外法治,加强涉外领域立法,进一步完善反制裁、反干涉、反制"长臂管辖"法律法规,运用法治手段开展国际斗争。习近平总书记强调，“针对西方国家打着‘法治’幌子的霸权行径，要加强反制理论和实践研究，建立阻断机制，以法律的形式明确我国不接受任何国家的‘长臂管辖’”①。在党中央的坚强领导下，2020 年 10 月全国人大常委会制定了《出口管制法》；经国务院批准，商务部先后于 2020 年 9 月和 2021 年 1 月发布《不可靠实体清单规定》和《阻断外国法律与措施不当域外适用办法》。根据实践和形势需要，借鉴国外相关做法，2021 年 6 月 10 日，十三届全国人大常委会二十九次会议审议通过《反外国制裁法》。这部法律是当代中国第一部系统规定反制裁、反干涉、反制“长臂管辖”的重要法律，共有 16 条，重申中国长期以来奉行的基本外交政策和原则立场，明确规定采取反制措施的情形和反制措施适用的对象，明确列举三类反制措施，建立了反制工作机制，并且对有关组织和个人的义务和违法行为的后果作出了规定。《反外国制裁法》的制定和实施，对于有效提升我国应对外部风险挑战的法治能力，维护我国的主权、安全、发展利益，保护我国公民、组织的合法权益，反对霸权主义和强权政治，推动构建人类命运共同体，无疑具有重大意义。

五、主要经验

党的十八大以来十余年推进全面依法治国的伟大实践，集中体现了以习近平同志为核心的党中央推进治国理政的重大战略抉择，充分彰显了中国特色社会主义国家制度与法律制度的显著优势，凝聚着丰厚的当代中国法治建设的宝贵经验，这些经验对新时代新征程坚持和拓展中国式法治现代化具有重要的指导意义，需要我们深入总结、倍加珍惜、长期坚持，在法治实践中不断丰富和发展。

一是必须坚持党对全面依法治国的领导。中国共产党是中国特色社会主义事业的坚强领导核心。党的领导是中国特色社会主义法治之魂，是推进全面依法治国的最根本政治保证。党的十八大以来，全面依法治

---

① 习近平：《论坚持全面依法治国》，中央文献出版社 2020 年版，第 257 页。

国、建设法治中国的每一个重大进展，都是在以习近平同志为核心的党中央坚强领导下取得的，凝结着中国共产党治国理政的重大法治化成果。在新的征程上，我们要始终不渝坚持党对全面依法治国的领导，把党的领导贯彻落实到全面依法治国各领域各方面各环节，确保新时代新阶段全面依法治国的正确政治方向。

二是必须坚持以科学的法治理论为指导。新时代伟大社会革命，有力推动了马克思主义法治理论中国化时代化的历史进程。习近平法治思想聆听时代的声音，探索实践的需要，紧跟科学的发展，悉心把握新时代推进全面依法治国伟大实践的时代主题，系统总结新时代全面依法治国的开创性的丰富实践经验，在坚持法治实践创新的基础上，提出了一系列事关法治建设全局的新理念新思想新战略。习近平法治思想对于新时代法治领域实践创新的科学理论总结，引领着新时代深化全面依法治国实践澎湃向前。在新的征程中，我们要坚定不移地坚持习近平法治思想的指导地位，推动进入新发展阶段的全面依法治国实践创新，奋力开创法治中国建设的崭新局面。

三是必须坚持人民至上的法治发展准则。全面依法治国最广泛、最深厚的基础是人民。坚持以人民为中心推进全面依法治国，做到法治建设为了人民、依靠人民、造福人民、保护人民，这是贯穿党的十八大以来全面依法治国实践全过程的时代主题。新时代法治建设的鲜明特点，就是践行全过程人民民主理念，努力回应人民群众对法治的新要求新期待，不断激发广大人民群众投身法治建设事业的巨大热忱，积极鼓励和充分尊重人民群众在法治建设中的实践探索。在新的征程上，我们要始终坚守人民至上的根本立场，顺应新时代社会主要矛盾的新变化，继续深化全过程人民民主建设，依法保障人民权益，坚定地维护和促进社会公平正义，不断增强人民群众获得感、幸福感、安全感，用法治保障人民安居乐业。

四是必须坚持完善和发展中国特色社会主义国家制度和法律制度。制度优势是一个国家的最大优势，制度竞争是国家间最根本的竞争。中国共产党人顺应社会基本矛盾的运动方向，领导中国人民进行伟大的社会革命，推进中国特色社会主义国家制度与法律制度建设，为当代中国发展进步提供了根本的制度保障。党的十八大以来推进全面依法治国的伟大实践，始终扭住完善和发展中国特色社会主义国家制度与法律制度这个关键，为创造“中国奇迹”、实现“中国之治”夯实法治制度根基，鲜明展示了中国特色社会主义国家制度与法律制度的显著优越性和强大生命力。在新的征程上，我们要坚定不移走中国特色社会主义法治道路，牢牢抓住建设中国特色社会主义法治体系这个全面依法治国的“总抓手”，推动中国特色社会主义国家制度与法律制度与时俱进、不断完善和发展。

五是必须坚持推进法治领域改革。党的十八大以来，全面依法治国进程的一个明显特点就是法治建设与法治改革内在地结合在一起。坚定不移推进法治领域改革，有效解决法治领域存在的突出问题，努力克服影响法治发展的体制性、机制性、保障性障碍，是新时代推进全面依法治国面临的一项重大战略任务。以习近平同志为核心的党中央高度重视法治领域改革的系统性、整体性和协同性，加强对法治领域改革的统筹谋划、协调推进，在加强顶层设计的同时，坚持从中国的国情实际出发，遵循法治领域的客观规律，积极稳妥有序地推进法治领域改革。对于一些关乎法治建设全局的重大改革举措，坚持试点先行，鼓励不同区域进行差别化探索，及时总结经验、逐步推开，确保法治领域改革绝不在根本性问题上出现颠覆性错误，新时代法治改革取得了重大进展。在新的征程上，我们要悉心把握社会主要矛盾的深刻变化，围绕全面建设社会主义现代化国家的战略目标，确立法治领域改革的战略重点、优先顺序、主攻方向、工作机制和推进方式，推动新时代新阶段的法治领域改革不断向纵深发展。

六是必须坚持走适合自己的法治道路。“独立自主是中华民族精神之魂，是我们立党立国的重要原则。走自己的路，是党百年奋斗得出的历史结论。”[①]当今世界正经历百年未有之大变局，当代中国的法治发展如何保持独立自主的法治品格，走出一条中国式的法治现代化新道路，是我

① 《中共中央关于党的百年奋斗重大成就和历史经验的决议》，人民出版社2021年版，第67页。

们必须面对的重大时代挑战。习近平总书记强调,“世界上没有放之四海而皆准的具体发展模式,也没有一成不变的发展道路。历史条件的多样性,决定了各国选择发展道路的多样性”[①]。党的十八大以来,我们党深刻总结推进法治建设的成功经验,充分运用党关于新时代加强法治建设的理论成果和实践成果,团结带领人民从国情条件和时代要求出发,坚持独立自主、开拓奋进,传承中华优秀传统法律文化,同时借鉴国外法治有益成果,继续探索适合自己的法治道路,成功地开辟、坚持和拓展自主型的中国式法治现代化新道路,超越了“西方中心主义”的法治现代化模式,开创了世界法治现代化进程的崭新范例。在新的征程上,我们要在习近平法治思想的指引下,在新时代伟大社会革命的进程中,牢牢把握全面依法治国的前进方向,更加坚实地走适合自己的自主型法治现代化道路,为全面建设社会主义现代化国家、实现中华民族伟大复兴构筑坚实的法治基础。

---

① 《习近平谈治国理政》(第一卷),外文出版社 2018 年版,第 29 页。

目 录

导　论

一、引言

党的十八大以来，中国特色社会主义进入新时代。在以习近平同志为核心的党中央领导下，坚持中国特色社会主义法治道路，贯彻中国特色社会主义法治理论，中国特色社会主义法治体系不断健全，法治中国建设迈出坚实步伐。随着新时代全面依法治国建设的前进征程，中国的法治社会建设取得了重要进展。这些重要进展既有国家层面顶层设计的逐步展开，也有地方层面扎实推进的丰富实践，还有理论界对当代中国法治社会建设的理论、制度和实践的审慎研探。这些鲜活的法治研究理论成果、制度文献和实践样本，共同勾画了一幅中国法治社会建设场域的理想图景。

全面依法治国是一个多要素、多层次、全景式的系统工程，它需要整体推进、协同发力，也需要夯实基础、扭住重心。这个基础和重心就是社会治理法治化。社会治理法治化的目标定位可以分为三个层面：在宏观领域，要把社会治理法治化放到国家治理体系和治理能力现代化“总体目标”的背景中来审视；在中观领域,要通过省域、市域、县域社会治理齐抓共管,上下聚力,建立和完善共建共治共享的社会治理制度,将国家治理目标嵌入社会治理法治化建设的整个过程之中;在微观领域,要以基层社会治理和服务为重心,通过完善城乡基层治理体系,提升基层社会治理法治化水平,以为基层民众提供精准化和精细化服务以及人民群众的获得感、幸福感、安全感和满意度为价值依归来检验其治理效能。

故此,研究新时代基层社会治理法治化这一重要且复杂的课题,必须既要从国家宏观层面的大局出发,以党中央重要部署、重要决策、重要举措和习近平法治思想为根本遵循,又要围绕社会治理法治化的内在逻辑和外在条件,厘清社会治理法治化与法治现代化、法治现代化与国家治理法治化的内在关联,检视学术界在新时代社会治理法治化中已取得的理论成果,透视国家和地方层面在社会治理法治化领域的制度建构和各地蓬勃开展的丰富实践,通过理论引领、制度完善和实践深化这三大面向,共推新时代社会治理法治化的发展进程。

二、法治现代化:国家治理现代化的题中应有之义

研究社会治理法治化,必须把它纳入法治现代化及国家治理体系和治理能力现代化的宏观背景中考量。

中国特色社会主义进入新时代的一个重要标志是,“我国社会主要矛盾已经转化为人民日益增长的美好生活需要和不平衡不充分的发展之间的矛盾。我国稳定解决了十几亿人的温饱问题,总体上实现小康,不久将全面建成小康社会,人民美好生活需要日益广泛,不仅对物质文化生活提出了更高要求,而且在民主、法治、公平、正义、安全、环境等方面的要求日益增长”①。这表明经过改革开放40多年奋斗,在中国共产党的领导下,人民对物质文化生活提出了更高的要求。从法学理论的视

① 习近平:《决胜全面建成小康社会 夺取新时代中国特色社会主义伟大胜利——在中国共产党第十九次全国代表大会上的报告》,人民出版社2017年版,第11页。

角来看,人民日益增长的、更加广泛的、层次更高的对美好生活的需要,即是人民各项权利要求体系的内容结构日益增长扩容。我们注意到,在人民权利要求体系结构中,其增量部分的绝大多数与权利的法律确认和法治保障紧密相连,诸如民主、法治、自由、公平、正义、安全、环境等权利要求及其实现,乃是法治的题中应有之义。因为法治既是人民权利要求体系的重要构成要素,也是人民需要的条件保障体系中最重要的满足方式。[①] 它告诉人们,破解新时代社会主要矛盾,须臾离不开法治现代化建设。中国式法治现代化建设是一项整体性、体系性、系统性的伟大工程,它与国家的经济、政治、文化、社会和生态文明建设紧密相关,与社会的全面进步和人的全面发展共生共存,与国家治理现代化有着密不可分的嵌入和互促关系。具体来说,其主要体现在以下几个方面。

(一)中国特色社会主义法律体系是中国特色社会主义制度体系的重要内容

一个现代性、完备性、良善性的法律体系是实现法治现代化的前提。在中国共产党的领导下,经过改革开放40多年的不懈努力,我国立法成绩斐然。2011年3月,在十一届全国人大四次会议上,时任全国人大常委会委员长吴邦国宣布:“一个立足中国国情和实际、适应改革开放和社会主义现代化建设需要、集中体现党和人民意志的,以宪法为统帅,以宪法相关法、民法商法等多个法律部门的法律为主干,由法律、行政法规、地方性法规等多个层次的法律规范构成的中国特色社会主义法律体系已经形成。”[②]这个体现人民意志、符合人民根本利益的中国特色的法律体系,是党的领导、人民当家作主和依法治国的有机统一的制度载体,它以法律规范的形式凝聚法治共识、保障公民权利、制约公共权力、实现公平正义、维护社会秩序、规范人的行为,保障国家根本制度、基本制度、

① 参见龚廷泰:《人的需要、社会主要矛盾与法治保障》,载《法学》2018年第8期。

② 吴邦国:《到2010年形成中国特色社会主义法律体系的目标已如期完成》,载凤凰网2011年3月10日,https://news.ifeng.com/c/7fZQQxsW2Wg。

重要制度的有效运行和良性实施。习近平总书记指出,“中国特色社会主义国家制度和法律制度是在长期实践探索中形成的,是人类制度文明史上的伟大创造”,“是一套行得通、真管用、有效率的制度体系,这是我们坚定‘四个自信’的一个基本依据”。中国特色社会主义法律体系既是中国特色社会主义制度体系的有机组成部分,也是中国特色社会主义制度体系不断完善的法制保障。

党的十九大从中国现代化发展道路层面,提出了新时代中国特色社会主义思想和基本方略,全面依法治国是 14 个重要的基本方略之一。毫无疑问,中国现代化宏伟目标的实现,离不开国家治理体系和治理能力现代化。国家治理体系和治理能力现代化是由传统治理向以法治为主轴的现代治理的根本性变革,完成这一变革,又必须实现法治现代化。中国式法治现代化是由传统法治向现代法治、再到新时代法治的革命性跃迁,它是实现国家治理体系和治理能力现代化、建设世界一流强国的法治保障。习近平总书记在不同场合多次提及现代法治对实现中华民族伟大复兴的重要意义,他强调指出,“推进国家治理体系和治理能力现代化,当然要高度重视法治问题”,因为“法治是治国理政的基本方式”,“法治是国家治理体系和治理能力的重要依托”,法治也是“事关我们党执政兴国的一个全局性问题”,“法治是治国理政不可或缺的重要手段。法治兴则国家兴,法治衰则国家乱”。“综观世界近现代史,凡是顺利实现现代化的国家,没有一个不是较好解决了法治和人治问题的。相反,一些国家虽然也一度实现快速发展,但并没有顺利迈进现代化的门槛,而是陷入这样或那样的‘陷阱’,出现经济社会发展停滞甚至倒退的局面。后一种情况很大程度上与法治不彰有关。”①从这个意义上,我国完全有理由说,深入推进中国特色社会主义法治现代化,完善中国特色社会主义法律体系,是完善中国特色社会主义制度体

---

① 中共中央文献研究室编:《习近平关于全面依法治国论述摘编》,中央文献出版社 2015 年版,第 3、5~8、12 页。

系的重要内容。

(二)实现国家治理能力现代化必须提升依法治理能力现代化

国家治理现代化包含国家治理体系现代化和治理能力现代化两方面内容。前者是国家治理现代化的制度要素,后者是实现国家治理现代化的能力要素。两者紧密相连,相辅相成,相互促进,不可或缺。习近平总书记指出:“人类社会发展的事实证明,依法治理是最可靠、最稳定的治理。”[①]法治具有全局性、根本性、长期性、稳定性、可预期性的制度优势,全面依法治国,确立法律权威、制度权威,厉行法治、杜绝人治,这是中国之治的必然选择。在立法上,我们用 40 多年的时间,走完了西方 300 年走过的道路。这是“中国之治”的最大奇迹。可以说,改革开放以来的中国法治建设的伟大成就,是我国改革发展稳定的“压舱石”和根本保证。

但是,法律的生命在于执行,否则就形同虚设。因此,实现国家治理能力现代化必须提升依法治理能力现代化。法治能力包括党的执政能力、立法机关的立法能力、行政机关的执法能力和司法机关的司法能力,它是一个国家整体法治能力和法治文明水平高低的重要标尺。因此,各级党和国家机关的各级领导干部要学会运用法治思维和法治方式深化改革、推动发展、化解矛盾、维护稳定。唯有如此,才能切实有效地提升国家治理能力现代化水平。在国家法律规范体系已经形成的条件下,如何提升法治能力现代化已经成为衡量一个干部是否适格的主要标准。

(三)中国特色社会主义法治体系是国家治理现代化的保障体系

《关于〈中共中央关于全面推进依法治国若干重大问题的决定〉的说明》中指出,建设中国特色社会主义法治体系是全面推进依法治国的总抓手,建设社会主义法治国家是实现国家治理体系和治理能力现

① 习近平:《在庆祝澳门回归祖国 15 周年大会暨澳门特别行政区第四届政府就职典礼上的讲话》,载《人民日报》2014 年 12 月 21 日,第 1 版。

代化的必然要求。[①] 中国特色社会主义法治体系是一个内容丰富的有机整体[②],是国家治理体系的骨干体系。它既是全面推进依法治国总揽全局、牵引各方的总抓手,也是发挥中国特色社会主义制度优势实现中华民族伟大复兴的最重要、最有力的依托和保障。完善中国特色社会主义法治体系,实现法治现代化,契合中国特色社会主义制度的本质规定性,具有改革开放和社会主义现代化建设行稳致远的客观现实性,符合国家长治久安、人民安居乐业的主体需求性,也有着实现"两个一百年"奋斗目标、完成中华民族伟大复兴、建设社会主义现代化强国的内在必然性。

中央全面依法治国工作会议于 2020 年 11 月 16 日至 17 日在北京召开。习近平总书记出席会议并发表重要讲话,强调推进全面依法治国要全面贯彻落实党的十九大和党的十九届二中、三中、四中、五中全会精神,从把握新发展阶段、贯彻新发展理念、构建新发展格局的实际出发,围绕建设中国特色社会主义法治体系、建设社会主义法治国家的总目标,坚持党的领导、人民当家作主、依法治国的有机统一,以解决法治领域突出问题为着力点,坚定不移走中国特色社会主义法治道路,在法治轨道上推进国家治理体系和治理能力现代化,为全面建设社会主义现代化国家、实现中华民族伟大复兴的中国梦提供有力法治保障。[③] 习近平总书记强调,要在法治轨道上推进国家治理体系和治理能力现代化。这不仅揭示了中国特色社会主义法治体系在国家治理现代化中的逻辑关联和行为准则,而且指明了它在中华民族伟大复兴过程中的重要地位和

---

① 参见《中共中央关于全面推进依法治国若干重大问题的决定》,人民出版社 2014 年版,第 50 ~ 51 页。

② 十八届四中全会决定关于中国特色社会主义法治体系的表述是:在中国共产党领导下,坚持中国特色社会主义制度,贯彻中国特色社会主义法治理论,形成完备的法律规范体系、高效的法治实施体系、严密的法治监督体系、有力的法治保障体系,形成完善的党内法规体系。参见《中共中央关于全面推进依法治国若干重大问题的决定》,人民出版社 2014 年版,第 4 页。

③ 参见人民日报评论员:《坚定不移走中国特色社会主义法治道路——论学习贯彻习近平总书记在中央全面依法治国工作会议上重要讲话》,载新华网,https://www.chinanews.com.cn/gn/2020/11-18/9341829.shtml。

保障作用。

(四)新时代国家治理现代化新征程与法治现代化进程同步推进

社会有机体的发展是一个过程,过程论思想是辩证法的核心思想。恩格斯说过,“一个伟大的基本思想,即认为世界不是既成事物的集合体,而是过程的集合体”①。中国的法治现代化建设进程与国家治理现代化进程也是一个过程的集合体,它不可能一蹴而就,而是一个从量变到质变、从初级到高级波浪式前进螺旋式上升、从阶段性目标向总目标迈进的辩证递进过程。党的十八大以来,党对依法治国的目标越来越明确,路径越来越明晰,措施越来越具体,实践越来越深入。党的十八届三中全会提出在全面深化改革过程中,要加强法治中国建设,党的十八届四中全会对全面依法治国若干重大问题作出了全面部署。党的十九大报告从总体上描绘了“三个阶梯”实现“两个一百年”奋斗目标的时间表和路线图,这就是:从党的十九大到二十大,是“两个一百年”奋斗目标的历史交汇期,要全面建成小康社会、实现第一个百年奋斗目标,向第二个百年奋斗目标进军。党的二十大重申,从现在起党的中心任务就是团结带领全国各族人民全面建成社会主义现代化强国、实现第二个百年奋斗目标,以中国式现代化全面推进中华民族伟大复兴。从 2020 年到 2035 年,基本实现社会主义现代化,人民平等参与、平等发展得到充分保障,法治国家、法治政府、法治社会基本建成,各方面制度更加完善,国家治理体系和治理能力现代化基本实现。从 2035 年到本世纪中叶,把我国建成富强、民主、文明、和谐、美丽的社会主义现代化强国,实现国家治理体系和治理能力现代化。② 随着这一过程,法治中国建设的目标任务也有三个阶梯:第一个阶梯要健全党领导全面依法治国的制度和工作机制,继续推进党的领导制度化、法治化,把党的领导贯彻到全面依法治国全过程和各方面,为全面建成小康社会、全面深化改革、全面从严治党

① 《马克思恩格斯选集》(第 4 卷),人民出版社 2012 年版,第 250 页。

② 参见习近平:《决胜全面建成小康社会 夺取新时代中国特色社会主义伟大胜利——在中国共产党第十九次全国代表大会上的报告》,人民出版社 2017 年版,第 28 ~ 29 页。

提供长期稳定的法治保障;第二个阶梯要实现法治国家、法治政府、法治社会基本建成,各方面制度更加完善,国家治理体系和治理能力现代化基本实现;第三个阶梯要在我国物质文明、政治文明、精神文明、社会文明、生态文明全面提升的基础上,实现包括法治现代化在内的国家治理体系和治理能力的现代化。[①] 可见,社会主义法治发展阶梯与社会主义现代化发展阶段是同步共进、层层递进、不断融进、相互促进的关系,是中国式法治现代化发展进程的历史逻辑,也是中国式法治现代化实践和国家治理现代化建设实践获得巨大成功的历史经验。

我国实现国家治理现代化征程与法治现代化进程同步推进,是一个时空统一性的过程。它不仅具有过程阶梯型递进的时间特征,还存在过程扩展性的空间特点。中国是一个经济、社会、文化发展很不平衡的东方大国,区域间发展程度有着很大的差异,即便相对发达的地区,其内部的不同区域发展也很不平衡。因此,法治中国建设进程在我们这个幅员辽阔的国土空间范围内,也就呈现出既内在统一又各具鲜明特色的区域性特征,构成了新时代区域法治发展的具体生动的法治场景。建设法治中国、实现中国法治现代化的历史任务的提出,不仅为区域法治发展研究提供了重要的理论逻辑,也为区域法治发展实践开辟了广阔的空间。[②] 如果说区域社会治理相对于国家治理而言是社会有机体之整体与部分的关系,那么,要在国家整体层面上实现治理能力和治理体系现代化,就必须着力解决国家治理与区域治理、区域治理与基层治理[③]的

---

① 参见习近平:《决胜全面建成小康社会 夺取新时代中国特色社会主义伟大胜利——在中国共产党第十九次全国代表大会上的报告》,人民出版社 2017 年版,第 28 ~ 29 页。

② 参见公丕祥:《区域法治发展的理论分析》,法律出版社 2020 年版,“总序”第 2 ~ 3 页。

③ 本书中所指的“基层”,是指乡镇(街道)和村、居(社区)两级治理单元和社会空间。我们认为,在一些并村并镇改设新镇的农村地区,还应包括一些村民小组。以宿迁市洋河镇为例,截至 2018 年,该镇人口达 206,166 人,辖区面积 198.68 平方千米,这个人口超过 20 万人的洋河镇,共有 12 个居委会、34 个行政村,一些行政村由 2 个以上的行政村合并而成,这导致一些村民小组地域和人口也大为增加,也给以行政村为单元的社会治理带来了客观条件上的困难。因此,这些较大的村民小组也应成为基层治理的重要单元。参见龚廷泰主编:《江苏省经济发达镇法治国情调查报告》(第 1 卷),法律出版社 2020 年版,第 340 ~ 342 页。

辩证关系。我们认为,在整体国家治理现代化建设中,我们绝对不能忽视基层社会治理这个微观空间,它是以“细胞”的形式而存在的构成国家治理宏观体系的一个最基本的治理单元。这个“细胞”看起来微不足道,但是其治理法治化的建设水平则直接影响着、制约着地方区域乃至国家整个社会有机体的生存状态、功能发挥和整体活力。因此,建设法治中国,实现国家治理体系和治理能力现代化,就必须高度重视社会有机体中的“细胞”本身的发育成长的状况。正是基于这个重要的原理,党中央才明确地昭示,“全面推进依法治国,基础在基层,工作重点在基层”①,这也是党的十八届四中全会提出“提高社会治理法治化水平”②的核心要义之所在。

三、社会治理法治化理想图景的逻辑展开

(一)社会治理法治化的观念性突破

“社会治理法治化”命题由“社会治理”和“法治化”两个关键词组合而成。“社会治理”这个概念作为官方话语,在党中央的重要文献中首次出现于2013年召开的党的十八届三中全会作出的《中共中央关于全面深化改革若干重大问题的决定》中。该决定在第十三部分“创新社会治理体制”中指出:“创新社会治理,必须着眼于维护最广大人民根本利益,最大限度增加和谐因素,增强社会发展活力,提高社会治理水平,全面推进平安中国建设,维护国家安全,确保人民安居乐业、社会安定有序。”③至此,“社会治理”作为社会建设的重要任务,被提到了国家治理的重要内容和社会基础的层面上来。改革开放以来,党和政府高度重视社会管理和社会建设,取得了重大成绩,积累了宝贵经验。但我国的社会管理工作在新中国成立后的最初阶段更多地与社会管制、维护社会稳

---

① 《中共中央关于全面推进依法治国若干重大问题的决定》,人民出版社2014年版,第36页。

② 《中共中央关于全面推进依法治国若干重大问题的决定》,人民出版社2014年版,第27页。

③ 《中共中央关于全面深化改革若干重大问题的决定》,人民出版社2013年版,第49页。

定等工作联系在一起,以化解社会矛盾、维护社会治安和社会稳定为主要目的。按照历史主义的观点,这是必要的,有其历史的必然性。但是,随着中国特色社会主义新时代的到来,改革进入“深水区”和“攻坚期”,以管制与维稳为主轴的社会管理面临着新情况、新问题,迫切需要通过深化改革实现从传统管理模式向现代治理模式的转变。诚如习近平总书记所指出的那样,“治理和管理一字之差,体现的是系统治理、依法治理、源头治理、综合施策”①。社会治理的“四治并举”表明社会治理是一种以法治为引领和规范的整体性、过程性、系统性的治理。

社会管理和社会治理虽然只有一字之差,但它却标志着我国社会治理模式的革命性变革和系统性的治理实践转型。相较于社会管理,社会治理模式主要是一种共建共治共享模式,这种理念上的突破主要表现在以下 5 个方面的转向:其一,从治理主体来看,它是从一元主体向多元共治的转变;其二,从治理的功能指向来看,它是政府职能从以管控维稳为主轴向以提升服务能力和供给能力为导向的服务与管理并举的双重功能转变;其三,从治理的结构体系来看,它是由散状碎片化的治理结构向自治、法治、德治相结合的体系化系统结构的转变;其四,从治理的领导体制来看,它是以法治为保障、协商为管道、科技为支撑的党委领导、政府负责、社会协同和公众参与的社会治理体制;其五,从治理的运行机制来看,它是由政府单向度的管理与被管理关系(或曰指令与服从关系)向政府、社会组织与公众互动(“政社民互动”)的共建、共治、共享的共同体关系转变。

社会治理的“法治化”,可以从多视角、多维度、多层面来解释。但从最一般的意义上理解,在国家治理层面上,法治是国家治国理政的基本方式。或者说,法治化表现为法治贯穿于国家法治建设的全过程、各领域、各环节,包括执政党在内的一切政党,包括政府在内的一切组织,

---

① 中共中央宣传部编:《习近平总书记系列重要讲话读本(2016 年版)》,学习出版社、人民出版社 2016 年版,第 224 页。

包括各级领导干部在内的一切公民都必须自觉地遵守和服从宪法和法律。“任何组织或者个人都不得有超越宪法法律的特权，一切违反宪法法律的行为都必须予以追究。”[①]党的十八大提出的法治“新十六字方针”即“科学立法、严格执法、公正司法、全民守法”[②]，是对国家治理法治化内涵的精要表述。

关于“社会治理法治化”概念内涵及其构成要素，到目前为止，无论官方还是学界都还没有一个权威统一的定论。我们认为，党的十八大以来中央重要文献对这一概念基本内容的有关决定和论述，可以作为我们界定“社会治理法治化”概念的权威性资料来源。

（二）社会治理法治化的制度性成果

党的十八届三中全会决定指出，创新社会治理，提高社会治理水平，必须改进社会治理方式，要“坚持系统治理，加强党委领导，发挥政府主导作用，鼓励和支持社会各方面参与，实现政府治理和社会自我调节、居民自治良性互动。坚持依法治理，加强法治保障，运用法治思维和法治方式化解社会矛盾。坚持综合治理，强化道德约束，规范社会行为，调节利益关系，协调社会关系，解决社会问题。坚持源头治理，标本兼治、重在治本，以网格化管理、社会化服务为方向，健全基层综合服务管理平台，及时反映和协调人民群众各方面各层次利益诉求”[③]。可见，党的十八届三中全会提出的系统治理、依法治理、综合治理、源头治理的“四维治理”方针是社会治理法治化的原则性表述。“‘四维治理’是从社会管理到社会治理的主要标志，是社会治理能力的集中体现，充分体现了新时代社会主义治理理论和方法论的创新。”[④]该决定针对基层社会组织发育不良、培育不力、先天不足的问题，就实施政社分开，推动社会组织

① 《中共中央关于全面深化改革若干重大问题的决定》，人民出版社 2013 年版，第 32 页。

② 胡锦涛：《坚定不移沿着中国特色社会主义道路前进 为全面建成小康社会而奋斗——在中国共产党第十八次全国代表大会上的报告》，人民出版社 2012 年版，第 21 页。

③ 《中共中央关于全面深化改革若干重大问题的决定》，人民出版社 2013 年版，第 49～50 页。

④ 张文显：《新时代中国社会治理的理论、制度和实践创新》，载《法商研究》2020 年第 2 期。

依法自治,激发社会组织活力,重点培育和优先发展社会组织等事项作了明确的规定。[①] 由此,我们党对社会治理法治化的领导体制、多元主体、治理模式、治理方式以及重点解决的优先事项等重要内容已经有了明晰的规定,特别是关于坚持依法治理,加强法治保障,强调运用法治思维和法治方式化解社会矛盾等规定,突出了法治在社会治理中的引领和保障作用,为社会治理法治化初步勾勒出一个框架性的制度体系。

党的十八届四中全会作出了《中共中央关于全面推进依法治国若干重大问题的决定》。该决定在第七部分"加强和改进党对全面推进依法治国的领导"中,正式提出"推进基层治理法治化"的命题,强调"全面推进依法治国,基础在基层,工作重点在基层。发挥基层党组织在全面推进依法治国中的战斗堡垒作用,增强基层干部法治观念、法治为民的意识,提高依法办事能力。加强基层法治机构建设,强化基层法治队伍,建立重心下移、力量下沉的法治工作机制,改善基层基础设施和装备条件,推进法治干部下基层活动"[②];在第五部分"增强全民法治观念,推进法治社会建设"中,也有大量涉及社会治理法治化的内容。[③]

我们认为,党的十八届四中全会决定对社会治理法治化问题已经初步形成了体系化的规定。其具体表现在:第一,明确了社会治理法治化建

---

① 这些重点培育和优先发展的社会组织包括行业协会商会类、科技类、公益慈善类、城乡社区服务类共四大类社会组织。参见《中共中央关于全面深化改革若干重大问题的决定》,人民出版社 2013 年版,第 50 页。

② 《中共中央关于全面推进依法治国若干重大问题的决定》,人民出版社 2014 年版,第 36 ~ 37 页。

③ 诸如:推动全社会树立法治意识,弘扬社会主义法治精神,建设社会主义法治文化,增强全社会厉行法治的积极性和主动性,形成守法光荣、违法可耻的社会氛围,使全体人民都成为社会主义法治的忠实崇尚者、自觉遵守者、坚定捍卫者。健全普法宣传教育机制,加强公民道德建设,弘扬中华优秀传统文化,增强法治的道德底蕴,强化规则意识,倡导契约精神,弘扬公序良俗。发挥法治在解决道德领域突出问题中的作用,引导人们自觉履行法定义务、社会责任、家庭责任。要推进多层次多领域依法治理,提高社会治理法治化水平。深入开展多层次多形式法治创建活动。发挥人民团体和社会组织在法治社会建设中的积极作用,深化基层组织和部门、行业依法治理,支持各类社会主体自我约束、自我管理。发挥市民公约、乡规民约、行业规章、团体章程等社会规范在社会治理中的积极作用。要建设完备的法律服务体系,推进覆盖城乡居民的公共法律服务体系建设,加强民生领域法律服务等。参见《中共中央关于全面推进依法治国若干重大问题的决定》,人民出版社 2014 年版,第 26 ~ 28 页。

设的政治保障、思想保障、组织保障、人才保障和物质保障,形成了社会治理法治化的保障体系。其中包括:加强党对依法治国的领导,发挥基层党组织在基层治理法治化中的战斗堡垒作用,加强以党建为引领的基层党组织建设;加强领导干部法治观念的思想建设,加大法治队伍培养力度,为社会治理法治化提供智力支持和人才保障;加强法治机构建设,改善法治基础设施;优化依法治理工作机制,提升干部依法办事、法治为民的能力。第二,强调了加强公民法治宣传教育,推动全社会树立法治意识,形成浓郁的法治氛围。第三,构建了自治、法治、德治相结合的社会治理法治化的工作体系,突出了法律规范、社会规范和道德规范在社会治理法治化中的多元规范体系相融合的共治功能。第四,确立了基层社会治理法治化的特殊地位,它是全面依法治国的基础和工作重点与着力重心。

(三)社会治理法治化的体系性构建

党的十九大报告提出打造共建共治共享的社会治理格局。在制度体制建设方面,要完善党委领导、政府负责、社会协同、公众参与、法治保障的社会治理体制,提高社会治理社会化、法治化、智能化、专业化水平;在工作机制方面,要加强预防和化解社会矛盾机制建设,正确处理人民内部矛盾;在社会秩序方面,要加快社会治安防控体系建设,坚持依法打击犯罪和保护人权相统一的社会治安防控目标,依法打击和惩治黄赌毒拐骗等违法犯罪活动,构建保护人民人身权、财产权、人格权制度;在社会氛围方面,要加强社会心理服务体系建设,培养自尊自信、理性平和、积极向上的社会心态;①在基层治理方面,要“加强社区治理体系建设,

① 积极向上的社会心态对社会发展具有重要的促进作用;反之,消极悲观的社会心态对社会发展无疑有着很大的消极影响乃至破坏作用。在抗击新冠肺炎战役中,广大心理医护人员在抗疫一线,为患者以及罹难者亲属提供心理干预和心理治疗服务,为打赢疫情防控阻击战构筑起一道坚实的心理防线。当下中国,从整体上看,人们社会心态的基本面是理性健康的。但是,社会心态中的不适应感、不公平感、被剥夺感、困惑感、矛盾感、焦虑感、不安全感、失落感甚至厌世感等非理性因素仍一定程度地存在。因此,在这样的情势下,中央强调加强“社会心理服务体系”建设,补强这一社会治理的短板,就显得尤为重要和及时。参见龚廷泰:《“整体性法治”视域下市域社会治理的功能定位和实践机制》,载《法学》2020年第11期。

推动社会治理重心下移，发挥社会组织作用，实现政府治理和社会调节、居民自治良性互动”①。可见，党的十九大报告在制度体制建设、工作机制建设、公共安全体系建设、社会心理服务体系建设、乡村治理体系、社区治理体系等方面对社会治理法治化体系建设都作出了更为明细的制度性规定。

党的十九届四中全会作出的《中共中央关于坚持和完善中国特色社会主义制度 推进国家治理体系和治理能力现代化若干重大问题的决定》，从党和国家事业发展的全局和长远出发，着眼于充分发挥中国特色社会主义制度的优越性，对坚持和完善中国特色社会主义制度、推进国家治理体系和治理能力现代化作出了全面部署、提出了明确要求。②坚持和完善共建共治共享的社会治理制度是中国特色社会主义制度所具有的明显的制度优势之一。该决定在第九部分提出：“社会治理是国家治理的重要方面。必须加强和创新社会治理，完善党委领导、政府负责、民主协商、社会协同、公众参与、法治保障、科技支撑的社会治理体系，建设人人有责、人人尽责、人人享有的社会治理共同体，确保人民安居乐业、社会安定有序，建设更高水平的平安中国。”③这个体系是由“七大治理要素”有机构成的有机整体。这“七大治理要素”包含“四大治理主体要素”——党委、政府、社会组织、公众和“三大依托要素”——民主协商、法治保障、科技支撑。其中，民主协商和科技支撑两大要素在党的文件中被第一次正式提出，它标志着我们党对中国社会治理规律认识的不断深化。

2022 年 10 月，党的二十大对社会治理在国家治理体系和治理能力现代化框架中的位置作出了崭新的安排。党的十九大报告以“提高保障和改善民生水平，加强和创新社会治理”为题专节叙述了社会治理议题，而

---

① 习近平：《决胜全面建成小康社会 夺取新时代中国特色社会主义伟大胜利——在中国共产党第十九次全国代表大会上的报告》，人民出版社 2017 年版，第 49 页。

② 参见人民日报评论员：《把制度优势更好转化为治理效能——论深入学习贯彻党的十九届四中全会精神》，载《人民日报》2019 年 11 月 6 日，第 2 版。

③ 《中共中央关于坚持和完善中国特色社会主义制度 推进国家治理体系和治理能力现代化若干重大问题的决定》，人民出版社 2019 年版，第 28 页。

在党的二十大报告中，社会治理议题被安排在“推进国家安全体系和能力现代化，坚决维护国家安全和社会稳定”篇章之下。可见，社会治理议题不再局限于民生事业论域，而是被提高到了涉关国家安全和社会稳定的高度。这是因为，作为社会治理的主要任务，社会稳定和安全是国家安全的重要组成部分，也是国家安全的前提性条件。关于社会治理的实践部署，党的二十大报告延循党的十八大以来关于社会治理的理论积淀和实践经验，再次强调健全共建共治共享的社会治理制度，提升社会治理效能；要求完善网格化管理、精细化服务、信息化支撑的基层治理平台；主张健全城乡社区治理体系，及时把矛盾纠纷化解在基层、化解在萌芽状态；提出加快推进市域社会治理现代化，提高市域社会治理能力；重申建设人人有责、人人尽责、人人享有的社会治理共同体，实现完善社会治理体系的目标。①

关于社会治理的实践进路，习近平总书记有过完整的论述：“要加强和创新乡村治理，建立健全党委领导、政府负责、社会协同、公众参与、法治保障的现代乡村社会治理体制，健全自治、法治、德治相结合的乡村治理体系……要抓住健全乡村组织体系这个关键，发挥好农村基层党组织在宣传党的主张、贯彻党的决定、领导基层治理、团结动员群众、推动改革发展等方面的战斗堡垒作用。”②习近平总书记的重要讲话包括如下重要内容：第一，要发挥基层群众参与社会治理的主体性作用，为群众参与渠道畅通提供制度化保障。第二，要健全“三治融合”基层治理体系，必须加强和改进党的领导，发挥党在基层社会治理中的引领作用。③第三，要进一步完善基层民主制度，民主基础上的基层群众自治制度是城乡社区治理的重要制度基础，它是人民依法直接行使民主权利的重要方式。健全党组织领导的充满活力的基层群众自治机制，是实现基层社会治理法治化的根本保障。第四，坚持和完善治理与服务并重体制机

① 参见习近平：《高举中国特色社会主义伟大旗帜 为全面建设社会主义现代化国家而团结奋斗——在中国共产党第二十次全国代表大会上的报告》，人民出版社2022年版，第54页。

② 习近平：《论坚持全面依法治国》，中央文献出版社2020年版，第190页。

③ 参见习近平：《论坚持全面依法治国》，中央文献出版社2020年版，第190页。

制,实现政府治理和社会调节、居民自治良性互动,推动治理重心下移、治理资源下沉,更好地提供精准化、精细化、标准化服务。第五,在“三治融合”中注重发挥良好家教家风在社会治理中的重要作用。[①] 这就需要我们坚持和完善共建共治共享的社会治理制度,实现社会治理理念的科学化,治理结构的合理化,治理方式的精细化,治理过程的民主化、社会化、法治化、智能化,构建“人人有责、人人尽责、人人享有”的社会治理共同体。[②] 第六,在工作机制优化方面,要坚持和发展新时代“枫桥经验”,完善基层社会矛盾化解机制,畅通和规范人民群众的诉求表达、利益协调、权益保障通道,完善处理人民内部矛盾的有效机制和工作体系,把矛盾真正化解在基层、化解在源头、化解在情理法高度一致的基础上。[③]

综上所述,党的十八大以来,在以习近平同志为核心的党中央领导下,我们党对于社会治理法治化命题在理论、制度和实践层面进行了学理阐释、制度建构和实践深化。从党的十八届三中全会对基层社会治理法治化问题初步勾勒出基本的制度性框架,党的十八届四中全会初步形成体系化的制度性设计,党的十九大对基层社会治理法治化体系建设的蓝图作出更为明

---

① 《中共中央关于坚持和完善中国特色社会主义制度 推进国家治理体系和治理能力现代化若干重大问题的决定》在“构建基层社会治理新格局”部分指出:要“完善群众参与基层社会治理的制度化渠道。健全党组织领导的自治、法治、德治相结合的城乡基层治理体系,健全社区管理和服务机制,推行网格化管理和服务,发挥群团组织、社会组织作用,发挥行业协会商会自律功能,实现政府治理和社会调节、居民自治良性互动,夯实基层社会治理基础。加快推进市域社会治理现代化。推动社会治理和服务重心向基层下移,把更多资源下沉到基层,更好提供精准化、精细化服务。注重发挥家庭家教家风在基层社会治理中的重要作用。加强边疆治理,推进兴边富民”。《中共中央关于坚持和完善中国特色社会主义制度 推进国家治理体系和治理能力现代化若干重大问题的决定》,人民出版社 2019 年版,第 29 ~ 30 页。

② 参见龚廷泰:《“整体性法治”视域下市域社会治理的功能定位和实践机制》,载《法学》2020 年第 11 期。

③ 在社会治理法治化过程中,《中共中央关于坚持和完善中国特色社会主义制度 推进国家治理体系和治理能力现代化若干重大问题的决定》对建立和优化新时期人民内部矛盾化解的工作机制作出了如下规定:要“完善正确处理新形势下人民内部矛盾有效机制。坚持和发展新时代‘枫桥经验’,畅通和规范群众诉求表达、利益协调、权益保障通道,完善信访制度,完善人民调解、行政调解、司法调解联动工作体系,健全社会心理服务体系和危机干预机制,完善社会矛盾纠纷多元预防调处化解综合机制,努力将矛盾化解在基层”。《中共中央关于坚持和完善中国特色社会主义制度 推进国家治理体系和治理能力现代化若干重大问题的决定》,人民出版社 2019 年版,第 29 页。

晰的制度性规定，到党的十九届四中全会作出《中共中央关于坚持和完善中国特色社会主义制度 推进国家治理体系和治理能力现代化若干重大问题的决定》，标志着我国社会治理法治化建设的制度性体系已经形成。

（四）社会治理法治化的实践性纲领

2020 年 12 月，中共中央印发《法治社会建设实施纲要（2020—2025 年）》，提出了法治社会建设的总体目标："到 2025 年，'八五'普法规划实施完成，法治观念深入人心，社会领域制度规范更加健全，社会主义核心价值观要求融入法治建设和社会治理成效显著，公民、法人和其他组织合法权益得到切实保障，社会治理法治化水平显著提高，形成符合国情、体现时代特征、人民群众满意的法治社会建设生动局面，为 2035 年基本建成法治社会奠定坚实基础。"[①]

站在新的历史起点上，为了把法治社会建设落到实处，《法治社会建设实施纲要（2020—2025 年）》从理念思想、制度规范和行为实践三个层面，对法治社会建设的指导思想、主要原则、主要目标、重点内容、重要任务、贯彻落实和组织保障等方面作出了全面的安排部署。

首先，在理念思想方面，要坚持以习近平法治思想为指导，树立宪法法律至上、法律面前人人平等的法治理念。培育全社会法治信仰，增强法治宣传教育的针对性和实效性，引导全体人民做社会主义法治的忠实崇尚者、自觉遵守者、坚定捍卫者，使法治成为社会共识和基本原则。强化思想引领，推动全社会增强法治观念、法治意识；深入宣传宪法，弘扬宪法精神；深入学习宣传习近平法治思想，深入宣传以宪法为核心的中国特色社会主义法律体系，广泛宣传与经济社会发展和人民群众利益密切相关的法律法规，使人民群众自觉尊崇、信仰和遵守法律。

其次，在制度规范方面，包括以下内容：一是必须加快建立健全社会领域法律制度规范体系。要补齐社会治理法治化的法律制度短板，以良法促进社会建设、保障社会善治。要建立完善社会治理的法律制度，研

---

① 《法治社会建设实施纲要（2020—2025 年）》，人民出版社 2020 年版，第 3 页。

究制定法治宣传教育法，健全社会组织、城乡社区、社会工作等方面的法律制度。二是要促进社会规范建设，加强居民公约、村规民约、行业规章、社会组织章程等社会规范建设；完善多层次多领域社会规范，强化道德规范建设，深入推进诚信建设制度化。三是要加强对社会规范建设的合法性审查，加强对社会规范制定和实施情况的监督，使社会规范制定和实施符合法治原则和法治精神。

最后，在行为实践方面，《法治社会建设实施纲要（2020—2025年）》设专章（第五部分"推进社会治理法治化"）对以城乡基层社会治理为重心，把制度优势转化为治理效能，提高社会治理法治化水平诸方面做了系统性的规定。具体内容包括以下6个部分：第一，完善社会治理体制机制。确保社会治理过程人民参与、成效人民评判、成果人民共享，把以人民为中心的全过程民主落到实处。第二，厘清社会治理法治化的政府责任。要求区县职能部门、乡镇政府（街道办事处）按照减负赋能原则，制定和落实在社区治理方面的权责清单。开展法治乡村创建活动。广泛开展行业依法治理，推进防范化解风险及时和法律监督有效的法治化治理方式。第三，健全村级自治组织法治化工作机制。健全村级议事协商制度，实施村级事务阳光工程，完善党务、村务、财务"三公开"制度，梳理村级事务公开清单，推广村级事务"阳光公开"监管平台。第四，发挥人民团体和社会组织在法治社会建设中的作用，加大培育社会组织力度，促进社会组织健康有序发展。推进社会组织明确权责、依法自治、发挥作用。第五，发挥社区社会组织在创新基层社会治理中的积极作用，促进社会组织在提供公共服务中发挥更大作用。第六，依法有效化解社会矛盾纠纷。坚持和发展新时代"枫桥经验"，畅通和规范群众诉求表达、利益协调、权益保障通道，加强矛盾排查和风险研判，完善社会矛盾纠纷多元预防调处化解综合机制，努力将矛盾纠纷化解在基层。[①]《法治社会建设实施纲要（2020—2025年）》的

① 参见《法治社会建设实施纲要（2020—2025年）》，人民出版社2020年版，第13～17页。

上述内容，把党的十八大以来关于社会治理法治化的部署要求进一步系统化，把各地在社会治理法治化建设实践中所积累的行之有效的成熟经验制度化，使之成为各级党委政府、各地基层治理主体深入推进新时代社会治理法治化的具体行动纲领。

四、社会治理法治化变革性实践的多维研探

如前所述，党的十八大以来，特别是党的十九大以来，党中央围绕基层社会治理法治化理论、制度和实践问题的顶层决策已经完成。然而，全面深化改革和全面依法治国总目标的“国家治理能力现代化”是一个综合性、整体性、系统性的概念，其包含的内容非常广泛，而作为这个总体性目标的子目标之一，“社会治理法治化”进一步深入推进法治社会建设，其所涉及的重点领域和诸多问题与依法治国总目标的实现高度依存。因此，如何把党中央的决策部署与各个地方的具体实际相结合，落到实处，不仅受到各级党委政府的高度重视，而且受到了学术界的高度关注。除法学学科外，政治学、社会学以及行政管理学等学科的众多学者，从各自不同的学术视角对社会治理法治化重点问题展开多维探讨，取得了许多非常可贵的理论成果，为推进我国基层社会治理法治化提供了智力支持。这些理论成果涉及当下中国社会治理法治化建设若干重要方面，主要包括“社会治理社会化、法治化、智能化、专业化水平”的社会治理“四化建设”问题、社会治理法治化的“能力”建设问题、构建社会全员参与的社会治理共同体问题、“自治、法治、德治相结合”的城乡基层治理体系等。在这些成果中，有的是对社会治理法治化的学理分析，有的是对在党的领导下社会治理法治化的实践观察和经验总结，它们对于助推新时代中国社会治理法治化有着重要的借鉴价值。

（一）社会治理法治化的主要表征

现代国家的社会治理与传统国家的社会治理的一个本质区别在于，现代国家的社会治理体系是以法治化为引领和保障的治理体系，这是社

会治理现代化的必然选择。因为法治在国家和社会治理中具有固根本、稳预期、利长远的保障作用,法治元素和法治精神已经贯穿于社会治理实践的各领域和全过程。首先,社会治理法治化要求合理界定多元主体的责任范围和合作空间,使各级党政机关有效克服职能“越位”“缺位”“卡位”的弊端,保证行政权力和自治权利规范行使、政府管理和基层自治良性互动,夯实社会治理的制度根基。其次,社会治理法治化是以坚持人民为主体地位的治理,其核心内容在于法治化治理的主体力量、动力源泉、价值依归、评价尺度都必须依靠人民。因此,它是一种“以人民为中心”、一切依靠人民、一切为了人民的治理。说到底,它是一种法治为民的治理,充分实现了“群众路线与法治建设的有机统一”。[①] 再次,基层社会治理的法治化体现在一切社会治理规范都不得与法律相抵触,不能违背党和国家政策,即必须坚持合法合规的原则,从而彰显“法治”特色。最后,社会治理法治化还体现在“三治结合”以“法治”为轴的有机结合和体系融合中。“三治”在实践层面呈现“你中有我,我中有你”[②]的融合样态:“法治”之下行“自治”,“自治”运行循“法治”;“自治”之中践“德治”,“德治”之中含“法治”;自治、法治、德治在有力的制度保障下,最终达到基层治理的良法善治。[③]

(二)社会治理法治化的社会化基础

社会治理“社会化”是党的十九大报告正式提出的。[④] 它是根据社会治理现代化的“四化”要求提出的,即通过提高社会治理社会化、法治化、智能化、专业化水平,来达致社会治理的现代化。社会治理社会化命题受到了社会学、行政管理学和法学界学者的共同关注。

---

① 参见王斌通:《新时代“枫桥经验”与矛盾纠纷源头治理的法治化》,载《行政管理改革》2021 年第 12 期。

② 郁建兴:《法治与德治衡论》,载《哲学研究》2001 年第 4 期。

③ 参见孙冲:《村庄“三治”融合的实践与机制》,载《法制与社会发展》2021 年第 4 期。

④ 参见习近平:《决胜全面建成小康社会 夺取新时代中国特色社会主义伟大胜利——在中国共产党第十九次全国代表大会上的报告》,人民出版社 2017 年版,第 49 页。

社会治理社会化这一命题,既是中国社会情势发生变化、治国理政思路转换的新选择,又是中国理论界“知识转型”的新起点。它是指扭转“过度行政化”的社会管理方式,全面理解社会的重要性,从而引入社会力量,以社会组织和社会资源为基础,推动社会事务多主体合作治理的过程。它既超越有限几个部门、行业的工作界面,又超越技术层面的简单逻辑,若运用得当,将撬动全新的治理制度转型,推动政治社会的整体变迁,因而意义重大。在推进社会治理现代化的过程中,需要政府明确社会治理的改革方向,分层次、分类别推进社会治理社会化。[①] 其具体路径是:第一,对政治行为的“社会化处理”。现阶段中国社会存在的许多重要的经济、政治问题都是公共问题,爆发出来的社会矛盾多数并非“阶级矛盾”或社会对抗性矛盾,完全可以通过改善公共权力运用、强化社会治理来解决。[②] 由此,要充分运用法治、社会管理、公共服务、协商对话等前置性的、合规性的和软性的治理手段,将社会事务的管理引入法治轨道,以精细化、法治化的管理来化解非稳定因素,以有效的社会政策改善社会结构,以广泛的协商对话累积社会稳定性因素。第二,行政行为的“社会化合作”。一种可能的路径是,以社区为政策输出的终端,通过社区政策的总体调整,撬动行政行为的总体“社会化”调整。可以将民政系统探索的政府社会合作经验向更广泛的行政单位扩展,更多引入“项目制”“公益创投制”等机制,鼓励各行政部门与社会充分合作,使社会组织承接政府职能常态化、稳定化、制度化。第三,社会事务的“社会化自治”。坚持社会组织依法自治,确立和尊重社会组织的法人地位,普遍实施社会组织依法“自愿成立、自选领导、自律运行、自聘人员、自主业务”,通过典型示范、教育培训、项目支持、评估监督等手段增强社会组织自治的能力;坚持自治组织归位,通过立法规范行政事务与自治事务的法律边界,严格限制行政职能向村(社区)转移,以舒缓自治

---

① 参见吴晓林:《“社会治理社会化”论纲——超越技术逻辑的政治发展战略》,载《行政论坛》2018 年第 6 期。

② 参见朱光磊:《中国政府职能转变问题研究论纲》,载《中国高校社会科学》2013 年第 4 期。

组织的事务性压力过大的局面。[1]

如果说政治学、行政管理学的学者是在论证社会治理社会化的过程中兼论了社会治理法治化，那么，我们则看到了法学专家恰恰将社会治理法治化的论域置入社会治理的社会化建设之中，这种理论与方法的互补大大丰富了我国法治社会建设的知识体系。他们从法治与社会的理论定位及其关系的视角，论证了社会治理过程中法治化与社会化之间的内在关联。从社会与国家和法的关系来看，社会是法治的真正母体。这就是说，法治必然地内蕴着社会的面向，没有理由被任何主体武断地据为己有而作为统治社会的工具或方式。因此，准确地把握法治的社会本体意义才是符合历史唯物主义的，也才能真正理解法治社会的理论逻辑。[2] 诚如马克思所说的那样，“社会不是以法律为基础的。那是法学家们的幻想。相反地，法律应该以社会为基础”[3]。恩格斯还从国家政治治理与社会治理的相互关系面向阐述了国家治理的双重功能，他指出，“政治统治到处都是以执行某种社会职能为基础，而且政治统治只有在它执行了它的这种社会职能时才能持续下去”[4]。可见，今天我们研究社会治理，“一方面意在将社科研究成果融入国家政治实践，强调现代社会的公共管理特征，即政府与社会的共治；另一方面更是基于治理体系、治理能力的现状，用‘现代化’‘社会化’‘法治化’‘专业化’等表达方式区分了社会治理的传统与现代、实然与应然两个面向”[5]。这表明国家治理最终的功能指向乃是满足人类社会有序、稳定、健康运转的需要。它发轫于社会并最终要反馈、服务于社会，甚至本身就可以被视为一种社会关系的缔结方式和社会秩序的存在方式。

---

① 参见吴晓林：《“社会治理社会化”论纲——超越技术逻辑的政治发展战略》，载《行政论坛》2018 年第 6 期。

② 参见庞正：《法治社会和社会治理：理论定位与关系厘清》，载《江海学刊》2019 年第 5 期。

③ 《马克思恩格斯全集》（第 6 卷），人民出版社 1961 年版，第 291 ~ 292 页。

④ 《马克思恩格斯选集》（第 3 卷），人民出版社 2012 年版，第 560 页。

⑤ 庞正：《法治社会和社会治理：理论定位与关系厘清》，载《江海学刊》2019 年第 5 期。

（三）社会治理法治化的科技支撑

科技和法治是人类文明史演进过程中两个最伟大的发明，二者相互影响、相互作用，成为推动社会发展的最重要的杠杆。科技的发展推动了人类法治的发展，也对法治建设提出了新的挑战。这就意味着我们在高度重视和发挥科技对社会文明、制度文明和法治文明进步作用的同时，也要发挥法治对科技发展的引领规范作用，防范和遏制科技滥用和功能异化对人类社会造成严重的负面影响。

当前正在发生的新科技革命，已经引发了包括价值观念、生产方式、行为方式、生活方式、社会关系、社会秩序等在内的全方位重大变革，标志着数字法治时代的来临。数字经济、数字社会、数字政府、数字生态的形成，为“数字中国”注入了强大的法治动力。从法学角度来看，新科技革命已经引发了一场涵盖法学理论、规范制度、社会治理及司法实践的“法律革命”和升级转型，带来了数字法治的革命性重塑。在数字时代背景下，研究科技与法治的互动关系需要法学界和科技界同心聚力、通力合作，认真对待和有效回应时代的机遇与挑战，共促社会法治范式的转型升级。随着互联网、大数据、区块链等新兴技术的广泛应用，“传统的社会治理方式正在经受技术化、数字化的升级改造，便捷高效、场景互动且全要素整合的智慧治理模式日渐形成”①。由此引发了以科技为支撑的社会治理法治化的变革机遇与实践难题。其具体表现在：社会结构的扁平化、破碎化加剧，行政能力应对乏力；基层空间的双重性、共振性凸显，社会风险大幅升高；基层生活的流动性、智慧化提速，原有的治理机制难以超载运行。在这种情势下，网格化治理②应运而生。早在2004年，北京市东城区率先进行了社会管理的网格化实践探索，效果良好并

---

① 马长山：《迈向数字社会的法律》，法律出版社2021年版，第254页。

② “网格化治理”系网格化管理实践的演变升级而来。它是指运用信息技术和数字化平台，将城市管理辖区按照一定的标准划分为若干单元的网格，并建立起各个网格的部件与事件巡查、监督和处置的资源共享、集成联动的基层智慧治理模式。参见马长山：《迈向数字社会的法律》，法律出版社2021年版，第259页。

在全国范围内推广。党的十八大以来,各地纷纷加速网格化管理向网格化治理的转型。[①] 党的十九大报告通过对新时代社会主要矛盾的科学阐释,以及对社会治理体制、格局的新要求,对网格化社会治理工作的基本目标进行了新的定位。2021 年出台的《中共中央 国务院关于加强基层治理体系和治理能力现代化建设的意见》对加强基层智慧治理能力建设,做好规范建设、整合数据资源、拓展应用场景等方面作出了十分明确的规定。[②]

新时代网格化社会治理的实质是从以政府为单一管理主体、以管控为主要目标的传统社会管理模式,向以党委领导、"政社民"的良性互动、管理与服务并举的多元治理模式的转变。即充分利用现代信息技术,通过划小划细基本治理单元,有效实现资源下倾、权力下放、力量下沉,由"管控为主"转向"服务为主",寓管理于服务,以服务促管理,主动回应和满足群众最关心、最直接、最现实的利益诉求。网格化社会治理有助于提升基层社会治理的法治化、精细化、智能化、专业化、便捷化。

中国法治现代化研究院曾经受江苏省委、政法委委托,对江苏省网格化社会治理的理论与实践问题开展调研活动。法治社会研究所课题组通过文本资料的收集和分析,先后赴苏州、南京、徐州等地进行实地调研,与相关市、县(市、区)、乡镇(街道)、村(社区)四级的相关领导和网格人员进行座谈访谈,到网格化社会治理的各级指挥、运行平台现场观察。经过一年时间的调研,形成了研究报告。其结论是:江苏网格化社会治理工作虽然起步较晚,但在省委省政府的部署和领导下,取得了明显成效,形成了江苏的优势特色。其具体表现在:江苏各地通过高层次推进,使全省全要素网格化治理扎实落地;抓党建引领,党建促发了社会治理的创新力;高标准规范,实战化、信息化、科学化、高效化治理特征凸显;全要素落地,共建、共治、共享格局依托"网格"而初步成型;多向度

---

① 参见马长山:《迈向数字社会的法律》,法律出版社 2021 年版,第 256 ~ 258 页。

② 参见《中共中央 国务院关于加强基层治理体系和治理能力现代化建设的意见》,人民出版社 2021 年版,第 11 ~ 12 页。

转变,治理成效多领域开始显现。但该治理工作也存在一些亟待破解的难题,其具体表现在:组织领导不够有力,以治理为民、服务于管理并重的价值导向尚待进一步落实,一些地方的治理机构和工作人员传统思想观念存在惯性,专业队伍建设和财政支持存在地域上的不平衡,网格化社会治理缺乏制度性保障。为此,需要进一步加强组织领导,凸显党建引领网格化社会治理的组织保障;进一步更新工作理念,破解管控思维,强化网格化社会治理以人为本、服务与管理并举的价值理念;进一步加强专业队伍建设,加大政府财政支持的力度,切实提升网格化治理队伍的专业化、职业化水平和网格工作人员的工作条件、薪酬待遇;进一步总结经验,逐步建立完备的网格化治理法律规范体系,为网格化社会治理法治化提供制度保障。[①]

(四)社会治理法治化的能力建设

社会治理法治化目标的达成,关键在于加强和提升社会治理多元主体的尊法、学法、守法、用法意识和能力,提高国家机构依法履职能力,提高各级领导干部运用法治思维和法治方式深化改革、推动发展、处理社会事务、化解社会矛盾、保障人民权益、维护社会稳定的能力。[②] 党的十九届四中全会决定提出了建设"人人有责、人人尽责、人人享有的社会治理共同体"的重要任务,但这个关系到社会治理法治化成效的主体性目标的实现,却高度依赖于多元治理主体的依法治理能力的切实提升。

由于我国现行的社会治理体制是党委领导、政府负责的多元共治体制,因此党政主要领导就成为社会治理法治化建设的"关键少数"。习近平总书记指出:"各级领导干部要提高运用法治思维和法治方式深化改革、推动发展、化解矛盾、维护稳定能力,努力推动形成办事依法、遇事

---

① 参见龚廷泰、訾从进、王琦:《网格化社会治理的理论与实践——以三个设区市为对象的考察》,载公丕祥主编:《中国法治社会发展报告(2021)》,社会科学文献出版社 2021 年版,第 119 ~ 166 页。

② 参见《中共中央关于党的百年奋斗重大成就和历史经验的决议》(2021 年 11 月 11 日中国共产党第十九届中央委员会第六次全体会议通过),载《人民日报》2021 年 11 月 17 日,第 1 版。

找法、解决问题用法、化解矛盾靠法的良好法治环境，在法治轨道上推动各项工作。”[①]我们认为，依法治理能力是一种整体性法治能力，包括各治理主体(特别是领导干部)的法律思维能力、法律识别能力、法律运用能力和法律执行能力四个方面的要素。这四大要素按照层层递进的逻辑进路共同构成了社会治理主体的法治思维能力。(1)法律思维能力是指排除个人主观感情，依循法律逻辑，合理地从法律之立场去思考问题、处理问题的思维方法和能力，[②]其本质是合法合规性思维。法律思维能力是指依据法律规则思考问题、处理问题的能力，它是法治能力中最基本的能力。(2)法律识别能力即“遇事找法”的能力，是指对于遇到的纠纷或出现的问题，首先想到的是按照法律规定办事，而不是找“关系”摆平，它是公民信仰法治、遵从法律的基本素养的习得性能力。因此，法律识别能力立足于学法、尊法的基础之上，也是国家长期坚持普法宣传教育的主要动因。(3)法律运用能力即“解决问题用法”的能力，它是法治能力的重要表征。(4)法律执行能力即“化解矛盾靠法”的能力，是法治能力中最为重要的能力，也是法治能力提升的目的和归宿。

当下，中国特色社会主义法律体系已经形成，改革开放之初“无法可依”的局面已经在根本上得以扭转，法治建设重心已经从大规模的立法活动转变为如何将业已订立的法律执行好、实施好的面向上。当下的问题是，我们的一些领导干部还存在法治意识不强、法律知识储备不足、依法治理能力亟待养成及提升等问题。相反，他们唯书唯上能力、搞定摆平能力、推诿卸责能力、不作为乱作为能力、做表面文章能力、忽悠百姓能力却显得驾轻就熟。由于法治能力或专业能力的不足，这些领导干部遇到突发事件时，就显得手足无措，应对失当。一些领导干部在相关应急管理新闻发布会上面对媒体记者提出超出他们预先准备的问题时，显得毫无招架之功，往往答非所问，令人哭笑不得。这种状况必须改变，

---

① 习近平:《论坚持全面依法治国》，中央文献出版社2020年版，第15页。

② 参见王利明:《法学方法论:以民法适用为视角》，中国人民大学出版社2011年版，第649页。

且任重而道远。

（五）全员参与的社会治理共同体构建

党的十九届四中全会决定指出："建设人人有责、人人尽责、人人享有的社会治理共同体，确保人民安居乐业、社会安定有序，建设更高水平的平安中国。"[①]坚持共建共治共享的社会治理制度，建设社会治理共同体，形成全员参与、"人人有责、人人尽责、人人享有"的社会治理新局面，是实现社会治理体系和治理能力现代化的动力源泉和价值依归。我们认为，这个社会全员参与的共同体既是权利义务共同体，也是实践行动共同体，更是利益攸关共同体。为达致此目标，必须构建社会治理共同体的多元责任机制、行动参与机制和利益共享机制。

第一，通过"人人有责"，构建社会治理的责任共同体。所谓责任共同体，是指在社会治理过程中，每个人都是社会治理的主体，都充当着在社会共同体中的特定角色并承担着相应的责任。党员干部、政府官员、自治组织成员和普通公民都应当有各自的责任担当，任何人都不能置之度外。[②] 第二，通过"人人尽责"，形成多元共治的行动共同体。任何制度都必须依靠行动来落实，否则将形同虚设。第三，通过"人人享有"，实现治理成果共享的利益共同体。马克思曾经说过："人们为之奋斗的一切，都同他们的利益有关。"[③]利益既是社会发展的物质动力，也是社

① 《中共中央关于坚持和完善中国特色社会主义制度 推进国家治理体系和治理能力现代化若干重大问题的决定》，人民出版社2019年版，第28页。

② 具体来说，党员干部和政府官员是社会治理的"关键少数"，各级党委书记是履行依法治理的"第一责任人"，他们在社会治理中承担着社会治理和服务的领导者、负责者、担当者和垂范者的责任，这些责任都应当是通过法定化的制度形式予以明确而且"必须为"的责任。因此，任何推诿责任、失职渎职、懒政怠政、不作为和乱作为的现象都应当禁止和避免。同时，要针对社会治理中公民个人角色认知模糊、参与权利虚化、参与能力不强、参与动力不足、参与渠道不畅和参与效能低下的现象，着力构建公众参与治理的平台、载体和渠道，提升公众参与意识和参与能力，建立健全权利和义务统一、风险与责任关联、激励与惩戒并重的制度架构，完善公众参与机制，从而调动广大群众特别是基层群众参与治理的广泛性、积极性和主动性。参见龚廷泰：《"整体性法治"视域下市域社会治理的功能定位和实践机制》，载《法学》2020年第11期。

③ 《马克思恩格斯全集》（第1卷），人民出版社1995年版，第187页。

会纷争发生的深刻根源。党的十九大报告指出:“全党必须牢记,为什么人的问题,是检验一个政党、一个政权性质的试金石。”[①]在社会治理过程中,以人民利益、公共利益的实现为中心,利用法治方式和制度保障平衡各种利益矛盾,化解社会利益冲突,满足社会共同体成员日益增长的多层次多样化需求,使改革发展成果、社会治理效能更多更公平地惠及全体人民,使人民对“人人享有”的社会治理利益共同体有着实实在在的获得感,从而进一步激发民众对建设社会治理共同体的支持度、参与度和认同度。总之,我们在建设社会治理共同体的过程中,需要凝聚共同体意识,强化共同体责任,发挥共同体力量,满足共同体需求,实现共同体利益,激发共同体活力,这是实现社会治理体系和治理能力现代化永不枯竭的内生动力。[②]

(六)“三治结合”的城乡基层治理体系

“三治结合”的城乡基层治理体系,是由诸多要素构成、各要素之间按照一定的组合方式和内在逻辑有机结合起来,并产生各个单个要素所不具有的总体功能的有机系统,它们绝不是各种治理要素的机械组合。对此,有学者对“三治结合”乡村治理体系做了较为全面系统的分析。他们认为,健全党组织领导的自治、法治、德治相结合的乡村治理体系,首先需要解决“谁来治理”、“依何治理”以及“如何治理”三个方面的问题。其中,“谁来治理”指向主体维度,“依何治理”指向规范维度,“如何治理”指向运行维度。[③]

从治理主体来看,乡村治理主体可以分为内部型主体、外部型主体以及内外联合型主体三种类型。乡村治理内部型主体包括村党支部、村

---

① 习近平:《决胜全面建成小康社会 夺取新时代中国特色社会主义伟大胜利——在中国共产党第十九次全国代表大会上的报告》,人民出版社2017年版,第44~45页。

② 参见龚廷泰:《努力构建人人共建共治共享的社会治理共同体》,载《中国社会科学报》2019年12月24日,第10~11版。

③ 参见高其才:《健全自治法治德治相结合的乡村治理体系》,载《光明日报》2019年2月26日,第16版。

民委员会、村民小组、村民议事会、村民理事会、村民监事会、乡村精英(新乡贤)以及普通村民等。内部型主体是乡村治理的直接参与者,也是乡村治理规范的制定者和实施者。乡村治理外部型主体包括基层党政机关、外来企业、公益性社会组织以及外来务工经商人员等。

从治理规范来看,乡村治理依据的规范是多元的,主要包括国家法律、政策、党内法规、上级党政部门规范性文件、村规民约、道德规范及乡村自治组织规范等,乡村治理多元规范的外部整合是指将各类规范资源视为相互配合的有机整体。从治理结构来看,乡村治理结构是按照“自治、法治、德治相结合”的原则优化整合多元规范结构,以正式规范(国家法律、政策、党内法规等)为基础,以非正式规范(村规民约等)为补充的多元规范合作治理结构。

从实践运行维度来看,要从制定、实施和监督等环节入手系统推进,明确权责分配、整合治理力量、调整运行方式、完善运行机制,构建多方协作路径,实现乡村治理规范的融合运行。要正确处理村民自治与法治的关系,发挥乡村治理的内生动力与外在力量的双重作用,重视城乡人口双向流动治理等关键问题。在实践路径方面,应当总结村组治理实践经验、适度推行乡村治理试点、吸纳乡村固有治理资源、重视乡村社会智慧治理、发挥乡村人才积极作用等,以走向乡村善治。①

当然,推进社会治理法治化,包括但不限于以上课题,诸如进一步加强社会治理法治化的专业工作队伍的建设,进一步提升基层干部社会治理法治化能力,进一步加强政府公共服务供给的普惠化、均等化,进一步培育和激发社会组织和公众参与社会治理意愿、能力、渠道和积极性等,这些问题都非常重要。但囿于多种主客观社会条件的制约,这些问题在短期内恐还无法从根本上得以破解,故本书没有对上述问题作深入研究。

---

① 参见高其才:《走向乡村善治——健全党组织领导的自治、法治、德治相结合的乡村治理体系研究》,载《山东大学学报(哲学社会科学版)》2021 年第 5 期。

五、本书的结构安排与内容简介

本书由导论和七章构成。

在导论部分，主要论及了社会治理法治化领域的三大问题，作为全书导引性的内容。第一，主要探讨党的十八大以来，特别是党的十九大以来，中国社会治理法治化宏观背景、社会治理法治化与中国国家治理现代化和法治现代化的内在关联。我们认为，建设法治中国，实现中国式法治现代化，就必须高度重视社会有机体中的“细胞”本身的发育成长的状况，明确党中央提出的“全面推进依法治国，基础在基层，工作重点在基层”要求的核心要义。第二，对“社会治理法治化”命题进行了初步的分析。在此基础上，对党的十八届三中全会以来党中央关于社会治理法治化的战略部署展开过程和内容深化做了历时性的梳理，我们认为，党的十九届四中全会作出的《中共中央关于坚持和完善中国特色社会主义制度 推进国家治理体系和治理能力现代化若干重大问题的决定》标志着我国基层社会治理法治化建设体系已经形成。第三，从多学科学术视角对社会治理法治化重点问题展开研究，多维探讨所取得的理论成果。这些富有真知灼见的研究成果为推进我国基层社会治理法治化提供了智力支持。这些理论成果涉及当下中国基层社会治理法治化若干重要领域和重要问题，主要包括“社会治理社会化、法治化、智能化、专业化水平”的社会治理“四化建设”问题、社会治理法治化的“能力”建设问题、构建社会全员参与的社会治理共同体问题、构建“自治、法治、德治相结合”的城乡基层治理体系问题等。它们有的是对社会治理法治化的学理分析，有的是对在党的领导下中国社会治理法治化问题的实践观察和经验总结，对于助推新时代中国社会治理法治化有着重要的借鉴价值。

第一章“社会治理法治化的理论分析框架”，将国家治理和社会治理放置在法治现代化理论分析框架中，讨论了法治现代化与国家治理现代化、社会治理法治化的内在关系。我们认为，法治现代化与国家治理现代化具有同构性,社会治理法治化是法治现代化的重要组成内容。该章在介绍治理范畴的学理意义基础上,对“社会治理法治化”命题的内涵进行了分析,强调“社会治理法治化”要求社会治理以国家法律规范体系为制度依凭,要求社会治理是一种多元规范之治,要求以社会治理共同体的存在为结构性条件,要求在社会治理实践中体现中国特色社会主义的全过程民主。该章还尝试对法治社会与社会治理的基本关系作出分析,在甄别法治社会和社会治理概念差异的同时,指出二者在理论上的通约性和实践上的交叠关系,特别论证了在“社会治理法治化”命题下,法治社会和社会治理都以存在一个和谐有序、充满活力的社会为前提,以多元化的社会结构格局为条件;二者都有着同样的多元化制度依赖,都不仅仅以国家正式立法为规范依凭,同时也以非正式的民间规范为调整手段;二者所依赖的运行机理也具有极大的相通之处,都强调通过社会成员的自治以及社会与政府的共治来实现社会治理目标;二者都以民主价值为共同追求,是加强人民当家作主、完善社会主义民主政治的实践方案。

第二章“社会治理法治化的制度体系”,从三个方面具体阐释了新时代社会治理法治化的制度体系。首先,以马克思主义法治理论、中国特色社会主义法治理论、习近平法治思想等内容为主体的经典理论为社会治理法治化提供了丰沃的理论土壤;同时,党和国家的纲领性或专门性制度文件则分别从宏观层面或特定视角为社会治理法治化提供了重要的规范依循。其次,推动社会治理法治化的法律规范体系实现了法治框架下政府主导的多元主体协同共治,为社会治理法治化贡献了坚实的制度根基。该章将这一部分法律规范体系具体划分为约束公权力机关尤其是政府机关的法律规范体系,以及促进社会主体参与社会治理的中央立法和地方立法,并指出该类法律规范的目标在于通过促进法治政府的建设来确保社会治理法治化工作能够获得规范的领导,并在此基础上充分释放民间活力,实现社会治理的共同参与。最后,社会治理法治化亦离不开丰富多元的自治性社会规范。该部分从宏观上阐释了自治性社会规范的必要性，指出自治性社会规范既减轻了政府等公权力部门的压力，同时也充分调动了社会积极性；在此基础上，该部分重点分析了居民公约、村规民约、乡村社会习惯法、行业协会自治规则等四类自治性社会规范之于社会治理法治化的积极功用。

第三章“社会治理法治化的体制机制”，以全面深入阐释社会治理法治化的体制机制为主要内容。党的十八届三中全会以来，党在社会治理方面逐渐建构起“党委领导、政府负责、民主协商、社会协同、公众参与、法治保障、科技支撑”的社会治理体系。在悉心梳理相关政策文件，总结概括实践经验的基础上，本章从“党委领导和政府负责的管理体制”“多元主体的协商协同参与机制”“社会治理的支撑保障机制”“自治、法治、德治‘三治融合’机制”“社会治理法治化的考核评价机制”五个方面，对社会治理法治化所涉及的管理体制和行动机制进行系统阐释。第一，党委领导和政府负责的管理体制。我们采用系统论的视角，充分吸收政治学和历史政治学的最新研究成果，重点考察中国共产党在社会治理体系中的系统整合功能。在坚持党对社会治理体系统一领导的前提下，明确政府在社会治理实践中的主导地位，重点探讨社会治理语境中的服务型政府建设情况。第二，多元主体的协商协同参与机制。我们以国家治理能力建设为主线，探讨多渠道的协商民主体系、多主体的社会协同共治格局、最广泛的公民参与对于提升国家吸纳多元主体和整合多元利益的重要作用。第三，社会治理的支撑保障机制。我们从“法治保障”和“科技支撑”两个方面，探讨社会治理的支撑保障机制。在分别阐释“法治保障”和“科技支撑”各自内涵的基础上，我们主张应一体化推进社会治理法治化与智能化。第四，自治、法治、德治“三治融合”机制。我们着眼于社会治理的整体布局，探讨自治、法治和德治的关系，明确它们各自的内涵、侧重点，初步设计了“三治融合”的实施机制。第五，社会治理法治化的考核评价机制。我们主张应全面发挥社会治理法治化考评机制的认知导向、激励和监督功能，概括总结出“兼顾国际经验与中国治理实际”“采取定量与定性相结合”“采取全面评估与突出重点相结合”的考评机制设计原则,勾画出涵盖考评方案制定、数据收集处理和考评结果应用的考核评价机制。

第四章“社会治理法治化的主要任务”,从四个方面分析和论证了社会治理法治化的主要任务。第一,多层次、多领域的依法治理。具体路径包括推进市域社会治理现代化建设工作;推进社会治理的重心向基层下移,深化城乡社区依法治理;推进乡村自治、法治体系建设;推进基层单位依法治理;开展行业依法治理,推进企业合规审查;依法妥善处置涉及民族、宗教等因素的社会问题。第二,预防和化解社会矛盾纠纷。该部分在理论和实践的双重视角下构建和完善了社会矛盾纠纷的预防机制、信息预警机制、联调处置机制、调处领导责任机制以及民意表达机制。第三,做好社会治安防控工作。该部分通过厘清立体化社会治安防控体系的组成要素及互动原理,为立体化社会治安防控体系的法治保障提供了智力支持。第四,维护公共安全和国家安全。我国需要增强风险意识、加强防灾减灾救灾能力建设、落实安全生产管理和责任制度,并建立健全相关体系,作为维护公共安全的重要制度保障。我国应当实施国家安全战略,充分发挥国家安全委员会的职能作用;构建国家安全法律制度体系;完善国家安全审查制度;加强国家安全人民防线建设,增强全民国家安全意识;提高防范抵御国家安全风险能力。

第五章“社会治理法治化的基层场域”,着重考察基层社会治理的法治化。第一,将城乡基层治理放置于社会转型这一时代背景下加以考察,论证了城乡基层治理在社会转型期的重心地位,指出城乡基层治理应以保障基层民生、改善城乡人居环境、化解基层矛盾纠纷为核心工作,并强调城乡基层治理在社会转型期需要实现由“经济本位”到“社会本位”、由“条块治理”到“整体治理”、由“粗放治理”到“精细治理”的变迁。第二,在对城乡基层治理工作进行充分考察的基础上,将城乡基层治理工作的一般特点总结为四个方面:党建引领基层治理;自治、法治、德治“三治融合”;社会组织积极参与城乡基层治理;城乡基层治理智能化。第三,结合党和国家关于社会治理法治化的战略部署以及城乡基层治理的工作实际,分析了城乡基层治理工作的法治化要求,认为城乡基层治理的法治化需要着力构建科学融贯的基层规范体系,打造良好的基层法治文化氛围,并辅以完善的基层公共法律服务体系。

第六章“社会治理法治化的实践进路”,从三个方面概括了社会治理法治化的实践进路。首先,社会治理法治化应构建共建共治共享的社会治理共同体。该部分指出,构建社会治理共同体应当加强基层党组织建设、发挥政府负责的主导作用、加强基层民主协商、激发社会组织的专业化服务功能、充分调动公民参与社会治理的积极性、推进社会治理技术创新。其次,社会治理法治化应聚力社会治理法治化的“政社民互动”。该部分认为,完善“政社民互动”,应当充分发挥基层党政主导和社会自治的“双轮”互动、合理定位政府主导与社会参与的界限、推动社会组织“去行政化”、提高多元主体参与社会治理的能力与水平、发挥民众在公共管理中的主体作用。最后,社会治理法治化应推进社会治理网格化平台建设。该部分列举了网格化社会治理具备精细的治理方式、协同的治理机制、高效的治理过程、明确的治理责任、多元的治理主体五个特征,指出它有利于实现从“管控思维”向“服务导向”的转变、实现“共建共治共享”的治理理念、落实“以人民为中心”的指导思想。依托网格化治理平台推进社会治理法治化,应当以网格化社区为单位开展法治宣传教育,利用网格化平台推进“政社民互动”,在网格化社区内提供公共法律服务,通过网格化多元治理手段化解社会纠纷,借助网格化平台发展基层民主政治。

第七章“社会治理法治化的地方观察”,对全国各地关于社会治理法治化的实践和经验的典型事例进行了观察与思考。第一,把关于公共法律服务体系建设的纲领性文件——中共中央办公厅、国务院办公厅印发的《关于加快推进公共法律服务体系建设的意见》作为依据,对于做大公共法律服务体系建设格局、做强公共法律服务队伍、做实公共法律服务体系基础、补齐公共法律服务体系建设短板、提升公共法律服务体系建设质效五个方面,选择地方成功经验和典型事例分别予以分析和观察展望。第二,观察社会矛盾纠纷化解法治化实践,从新时代信访工作的法治范例、创新接地气的人民调解品牌、围绕大局化解社会矛盾、诉调对接有效化解纠纷四个侧面予以展示。第三,对培养提高全民法律意识,坚持"枫桥经验"的精神实质,构建现代化矛盾化解的体制机制,以及社会矛盾纠纷法治化化解的难点和展望等问题展开讨论。第四,对于基层民主法治探索,从党委统战部门牵头的多方基层协商,共治共享的朝阳协商经验,政协协商与基层协商,民主党派参与基层协商的探索等方面进行观察。第五,关于治安防控体系建设,从统筹推进改革体制机制,创新智防地防人防体系,创建平安建设示范市,聚力同心一体化发展等方面,总结了一些地方治安防控体系建设的经验及其推广价值。

第一章　社会治理法治化的理论分析框架

党的十八大以来，中国人民在中国共产党的领导下步入了中华民族伟大复兴的新时代，国家治理现代化和法治现代化共同成为表达政治文明发展走向的关键词。如果我们将“社会治理法治化”命题分解为“社会治理”和“法治化”两个部分，就不难发现，“社会治理”是国家治理现代化议题的构成要素，“法治化”则与法治现代化议题高度重叠。习近平总书记在庆祝中国共产党成立100周年大会上指出：“我们坚持和发展中国特色社会主义，推动物质文明、政治文明、精神文明、社会文明、生态文明协调发展，创造了中国式现代化新道路，创造了人类文明新形态。”①其中，“中国式现代化新道路”是一个内涵丰富的新概念，可以用于讨论物质文明、政治文明、精神文明、社会文明、生态文明等各个领域的现代化议题，当然也覆盖了国家治理现代化和法治现代化论域。那么，

① 习近平：《在庆祝中国共产党成立100周年大会上的讲话》，人民出版社2021年版，第13～14页。

在中国式现代化新道路上，法治现代化与国家治理现代化有着怎样的内在联系，国家治理与社会治理的逻辑关系如何，法治现代化语境下社会治理法治化与法治社会建设又有着怎样的关联，这些都是本书应当首先回答的问题。党的二十大报告深刻论述了中国式现代化的中国特色和本质要求，为研究中国式法治现代化视域下的社会治理法治化问题提供了根本道路。

一、中国式法治现代化视域下的国家治理与社会治理

从国家治理现代化的实践维度来看，党的十八届三中全会通过的《中共中央关于全面深化改革若干重大问题的决定》具有标志性意义。这部重要政治文件首次正式提出了"国家治理"概念，明确"全面深化改革的总目标是完善和发展中国特色社会主义制度，推进国家治理体系和治理能力现代化"①。这个总目标要求改革必须在社会主义市场经济、民主政治、先进文化、和谐社会、生态文明等各个领域展开，以达致国家治理体系和治理能力现代化的系统性、整体性、协同性。为此，《中共中央关于全面深化改革若干重大问题的决定》将"推进法治中国建设""创新社会治理体制""坚持和完善基本经济制度""加快完善现代市场体系"等一道，列为国家治理现代化的具体实践进路。从《中共中央关于全面深化改革若干重大问题的决定》对全面深化改革的顶层设计不难看出，法治现代化和社会治理体制创新都是国家治理现代化的题中应有之义。

（一）法治现代化与国家治理现代化的同构性

当代中国社会处于急速发展和重大变革的历史时期，经济增长和财富分配方式、社会交往方式、社会关系形态、国民综合素质、社会利益诉求等正在发生深刻的变化。同时，中国社会已然深度嵌入了世界经济结构，全球化的生产和交换体系带动整个中国社会的基本结构形态发生了

---

① 《中共中央关于全面深化改革若干重大问题的决定》，人民出版社 2013 年版，第 3 页。

质的变化，其外部表现包括城市化的迅猛发展、社会交往的高度复杂化、人口流动的规模化和高频化、生活方式的深度改变等。正如有学者所指出的那样，“目前我国已经进入超大规模陌生人群治理的新阶段和新常态”，这个“新常态”是理解和分析当代中国国家治理的现象基础。[①] 由这一现象基础所决定，党的十八大以来，党和国家对推进国家治理体系和治理能力现代化作出了一系列重大战略部署，这一系列战略部署都是新时代中国国家治理现代化的制度表达。

国家治理现代化是中国式现代化的基本组成部分，是中国共产党基于改革开放的宝贵实践经验、国家发展历史进程特定阶段的具体国情，深刻总结人类政治文明发展规律、社会主义建设规律和自身执政规律，围绕建构什么样的治理制度、选择什么样的治理方式、形塑什么样的治理形态、实现什么样的治理文明而展开的实践探索；是中国共产党领导中国人民坚持和完善中国特色社会主义制度，不断完善国家治理体系，不断提升国家治理能力，实现国家治理的民主化、法治化、科学性和有效性的过程和事业。

法治是现代化议题无法绕开的维度，是现代化的必然要求和基本表征。“一个现代化国家必然是法治国家。”[②]法治是任何社会（国家）政治文明领域走向现代化的指标，同时其自身也有着动态发展的现代化过程。法治现代化，在制度层面上是指一定社会（国家）由传统型法制体系向现代型法治体系的转换过程，在社会形态上是指从传统人治社会迈向现代法治社会的历史性变革过程。“法治现代化的本质性意义就在于伴随着社会由传统向现代的转变，法律也同样面临着一个从传统型向现代型的历史更替，亦即从人治向法治的革命性转变。人治与法治这一对变项涵盖了传统国家治理体系与现代国家治理体系之间分野的一切特性，构成区别这两类不同的国家治理体系的基本尺度。换言之，国家

① 参见泮伟江：《超大规模陌生人社会治理：中国社会法治化治理的基本语境》，载《民主与科学》2018年第2期。

② 习近平：《论坚持全面依法治国》，中央文献出版社2020年版，第130页。

治理现代化与法治现代化内在地结合在一起。”[①]作为一个普遍性的历史发展走向，法治现代化是近代以来世界各国国家治理体制变革的主旋律。当然，这一进程在不同国度有着不同的历史样态，由此也就形成了不同模式的法治现代化道路。中国式法治现代化是中国式现代化新道路在政治文明领域的集中体现，是中国共产党领导中国人民依循具体国情条件在伟大社会革命实践中走出的自主型法治发展道路，是中国特色社会主义国家制度与法律制度不断创新发展的结果，是中国共产党 70 余年治国理政理论探索和实践创新的成就。[②]

法治现代化的过程，必然伴随着国家治理体系和治理能力的现代化。反之，国家治理现代化也必然内蕴着法治现代化的要求。在习近平法治思想体系中，关于国家治理现代化特别是法治与国家治理现代化关系问题的论述，凝结着改革开放以来我们国家全面推进依法治国、推进国家治理现代化的宝贵经验。“坚持在法治轨道上推进国家治理体系和治理能力现代化”，是习近平法治思想关于法治与国家治理现代化关系问题的最凝练表达。在这个问题上，习近平总书记曾有过完整的表述：“法治是国家治理体系和治理能力的重要依托。只有全面依法治国才能有效保障国家治理体系的系统性、规范性、协调性，才能最大限度凝聚社会共识。”[③]这一表述充分体现了马克思主义政治学原理和法治原理，深刻揭示了法治与国家治理的关系机理与科学方法论。

之所以要坚持在法治轨道上推进国家治理体系和治理能力现代化，是因为国家治理现代化与法治现代化有着实践上的同构性。诚如有学者所说，“现代法治国家的国家治理，本质上就是民主法治化的良法善治”[④]。“良法善治”一词高度凝练地表达了国家治理现代化与法治现代

① 公丕祥：《习近平的法治与国家治理现代化思想》，载《法商研究》2021 年第 2 期。

② 参见公丕祥：《中国式法治现代化新道路的内在逻辑》，载《法学》2021 年第 10 期。

③ 习近平：《论坚持全面依法治国》，中央文献出版社 2020 年版，第 3 页。

④ 李林：《坚持在法治轨道上推进国家治理体系和治理能力现代化》，载《暨南学报（哲学社会科学版）》2021 年第 1 期。

化之间的同构性——现代法治以“良法之治”为目标，现代国家治理以“善治”为鹄的；“良法”是“善治”展开的前提，“善治”是“良法”运行的结果。

首先，国家治理现代化的基本路径是践行法治。根据马克思主义政治学基本原理，国家治理方式的选择是由一定的社会物质生活条件决定的，它反映着社会发展的客观需要和社会基本矛盾运动规律。人治和法治代表着两种不同的国家治理方式，法治是人类文明进步的重要标志，是社会经济、政治和文化发展到近代的文明成就。“法治的精髓和要旨对于各国国家治理和社会治理具有普遍意义。”①相较于人治，法治不但能够保持执政党的执政理念和执政方针的权威性、稳定性、持续性，而且能够以公开的规则和程序为国家治理活动提供合法性和效率，同时为参与治理关系的社会主体提供行为指引、后果预期和救济渠道。从全球范围来看，法治是现代国家进行国家治理普遍采行的基本方式，是国家治理现代化的显著表征，也是评判国家治理现代化水平的核心指标。正如习近平总书记所指出的那样，“全面推进依法治国，是解决党和国家事业发展面临的一系列重大问题，解放和增强社会活力、促进社会公平正义、维护社会和谐稳定、确保党和国家长治久安的根本要求。要推动我国经济社会持续健康发展，不断开拓中国特色社会主义事业更加广阔的发展前景，就必须全面推进社会主义法治国家建设，从法治上为解决这些问题提供制度化方案”②。为此，我们就必须“把法治作为治国理政的基本方式，不断把法治中国建设推向前进”③。可见，法治是现代国家治国理政的内在要求，也是我国实现国家治理现代化的必由之路。坚定不移地厉行法治，是我们党深刻总结新中国成立以来治国理政的经验教训

① 《习近平谈治国理政》（第2卷），外文出版社2017年版，第118页。

② 习近平：《关于〈中共中央关于全面推进依法治国若干重大问题的决定〉的说明》，载《中国共产党第十八届中央委员会第四次全体会议文件汇编》，人民出版社2014年版，第68～69页。

③ 习近平：《在庆祝全国人民代表大会成立六十周年大会上的讲话》，载中共中央文献研究室编：《十八大以来重要文献选编（中）》，中央文献出版社2016年版，第55页。

所作出的重大战略决策。

其次，法治是国家治理现代化的重要依托。“法律是治国之重器，法治是国家治理体系和治理能力的重要依托。”[①]法治对国家治理现代化的支撑作用主要表现在三个方面：其一，法治体系承载了国家治理现代化的价值理想。任何一个国家的治理制度体系都有其特定的价值追求和价值标准，在我国，“以国家治理现代化的世界元素和中国标准而言，秩序、公正、人权、效率、和谐等当属其基本价值”[②]。这一系列价值要素，不仅需要由党和国家政策体系予以确立和宣导，更要由国家法治体系予以表达和维护。中国特色社会主义法治体系中法律规范体系、法治实施体系、法治监督体系、法治保障体系和党内法规体系，无一不承载着国家治理现代化的价值要素。其二，法治为国家治理现代化提供了完整、科学的规范制度体系。由规则和原则构成的法律规范体系是法治运行的硬件前提，法治在外部表现上就是将国家政治生活、经济生活和社会生活的方方面面纳入法律规范铺设的轨道，从而形成合理、有序、可预期、有保障的社会秩序。毫无疑问，现代化的国家治理必然将治理目的、任务和手段尽可能细致地呈现在法律规范体系之中，以达致治理的合法性和有效性。其三，法治为国家治理现代化提供了安全且有效的运行机制。习近平总书记说过，“人类社会发展的事实证明，依法治理是最可靠、最稳定的治理”[③]。除上述法律规范、法律程序等静态的制度体系外，法治的运行还内在地要求健全的法律适用、法律遵守、法律监督、法律保障等动态机制，这种机制能够保障国家治理目标和治理任务得到顺畅完成，是法治为国家治理现代化提供的体制机制支撑。

最后，法治现代化是国家治理现代化的题中应有之义。法治现代化

---

① 习近平：《关于〈中共中央关于全面推进依法治国若干重大问题的决定〉的说明》，载《中国共产党第十八届中央委员会第四次全体会议文件汇编》，人民出版社2014年版，第68页。

② 张文显：《法治与国家治理现代化》，载《中国法学》2014年第4期。

③ 习近平：《在庆祝澳门回归祖国15周年大会暨澳门特别行政区第四届政府就职典礼上的讲话》，载《人民日报》2014年12月21日，第2版。

与国家治理现代化是改革开放以来我们国家政治文明发展同一进路的两种叙事方式。法治现代化必然涵摄着国家治理制度体系和治理活动的法治化,国家治理现代化也当然包括通过推进立法体制、执法体制和司法体制的改革,实现法治在国家治理中的重要作用,实现国家治理的法治化。国家治理现代化包括国家治理体系现代化和治理能力现代化两个组成部分。其一,国家治理体系是一个国家进行全部公共事务管理活动的组织系统和制度系统,涉及经济生活、政治生活、文化生活、社会生活和生态文明等各个领域的组织架构、体制机制和制度安排,是一整套相互关联的国家制度体系。所谓现代化的国家治理,无一不是以法治的方式将这套制度体系用立法形式固定下来,并赋予其权威性和可操作性。这套制度体系的现代化过程,正是经由不断的法律创制和法治实践,使一国的治理活动摆脱沉疴积弊、实现科学高效。其二,国家治理能力指的是有关国家治理的制度体制得到贯彻执行的能力,"既指各主体对国家治理体系的执行力,又指国家治理体系的运行力"[①]。国家治理体系运行力的提升,必须依赖现代化的法治体系铺设的周密轨道,否则必然遭遇系统运行机制失灵问题。在治理主体的执行力方面,具体表现为治理主体能否准确认识治理需求、树立正确治理目标、选择合理治理方案、采取科学治理手段、获取理想治理效果的力量,这些能力和力量在现代化的国家治理活动中一定是以法治为标尺的。换言之,这些能力实质上是法治思维和法治方式的能力;善用法治思维和法治方式治国理政,就是要把法治理念、法治精神、法治原则和法治方法贯穿到国家治理实践中去。[②] 可见,法治现代化与国家治理现代化具有深度的交融关系,二者相辅相成、内在关联。正是在这个意义上,"全面依法治国是国家治理的一场深刻革命"[③]。

---

① 张文显:《法治与国家治理现代化》,载《中国法学》2014 年第 4 期。

② 参见张文显:《法治与国家治理现代化》,载《中国法学》2014 年第 4 期。

③ 习近平:《决胜全面建成小康社会 夺取新时代中国特色社会主义伟大胜利——在中国共产党第十九次全国代表大会上的报告》,人民出版社 2017 年版,第 38 页。

(二)中国式法治现代化进程中的社会治理法治化

党的十九届四中全会通过的《中共中央关于坚持和完善中国特色社会主义制度 推进国家治理体系和治理能力现代化若干重大问题的决定》是我们党在新时代专门针对国家治理现代化事业作出总体布局的纲领性文件。它把"坚持和完善中国特色社会主义法治体系,提高党依法治国、依法执政能力"纳入推进国家治理体系和治理能力现代化的战略部署中,强调"全面推进依法治国,坚持依法治国、依法执政、依法行政共同推进,坚持法治国家、法治政府、法治社会一体建设",通过"加快形成完备的法律规范体系、高效的法治实施体系、严密的法治监督体系、有力的法治保障体系",为国家治理现代化提供全方位的法治依托。① 这充分体现了中国式法治现代化新道路与国家治理现代化的内在一致性。同时,这个纲领性文件也设专节对社会治理制度进行了安排,明确指出"社会治理是国家治理的重要方面"②,要求加强和创新社会治理,在党的十九大提出的"提高社会治理社会化、法治化、智能化、专业化水平"③的基础上,再次强调了"完善党委领导、政府负责、民主协商、社会协同、公众参与、法治保障、科技支撑的社会治理体系"④。也就是说,社会治理的法治化,乃是新时代中国式法治现代化的又一议题。

国家治理体系包含了一个国家经济、政治、社会、文化、生态等各个领域的管理制度及其运行机制,而"政府治理、市场治理和社会治理是

---

① 参见《中共中央关于坚持和完善中国特色社会主义制度 推进国家治理体系和治理能力现代化若干重大问题的决定》,人民出版社2019年版,第13~15页。

② 《中共中央关于坚持和完善中国特色社会主义制度 推进国家治理体系和治理能力现代化若干重大问题的决定》,人民出版社2019年版,第28页。

③ 习近平:《决胜全面建成小康社会 夺取新时代中国特色社会主义伟大胜利——在中国共产党第十九次全国代表大会上的报告》,人民出版社2017年版,第49页。

④ 《中共中央关于坚持和完善中国特色社会主义制度 推进国家治理体系和治理能力现代化若干重大问题的决定》,人民出版社2019年版,第28页。

现代国家治理体系中三个最重要的次级体系”[①]。因此,社会治理是国家治理体系的重要组成部分,它与“国家治理体系和治理能力现代化”这一命题密切相关,是国家治理现代化的基本指标,同时社会治理水平的高低也直接关涉国家治理能力的强弱。如前文所述,国家治理现代化总是与法治现代化相联系而存在的,只有当法治现代化成为国家治理现代化的组成内容和基本路径时,才有可能谈得上建构现代国家治理体系、实现国家治理现代化的问题。[②] 同理,社会治理作为国家治理体系的有机组成部分,也是以法治现代化为前提条件的。换言之,社会治理的法治化是法治现代化在社会治理领域的具体指征,是国家治理现代化的内在要求。

国家决策层提出社会治理水平的提升和社会治理创新问题,是中国社会发展到新阶段的必然要求。同样,“当下中国社会治理的法治化转型,是中国社会发展演化到一定程度之后的内在需要”[③]。从党的十八届三中全会提出“创新社会治理体制”,到十八届五中全会提出“构建全民共建共享的社会治理格局”,再到党的十九大提出“打造共建共治共享的社会治理格局”,都是对这种必然要求的回应。国家治理现代化必然伴随社会治理的现代化,而国家治理现代化与法治现代化的同构性又决定了社会治理的现代化当以法治化为基本要件和目标。甚至可以说,社会治理法治化构成了社会治理现代化水平的评价标准。

从党和国家的政策走向来看,“社会治理法治化”命题的提出,并非一蹴而就,而是有一个认识不断深化的过程。党的十八届三中全会提出了“创新社会治理体制”,首次以最高层级文件的形式将以往的“社会管理”术语转变为“社会治理”。[④] 紧接着,党的十八届四中全会第一次提出“提高社会治理法治化水平”这个重要论断,将社会治理纳入法治社

① 俞可平:《推进国家治理体系和治理能力现代化》,载《前线》2014 年第 1 期。

② 参见公丕祥:《习近平的法治与国家治理现代化思想》,载《法商研究》2021 年第 2 期。

③ 泮伟江:《法学的社会学启蒙》,商务印书馆 2019 年版,第 234 页。

④ 参见《中共中央关于全面深化改革若干重大问题的决定》,人民出版社 2013 年版,第 49 页。

会建设的论题之下。[①] 继而,习近平总书记在党的十九大报告中用专章强调了社会治理议题,不但提出社会治理须由法治保障,而且明确要求“提高社会治理社会化、法治化、智能化、专业化水平”[②]。2019 年,在党的十九大报告关于“完善党委领导、政府负责、社会协同、公众参与、法治保障的社会治理体制”的基础上,党的十九届四中全会提出“完善党委领导、政府负责、民主协商、社会协同、公众参与、法治保障、科技支撑的社会治理体系”[③],在对国家治理现代化作出总体布局的同时也对社会治理进行了专门部署。2020 年,中共中央印发了《法治社会建设实施纲要(2020—2025 年)》,其中专设“推进社会治理法治化”一节,从“完善社会治理体制机制”、“推进多层次多领域依法治理”、“发挥人民团体和社会组织在法治社会建设中的作用”、“增强社会安全感”和“依法有效化解社会矛盾纠纷”五个方面作出了详尽安排,[④]是迄今为止党和国家决策层关于社会治理法治化问题下达的最为全面和细致的政策指南。2022 年 10 月,党的二十大在强调加快建设法治社会的同时,重申了“提升社会治理法治化水平”。[⑤]

如果将社会治理作为一个独立的研究论域来看,在当今中国,无论是学术界以社会治理为核心范畴的理论研究之兴起,还是现实中社会治理创新实践的蓬勃展开,都是我国改革开放 40 余年来不断总结经验、探索路径的结果,是国家政治文明发展的历史必然性体现。正如有学者所揭示的那样,“在中国,总体上正是一个社会不断从国家中释放出来的

---

① 参见《中共中央关于全面推进依法治国若干重大问题的决定》,人民出版社 2014 年版,第 26 ~ 28 页。

② 参见习近平:《决胜全面建成小康社会 夺取新时代中国特色社会主义伟大胜利——在中国共产党第十九次全国代表大会上的报告》,人民出版社 2017 年版,第 49 页。

③ 《中共中央关于坚持和完善中国特色社会主义制度 推进国家治理体系和治理能力现代化若干重大问题的决定》,人民出版社 2019 年版,第 28 页。

④ 参见《法治社会建设实施纲要(2020—2025 年)》,人民出版社 2020 年版,第 13 ~ 17 页。

⑤ 参见习近平:《高举中国特色社会主义伟大旗帜 为全面建设社会主义现代化国家而团结奋斗——在中国共产党第二十次全国代表大会上的报告》,人民出版社 2022 年版,第 42 页。

过程，并且，在释放出来的社会与国家之间建立何种互动关系，面临着怎样的风险和机遇，则成为中国改革发展和法治建设中的核心议题”[①]。其实，从法治现代化的中国进程视角，同样能够看出我们的法治发展有着逐渐开放出社会维度的规律性特征。众所周知，政府推进型法治发展道路是我们在改革开放之初的主动选择，这是由当时我国社会发展特定的客观历史条件决定的，既具有历史逻辑的必然性，也有实践方案的合理性。[②] 然而，这种政府推进型的法治模式如果单纯依赖国家（政府）单方面的努力，则会存在动力单一的缺陷，容易导致“法治共识不足、法律工具主义、制度认同乏力、司法公信缺失等困境”。[③] 为此，从法治国家、法治政府和法治社会三个层面一体建设中国特色社会主义法治体系在今天被确立为全面推进依法治国的总目标，是对政府推进型法治模式及时反思并适度调校的结果。法治的社会之维，为新时代中国式的法治现代化发展注入了基础意义的支撑力。

中国特色社会主义事业发展步入新时代以来，中国式法治现代化的动力机制及其推进方式具有政府推进与社会演进交互作用、自上而下与自下而上共同发力的显著特点。[④] 正如习近平总书记所指出的那样，“我们要在短短几十年时间内在十三亿多人口的大国实现社会主义现代化，就必须自上而下、自下而上双向互动地推进法治化”[⑤]。一方面，在当代中国，实现国家治理现代化和法治现代化的战略任务必须强化组织保证，切实加强党对各项事业的全面领导，确保党的意志和主张经由各级各类政府执行和落实，贯彻到现代化建设的全领域和全过程。另一

---

① 马长山：《法治社会研究的现状与前景——基于国家与社会关系视角的考察》，载《法治现代化研究》2017 年第 1 期。

② 参见庞正：《法治的社会之维：社会组织的法治功能研究》，法律出版社 2015 年版，第 35 ~ 41 页。

③ 参见马长山：《法治社会研究的现状与前景——基于国家与社会关系视角的考察》，载《法治现代化研究》2017 年第 1 期。

④ 参见公丕祥：《中国式法治现代化新道路的内在逻辑》，载《法学》2021 年第 10 期。

⑤ 习近平：《论坚持全面依法治国》，中央文献出版社 2020 年版，第 136 页。

方面,国家治理现代化和法治现代化的内在动力来自中国社会发展的内在需要和社会主体充满活力的自主性社会交往活动。社会主体的创造力是国家现代化事业的力量源泉。因此,充分调动人民群众的主动性和积极性,保障人民群众通过多种途径、机制和方式参与国家治理活动和法治建设实践,是中国式法治现代化动力机制的必然要求。相比较而言,如果说国家治理由于关涉社会政治经济生活的各个领域,更多地依赖执政党领导政府各级各类机关统一谋划、全面推进、归责实施,那么社会治理则更加需要动员广大人民群众和社会组织的积极参与,这更能体现自下而上的实践效能。

社会治理中的"社会"概念,决定了作为法治现代化组成部分的社会治理法治化的社会底色。首先,社会治理及其法治化实践的基本任务密切围绕社会秩序的维护、社会福祉的满足、社会公共安全的保障、社会矛盾纠纷的化解、社会保障体制的运行等方面展开。这些任务本身既是社会整体利益要求,也与社会成员个体的权利和利益直接相关。社会治理法治化意味着以立法形式对这些社会利益形态和个体权利主张予以确认,以法治方式在社会治理实践中对其予以保障。正如习近平总书记所说,"法治是人类政治文明的重要成果,是现代社会治理的基本手段"①,要"始终坚持以人民为中心的发展思想,把促进社会公平正义、增进人民福祉作为工作的出发点和落脚点,努力让人民群众有更多获得感、幸福感、安全感"②。这是新时代中国式法治现代化建设不容回避的重要使命。其次,社会治理及其法治化实践的主体构成特别强调多元主体相互团结、有机配合、形成合力的结构状态。党的十九届四中全会在强调坚持和完善共建共治共享的社会治理制度时,明确提出该制度的实践主体是"人人有责、人人尽责、人人享有的社会治理共同体"③,这就需

① 习近平:《论坚持全面依法治国》,中央文献出版社 2020 年版,第 183 页。

② 习近平:《论坚持全面依法治国》,中央文献出版社 2020 年版,第 255~256 页。

③ 《中共中央关于坚持和完善中国特色社会主义制度 推进国家治理体系和治理能力现代化若干重大问题的决定》,人民出版社 2019 年版,第 28 页。

要党委、政府、基层社会组织和社会成员个体汇聚起来，以共同体的形式发挥力量，亦即在坚持党委领导、政府负责的同时，充分调动社会组织和社会成员的积极性，在社会治理及其法治化实践中彰显人民的主体地位，发挥人民的主体功能。因此，在中国式法治现代化新道路上，社会治理法治化实践的人民性特质不但反映在法治对社会利益和个体权利的维护与保障方面，更鲜明地表现在法治的实践主体方面。社会治理及其法治化实践将广大人民群众直接吸纳为参与主体，证明了习近平总书记的论断："全面依法治国最广泛、最深厚的基础是人民，必须坚持为了人民、依靠人民……推进全面依法治国，根本目的是依法保障人民权益。"①

二、新时代社会治理与法治社会建设的关系

在我国全面深化改革、完善和发展中国特色社会主义制度的实践过程中，法治国家与国家治理、法治社会与社会治理这两对基本概念之间存在密切的逻辑关联和实践交叠。党的十九大报告指出，"全面依法治国是国家治理的一场深刻革命"②。我们认为，这个命题是一个关乎法治国家与国家治理之关系的基本判断：建设法治国家、推进依法治国是诸多国家治理方式中的一种理想方案，是国家治理体系和治理能力的质变性提升；全面推进依法治国是实现国家治理体系和治理能力现代化的科学进路，法治化是国家治理现代化的基本走向。相应地，作为全面依法治国一体建设总目标的结构要素，作为法治国家范畴的社会面向，法治社会也有着鲜明的规范意涵，是一种社会状态的应然图景设定；社会治理作为国家治理体系的组成部分，则更多地用于表达政府机构与社会力量共同管理社会公共事务的事实状态，它应当以法治社会的实现作为理想目标。正是基于法治社会与社会治理之间的这一逻辑关

---

① 习近平：《论坚持全面依法治国》，中央文献出版社2020年版，第2页。

② 习近平：《决胜全面建成小康社会 夺取新时代中国特色社会主义伟大胜利——在中国共产党第十九次全国代表大会上的报告》，人民出版社2017年版，第38页。

系，党的二十大报告在关于“加快建设法治社会”一节部署了社会治理法治化的具体任务，即“推进多层次多领域依法治理，提升社会治理法治化水平”。[①]

在现实领域，从政府这一实践主体角度来看，法治社会建设往往意味着各级政府要运用法治思维和法治方式提高社会治理水平，推进社会治理的法治化、社会化、专业化，同时大力扶持社会组织的健康成长，发掘社会潜力、激发社会活力。因此，在地方各级政府的实践过程中，法治社会建设和社会治理创新不可避免地在实践内容和行动方式上呈现较高程度的复合性。为此，法治社会和社会治理这两个基本概念究竟存在怎样的内涵差异，需要我们在理论上加以厘清；同时，“社会治理法治化”这一命题又如何将社会治理创新与法治社会建设在实践层面上整合为逻辑一致的行动，更值得我们在理论上予以证成。

（一）法治社会范畴的认识框架

法治社会范畴成为我国政治生活和社会生活的主流话语，有着渐次明朗的轨迹。2012 年 11 月，党的十八大提出要更加注重发挥法治在国家治理和社会管理中的重要作用；2013 年 11 月，党的十八届三中全会作出《中共中央关于全面深化改革若干重大问题的决定》，提出了“坚持依法治国、依法执政、依法行政共同推进，坚持法治国家、法治政府、法治社会一体建设”[②]；2014 年 10 月，党的十八届四中全会通过了《中共中央关于全面推进依法治国若干重大问题的决定》，从法治体系（总纲）、法律体系、法治政府、公正司法、法治社会、法治队伍、党的领导 7 个方面对社会主义法治建设的总体布局作出了安排；2015 年 10 月，党的十八届五中全会在“十三五”规划的建议中提出加快建设法治经济和法治社会，把经济社会发展纳入法治轨道；2017 年 10 月，党的十九大再次明确，“全面推进依法治国总目标是建设中国特色社会主义法治体系、建

① 参见习近平：《高举中国特色社会主义伟大旗帜 为全面建设社会主义现代化国家而团结奋斗——在中国共产党第二十次全国代表大会上的报告》，人民出版社 2022 年版，第 42 页。

② 《中共中央关于全面深化改革若干重大问题的决定》，人民出版社 2013 年版，第 31 ~ 32 页。

设社会主义法治国家”[①]。

2022 年 10 月,党的二十大专章部署了“坚持全面依法治国,推进法治中国建设”的任务,重申了“坚持依法治国、依法执政、依法行政共同推进,坚持法治国家、法治政府、法治社会一体建设”。[②]“坚持法治国家、法治政府、法治社会一体建设”是全面推进依法治国总目标的具体表达,也是社会主义法治体系的三个层面。我们认为,这一总目标的确立是我们的执政党在改革开放以来,特别是党的十八大以来对法治理论和法治实践在认识上的重大进步,也是国家宪法确立的“依法治国、建设社会主义法治国家”基本治国方略的科学展开。“一体建设”目标的提出为法治建设提供了立体化的方案,使法治由单一的政府推进模式转变为体系化的推进模式。这一目标在全面领会法治范畴多重面向的基础上把握了权力制约的核心要义,为法治建设引入了不可或缺的社会之维。

法治社会建设对于依法治国总目标的实现具有基础意义,而展开法治社会建设的首要前提则是要准确理解“法治社会”这一概念及其所衍生的命题,确立法治社会的正确理念。从语词结构来看,“法治社会”是一个偏正词组,用以指称一个特定类型的社会形态,即法治化了的社会、由法律缔造和治理的社会。因此,“法治社会”范畴并不意在表达某一主体以法律为手段来统治、控制社会。很多学者对法治社会的阐释都指明了这一要义,他们认为法治社会是“按照法律规范协调社会关系、化解社会纠纷、处理社会矛盾和决定社会公共事务的一种良性有序的社会状态”[③],“是指社会的民主化、法治化、自治化”[④],其外部基本特征表现为“社会组织依据法律和章程等组织规则的自治”[⑤]。我们认为,要准确

---

① 习近平:《决胜全面建成小康社会 夺取新时代中国特色社会主义伟大胜利——在中国共产党第十九次全国代表大会上的报告》,人民出版社 2017 年版,第 19 页。

② 参见习近平:《高举中国特色社会主义伟大旗帜 为全面建设社会主义现代化国家而团结奋斗——在中国共产党第二十次全国代表大会上的报告》,人民出版社 2022 年版,第 40 页。

③ 龚廷泰、常文华:《政社互动:社会治理的新模式》,载《江海学刊》2015 年第 6 期。

④ 郭道晖:《法治新思维:法治中国与法治社会》,载《社会科学战线》2014 年第 6 期。

⑤ 陈金钊、宋保振:《法治国家、法治政府与法治社会的意义阐释——以法治为修辞改变思维方式》,载《社会科学研究》2015 年第 5 期。

把握法治社会范畴的意涵，树立正确的法治社会观念，应当以下述几个维度作为必要的认识框架。

第一，要从历史唯物主义的哲学立场出发，在社会必然性的层面深刻理解法治社会。无论何种社会形态，都天然地存在组织化、秩序化的需要；法治作为一种社会政治实践方式，是被人类文明发展历史不断证明了的最安全、最有效的组织化、秩序化手段。归根结底，法治最终的功能指向是满足人类社会有序、稳定、文明发展的需要，它甚至本身就可以被视为一种社会关系的缔结方式和社会秩序的存在方式。它生发于社会并回馈于社会，社会是法治的真正母体。这就是说，法治必然地内蕴着社会的面向，没有理由被任何力量武断地据为己有，当作制驭社会的工具或方式。马克思说："社会不是以法律为基础的。那是法学家们的幻想。相反地，法律应该以社会为基础。"①正确认识和把握法治的社会本体意义是历史唯物主义法哲学的应有立场，也只有从这一立场出发才能真正理解法治社会的理论逻辑。

第二，要在"法治国家、法治政府、法治社会一体建设"的命题中理解法治社会。厘清法治社会与法治国家、法治政府的相互关系，有益于我们准确把握法治社会的特殊规定性。关于法治国家、法治政府和法治社会三者之间的关系，学术界有不同的理解。② 我们认为，"法治国家"是对一个以法治为基本政治实践方式的政治共同体的抽象描述，它指明

① 《马克思恩格斯全集》(第 6 卷)，人民出版社 1961 年版，第 291 ~ 292 页。

② 有的学者认为，法治国家是指整个国家公权力的法治化，法治政府主要指国家行政权行使的法治化，法治社会则主要指政党和其他社会共同体行使社会公权力的法治化。参见姜明安：《论法治国家、法治政府、法治社会建设的相互关系》，载《法学杂志》2013 年第 6 期。也有的学者认为，法治国家主要是解决执政党依法执政的问题，法治政府主要是解决政府与市场、社会组织行为的法治化问题，法治社会主要是在法律对社会组织与公民、政府之间的权力进行明确划分的情况下，实现社会管理体制现代化的问题。参见陈金钊、宋保振：《法治国家、法治政府与法治社会的意义阐释——以法治为修辞改变思维方式》，载《社会科学研究》2015 年第 5 期。还有的学者认为，法治国家主要是就国家主权意义而言的，是指全部国家机器、国家权力的民主化、法治化；法治政府一般特指行政权力运行的法治化；法治社会则属于社会权力范畴，它是相对于法治国家并与之互补互动，实行社会自治自律的独立实体。参见郭道晖：《法治新思维：法治中国与法治社会》，载《社会科学战线》2014 年第 6 期。

了法治是一个国家的经济生活、政治生活、文化生活等各个领域的基本存在样态。[①] 法治政府和法治社会则是“法治国家”这一抽象术语的具体展开。法治国家是一个上位概念,法治政府和法治社会是法治国家之下的两个属概念。法治政府和法治社会作为法治国家的两翼,是法治在一个国家的公域和私域的分别体现。[②] 相较而言,法治政府的内涵比较明确而具体,它更多的是指国家公权力机关在法律设定的制度框架内运行,具备有效的权力制约和监督机制;法治社会的内涵则更为丰富,有着多种指向的外部表征。虽然法治政府和法治社会都具有观念和制度两方面的要素,但法治社会相对来说更加以文化风尚的外观呈现于世。信奉法律的普遍观念、自觉守法的行为习惯、明确的权利意识、理性的思维方式等构成的法治氛围,为法律制度与社会行为之间的传导提供了必要的场域,法治社会往往是这一场域的抽象表达。也正基于此,对法治社会的观察和评价需要重点考量文化和观念的因素。

第三,要在法治国家实现的前提条件意义上理解法治社会。法治的核心要义在于国家权力的法治化,在于任何一种公权力类型都受到有效的监督和制约。权力制约的机制除了包括权力体系内部不同权力类型之间的相互制约,也包括来自外部的社会制约。后者具体是指公民、法人和其他社会组织对公权力的监督和制约,即“以权利制约权力”。这种对权力的外部制约弥补了单纯“以权力制约权力”的制度不足。“现代法治的第一个前提就是它必须是以社会自治作为其基本社会构造的”[③],为此,营造一个客观实在的法治社会场域,对于依法治国总目标的实现具有前提性社会条件的意义。实践证明,对权力最有效的外部制

① 法治国家的基本特征包括:具有完善的民主政治体制和运行机制;宪法和法律至上,任何国家机关、政党、社会组织和个人都没有超越法律的特权;全部国家公权力都在法律设定的权限和程序下运行,具备有效的权力制约机制;人权和公民各项法定权利能够得到有效保障和救济;司法权能够独立行使,为社会矛盾的解决和违法行为的纠偏提供公正的司法裁决;信赖法律、遵守法律是社会成员普遍的价值观念和行为方式,整个社会具有法治氛围和法治风尚,社会秩序井然有序。

② 参见庞正:《法治社会建设的理论基础与应有理念》,载《法治现代化研究》2019 年第 4 期。

③ 姚建宗编著:《法理学:一般法律科学》,中国政法大学出版社 2006 年版,第 388 页。

约来自社会自治组织。因为与公民个人和企业相比,各类社会组织往往拥有更加有效的组织力和更为强大的社会影响力,拥有更加广阔的信息来源,拥有更加多元且持久的监督、批评渠道,它们的公益和互益性质促使它们自觉地对权力的不当行为予以揭示与批评,从而使权力得以在阳光下运行。因此,法治社会的存在及其社会组织的发达是实现法治国家的前提性条件。

第四,要将社会作为法治实践的主体来理解法治社会。法治社会是指一个依赖法律缔造秩序的社会,一个法治观念普及、法治氛围浓厚的社会,一个经由社会自我治理而达致和谐的社会。虽然国家的立法活动和法律实施活动是型构法治社会不可或缺的因素,但法治社会不可片面地被理解为国家或政府自上而下地运用法律统治社会。反之,法治社会内含着社会依凭国家法律和自生规范进行自治,以及社会自下而上地治理国家、监督政府的特定意蕴。因此,法治社会概念特别强调社会成员作为法治主体的意义,强调发掘社会潜力、激发社会活力、健全社会组织、发展社会事业。在法治社会的实践场域,"社会"这一抽象主体的具体组成,包括公民、法人、其他经济组织,特别是担负着社会关系组织化、秩序化主要功能的社会基层自治组织(社区、村民委员会)、人民团体、公益组织、非营利组织等。这些现实主体是法治社会发展的中坚力量。

总之,在描述的意义上,法治社会是指一种由国家法律和社会自生规则共同缔造的、拥有良好秩序的社会状态,以社会组织为主要主体的社会自治是其存在和运行的主要机理。在规范的意义上,法治社会范畴涵摄价值、秩序、制度和观念四个维度的面向,[①]其中价值之维意味着法治社会是以自由、平等、公正、民主、尊严等价值理想为鹄的的社会,它承认并追求社会成员关于幸福生活的共同主张;秩序之维体现着法治社会的有序运行状态,它特别强调社会本身经由自治而实现的自我秩序化能力;制度之维反映着法治社会容纳了国家立法、善良风俗、社团章程、乡

① 参见周恒、庞正:《法治社会的四维表征》,载《河北法学》2018 年第 1 期。

规民约等多元化的行为规范和多样性的纠纷解决机制，这使国家法律体系获得了必要的、有效的制度补充；观念之维呈现着法治社会中社会成员普遍具有较高的法治意识，丰厚的法治文化在社会行为与法律制度之间提供了必要的观念场域。法治社会的四维面向共同构成了法治社会范畴的规范属性和基本特征。

（二）法治社会和社会治理的概念差异

严格地说，“法治社会”是法学领域的基本理论工具，而“社会治理”是政治学和公共管理学领域的基本概念。在法学界，学者们注意到了“国家治理体系和治理能力现代化”议题与法治国家建设之间的密切关系，并对此进行了讨论，但尚未充分关注社会治理与法治社会这两个概念作为理论分析工具的差异，甚至将两个概念不加区分地使用。对二者在理论认识上的混同具体表现为三种情况：

其一，将“法治社会”与“社会治理”视为等同关系。有的学者由于认识到社会治理创新与法治社会建设存在高度的内容重叠，于是认为二者“几乎就是同一个问题的两个方面”；①有的学者认为法治社会命题要解决的就是社会领域的法治治理问题，主张多元治理模式实质上就是法治社会建设，提出“与法治社会相对应的是社会管理体制的创新以及社会治理体制的完善”。②

其二，将“法治社会”与“社会治理”视为种属关系。有学者倾向于把社会治理理解为法治社会建设的组成部分，并视之为法治社会建设的核心任务，称法治社会建设的“核心乃在于深入开展多层次多形式法治创建活动，深化基层组织和部门、行业依法治理，支持各类社会主体自我约束、自我管理”。③

---

① 参见葛洪义：《社会治理与法治社会》，载《现代法治研究》2016 年第 1 期。

② 参见陈金钊、宋保振：《法治国家、法治政府与法治社会的意义阐释——以法治为修辞改变思维方式》，载《社会科学研究》2015 年第 5 期。

③ 马长山：《法治社会研究的现状与前景——基于国家与社会关系视角的考察》，载《法治现代化研究》2017 年第 1 期。

其三,将“法治社会”与“社会治理”视为交融关系。有些学者认为法治社会建设既是社会治理的基本方式,也是社会治理的重要保障条件;同时,主张社会治理也是法治社会建设的重要内容,法治社会建设离不开社会治理创新的过程。[①] 这种叙述似乎试图表达社会治理与法治社会的相互关系,但其缺乏具体分析的宏大叙事方式恰恰模糊了二者的边界,反而不如上述两种认识的观点清晰。

在我们看来,法治社会和社会治理是当下我国政治话语系统中两个十分重要的术语,它们各自特定的概念内涵和分析功用必然会延伸出不同的理论命题乃至理论体系。故而,它们理应作为富含学理性的基本范畴,在不同的问题意识引领下、在不同的研究论域中分别充当关键分析工具。[②] 如果我们不在理论上对这两个范畴进行必要的规范化处理,区分二者的内涵和功用,厘清二者的理论关系,不但会影响它们各自衍生的理论体系的成长,而且会影响它们在现实实践中理论功效的发挥。[③] 更深远的隐忧在于,如果我们在观念、理论乃至实践中都简单地将法治社会与社会治理相等同,甚至偏好把法治社会建设视为服务于社会治理的手段,视为一套“社会治理术”、一种“迂回而节省的治理技术”,[④]法治社会作为法治“一体建设”组成部分之重要地位可能就有弱化之风险,法治社会建设对于全面推进依法治国总目标的基础性意义将被削弱;在实践领域,无论是法治社会建设还是社会治理创新,指导思想和行动方

---

① 参见武小川:《论公众参与社会治理的法治化》,武汉大学2014年博士学位论文,第125页;赵萍:《风险社会理论视域下中国社会治理创新的困境与出路研究》,山东大学2014年博士学位论文,第116页。

② 这一说法并不意味着“法治社会”和“社会治理”不可同时出现在某一研究论题中,只是旨在强调不同的论题决定了我们必须选择其一作为关键的分析工具,因为它们各自具有特定的内涵和分析效能。

③ 事实上,近年来在基层实践部门及其工作人员的观念和行动中不难看到,法治社会建设活动与社会治理行动往往是不被区分的,在指导思想、行动计划、具体举措、评价指标、成效总结等方面二者总是被混为一谈。

④ 参见强世功:《“法治中国”的道路选择——从法律帝国到多元主义法治共和国》,载《文化纵横》2014年第4期。

案都有可能偏离各自的应有目标，甚至在整体上会导致国家法治建设踟蹰于政府推进型法治模式的困顿，无法实现法治社会建设目标的真正意图。[①] 因此，在理论上厘清二者的区别和联系，有助于法治社会建设和社会治理创新在指导思想上保持正确，在行动方案上具备科学性、合理性和有效性。

如前所述，法治社会和社会治理这两个概念在学术研究和现实实践中常常没有被谨慎地区分使用，甚至有人把法治社会与社会治理直接相等同，在讨论法治社会建设的实践问题时将视野限定在社会治理的界域。我们认为，法治社会与社会治理是属于不同问题意识下的分析工具，各有其特定的意涵和功用，二者的区别具体包括以下几个方面。

第一，二者是分属不同研究领域的基本范畴，是不同论域下的概念分析工具。法治社会是法学研究领域特别是法治理论研究领域的基本范畴，是法治议题下的具体论域；社会治理是政治学、公共管理学和行政管理学领域的基本概念，是国家履行社会管理职能从政府本位转向社会本位的理论范式。尽管必须承认法治社会建设是近年来政治学领域开始关注的议题之一，而且法学研究无论在基础理论还是在某些部门法学领域也都不可避免地涉及社会治理问题，但是，这种学科间的交融并不否定基本分析工具的归属，毕竟相对独立的学科体系正是各自以一系列专门化的概念为纽结搭建而成的。

第二，二者作为独立概念的特殊地位是由不同的问题意识决定的，它们的工具意义也正是旨在解决不同的问题。可以说，法治社会范畴衍生的所有问题都围绕“法”而展开，它的核心关切在于法律是否是社会秩序的缔造者，法治是否是这一社会类型的基本特征和评价标准，同时法治之“法”的正义性是法治社会范畴不可舍弃的价值要素。相对而言，虽然社会治理也讲求法治化进路，但社会治理范畴背后的所有问题都是以“治”为核心的，治理手段的正当性、合理性和有效性是其关注重

① 参见庞正：《法治社会和社会治理：理论定位与关系厘清》，载《江海学刊》2019 年第 5 期。

心;社会公共利益的普遍满足是社会治理的目的所在,法治方式的选择也是为了更好地满足"治"的目的。

第三,二者作为特定的术语有着不同的概念功用。法治社会是一个富有价值意蕴的规范性概念,它以整个社会法治观念的普及和法治氛围的存在为文化条件,以社会成员和社会组织的独立、自愿、自治、商谈为基本交往方式,以自由、平等、公正、人权、秩序等价值目标为理想愿景。这些价值标准决定了法治社会范畴具有较强的规范性、评价性。相较之下,社会治理是一个偏于描述性的概念,它仅限于对某种特定的社会管理方式的描述,尽管其中的"治理"部分已被赋予了一定的规范性意涵,即强调政府与社会的良性互动、多元共治,但仍然属于规范意义较薄的描述性概念,在目标上基本只限于社会公共事务管理的实现和社会秩序的达成。[①]

第四,二者在现实实践中占据主导地位的主体是不同的。就法治社会而言,活跃其中并占主导地位的是社会成员本身,社会成员发挥自身主体作用的基本方式是通过自愿缔结各种社会组织实现社会生活领域的广泛自治。法治社会建设虽然也强调政府运用法治手段对社会关系进行调整,但这一范畴的根本要义在于社会自身的发育成熟、社会规范的丰富有效和社会组织的良性自治。相比之下,社会治理虽然同样强调社会成员和社会组织对公共事务管理的参与,但政府仍然是社会治理的主导者和责任人,其他社会成员和社会组织只是政府不可忽视的参与

① 相较于"社会治理",政治学领域的"善治"概念显然与法治社会范畴有着更大的理论交集,因为"善治"是一种被赋予了强烈价值诉求的社会治理。正如有学者所描述的那样,"善治是以人为本、以人为中心的治理,它是一个在坚持人权、民主、法治的制度环境下,为达到公平和可持续发展,而对人、自然、经济和财政资源进行的透明且负责任的管理。因此,善治是在尊重人权、崇尚民主和法治、安全和分权以及公民的社会参与基础上,所建立的一种政治和制度环境。善治的本质特征是:它是政府与公民对公共生活的合作管理,是国家与社会的一种新颖关系,是两者的最佳状态,即以民众为中心的治理"。参见龚廷泰、常文华:《政社互动:社会治理的新模式》,载《江海学刊》2015 年第 6 期。善治实际上是"国家的权力向社会的回归,善治的过程就是一个还政于民的过程。善治的基础与其说是在政府或国家,还不如说是在公民或民间社会"。参见俞可平主编:《治理与善治》,社会科学文献出版社 2000 年版,第 11 页。

者、协助者。正如有学者所言，“社会治理呈现出三种基本状态，即政府对于社会的治理、政府与社会组织和公民的合作共同治理、社会自治。其中，政府对于社会的治理，实则是社会治理的主体形态和主要内容”①。

第五，二者的不同内涵决定了在实践中各自有着不同的目标和任务。相较而言，法治社会范畴更为抽象和丰富的内涵决定了法治社会建设的任务十分宽泛。它包括以法治为载体的自由、平等、公正、民主、人权等社会主义价值观念的弘扬，国家法律体系和社会民间规则相结合的社会规范系统的完善，社会组织良性运作和依法自治的秩序化状态的实现，崇法、守法、用法的法治氛围和法治文化的形成等。社会治理这一范畴与社会公共事务管理的政府义务密切相关，它以人民获得感、惠民措施、脱贫攻坚、教育事业、就业状况、居民收入、社会保障等民生事业为具体内容，以人民生活水平的不断提高为目标。这些内容在党的十九大报告中都有所表达②，是以人民为中心的发展思想的直接体现。这一指导思想是否牢固确立，直接关系社会治理的实践方向是否正确。

（三）“社会治理法治化”命题统合下的法治社会与社会治理

由上可见，法治社会和社会治理存在于两个不同的话语系统中，以不尽相同的语义发挥着不同的语用。法治社会概念衍生出的理论主要解决的是一个社会的秩序由什么缔造，以及该种社会秩序的形成、运行机理问题，它表征的是一种理想化的社会状态，即“法治化的社会”；社会治理概念搭建出的理论解决的是一个国家（政府）如何进行公共事务管理、提供公共产品和服务、满足社会普遍利益需求的问题，它描述的是一种管理社会事务的活动和方式，即“对社会的治理”。然而不可否认的是，在学理上，法治社会和社会治理这两个概念在理论上具有高度的

---

① 王浦劬：《国家治理、政府治理和社会治理的基本含义及其相互关系辨析》，载《社会学评论》2014 年第 3 期。

② 参见习近平：《决胜全面建成小康社会 夺取新时代中国特色社会主义伟大胜利——在中国共产党第十九次全国代表大会上的报告》，人民出版社 2017 年版，第 5 页。

可通约性，作为彼此独立的分析工具又常常互相借力发挥作用。在现实中，法治社会建设和社会治理活动的实践方式在主体、事项、手段、过程等多方面的外观上也多有重合之处，譬如它们都以社会生活的公平有序为目标，都主张以有效规则为手段对社会关系进行规制，都强调社会成员在社会公共事务中的高度参与，都主张政府与社会的共治是社会运行的理想状态，都接受多元化的社会规范和多元化的矛盾纠纷解决机制，都提倡公民意识和自治精神，都重视政治参与和社会监督，都追求社会权力在公共领域的有效实现，等等。近年来，全国各地纷纷呈现的矛盾纠纷多元化解决机制的探索、城乡居民公共法律服务体系的建设、行业协会等社会组织公益和互益功能的发挥、社区群众的自治和联防行动等，都很难被简单地归于法治社会建设的内容抑或社会治理创新的举措。显然，这是法治社会建设和社会治理创新实践在新时代中国式法治现代化进程中的共相。早在2014年，党的十八届四中全会提出“提高社会治理法治化水平”[①]这个重要论断，就以“社会治理法治化”命题科学地揭示了这一共相，有效统合了法治社会与社会治理两个范畴，为新时代社会治理实践指明了法治化方向。

首先，在“社会治理法治化”命题下，法治社会和社会治理都以存在一个和谐有序、充满活力的社会为前提，以多元化的社会结构格局为条件。一个相对自在的社会领域的存在，不但是法治社会概念成立的基础，甚至也是法治国家能否实现的基础。确如有学者所说，“一个以市场为中心的平等、自由和协商的社会领域，始终是法治国家的根基所在”[②]。从我国的现实状况来看，“法治社会在目前还是法治国家和法治政府的衍生物。法治社会的范围有多大，在很大程度上取决于权力退出的领域有多大”[③]。因此，我国法治社会建设的关键在于正确处理政府

---

① 《中共中央关于全面推进依法治国若干重大问题的决定》，人民出版社2014年版，第27页。

② 张文显：《法哲学通论》，辽宁人民出版社2009年版，第373页。

③ 陈金钊、宋保振：《法治国家、法治政府与法治社会的意义阐释——以法治为修辞改变思维方式》，载《社会科学研究》2015年第5期。

与社会的关系，为社会让出自主发展的空间，实现政社良性互动。就社会治理而言，多元共治的社会治理本身就意味着新型的“国家—社会”关系模式的出现，没有一个相对独立的社会领域，社会治理也就无从谈起。在从统治到治理的“治道变革”时代，社会公共事务的管理和社会公益的实现不再是政府单方面的使命，而是全社会的共同任务。治理的基本特征就是社会对社会公共事务的自我管理或与政府的合作管理，没有健全的社会就不可能有治理。反之，社会及其组织机构的发展也必然带来社会公共事务和社会公益事业从统治到治理的变迁。

其次，在“社会治理法治化”命题下，法治社会和社会治理有着同样的多元化制度依赖，它们不仅以国家正式立法为规范依凭，同时也以非正式的民间规范为调整手段。“实行法治并不意味着奉行法律中心主义，真正有效的经验是把法律与其他社会控制资源结合起来，根据特定的社会条件，综合、协调地发挥其作用。”[①]应当说，法治社会建设正是这种法治理念在实践中的真实展开。在我们看来，法治社会的调整手段包括两个层面的制度规范：一是市民公约、乡规民约、行业规章、社团章程、公序良俗等，这是法治社会中的初阶规范；二是国家法律、党内法规、政府规章和地方法规等，这是法治社会中的高阶规范。[②] 同样，这两个层面的规范也是社会治理实践中的制度依赖。甚至可以认为，那些生发于社会成员交往和社会组织行动、与法治原则和正式法律制度相匹配的种种非官方规范，能够更有效地满足社会自治和社会治理的需要。

再次，在“社会治理法治化”命题下，法治社会和社会治理所依赖的运行机理具有极大的相通之处。具体而言，法治社会和社会治理都强调社会自治的机制，都主张通过社会成员的自治以及社会与政府的共治来实现社会治理目标。无论是在法治社会建设中还是在社会治理实践中，社会组织的广泛建立和有效运作都是社会自治机制的实现方式。社会

---

① 顾培东：《中国法治的自主型进路》，载《法学研究》2010 年第 1 期。

② 参见庞正、杨建：《法治社会的理论内涵与实践意义》，载南京师范大学法学院《金陵法律评论》编辑部编：《金陵法律评论》（2015 秋季卷），法律出版社 2016 年版。

组织是否发达，社会组织的活力是否充分发挥，是社会治理水平能否得以提升的前提条件，也是判断法治社会成熟度的直观标准。党的十八大以来，国家最高决策层十分重视引导社会组织加强自身建设、参与社会治理和公共服务，发挥法治功能。在社会治理方面，党的十八届三中全会提出要"促进群众在城乡社区治理、基层公共事务和公益事业中依法自我管理、自我服务、自我教育、自我监督"；"鼓励和支持社会各方面参与，实现政府治理和社会自我调节、居民自治良性互动"；"激发社会组织活力。正确处理政府和社会关系，加快实施政社分开，推进社会组织明确权责、依法自治、发挥作用"①。在法治社会建设方面，党的十八届四中全会作出了更详尽的部署，提出要"发挥人民团体和社会组织在法治社会建设中的积极作用。建立健全社会组织参与社会事务、维护公共利益、救助困难群众、帮教特殊人群、预防违法犯罪的机制和制度化渠道。支持行业协会商会类社会组织发挥行业自律和专业服务功能。发挥社会组织对其成员的行为导引、规则约束、权益维护作用"②。

最后，在"社会治理法治化"命题下，法治社会和社会治理以民主价值为共同追求，是加强人民当家作主、完善社会主义民主政治的实践方案。相较于法治国家和国家治理，法治社会和社会治理所共有的"社会"一词，更为直观地彰显了民主观念、民主价值、民主制度和民主实践。党的十九大报告指出："发展社会主义民主政治就是要体现人民意志、保障人民权益、激发人民创造活力，用制度体系保证人民当家作主。"③这里的制度体系应当包含法治社会和社会治理的制度内容。法治社会建设和社会治理创新都是积极稳妥推进政治体制改革的有效手段，是保证人民通过各种途径和形式管理国家事务、经济文化事业和社会事务的基本方式，都有益于实现社会主义民主政治的制度化、规范化

---

① 《中共中央关于全面深化改革若干重大问题的决定》，人民出版社 2013 年版，第 31、49、50 页。

② 《中共中央关于全面推进依法治国若干重大问题的决定》，人民出版社 2014 年版，第 28 页。

③ 习近平：《决胜全面建成小康社会 夺取新时代中国特色社会主义伟大胜利——在中国共产党第十九次全国代表大会上的报告》，人民出版社 2017 年版，第 36 页。

和程序化。具体而言，法治社会建设和社会治理创新的实践方案都体现了对社会成员知情权、表达权、参与权、监督权的强化和保障，是完善基层民主制度、实现全过程民主的直接举措。尤其在发挥协商民主的制度作用上，法治社会和社会治理有着鲜明的共同理念，完全符合党的十九大所提出的“要推动协商民主广泛、多层、制度化发展……形成完整的制度程序和参与实践，保证人民在日常政治生活中有广泛持续深入参与的权利”①的要求。

由上可见，“社会治理法治化”命题体现了法治社会与社会治理范畴在理论上的通约性，同时也决定了法治社会建设与社会治理创新在实践上的交叠。对于我国当下而言，社会治理可以被视为法治社会建设的实践组成部分，法治社会是社会治理的目标指向和规范化要求。总之，“社会治理法治化”命题体现了党和国家在聚焦创新社会治理体制、提升社会治理水平的过程中，科学地将法治化确立为社会治理应有的实践目标，使社会治理有机地嵌入法治社会建设之中，在法治化方向的引领下迈向国家治理体系和治理能力现代化。

三、社会治理法治化的意涵与目标

作为一个专门术语，“社会治理”概念正式进入我国政治话语系统的时间并不长，如果以党和国家最高层级的政策文件为标志，可以从党的十八届三中全会起算，即《中共中央关于全面深化改革若干重大问题的决定》专门设定“创新社会治理体制”一节，明确提出“提高社会治理水平”“改进社会治理方式”“坚持依法治理，加强法治保障，运用法治思维和法治方式化解社会矛盾”②。自此，“社会治理”概念不但成为学术研究的热点，也成为法治建设实践和公共事务管理活动中的高频使用词汇。作为新时代中国特色社会主义事业发展的重要组成部分，社会治理

---

① 习近平：《决胜全面建成小康社会 夺取新时代中国特色社会主义伟大胜利——在中国共产党第十九次全国代表大会上的报告》，人民出版社 2017 年版，第 38 页。

② 《中共中央关于全面深化改革若干重大问题的决定》，人民出版社 2013 年版，第 49 页。

在中国语境下有何特定的含义？“社会治理法治化”命题的理论内涵是什么？这一命题与新时代国家发展总体布局、战略布局和基本方略又有着怎样的关系？对这些问题的回答，构成了社会治理法治化的理论基础。

（一）社会治理概念及其中国意蕴

随着党的十八届三中全会提出“推进国家治理体系和治理能力现代化”的目标要求，社会治理创新和提升社会治理水平迅速成为党和政府工作任务的重要着力点，“社会治理”一词也随即在经济、政治、社会生活中几乎取代了“社会管理”被广泛使用。事实上，“治理”（governance）作为一个特定的学术概念以及由之而生的理论范式，已经在中外学术界被使用、研究、争论了20多年。确切地说，无论在中文还是英文世界，原本使用率非常低的“治理”概念从20世纪90年代初开始爆发式地出现在国际学术研究领域，成为政治学、公共管理学、行政管理学、经济学、管理学、法学等学科共享的分析工具和理论热点，并很快波及我国。[①] 概言之，治理概念及其理论在全球范围的兴起，根本原因在于人们普遍认识到日益复杂、交融、流动的现代社会已经无法由政府单独承担管理任务，政府必须对自己的角色、职能和行为方式作出调整；治理概念及其理论旨在将政府之外的主体和力量吸纳进来，形成一种新型的公共管理范式，在这一范式中，政府与经济组织、非政府组织、民众个体之间存在相互依赖的合作关系。

但是，治理理论在学术界的勃兴并没有很好地表现出治理概念作为分析工具的科学性和有效性。这主要体现在两个方面：其一，治理范畴

① 关于治理范畴及其理论极为细致的谱系研究，可参见王绍光：《治理研究：正本清源》，载《开放时代》2018年第2期。在学术界，“治理”一词作为专门的学术术语被设定，用意在于和“统治、管理”（government）相区别，旨在强调一种并非完全出自国家（政府）的，甚至与国家（政府）无涉的管理活动。比如，在20世纪60～70年代，“governance”开始在城市管理和教育机构管理领域被使用，20世纪80年代以后，“governance”被经济学、管理学广泛用于公司治理话题，“直到20世纪80年代末，在政府管理领域、公共领域还很少有人使用‘governance’”。参见王绍光：《治理研究：正本清源》，载《开放时代》2018年第2期。

的内涵和外延缺乏必要的规定性，这导致了“治理”一词在不同学科之间、学科与实践领域之间各取所用、各说各话，本应具有的特定内涵被任意拉伸的外延所摊薄，于是出现了“城市治理”“乡村治理”“学校治理”“公司治理”“分层治理”“全球治理”等溢出治理理论的提法，使“治理”停留于原本的日常语义，甚至只不过是“管理”的替代用语而已。其二，即使在治理理论的大本营——政治学和公共管理学领域，也没有对治理范畴的工具意义形成必要的理论共识，即治理范畴究竟是一个承载价值诉求的规范性概念还是一个偏重分析的描述性概念？如果是前者，治理范畴的规范性要求应包括哪些内容？

在学术界，治理范畴的厘定和治理理论的构建总是在“治理”与“统治”的比较中展开的。大多数研究者认为，“治理”与“统治”的最根本区别在于，统治的主体只是国家公共机构即政府，而治理是公共机构与私人机构的交互合作，私人机构可以成为治理的参与主体；[①]治理是国家与社会的合作、政府组织与社会组织的合作、公共机构与私人机构的合作、强制与自愿的合作。治理意味着在社会公共事务管理和公共物品提供上政府不再是唯一的权力中心，各种社会的和私人的机构亦可成为具体运作环节和不同层面上的权力中心；治理意味着现代政府正在把原先独自承担的职能向社会转移，进而导致国家与社会之间、公共部门与私人部门之间的界限和功能变得模糊；治理意味着在参与集体行动的各种组织机构之间存在权力的相互依赖，它们必须通过交换资源和共同磋商来达致共同目标。[②] 从“统治”到“治理”的模式转变，被人们称为“治道变革”或“公共管理的范式转换”。

由此可见，在政治学、公共管理学、行政管理学和法学等与社会管理

---

① 走得更远的人认为，私人机构可以是独立掌握治理权力的主体，甚至提出“无需政府的治理”命题。See R. A. W. Rhodes, *The New Governance: Governing without Government*, Political Studies, Vol. 44, No. 4, p. 652 – 667 (September 1996). 转引自王绍光：《治理研究：正本清源》，载《开放时代》2018 年第 2 期。

② 参见俞可平主编：《治理与善治》，社会科学文献出版社 2000 年版，“引论”第 3 ~ 6 页。

密切相关的学科领域，治理范畴已被赋予了特定的规范性意涵，不再是泛指所有一般意义上的公共事务管理行为。[①] 治理范畴规定了一个国家（政府）治国理政的特定方式，即在传统的公共事务管理中加入了非政府的合作者，强调政府机构与社会力量的良性互动。但是我们认为，治理范畴的规范性也仅限于此，不能再添付更多的带有价值诉求的理想尺度，否则就无法与“善治”“良治”（good governance）等规范意涵更强的术语相区分。[②] 更重要的是，对治理范畴赋予过多的民主性等意识形态，势必导致远离甚至抛弃“治理”一词的本义，最终使治理更接近于“自治”，那就完全失去了一个概念作为分析工具的特定语义和语用。无论如何，治理的核心主体是国家（政府），治理范畴并不意味着政府的隐退。[③] 在我们看来，治理理论主张社会力量成为治国理政的参与主体，从表面上看似乎淡化了政府机构的地位和功能，但其实质目的恰恰是强化政府能效。因此，治理范畴定义了一种国家（政府）主导、社会参与的公共管理方式，是一个偏重描述的概念；至少在我国目前的社会经济条件和社会结构条件下，治理范畴不宜被定位于社会中心主义的实践范式。[④]

让治理范畴回归其描述功能，有助于我们正确理解当下中国政治话语系统中的“国家治理体系”“治理能力”“社会治理”等语汇所指向的

---

① 当然，也有学者坚决反对这种规范性的治理概念，认为它只不过是一个“空洞的能指”；所谓从统治到治理的“范式转换”乃是“一厢情愿的幻影”。参见王绍光：《治理研究：正本清源》，载《开放时代》2018 年第 2 期。

② 有学者主张，“治理”不仅仅是一种工具性、技术性的政治行为，还是一种具有价值品性的政治行为，它内含以人为本的价值取向，应始终围绕保障和改进民生，促进人民的自由、幸福和全面发展。参见江必新、王红霞：《社会治理的法治依赖及法治的回应》，载《法制与社会发展》2014 年第 4 期。

③ 日本有学者将“governance”译为“协治”，我们认为这一译法更准确地反映了对治理主体的理解。参见罗豪才、宋功德：《公域之治的转型——对公共治理与公法互动关系的一种透视》，载《中国法学》2005 年第 5 期。

④ 西方治理理论尽管流派众多，但主张弱化政府权力，实现多主体、多中心的治理多元化格局是其基本底色。强调政府与社会多元共治、社会的多元自我治理，甚至去除政府权威，都是从社会中心主义立场出发的政治主张。参见王浦劬：《国家治理、政府治理和社会治理的基本含义及其相互关系辨析》，载《社会学评论》2014 年第 3 期。

政策意图和价值目标。毫无疑问,社会治理是与人类社会共生共存的实践活动,任何社会都天然地具有组织化、秩序化的基本需要,都离不开社会治理。今天我们重提社会治理,特别是在创新的意义上谈社会治理,一方面意在将社会科学研究成果融入国家政治实践,强调现代社会的公共管理特征,即政府与社会的共治,另一方面更是基于治理体系、治理能力的现状,用“现代化”“社会化”“法治化”“专业化”等表达方式区分了社会治理的传统与现代、实然与应然两个面向。如果我们不把治理范畴定位于规范意义较薄的描述性概念,就无法对“社会治理创新”“提升社会治理水平”等议题展开讨论。

如前所述,我国社会结构的基本样态正在发生根本性的变化,社会结构和社会关系的复杂程度决定了国家治理体系和治理能力必须相应升级,以应对社会治理的客观要求。所以,社会治理这一概念在当下中国成为热词有其深刻的政治实践背景和特殊的中国意义,应当被放置在执政党坚持推进全面深化改革的背景下来理解,是“完善和发展中国特色社会主义制度,推进国家治理体系和治理能力现代化”这一全面深化改革总目标的题中应有之义。我们认为,在当下中国的政治实践语境下,“社会治理”一词指称的是在执政党的领导下,由地方各级政府主导并负责,社会成员和社会组织等多种主体协同参与,共同管理社会公共事务、供给公共服务产品、维护社会秩序、化解社会矛盾和纠纷、满足社会公共利益需要的活动。

党的十九大报告用专章强调了社会治理议题,其中值得注意的是:一方面,报告将社会治理与民生问题对接,以“提高保障和改善民生水平,加强和创新社会治理”的标题统领全章;另一方面,报告又用专门的段落讨论“打造共建共治共享的社会治理格局”,以之与其他民生话题相并列。[①] 我们认为,这一逻辑安排的背后,隐含着广义的社会治理(政

① 参见习近平:《决胜全面建成小康社会 夺取新时代中国特色社会主义伟大胜利——在中国共产党第十九次全国代表大会上的报告》,人民出版社2017年版,第44~50页。

府治理)与狭义的社会治理的区分问题。广义的社会治理就是指政府治理社会[①],其内容主要是政府对社会公共事务的全面管理和服务,“是指公共权威为实现公共利益而进行的管理活动和管理过程,也即公共利益最大化的管理过程”[②]。在这里,治理的主体是政府,治理的内容是与民众生活(民生)休戚相关的事务,治理的合法性基础是现代政府的公共事务管理义务。正是在这个意义上,党的十九大报告通过有关社会治理一章在教育、就业、收入、社保、扶贫、医疗卫生、国家安全等事务上对政府提出了全面的要求。狭义的社会治理是特指政府与社会的“共治”,亦即“共建共治共享的社会治理格局”。在这里,政府、公众、社会组织都是社会治理的主体,它强调“社会治理重心向基层下移,发挥社会组织作用,实现政府治理和社会调节、居民自治良性互动”,是一种“党委领导、政府负责、社会协同、公众参与、法治保障的社会治理体制”。[③] 毫无疑问,在社会治理体制创新、提升社会治理水平的语境下,社会治理不可避免地往往在狭义上被使用,否则以“共治”为取向的体制创新就无从谈起。由本书的研究论域所决定,我们也更多的是在这个意义上讨论社会治理。

(二)“社会治理法治化”的内涵解读和重点任务

新时代开启以来,“社会治理法治化”命题不断出现在党和国家的大政方针之中。2013 年,党的十八届三中全会首次提出“创新社会治理体制”,将以往“社会管理”的表述转变为“社会治理”,并明确地用法治限定了社会治理的指导思想和运作方式:“坚持依法治理,加强法治保

---

① 有学者认为,政府治理的内容包括三个方面:一是对政府自身的内部管理,当前我国政府自身的治理优化表现为建设法治政府和服务型政府;二是通过宏观调控维护市场经济的健康运行、通过法律手段规制经济交往活动;三是对社会公共事务进行管理和服务。参见王浦劬:《国家治理、政府治理和社会治理的基本含义及其相互关系辨析》,载《社会学评论》2014 年第 3 期。

② 郭星华、石任昊:《从社会管制、社会管理到社会治理——改革开放以来中国现代法治建设的变迁》,载《黑龙江社会科学》2014 年第 6 期。

③ 参见习近平:《决胜全面建成小康社会 夺取新时代中国特色社会主义伟大胜利——在中国共产党第十九次全国代表大会上的报告》,人民出版社 2017 年版,第 49 页。

障,运用法治思维和法治方式化解社会矛盾。”[①]2014 年,党的十八届四中全会对法治社会建设的基本任务进行了部署,其中第二项内容就是“推进多层次多领域依法治理”,具体表述为“坚持系统治理、依法治理、综合治理、源头治理,提高社会治理法治化水平”。[②] 2017 年,党的十九大报告强调了新时代的社会治理是一种“党委领导、政府负责、社会协同、公众参与、法治保障的社会治理体制”[③];2019 年,党的十九届四中全会在“党委领导、政府负责、社会协同、公众参与、法治保障”之外又加入了“民主协商”和“科技支撑”的新要素。[④] 2020 年 12 月,中共中央印发了《法治社会建设实施纲要(2020—2025 年)》,明确提出通过“加强社会治理制度建设,推进社会治理制度化、规范化、程序化”,到 2025 年实现“社会治理法治化水平显著提高”。[⑤] 这一系列纲领性文件对社会治理的法治化实践设定了持续性的规范性指引。2022 年 10 月,党的二十大报告重申要完善社会治理体系,并再次强调了“推进多层次多领域依法治理,提升社会治理法治化水平”。[⑥]

值得注意的是,以上纲领性文件中出现了“法治保障的社会治理体制”的表述。我们认为,这一表述阐明了“社会治理法治化”命题中法治与社会治理的关系问题。具体来说,从实践形式上来看,社会治理法治化表现为社会治理活动须以法治方式展开;从目的和结果意义上来看,社会治理之所以要走法治化的道路,乃是因为法治能够为社会治理实践提供合法性、正当性、程序性、有效性的制度保障。概括而言,所谓“社

① 《中共中央关于全面深化改革若干重大问题的决定》,人民出版社 2013 年版,第 49 页。

② 参见《中共中央关于全面推进依法治国若干重大问题的决定》,人民出版社 2014 年版,第 27～28 页。

③ 习近平:《决胜全面建成小康社会 夺取新时代中国特色社会主义伟大胜利——在中国共产党第十九次全国代表大会上的报告》,人民出版社 2017 年版,第 49 页。

④ 参见《中共中央关于坚持和完善中国特色社会主义制度 推进国家治理体系和治理能力现代化若干重大问题的决定》,人民出版社 2019 年版,第 28 页。

⑤ 参见《法治社会建设实施纲要(2020—2025 年)》,人民出版社 2020 年版,第 3、13 页。

⑥ 习近平:《高举中国特色社会主义伟大旗帜 为全面建设社会主义现代化国家而团结奋斗——在中国共产党第二十次全国代表大会上的报告》,人民出版社 2022 年版,第 42 页。

会治理法治化”，是旨在强调以法治精神为思想引领的社会治理，以法治观念贯穿工作始终的社会治理，以法治手段实现工作目标的社会治理，以法治标准评价工作成效的社会治理。社会治理法治化具体包括以下几个方面的规范性要求，这些规范性要求同时也正是社会治理法治化实践的重点任务。

首先，“社会治理法治化”要求社会治理以国家法律规范体系为制度依凭。习近平总书记提出要“以良法促进发展、保障善治”①，当前我国仍处于社会转型阶段，社会个体成员自律的有效性不高，社会规范的功能受限，因而必然地需要国家以大量立法的形式主动干预社会领域的治理需求。② 这里的国家法律规范体系既包括国家宪法、全国人大及其常委会颁行的基本法律和法律、国务院及其部委制定的行政法规和部门规章，也包括有立法权的地方各级人大和政府制定的地方法规和政府规章。在社会治理实践中，与社会福利、纠纷化解、风险防范、公共卫生、民生保障等公共事务密切相关的法律法规都是基本的制度遵循。根据立法法，设区的市、自治州在城乡建设与管理、环境保护、历史文化保护等领域拥有地方立法权，这些领域的地方立法大多与社会治理密切相关，为社会治理的法治化提供了制度条件。特别值得一提的是，大数据、人工智能等新技术的快速发展在为社会治理手段提供技术支撑的同时，也在社会治理的内容上提出了许多新情况、新问题。为此，无论是新技术在社会治理工作中的应用，还是因新技术发展而带来的社会治理新课题，都应当通过及时立法予以保障，使社会治理的任务和手段都做到有法可依。

其次，“社会治理法治化”要求社会治理是一种多元规范之治。社会治理实践的运行不但要遵循国家正式法律制度，也要倚赖包括由乡规民约、社团章程、行业公约、善良风俗等构成的社会规范。国家法律规范

---

① 习近平：《决胜全面建成小康社会 夺取新时代中国特色社会主义伟大胜利——在中国共产党第十九次全国代表大会上的报告》，人民出版社2017年版，第39页。

② 参见陈柏峰：《中国法治社会的结构及其运行机制》，载《中国社会科学》2019年第1期。

体系在内容上的有限性和创制机制的时滞性,决定了非正式的社会规范成为社会治理的必要制度构成。更为重要的是,任何社会秩序都是多元化的社会因素共同作用的结果,其中生发于社会自身的民间规范是社会秩序化需求的直接表达,对社会治理具有鲜明的有效性,在与国家正式立法不互斥的情况下更有利于实现社会治理的工作目标。“实用的多元规范融合是提升国家治理能力的规范基础”①,社会规范的建设和运用是实现社会治理法治化必不可少的条件。为此,中共中央 2020 年 12 月印发的《法治社会建设实施纲要(2020—2025 年)》在“健全社会领域制度规范”一节不仅强调了要完善社会领域的正式立法,同时也强调了促进社会规范建设,提出加强居民公约、村规民约、行业规章、社会组织章程等社会规范建设,充分发挥社会规范在协调社会关系、约束社会行为、维护社会秩序等方面的积极作用。②

再次,“社会治理法治化”要求以社会治理共同体的存在为结构性条件。党的十九届四中全会首次提出了“社会治理共同体”的全新概念,明确“必须加强和创新社会治理,完善党委领导、政府负责、民主协商、社会协同、公众参与、法治保障、科技支撑的社会治理体系,建设人人有责、人人尽责、人人享有的社会治理共同体”③。2022 年 10 月,习近平总书记在党的二十大报告中再次强调了“社会治理共同体”这一概念。我们认为,“社会治理共同体”是一个关乎社会治理之主体构成的范畴,它强调的是参与社会治理的主体有机配合、形成合力、相互监督的社会结构状态,它意味着党委、政府、基层群众自治组织、社会组织和社会个体共同参与,以共同体的形式和机制在社会治理中发挥作用。在社会治理领域,公权力同样存在可能被滥用的风险,必须受到制约和监督,这是社会治理法治化得以实现的关键。由多元化主体构成的社会治理共同

---

① 彭中礼:《国家治理能力是什么:现代法治理论的框架性回应》,载《东岳论丛》2020 年第 4 期。

② 参见《法治社会建设实施纲要(2020—2025 年)》,人民出版社 2020 年版,第 7 页。

③ 《中共中央关于坚持和完善中国特色社会主义制度 推进国家治理体系和治理能力现代化若干重大问题的决定》,人民出版社 2019 年版,第 28 页。

体为社会治理的法治化提供了权力制约的结构条件，有助于“加强城乡社区党风廉政建设，推动全面从严治党向城乡社区延伸，切实解决居民群众身边的腐败问题”①。

最后，“社会治理法治化”要求在社会治理实践中体现中国特色社会主义的全过程民主。民主是法治的内在品格，社会治理的法治化必然以社会治理的民主化为前提。从前文所述的由“统治”、“管理”到“治理”的范式转换不难看出，“治理”天然地内蕴着民主的特质，讲求社会主体的广泛参与。因此，法治化的社会治理是民主协商之治。其一，社会治理的最终目标和基本任务无外乎公共事业的有效运行和社会利益的普遍满足，只有坚持民主协商，充分听取群众意见，才能做到科学决策、合法治理。社会治理共同体本身就是一个以民主协商为基本联结机制的社会合作状态，是一种“有事好商量、众人的事情由众人商量”的制度化实践方式。② 其二，社会治理的重要实践机制之一是社会自治，是人民群众在基层社区治理和公益事业建设中实行自我管理、自我服务、自我教育、自我监督。自治是民主价值在社会治理中最直接的体现。在法治化的社会治理中，自治是法治的现实实践方案，是人民群众直接行使民主权利的基本方式，也是全社会形成法治观念、法治习惯和法治风尚的有效路径。“建设人人有责、人人尽责、人人享有的社会治理共同体”③是社会治理法治化的题中应有之义。

（三）社会治理法治化的战略目标

党的二十大的胜利召开，开启了中国特色社会主义事业发展的新征程。新时代以来，我国社会主要矛盾已经转化为人民日益增长的美好生活需要和不平衡不充分的发展之间的矛盾。我们认为，无论是对社会治

---

① 《中共中央 国务院关于加强和完善城乡社区治理的意见》，人民出版社 2017 年版，第 5 页。

② 参见《中共中央关于坚持和完善中国特色社会主义制度 推进国家治理体系和治理能力现代化若干重大问题的决定》，人民出版社 2019 年版，第 12 页。

③ 习近平：《高举中国特色社会主义伟大旗帜 为全面建设社会主义现代化国家而团结奋斗——在中国共产党第二十次全国代表大会上的报告》，人民出版社 2022 年版，第 54 页。

理法治化的理论研究，还是对社会治理法治化的实践路径探索，都应在这样的社会生活条件和政治生活背景下展开，把握其特殊的中国意涵，方能理解社会治理法治化的重大战略意义。

1. "五位一体"总体布局中的社会治理法治化

关于新时代坚持和发展中国特色社会主义的总体布局，党的十八大提出了经济建设、政治建设、文化建设、社会建设和生态文明建设"五位一体"的方案，党的十九大再次予以肯定。那么，社会治理法治化与这一总体布局有何关联？社会治理体制创新和法治化水平的提升处于"五位一体"中的什么方位？一方面，"五位一体"总体布局是一个有机整体，是关乎国家全面发展的一体化考虑，其中蕴含着各组成部分相互衔接、平衡发展的理念，因此社会治理法治化与经济建设、政治建设、文化建设、社会建设和生态文明建设都有着密切的联系，是这五大建设的必要手段；另一方面，从直接发挥作用的方式和效果来看，社会治理法治化更多的是属于政治建设和社会建设议题中的基本内容，通过法治化路径提升社会治理能力，是推进政治建设和社会建设的基本要求，社会治理法治化水平的高低，也是政治建设和社会建设的成就指征。

2. "四个全面"战略布局中的社会治理法治化

关于新时代坚持和发展中国特色社会主义的战略布局，党的十八大以来国家决策层渐次提出了"全面建成小康社会""全面深化改革""全面依法治国""全面从严治党"的"四个全面"，党的十九大进一步明确了全面深化改革的总目标和全面推进依法治国的总目标。那么，社会治理法治化与"四个全面"是何关系？我们认为，从功能意义上来看，社会治理法治化显然与其中的"全面深化改革"和"全面推进依法治国"分别有着更为密切的关系，即全面深化改革的总目标涵摄了社会治理体制创新，而社会治理的法治化方向则寓于全面推进依法治国的总目标之中。其一，党的十九大报告指出，全面深化改革的总目标是完善和发展中国特色社会主义制度、推进国家治理体系和治理能力现代化。[①] 毫无疑问,社会治理是国家治理体系的组成部分,社会治理创新和社会治理水平的提升当然包含于全面深化改革的总目标之中。也就是说,内含了法治化取向的社会治理创新,本身就是全面深化改革的重要内容和具体方案。其二,党的十九大报告还指出,全面推进依法治国的总目标是建设中国特色社会主义法治体系、建设社会主义法治国家。[②] 显而易见,法治社会作为法治体系的三大组成部分之一,直接构成了全面推进依法治国总目标的内容,而法治社会一定是意涵社会治理法治化的社会形态。强调法治化的社会治理体制创新,其实践结果必然与法治社会建设高度交融,甚至可以将法治社会视为社会治理法治化实践的应有目标。

3.“全面建成小康社会”中的社会治理法治化

作为“四个全面”战略布局之一的“全面建成小康社会”,与“全面深化改革”“全面依法治国”之间存在目标与手段、结果与过程的关系,[③]因此有必要在逻辑上将其区分讨论。作为战略目标和结果的小康社会之“全面建成”,在内涵上意味着经济繁荣、民主健全、文化丰富、社会和谐、环境美好,即经济、政治、文化、社会、生态文明建设的全面进步。从政治建设、文化建设、社会建设的角度考量,社会治理法治化是小康社会基本实现的手段之一;小康社会必然是一个具有较高社会治理水平的社会,是具备现代化、社会化、法治化、专业化治理能力的社会。因此,小康社会与社会治理法治化是同构的,小康社会是社会治理法治化的实践结果状态。一个堪称“全面小康”的社会,一定是一个实现了社会治理法

① 参见习近平:《决胜全面建成小康社会 夺取新时代中国特色社会主义伟大胜利——在中国共产党第十九次全国代表大会上的报告》,人民出版社 2017 年版,第 19 页。

② 参见习近平:《决胜全面建成小康社会 夺取新时代中国特色社会主义伟大胜利——在中国共产党第十九次全国代表大会上的报告》,人民出版社 2017 年版,第 19 页。

③ 我们同意这样的观点,即“四个全面”战略布局不是简单的并列关系,其间存在一个“目标引领举措”的关系,即“全面建成小康社会是战略目标,全面深化改革、全面依法治国、全面从严治党是一个都不能缺的三大战略举措,为全面建成小康社会提供动力源泉、法治保障和政治保证”。参见黄坤明:《深刻理解“四个全面”的重要意义》,载《求是》2015 年第 13 期。

治化的社会。

4. 坚持和发展中国特色社会主义基本方略中的社会治理法治化

以习近平新时代中国特色社会主义思想为基础,党的十九大列明了“坚持党对一切工作的领导”等14条坚持和发展中国特色社会主义的基本方略。在这14条基本方略中,社会治理法治化至少应当成为以下几个方面的具体实践方式:(1)坚持以人民为中心。社会治理法治化强调广大人民群众的主体性、主动性和创造性,是“以人民为中心的发展思想”的具体实践方式,它能够直接体现“把党的群众路线贯彻到治国理政全部活动之中”。(2)坚持人民当家作主。社会治理法治化内蕴着浓厚的民主品格,是现代民主制度的新形态、新方式,它所主张的社会自治理念和所践行的基层群众自治制度,都与“发展社会主义协商民主,健全民主制度,丰富民主形式,拓宽民主渠道”的要求高度一致,都旨在“保证人民当家作主落实到国家政治生活和社会生活之中”。① (3)坚持全面依法治国。如前所述,以推动全社会树立法治意识、推进多层次多领域依法治理、建设完备的法律服务体系、健全依法维权和多元化化解纠纷机制等为主要内容的社会治理法治化任务,都是推进全面依法治国的具体举措。(4)坚持在发展中保障和改善民生。党的十九大报告在这一基本方略中出现了“加强和创新社会治理”的表述,说明“民生”概念不仅涵盖经济生活条件,关涉收入、教育、医疗、养老、住房、社会福利等要素,而且以社会公平正义、社会秩序安定、社会和谐安宁为评价指标。也就是说,法治化的社会治理的体制是国家长治久安、人民安居乐业的重要保障。

5. 新时代社会主要矛盾解决进程中的社会治理法治化

党的十九大报告指出,我国当下的社会主要矛盾是人民日益增长的美好生活需要和不平衡不充分的发展之间的矛盾,“人民美好生活需要

① 参见习近平:《决胜全面建成小康社会 夺取新时代中国特色社会主义伟大胜利——在中国共产党第十九次全国代表大会上的报告》,人民出版社2017年版,第21~22页。

日益广泛,不仅对物质文化生活提出了更高要求,而且在民主、法治、公平、正义、安全、环境等方面的要求日益增长"①。这一清晰的表述明确厘定了新时代社会主要矛盾的基本面向之一,即物质文明和制度文明都是人民美好生活需要的组成部分,在当前物质文明发展尚不充分的同时,物质文明和制度文明之间也存在发展不平衡的问题。毫无疑问,内含着社会治理法治化的国家治理体系和治理能力现代化,以及社会主义法治体系建设,都是制度文明发展的题中应有之义,是通过制度文明发展来解决新时代社会主要矛盾的基本手段。也就是说,社会治理体制的法治化创新,是应对新时代社会主要矛盾的重要方案。因此,站在深刻认识和把握新时代社会主要矛盾的理论高度,探讨社会治理法治化的议题,不失为一种科学且有效的路径选择。

---

① 习近平:《决胜全面建成小康社会 夺取新时代中国特色社会主义伟大胜利——在中国共产党第十九次全国代表大会上的报告》,人民出版社 2017 年版,第 11 页。

第二章　社会治理法治化的制度体系

新时代社会治理法治化的理念及实践并非无源之水，它拥有着坚实的制度体系。首先，马克思主义政治哲学的思想宝库为社会治理法治化提供了丰沃的理论土壤，党和国家的纲领性政策文件为社会治理法治化提供了根本的遵循依据，它们确保了社会治理法治化具备丰富的精神内核与切实的灵活性和针对性。其次，党的十八大以来，以习近平同志为核心的党中央提出了“全面依法治国”的新理念新思想新战略，开辟了“全面依法治国”理论和实践的新境界，法治建设宏伟蓝图徐徐展开，这亦为新时代社会治理法治化贡献了丰富的法律规范依据，奠定了坚实的法治保障。最后，民间自发形成的自治性社会规范体系为新时代社会治理法治化提供了扎实的民间规则维度上的支撑，因为法治在强调发挥国家立法功能的同时，也同样重视民间规则的重要功用，民间规则与立法都是法治实践场域中重要的制度性规范，“社会治理法治化目标的实现必须充分发挥民间规则的作用，这是提升社会治理理念、创新社会治理方式、完善社会治理体系的内在要求”[①]。

一、社会治理法治化的思想基础与根本遵循

马克思主义政治哲学的思想宝库以及党和国家的纲领性政策文件，为新时代社会治理法治化提供了理论土壤与遵循依据。

（一）社会治理法治化的思想基础

新时代社会治理法治化内含丰富多元的思想基础，这为社会治理法治化奠定了深厚的思想根基。

首先，马克思主义理论学说为社会治理法治化贡献了扎实的学理支撑。

马克思主义蕴含着丰富的关于社会治理的理论学说，这构成了新时代中国特色社会主义社会治理工作的思想渊源。[②] 当然，马克思与恩格斯并没有直接为社会治理界定规范意涵，不过，他们的一系列重要著作中都涉及了大量关于社会治理的问题，尤其是他们针对资本主义社会治理展开的种种批判、对市民社会进行的本质分析、对空想社会治理理论及实践的批判超越，以及对巴黎公社社会治理经验和对无产阶级夺取政权后开展社会治理的种种设想，都成为社会主义国家进行社会治理的丰富理论资源。这些理论集中体现在马克思主义的国家学说、法律学说、社会学说之中，涉及国家与社会的关系、社会与法律的关系等众多内容。

马克思主义社会治理理论首先揭示了社会治理的本质。在对社会治理问题展开分析时，马克思与恩格斯以生产资料所有制为基础，认为社会经济制度从本质上决定了一国或地区的社会治理的本质。马克思在《雇佣劳动与资本》一文中从生产关系的角度对社会展开了细致分

---

① 许奎：《社会治理法治化的民间规则之维》，载《人民论坛·学术前沿》2019 年第 1 期。

② 参见曹胜亮、胡江华：《马克思社会治理思想及其当代意义》，载《江西社会科学》2019 年第 6 期。

析,区分了不同性质的社会,他指出,“生产关系总和起来就构成所谓社会关系,构成所谓社会,并且是构成一个处于一定历史发展阶段上的社会,具有独特特征的社会。古典古代社会、封建社会和资产阶级社会都是这样的生产关系的总和,而其中每一个生产关系的总和同时又标志着人类历史发展中的一个特殊阶段”①。马克思也深刻批判了资本主义社会的社会治理制度,他在《共产党宣言》中揭示了当时资产阶级管理国家与社会的虚伪性,指出资产阶级的“国家政权不过是管理资产阶级的共同事务的委员会罢了”②。通过上述批判,马克思主义社会治理观重点阐发了无产阶级夺取政权后社会治理的具体方案,预测了未来共产主义社会社会治理的基本表征。

马克思主义社会治理观极其重视人民在社会治理进程中的地位与作用。在马克思看来,社会是一个充满了复杂矛盾但又彼此互相联系且有规律可循的有机体。在《资本论》中,马克思指出,“社会不是坚实的结晶体,而是一个能够变化并且经常处于变化过程中的有机体”③。之所以将社会界定为“有机体”,原因在于人是组成社会的基本要素,社会是人的共同体,是由人类的活动和关系构成的共同体。在对欧洲空想社会主义的理论与实践展开批判时,马克思在《共产党宣言》中指出,“他们拒绝一切政治行动,特别是一切革命行为”,“他们激烈地反对工人的一切政治运动”④。历史上,尽管欧洲空想社会主义理论较为注重社会建设以及治理,如傅立叶和欧文曾提出了和谐制度,圣西门提出了实业制度,这都是非常美好的社会设想,但是,这些理论家们忽视了人民在社会治理进程中的重要作用,没有重视调动人民主观能动性的重要功用,以至于上述理论家们的社会治理理想最终都成为脱离现实的“镜花水月”。马克思和恩格斯深刻认识到了这一点,于是创造性地提出了全民

① 《马克思恩格斯选集》(第1卷),人民出版社2012年版,第340页。

② 《马克思恩格斯选集》(第1卷),人民出版社2012年版,第402页。

③ 《马克思恩格斯选集》(第2卷),人民出版社2012年版,第84页。

④ 《马克思恩格斯选集》(第1卷),人民出版社2012年版,第432~433页。

自由发展的社会观，充分强调人民大众在社会治理进程中的中心地位，指出社会治理必须以维护人民根本利益为宗旨，实现人的全面自由发展。在《法兰西内战》中，马克思在对巴黎公社的治理经验展开系统总结时就提出了人民自治的观念，他指出，唯有无产阶级真正掌握了政权，国家才能真正践行维护人民根本利益的宗旨，社会正义才能得以实现。[①] 实际上，新时代中国社会治理法治化十分重视人民大众在社会治理中的重要地位，强调人民是社会治理工作不可或缺的重要参与主体，这与马克思主义社会治理观重视人民地位的思想是一脉相承的。

同时，马克思主义社会治理观十分重视社会治理的体系建设，重视处理国家、社会以及法律之间的关系。在马克思看来，作为一种重要的上层建筑，法律是社会治理工作不可或缺的工具。恩格斯指出："在社会发展某个很早的阶段，产生了这样的一种需要：把每天重复着的生产、分配和交换产品的行为用一个共同的规则概括起来，设法使个人服从生产和交换的一般条件。这个规则首先表现为习惯，后来便成了法律。"[②] 所以，法律根源于社会物质生活条件，社会治理不能缺乏法律的参与。尽管马克思没有具体阐释社会主义国家应如何开展具体的社会治理工作[③]，但马克思在批判资产阶级法治以及对社会主义法治展开设想时也论及了法律的作用问题，指出了法律的阶级统治职能，如在《共产党宣言》中指出资本主义国家的法"不过是被奉为法律的处于统治阶级的资产阶级意志的表现"[④]。马克思主义对法律的重视昭示了我国社会治理工作不能忽视法律的重要职能，应结合法律实现社会治理的法治化。

总之，"社会治理法治理论是对马克思主义国家学说、社会学说和法律学说的继承和发展，特别是吸收了马克思主义社会治理观，包括重视社会主义经济社会基础、无产阶级牢牢掌握政权、人民占据主体地位

---

① 参见《马克思恩格斯选集》（第3卷），人民出版社2012年版，第98～103页。

② 《马克思恩格斯全集》（第18卷），人民出版社1964年版，第309页。

③ 参见封丽霞：《马克思主义法律理论中国化的当代意义》，载《法学研究》2018年第1期。

④ 《马克思恩格斯选集》（第1卷），人民出版社2012年版，第417页。

以及发挥法律的积极作用等内容”[①]。这为新时期我国社会治理工作提供了鲜明的法治视角,彰显了社会治理法治化的重要功用。

其次,中国特色社会主义法治理论亦是社会治理法治化的重要思想基础,中国特色社会主义法治理论从“法律”到“法制”再到“法治”的理念跃进是推动我国社会管理向社会治理及社会治理法治化不断演进的重要学理动力。

1978 年 12 月十一届三中全会的召开拉开了我国改革开放的序幕。改革开放之初国家面临着法制建设不健全,重大建设与改革没有法律依据的实践困境。面对这一困境,党中央及时提出了“健全社会主义法制”的口号,此后,“法制”的概念表述越来越多地出现在党和国家的政策文件以及法学体系之中。1996 年 2 月,法学专家在中共中央第三次法制讲座上对“依法治国”展开了专门讲解,党和国家领导人在总结中明确提出了要进行法制国家的建设。1997 年,党的十五大报告正式提出了“依法治国”“建设社会主义法治国家”,“法制国家”正式被“法治国家”所代替。从此,“法治”开始成为热门词汇,“法治国家”“社会主义法治”“法治中国”“法治政府”“法治社会”“全面依法治国”等词汇开始经常在党和国家的规范性文件中被表述。党的十八届四中全会更是指出,“建设中国特色社会主义法治体系,建设社会主义法治国家”是全面推进依法治国的总目标和总抓手。2018 年 3 月,《宪法》第五次修正案进一步将“健全社会主义法制”修改为“健全社会主义法治”,可谓是完成了从“法制”到“法治”的根本转型。[②]

从“法律”到“法制”再到“法治”的改变首先体现的是中国特色社会主义法治理论在表述上的变化。“法制”与“法治”在内涵概念上有着较大差距:一方面,法制是静态的概念,其仅仅意味着一套法律制度的存在,而不论法律内容为何,因此但凡具备法律制度的国家都可以被称为

---

① 叶静漪、李少文:《新时代中国社会治理法治化的理论创新》,载《中外法学》2021 年第 4 期。

② 参见张文显:《中国法治 40 年:历程、轨迹和经验》,载《吉林大学社会科学学报》2018 年第 5 期。

“法制国家”;而法治则是动态的概念,意指权力受到约束、权利得到保障的社会状态,其概念范畴涵盖了法制,即法治首先要求国家具备完善的法律制度,但在此基础上更要求法律的内容需要以维护权利为宗旨。另一方面,法制与人治并不对立,法制完全可以成为人治的利用工具;但是,法治与人治是相对立的,法治体现了对民主、公平、自由、秩序的价值追求。同时,从“法律”到“法制”再到“法治”的改变又不仅仅是表述上的变化,更重要的是,这种变化体现了党和国家治理理念的根本飞跃,体现了党和国家对法治建设规律认知的重大突破,标志着我国法治建设取得了历史性的跨越及进步。

中国特色社会主义法治理论的实践目标就是“良法善治”。党的十八届四中全会提出了法律是治国之重器、良法是善治之前提的理念。习近平总书记多次强调提升立法质量的重要性。① 党的十九大报告亦再次强调“以良法促进发展、保障善治”②。有学者指出,“良法”从内容上说属于“真”法,从价值上说是“美”法,具有严密的结构体系和规范的语言特征。③ 良法符合公平、正义等社会主义核心价值观的理念,最能够体现广大人民群众的根本利益诉求。同时,“善治”则要求广大人民群众都能够广泛地参与到国家治理的进程中,而不能仅靠国家公权力开展治理活动。这就要求开辟出多元化的民众参与国家治理的途径,充分发挥社会组织的参与力量。

中国特色社会主义法治理论显然为新时代中国社会治理法治化提供了扎实的理论支撑,尤其是中国特色社会主义法治理论对“善治”的追求意味着我国社会治理工作更应当充分重视国家公权力机关以外的社会治理参与主体的作用。当然,需要指出的是,社会治理法治化与

① 参见习近平:《在十八届中央政治局第四次集体学习时的讲话》,载中共中央文献研究室编:《习近平关于全面依法治国论述摘编》,中央文献出版社 2015 年版,第 43 页。

② 习近平:《决胜全面建成小康社会 夺取新时代中国特色社会主义伟大胜利——在中国共产党第十九次全国代表大会上的报告》,人民出版社 2017 年版,第 39 页。

③ 参见李步云、赵迅:《什么是良法》,载《法学研究》2005 年第 6 期。

"善治"之间仍存在实践差异——尽管社会治理法治化强调社会治理参与主体的多元化,但是,政府等公权力部门仍然在这一进程中处于核心地位,是社会治理的主要推动者;而"善治"这一概念的重心则在于对参与主体多元化本身的强调,重视政府等公权力部门以外的其他治理参与主体的功能。如果对二者不作出上述区分,则两个概念就都失去了作为一个规范概念的存在意义。不过,这并不影响"善治"理念为新时代中国社会治理法治化提供丰富的学理支持。

基于中国特色社会主义法治理论,新时代中国社会治理法治化将呈现如下三项特质:

一是社会治理法治化的系统性。推动社会治理法治化是一项多领域、多层次、多渠道的系统性工程,仅仅依靠党和政府并不足以实现完善的社会治理格局,广大的社会团体及公民个人也要积极地参与进来,形成党委领导、政府主导、社会协同、民间参与的良性互动格局,从而实现多种治理主体的合作共赢。

二是社会治理法治化的民主性。社会治理主体的多元性决定了社会治理法治化的民主性,正如上文所述,社会治理的主体包括党政部门、社会中坚力量以及公民个人等,主体的多样性决定了价值观的复杂化,这就需要通过民主的方式来调解各方利益,让社会治理的成果能够为全体参与主体所享,尤其是促使社会力量及公民个人在党政部门的领导下,都能够自愿、自觉地融入公共事业的治理进程中。

三是社会治理法治化的科学性。社会治理法治化的最终目的是维护公共利益,提升人民的满意度和获得感。因此,社会治理法治化工作不回避任何特殊的公民或个体所扮演的角色,而且会为各类社会弱势群体提供各种协助。社会治理法治化要求认真对待公民的合法权利,它触及了公正的实质层面,实现了社会资源的公共分配,具有显著的科学性。

再次,习近平法治思想为社会治理法治化提供了时代性的思想擘画与实践指引。

2020 年 11 月 16 日至 17 日,中国共产党历史上首次召开的中央全面依法治国工作会议，将习近平法治思想明确为全面依法治国的指导思想。习近平法治思想是顺应实现中华民族伟大复兴时代要求而产生的重大理论创新成果，是马克思主义法治理论中国化最新成果，是习近平新时代中国特色社会主义思想的重要组成部分，是全面依法治国的根本遵循和行动指南。党的十八大以来，以习近平同志为核心的党中央在治国理政的进程中高度重视社会治理问题，创造性地提出了一系列推动社会治理现代化的新论点，其中，推动社会治理法治化就是在上述进程中产生的重要论断。这是我国社会治理领域的重要创造性理论进展，是习近平法治思想的重要组成部分。此外，习近平总书记关于法治的其他论断也为推动社会治理法治化提供了丰富的学理支撑。总之，习近平法治思想是新时代中国社会治理法治化的重要理论渊源与根本遵循。

第一，习近平总书记关于"法治社会"的理论命题为社会治理法治化提供了重要的理论支撑。党的十八大以来，习近平总书记提出"坚持依法治国、依法执政、依法行政共同推进，坚持法治国家、法治政府、法治社会一体建设"①，这是我国全面依法治国系统工程的重要战略部署与理论安排。从现实情况来说，法治政府与法治社会构成了法治国家的"两翼"。法治政府意指国家公权力领域的法治化，意味着各项国家公权力的运转都需要受到法律的约束，法无规定不可为；而法治社会则意味着政治领域之外的广阔的社会公共领域的法治化，意味着以各类社会组织为代表的社会主体通过对法律及社会规则的运用而实现社会事务的自我管理，而无须国家公权力针对社会事务的"事必躬亲"，十八届四中全会即指出要"支持各类社会主体自我约束、自我管理"、强化"行业自律，实行自我管理、自我服务、自我教育、自我监督"。习近平总书记对此亦指出："法治国家、法治政府、法治社会三者各有侧重、相辅相成，法治国家是法治建设的目标，法治政府是建设法治国家的主体，法治社

① 习近平：《论坚持全面依法治国》，中央文献出版社2020年版，第19页。

会是构筑法治国家的基础。”[①]法治社会理论对我国社会治理法治化工作提出了现实的要求,即社会治理工作应充分重视社会主体的主观能动性,注重发挥社会主体的自我管理功用。当然,需要指出的是,法治社会与社会治理两个概念仍有显著差异。法治社会着重于探讨社会主体的自治功能,聚焦于推动社会主体开展多方位的社会自治,其关注点在于社会主体及其自治效果;而社会治理则强调公权力主体与私权利主体的互动,且政府在这一话语体系中仍旧占据主导地位,是以政府为核心这一前提下多元主体的共同治理。

第二,习近平总书记提出的“社会治理”,取代了“社会管理”为社会治理法治化工作提供了方向指引。党的十八大以来,在推进国家治理体系和治理能力现代化的战略部署下,习近平总书记正式提出了“社会治理”的论断,并以社会治理取代了社会管理。2014 年 3 月 5 日,习近平总书记在参加十二届全国人大二次会议上海代表团审议时指出,尽管“治理”和“管理”只有一字之差,但治理体现的是系统治理、依法治理、源头治理以及综合施策。[②] 从管理到治理,意味着公权力主体与私权利主体都是社会发展的重要参与主体,社会事务并不是政府等公权力部门的“私有事业”,全社会都应当融入社会治理的进程中,这体现的是社会治理体制的重大创新,是执政党执政理念与治国政策的全面提升。社会治理论断的提出就为引入法治创造了逻辑条件,社会治理对多元治理参与主体的诉求,必然需要以法治的方式予以实现。党的十八届三中全会通过的《中共中央关于全面深化改革若干重大问题的决定》即明确提出了要创新社会治理体制,并凸显了法治在社会治理进程中的重要作用;党的十八届四中全会通过的《中共中央关于全面推进依法治国若干重大问题的决定》亦进一步提出“推进多层次多领域依法治理。坚持系统治理、依法治理、综合治理、源头治理,提高社会

---

① 习近平:《论坚持全面依法治国》,中央文献出版社 2020 年版,第 229 ~ 230 页。

② 参见《习近平在参加上海代表团审议时强调推进中国上海自由贸易试验区建设 加强和创新特大城市社会治理》,载《人民日报》2014 年 3 月 6 日,第 1 版。

治理法治化水平”。这都凸显了社会治理的法治要素或追求,指明了新时代社会治理的发展方向。

第三,习近平总书记提出的“社会治理共同体”理念为社会治理法治化提供了现实的制度安排与实践方案。社会治理是一项复杂的事业,涉及党委、政府、社会等不同主体,包括经济、政治、文化等不同内容。推动社会治理的法治化,关键就在于打破一元的社会治理格局,形成社会治理共同体。“共同体”理论是马克思主义学说中的重要概念,习近平总书记在新时代治国理政的实践中创造性地提出了一系列共同体新概念,其中就包括社会治理共同体,这是新时代中国社会治理法治化在制度结构上的重大安排,是习近平法治思想的重要组成部分。2019 年 1 月,习近平总书记在中央政法工作会议上首次提出了“社会治理共同体”的概念;党的十九届四中全会通过的《中共中央关于坚持和完善中国特色社会主义制度 推进国家治理体系和治理能力现代化若干重大问题的决定》亦要求“建设人人有责、人人尽责、人人享有的社会治理共同体”。上述要求都深刻阐释了新时代社会治理共同体的内涵。人人有责、人人尽责与人人享有表明了新时代社会治理共同体是一种价值共同体、责任共同体和命运共同体,这种共治的局面终究需要法治化的手段予以实现,即通过社会治理法治化来打造社会治理共同体,确保发展的成果为全民所享。

第四,习近平总书记指出社会治理现代化是国家治理现代化的重要方面,这为社会治理法治化提供了国家战略视角。国家治理的内涵十分广阔,包括政府治理、社会治理、经济治理、文化治理、环境治理、军队治理、网络治理等内容。[①] 上述不同种类的治理内容相互关联、相互影响,构成了新时代国家治理现代化的完整面貌。其中,社会治理是具有基础性功用的内容,党的十九届四中全会通过的《中共中央关于坚持和完善中国特色社会主义制度 推进国家治理体系和治理能力现代化若干重大

① 参见张文显:《新时代中国社会治理的理论、制度和实践创新》,载《法商研究》2020 年第 2 期。

问题的决定》即明确指出“社会治理是国家治理的重要方面”,并进而将制度建设以及治理体系建设作为我国社会治理的重点任务。而从国家治理的宏观视角出发考虑逐步推进社会治理现代化,就必然需要引入法治的方法与逻辑,注重社会治理多维主体的参与,重视发挥立法及民间规则等多维规范的力量。新时代我国社会治理对法治化的重视,特别是对多元参与主体与规范依据的重视,是推进国家治理现代化的必然实践指向。

总之,习近平总书记指出,“法治是治国理政的基本方式”①。将社会治理与法治进行创造性结合,强调社会治理的法治思维与法治方式,是习近平法治思想的重要组成部分,也是党的十八大以来我国社会治理实践的鲜明表征。

最后,中华优秀传统法律文化也为社会治理法治化贡献了丰富的理论养分。

历史上,我国疆域始终维持着幅员辽阔的状态,复杂而庞大的国家导致我国历史上的社会治理经验极其丰富,其中,诸多经验都体现在了中国传统法律文化之中。这些经验措施中的相当一部分内容在今天仍然具备现实的借鉴意义。习近平总书记特别重视从中华优秀传统法律文化中汲取经验,挖掘优秀的可以为今天法治中国建设所借鉴的理论资源。他指出:“出礼入刑、隆礼重法的治国策略,民惟邦本、本固邦宁的民本理念,天下无讼、以和为贵的价值追求,德主刑辅、明德慎罚的慎刑思想,援法断罪、罚当其罪的平等观念,保护鳏寡孤独、老幼妇残的恤刑原则,等等,都彰显了中华优秀传统法律文化的智慧。”②习近平总书记对中国古代上述理念的列举是当下我国实现社会治理法治化的重要智识资源。在新时代社会治理法治化的进程中,社会治理工作应在结合当

---

① 习近平:《关于〈中共中央关于全面推进依法治国若干重大问题的决定〉的说明》,载《人民日报》2014年10月29日,第2版。

② 习近平:《坚定不移走中国特色社会主义法治道路 为全面建设社会主义现代化国家提供有力法治保障》,载《求是》2021年第5期。

下社会治理现状的基础上，不断传承中华优秀传统法律文化的宝贵历史经验，实现我国社会治理工作的质性飞跃。

（二）党和国家纲领性制度文件

正如上文所述，社会治理法治化是一项系统性、多层次的工程，必须坚持党委领导、政府主导、社会协同、公民参与，实现多元治理主体的协同并进。在社会治理法治化的上述进程中，必须始终坚持党的核心领导作用。党的领导是中国特色社会主义最本质特征，也是中国特色社会主义法治的根本保证。党的领导与人民当家作主和依法治国是有机统一的，是我国的政治制度区别于西方政治制度的本质特征，是新时代中国社会治理法治化的必然坚持。

而党和国家的纲领性制度文件则是新时代中国社会治理法治化的重要规范依循。尽管法律在法治国家具备最高的效力位阶，但是，法律并不是法治国家唯一的制度性规范，事实上，"在社会生活中还存在起重要作用的其他一些规范类型，比如政策，党委要制定政策，政府要制定政策，各级党委和政府都在制定政策，这个政策也是一个规范体系"①。当前社会治理法治化工作就可以从党和国家的诸多纲领性制度文件中寻找到扎实的理论支撑。

首先，党的十八届三中全会通过的《中共中央关于全面深化改革若干重大问题的决定》在第十三部分"创新社会治理体制"中指出，要"改进社会治理方式。坚持系统治理，加强党委领导，发挥政府主导作用，鼓励和支持社会各方面参与，实现政府治理和社会自我调节、居民自治良性互动。坚持依法治理，加强法治保障，运用法治思维和法治方式化解社会矛盾"②。上述要求实际上就凸显了社会治理法治化对多元治理参与主体的要求，这种要求的背后体现的正是传统管理与现代治理的显著差异。学理上，管理（又或是统治）的主体仅仅指国家公权力机关，即主

① 刘作翔：《关于社会治理法治化的几点思考——"新法治十六字方针"对社会治理法治化的意义》，载《河北法学》2016 年第 5 期。

② 《中共中央关于全面深化改革若干重大问题的决定》，人民出版社 2013 年版，第 49 页。

要是指政府;而治理则是公权力机关与私人机构的通力合作,即国家与社会的合作、政府机构与社会组织的合作。在治理的实践场域中,尽管政府在社会治理进程中依然处于主导或核心地位,但是,政府不再是唯一的管理公共事务、提供公共产品的主体,广大的社会主体与私人机构都可以普遍融入治理进程中;易言之,治理意味着现代政府正在将其原先独自承担的职能部分地转移给社会主体,参与社会治理的各类主体之间存在权力的相互依赖,它们必须通过共同磋商以及资源交换来达致共同的目标。①《中共中央关于全面深化改革若干重大问题的决定》要求发挥政府主导作用,以及对社会各方参与社会治理的重视,正体现了治理的政府主导、多元共治的实践理念。

其次,党的十八届四中全会通过的《中共中央关于全面推进依法治国若干重大问题的决定》在其第二部分"完善以宪法为核心的中国特色社会主义法律体系,加强宪法实施"中指出,要"加快保障和改善民生、推进社会治理体制创新法律制度建设……加强社会组织立法,规范和引导各类社会组织健康发展。制定社区矫正法"②。诚如上文所述,对社会组织的重视是社会治理法治化的重要表征,"政府主导、社会协同、公众参与是十八大以来中国社会治理合作共治的基本模式"③,社会组织立法的目的正在于推动社会组织的蓬勃发展,推动社会治理多维主体的协同并进。社会组织的重要性在于,"面对碎片化、原子化的社会利益群体,它们可以吸纳不同的利益诉求,建立组织化、制度化的利益整合与表达机制,既弥补立法空白的缺陷,也得以让社会的自治与社会对国家公权力的监督、制约更有力度"④。但客观来看,长期以来,社会组织的建设是我国社会治理的短板与难点,也正因如此,执政党才会反复通

---

① 参见俞可平主编:《治理与善治》,社会科学文献出版社 2000 年版,"引论"第 3 ~ 6 页。

② 《中共中央关于全面推进依法治国若干重大问题的决定》,人民出版社 2014 年版,第 14 页。

③ 江必新:《以党的十九大精神为指导 加强和创新社会治理》,载《国家行政学院学报》2018 年第 1 期。

④ 刘旭东、庞正:《"法治社会"命题的理论澄清》,载《甘肃政法学院学报》2017 年第 4 期。

过纲领性制度文件强调对社会组织的支持与培育，引导各类行业协会自主运行，通过政府购买服务机制，充分发挥社会组织在引导公众参与矛盾调解、社区矫正等方面的作用。近年来，我国社会组织获得了更为长足的发展，有效地承担了部分政府职能，进一步推动了社会治理的高效化。

最后，党的十九大再次强调要“加强和创新社会治理”，“坚持人人尽责、人人享有，坚守底线、突出重点、完善制度、引导预期，完善公共服务体系，保障群众基本生活，不断满足人民日益增长的美好生活需要，不断促进社会公平正义，形成有效的社会治理、良好的社会秩序，使人民获得感、幸福感、安全感更加充实、更有保障、更可持续”，[①]并特别就“打造共建共治共享的社会治理格局”进行专门部署，提出要“加强社会治理制度建设，完善党委领导、政府负责、社会协同、公众参与、法治保障的社会治理体制，提高社会治理社会化、法治化、智能化、专业化水平”[②]。上述要求再次强调了社会治理法治化多维主体参与的格局表征，为新时代的社会治理法治化描绘了蓝图，指明了方向。

（三）党和国家专门性制度文件

除纲领性制度文件外，党和国家亦出台了多部关于社会治理的专门性文件，该类文件中亦有关于推动社会治理法治化的要求，从不同方面为社会治理法治化指明了方向。

2017 年颁布的《中共中央 国务院关于加强和完善城乡社区治理的意见》在其第一部分“总体要求”的“基本原则”部分即指出，要“坚持改革创新，依法治理”。文件从城乡社区治理的角度具体对社会治理法治化提出了要求，指出城乡社区层面的社会治理应强化问题导向与底线思维，弘扬社会主义法治精神，运用法治思维和法治方式推进城乡社区治

① 习近平：《决胜全面建成小康社会 夺取新时代中国特色社会主义伟大胜利——在中国共产党第十九次全国代表大会上的报告》，人民出版社 2017 年版，第 44～45 页。

② 习近平：《决胜全面建成小康社会 夺取新时代中国特色社会主义伟大胜利——在中国共产党第十九次全国代表大会上的报告》，人民出版社 2017 年版，第 49 页。

理方式的改革，通过建立惩恶扬善的长效机制来破解城乡社区治理的难题。[①]

2018年颁布的《关于加强人民调解员队伍建设的意见》对我国人民调解事业作出了宏观规范。人民调解是最具中国本土特色的纠纷解决方式，在国际社会上被誉为“东方经验”。在社会治理进程中，调解工作确保了诸多社会纠纷可以在国家公权力展开救济之前就已然获得了化解，从而避免了公权力的事必躬亲，提升了矛盾纠纷的化解效益。当下，我国司法系统正面临着法官人数少、判案压力大等突出问题，这必然对社会矛盾解决机制的完善提出了新的要求。在法治的实践场域中，解决之道就是坚持共治的理念，发挥多元化的社会主体在社会矛盾纠纷解决进程中的功用，建立多样化的纠纷解决机制，为人民群众提供高效、便捷且低成本的矛盾解决方式。《关于加强人民调解员队伍建设的意见》就明确提出要在积极发展兼职人民调解员队伍的同时，大力加强专职人民调解员队伍的建设；同时，还要注重选聘德高望重的社会人士，尤其是选聘具有法律职业背景的律师、仲裁员、公证员或基层法律服务者以及离退休的法官、检察官、民警、司法行政干警等人士，提升人民调解员的专业化建设水平。此外，该意见还对发展专职人民调解员的具体编制的数量进行了专门规定。

2019年颁布的《中共中央关于坚持和完善中国特色社会主义制度 推进国家治理体系和治理能力现代化若干重大问题的决定》在第九部分“坚持和完善共建共治共享的社会治理制度，保持社会稳定、维护国家安全”中指出：“社会治理是国家治理的重要方面。必须加强和创新社会治理，完善党委领导、政府负责、民主协商、社会协同、公众参与、法治保障、科技支撑的社会治理体系，建设人人有责、人人尽责、人人享有的社会治理共同体，确保人民安居乐业、社会安定有序，建设更高水平的平

---

① 参见《中共中央 国务院关于加强和完善城乡社区治理的意见》，人民出版社2017年版，第2～3页。

安中国。"①

一方面,上述要求表明社会治理的目标在于实现社会公正,促进公民能够平等、有序地参与社会活动,成为社会治理的重要参与者,支撑起多元化的社会利益格局。所以,社会治理应当坚持民主、参与等价值原则,社会治理法治化的目标就在于通过法治的方式将维护社会整体利益作为社会治理的终极目标。同时,上述要求亦再次表明,同原有的政府一元管理模式不同,当前的社会治理模式要求建立多元化的社会治理主体参与格局并完善彼此之间的关系,将政府、社会以及个人都确认为社会治理的重要参与者,释放各类社会力量参与社会治理,促进社会治理由单极向多极的转变。

另一方面,上述要求亦表明社会治理的重要面向是执政党领导下的依法治理。开展社会治理需要首先解决领导体系的问题,在中国,构建科学的社会治理体系必须始终坚持中国共产党的领导。第一,中国共产党代表了全体人民的根本利益,党能够站在全局的、宏观的角度来全方位地审视社会问题,协调部门之间、群体之间以及地区之间的利益矛盾,促进各方利益关系的协调发展;第二,社会治理是涉及全国政治架构、经济基础、文化稳定的大工程,作为执政党,中国共产党具备足够的政治魄力与民意基础,具有充分的力量与资源基础来推动社会治理的快速发展;第三,社会治理应当坚持法治化的原则,其属于依法治国的重要组成部分。党对社会的领导不仅具有合理性,也具有合法性,党对社会治理的领导必须坚持法治的原则,通过将党的领导行为与法治思维和法治方式相结合确保党领导社会治理法治化的权威性。

2019 年,为解决我国立法以及行政规范性文件制定进程中"利益平衡难""对象选择难""诉求反映难""监督检查难"等问题,国务院办公厅发布《关于在制定行政法规规章行政规范性文件过程中充分听取企

① 《中共中央关于坚持和完善中国特色社会主义制度 推进国家治理体系和治理能力现代化若干重大问题的决定》,人民出版社 2019 年版,第 28 页。

业和行业协会商会意见的通知》(以下简称《充分听取意见的通知》)。该通知进一步科学地划分了相关立法的参与主体,拓宽了立法的参与途径,提高了立法的民主性与科学性,这对提升社会治理法治化的民主性和科学性亦有显著促进功用。

改革开放40多年来,我国政府的立法透明度以及公众参与度都得到了大幅提升。为了进一步提升政府立法的公众参与度,国务院和相关部门以及有立法权的地方立法机构在起草、审查相关立法进程中逐渐地建立了专家论证、公众参与、社会监督的机制、流程,尤其是对于关系到人民群众切身利益的立法草案,上述部门普遍采用了听证会、论证会、座谈会等形式来向社会各界公布立法草案并听取社会各界的意见,探索建立意见听取以及采纳机制。通过上述制度探索以及创新,社会公众参与立法的渠道获得了有效拓展,政府立法的科学性、民主性显著提升,这本身亦是社会治理法治化的必然实践要求。《充分听取意见的通知》就特别注重商会、律师协会、行业协会等社会组织在立法参与方面的作用,这些社会组织分布于社会中的不同领域、不同地域,是社会治理法治化的"静脉系统",充分发挥它们的作用将有助于把不同系统的因素协调统一起来。《充分听取意见的通知》注重从五个方面来提升立法的参与度,巩固社会治理法治化的基层基础:

其一,扩大听取意见的广度。立法者个人的理性始终是有限的,这要求立法者应当全面、客观、准确地听取不同社会群体的意见,尤其是利益相关者的意见,提升立法的科学性与民主性,进而让社会治理更能获得基层的拥护。《充分听取意见的通知》要求相关立法者应充分听取有代表性的企业、行业协会、商会的意见,寻找到立法的最大公约数,不断提升立法的质量。

其二,提升意见听取的精准度。《充分听取意见的通知》要求政府在听取意见时必须充分关注相关企业、行业的"特殊性"、"代表性"以及"差异性",从地域、行业以及层级等角度,为立法以及规范性法律文件制定过程中选择听取意见的群体进行精准确定,让立法及规范性法律文件更能够体现社会智识。

其三，提高意见听取的实效度。实际上，我国立法公开征求意见制度已经形成多年，但始终存在社会参与度不高等问题，这显然不是社会治理法治化的应有面貌。《充分听取意见的通知》提出要探索建立政府征求意见的平台，促使政府与知名的商业网站、行业协会网站建立有效链接，并探索在行业协会商会内部建设基层联系点，从而更好地让社会意见传达到相关立法机关。《充分听取意见的通知》要求立法者应当通过多种方式来逐步引导企业以及行业协会针对特定问题发表意见，让政府与社会主体展开充分的、有效的探讨。

其四，增强意见听取的可信度。实践中，我国立法参与机制尚不完善，导致个别情况下政府选取的社会主体代表性不足，甚至引发了部分民众的抵触情绪。《充分听取意见的通知》要求对于那些争议和分歧较大的问题，应当引入客观、中立的专业机构或者第三方来参与调查评估，从而提升意见听取的可信度。

其五，加强意见的回应度。社会主体参与立法的积极性与政府的回应之间有着密切关联，政府回应得越及时、充分，民众的参与度就越高，社会治理法治化效果就越好。如若长期得不到政府回应，则社会大众的立法参与热情显然将会受到极大冲击，甚至会因此质疑立法参与的有效性，进而冲击政府的公信力。《充分听取意见的通知》规定相关立法部门要通过多种方式来反馈其收到的意见，尤其是对于相对集中的意见未予采纳的，应当通过适当的方式说明；对于立法进程中社会大众所普遍关切甚至质疑的内容，相关立法部门应加强沟通，广泛凝聚社会共识，切实有效地降低法律实施中的行政成本。

总之，《充分听取意见的通知》重点要求在优化立法以及制度建设进程中充分融入社会主体的意见，充分融入社会的智识，这对于提升立法以及制度建设的科学性、民主性、针对性、有效性显然大有裨益；同时，广大的社会主体如商会、行业协会、律师协会等在这一进程中都得以参与立法与制度建设，这更进一步提升了社会主体参政议政的水平和能力,让社会治理法治化工作融入了更多的有效的社会力量。

2020年颁布的《法治社会建设实施纲要(2020—2025年)》在其第一部分“总体要求”中就提出,要“提高社会治理法治化水平,为全面建设社会主义现代化国家、实现中华民族伟大复兴的中国梦筑牢坚实法治基础”;同时,到2025年,要力争法治观念深入人心,确保社会领域的制度规范更为健全,社会治理的法治化水平显著提升,为2035年基本建成法治社会奠定坚实基础。该纲要第五部分“推进社会治理法治化”对社会治理法治化提出了直接的要求,指出要“全面提升社会治理法治化水平,依法维护社会秩序、解决社会问题、协调利益关系、推动社会事业发展,培育全社会办事依法、遇事找法、解决问题用法、化解矛盾靠法的法治环境,促进社会充满活力又和谐有序”。

2021年颁布的《中共中央 国务院关于加强基层治理体系和治理能力现代化建设的意见》在第一部分“总体要求”的“指导思想”部分中就指出,要“以改革创新和制度建设、能力建设为抓手,建立健全基层治理体制机制,推动政府治理同社会调节、居民自治良性互动,提高基层治理社会化、法治化、智能化、专业化水平”①。实际上,基层是社会治理法治化的重要实践领域,习近平总书记就反复强调要在社会治理进程中推进多层次的依法治理,其中,社会治理的重心最终必须落实到基层,落实到城乡社区,只有社区的服务与管理能力增强了,国家的社会治理基础才能更为扎实。② 我国幅员辽阔,人口众多,因此各项改革发展的任务最终必须依靠基层来完成,各项政策也需要依托基层才能良好执行,基层是社会治理的关键所在。社会治理法治化,首先就是要实现基层的社会治理法治化,进而才能为新时代社会治理工作夯实根基。

---

① 《中共中央 国务院关于加强基层治理体系和治理能力现代化建设的意见》,人民出版社2021年版,第2页。

② 参见《习近平在参加上海代表团审议时强调推进中国上海自由贸易试验区建设 加强和创新特大城市社会治理》,载《人民日报》2014年3月6日,第1版。

二、社会治理法治化的法律规范体系

推进社会治理法治化需要通过完善的法律规范体系来规范社会治理的各方参与主体。相较于其他规范，法律规范位阶较高，只有坚实的法律规范体系才能最大限度地将党委、政府、社会以及公众有效地连接在一起，为社会治理法治化贡献坚实的制度根基。正如上文所述，社会治理法治化是在政府主导下多元主体的协同共治。因此，新时代社会治理法治化的法律规范体系可以分为两类法律规范：一类是约束公权力机关尤其是政府机关的法律规范体系，从而通过促进法治政府的建设来确保社会治理法治化工作能够获得规范的领导；另一类则是促进社会主体参与社会治理的中央立法和地方立法。

（一）促进政府依法行政的法律规范体系

在中国特色社会主义法律体系中，《行政诉讼法》《行政处罚法》《治安管理处罚法》《行政监察法》《行政复议法》《公务员法》《政府采购法》等行政类法律规范是促进政府依法行政、构建法治政府的重要规范依循。

促进政府依法行政是社会治理法治化的首要前提，新时代中国社会治理法治化的核心工作就在于实现政府具体行政行为的合法化与程序化，通过法治的方式依法设置权力、监督权力，促进政府全面依法履行职能，真正践行"法定职责必须为，法无授权不可为"的理念。只有政府依法行政，才能以合法、规范的方式引导其他社会主体参与到社会治理进程中，才能确保社会治理工作始终以维护权利为价值导向。从另一个角度来说，社会治理法治化中的"法治"要素本身就决定了限制行政权力是首要任务，因为法治约束公权力的功能首要就是指约束行政权：一方面，在众多国家公权力之中，行政权是最为庞大的一种权力，行政权具备鲜明的主动性，对社会大众有着最为广泛的影响。行政权力本身的种类异常纷繁复杂，在行政机关的具体活动中，行政权力的运用将会涉及公民的人身、财产等各方面的权利，很多情况下行政权力难免会侵犯公民的私权利，尽管这种侵犯并非决策者的本意。另一方面，行政权力还具有强制性甚至暴力性，在部分情况下，行政机关往往会动用公安等力量来应对突发事件，维系社会治安，而这类行为一旦出错，将会对公民造成不可逆转的侵犯。总之，行政权力的上述特质决定了行政权力的行使将会对公民产生最迅速也是最为深刻的影响。这都要求行政权力必须获得最为严格的控制，确保政府依法行政。

以《行政诉讼法》为例，实践中，《行政诉讼法》就对政府的公权力形成了良好的制约，为社会治理法治化奠定了扎实的基础。一方面，《行政诉讼法》可以保障公民对抗行政权力。行政诉讼历来被称为"民告官"，它是在具体的行政行为开展进程中，相关公民在自身权益受到侵害后，通过一定的法律途径来维护自身权益的方式和程序。在行政诉讼中，普通公民明显处于弱势地位，而通过《行政诉讼法》对相关制度的设计，公民能够拥有足够的程序性保障来维护自身权益，对抗不合理的行政行为。另一方面，《行政诉讼法》也是对政府行政权力的直接约束。《行政诉讼法》本身不仅是为了维护公民的基本权利，也是对行政机关进一步约束自身行为的规范，即通过具体的约束性条款促使行政机关在行使行政权力的过程中严格依法行政。正如上文所述，行政权力的庞大性与强制性决定了行政权力具备扩张性，如若不通过法律加以严格限制，则政府的公信力即有可能出现下降的趋势，引发社会的混乱与危机。所以，《行政诉讼法》将有助于率先实现法治政府，为社会治理法治化工作奠定扎实根基。

（二）促进社会主体参与社会治理的中央立法

社会治理法治化在要求政府发挥主导作用的同时，还强调将政府不能做、做不了、做不好的专业性较强的事务交给社会与市场来承担，推动政府职能向指导、服务、监督的方向转变，实现社会治理参与主体的多元化以及社会治理效果的高效化。规范社会主体参与社会治理的法律规范体系就为促进社会治理多元主体的参与提供了扎实的制度依据。

1. 规范社会组织的法律规范

社会组织是社会治理法治化进程中的重要参与主体，对此，立法机关应加快社会组织的立法，明确社会组织的性质、准入条件、设立程序、运行准则、职责范围、治理架构、法律责任等内容，充分发挥行业协会、商会、公益慈善类及城乡社区服务类组织的功用，构建社会组织自我管理、自我运行、自我监督的机制，依法规范和引导社会组织的健康发展。

实践中，基金会、社会团体、民办非企业是社会治理进程中主要的社会参与主体，对此，中国特色社会主义法律体系中分别有三大管理条例对之展开规范。

第一，《基金会管理条例》自 2004 年 6 月 1 日起施行，1988 年 9 月 27 日国务院发布的《基金会管理办法》同时废止。《基金会管理条例》规定了基金会的登记管理机关和业务主管单位的双重管理体制。所谓双重管理体制，是指登记管理机关负责基金会、基金会的分支机构或代表机构以及境外基金会代表机构的最终审批登记；业务主管单位则负责基金会及其分支机构或代表机构以及境外基金会代表机构的初审。在具体的管理环节中，登记管理机关负责对基金会以及境外基金会代表机构的年度检查，并对它们的活动展开日常监督管理，以及对它们的违法行为进行处罚；业务主管单位则负责指导、监督基金会以及境外基金会代表机构根据法律和章程开展公益活动，负责它们的年度检查的初审，并配合登记管理机关查处它们的违法行为。

双重管理体制是我国民间社会组织的重要制度，与我国当前的经济、社会发展现状相适应。毕竟，我国目前民间社会组织正处于发育的阶段，社会力量不甚壮大，自身组织较为薄弱，且存在诸多活动不规范的现象，这都需要相关的主管部门予以引导。

第二，2016 年 2 月 6 日，《国务院关于修改部分行政法规的决定》（国务院令第 666 号）发布，该决定对《社会团体登记管理条例》的部分条款进行了修订。当前，《社会团体登记管理条例》对社会团体的概念、管辖机制、成立程序、章程事项、变更登记、注销登记、罚则等内容都展开了细致规定,这为社会团体参与社会治理工作提供了坚实的法治保障。

第三,1998 年 10 月 25 日,国务院颁布《民办非企业单位登记管理暂行条例》;1999 年 12 月 28 日,民政部根据该条例发布施行《民办非企业单位登记暂行办法》。民办非企业是 1996 年中央和国务院针对过去的“民办事业单位”这一概念进行修正而产生的概念,这意味着事业单位只能由国家来举办,民间的不再称为事业单位。所谓民办非企业,就是企事业单位、社会团体和其他社会力量以及公民个人利用非国有资产举办的,从事非营利性社会服务活动的社会组织。《民办非企业单位登记暂行办法》对民办非企业进行了细致分类和列举,主要包括:教育领域的民办非企业,如民办幼儿园,民办小学、中学、学校、学院、大学,民办专修(进修)学院或学校,民办培训(补习)学校或中心等;卫生领域的民办非企业,如民办门诊部(所)、医院,民办康复、保健、卫生、疗养院(所)等;文化领域的民办非企业,如民办艺术表演团体、文化馆(活动中心)、图书馆(室)、博物馆(院)、美术馆、画院、名人纪念馆、收藏馆、艺术研究院(所)等;科技领域的民办非企业,如民办科学研究院(所、中心),民办科技传播或普及中心、科技服务中心、技术评估所(中心)等;体育领域的民办非企业,如民办体育俱乐部,民办体育场、馆、院、社、学校等;劳动领域的民办非企业,如民办职业培训学校或中心、民办职业介绍所等;民政领域的民办非企业,如民办福利院、敬老院、托老所、老年公寓,民办婚姻介绍所,民办社区服务中心(站)等;社会中介服务领域的民办非企业,如民办评估咨询服务中心(所)、民办信息咨询调查中心(所)、民办人才交流中心等。

2. 规范人民调解的法律规范

人民调解是社会治理的重要组成部分,是确保社会矛盾纠纷解决方式的多样化,进而实现社会矛盾纠纷高效化解决的重要途径。《人民调解法》对人民调解工作规定了三项原则:一是当事人自愿、平等的原则;二是不违背法律、法规和国家政策原则;三是尊重当事人权利原则,不得因为调解而阻止当事人依法通过仲裁、行政或司法途径维护自己的合法权利。

首先,自愿、平等是人民调解的基础。在调解的过程中,双方当事人的地位是绝对平等的,无论是公民、法人还是其他社会组织,都可以自由发表意见,阐释立场,任何人没有特权;同时,调解员在这一进程中必须充分尊重当事人的意愿,不得强行要求达成调解协议,调解员应通过劝说疏导的方式来进行调解,不得使用任何违背当事人本意的方式来调解;当事人既可以接受调解员的具体建议,也可以提出另外的要求,更可以拒绝调解,调解员对此不得进行强制调解。

其次,不违背法律、法规和国家政策是人民调解的重要依据。人民调解委员会的设置以及人民调解员的选任都必须符合法律规定。人民调解员的一切调解活动也要以法律法规为依据,在此基础上,人民调解员的调解活动还要符合乡规民约、公序良俗、行业管理等规范。同时,达成的调解协议的内容也不得违反法律规章,不得侵犯社会公共利益。

最后,尊重当事人权利原则。在纠纷调解进程中,当事人对于是否接受人民调解、选择哪位人民调解员、采取哪一种调解方案、如何达成调解协议等事项都具有充分的自主权。当调解不成时,调解员应当尊重当事人转而通过仲裁、行政或司法的途径维护权利的选择,而不得强行调解。调解、仲裁以及行政、司法途径都是解决社会纠纷的重要手段,选择何种方式解决纠纷是当事人的权利。当事人在拒绝调解、调解不成又或是达成协议后反悔的,都可以选择通过其他途径解决纠纷,人民调解员也有义务告知其享有这一权利。

3. 夯实基层群众自治组织的法律规范

基层群众自治组织是社会治理的重要参与主体,指以农村村民或城市居民的居住地为范围而设立的,由村民或居民选举产生的成员组成,实行自我教育、自我管理、自我服务的组织。

《宪法》第 111 条规定:“城市和农村按居民居住地区设立的居民委员会或者村民委员会是基层群众性自治组织。居民委员会、村民委员会的主任、副主任和委员由居民选举。居民委员会、村民委员会同基层政权的相互关系由法律规定。居民委员会、村民委员会设人民调解、治安保卫、公共卫生等委员会,办理本居住地区的公共事务和公益事业,调解民间纠纷,协助维护社会治安,并且向人民政府反映群众的意见、要求和提出建议。"《村民委员会组织法》《城市居民委员会组织法》则具体对基层群众自治组织的运行活动展开了细致规定,为基层群众自治组织规范地参与社会治理提供了坚实的立法依托,促进了社会治理的法治化。

第一,《村民委员会组织法》《城市居民委员会组织法》进一步完善了基层群众自治组织的民主选举制度。民主选举是我国基层自治的核心内容,只有实行民主选举,才能让那些能力强、责任心重、办事公道、大家所共同信任的人士进入村民委员会或居民委员会;也只有经过群众民主选举产生的村民委员会或居民委员会,才能切实获得群众的拥护和支持,才能更具备威信,才能确保基层群众自治组织参与社会治理的法治化与高水平化。而规范的选举程序则是确保基层群众自治组织选举公正的前提。以 2018 年《村民委员会组织法》为例,该法根据近年来村民委员会的选举经验,对村民委员会选举进行了四点完善:一是对村民选举委员会的职责、组成人员、推选程序、免职方式等做了规定,这为确保村民委员会选举工作的顺利有序进行提供了保证。二是完善了选民登记的有关规定,即进一步将流动人口有条件地纳入到选民的登记范围之内,同时更加尊重户籍尚在本村但人并不在本村居住的群体的选举权利和意愿。三是进一步完善了选举过程,如对选举候选人的资格进行了限制;增加了候选人与村民见面、开展竞选演说等环节,有效提升了候选人与选民的互动;进一步规范了村民的投票行为,确保选举过程公正、透明;对候选人的当选条件也进行了严格限制。四是完善了村民委员会成员的罢免程序,对提出罢免人员的数量、表决罢免票等内容进行了细致规定,同时也简化了罢免程序。

第二,《村民委员会组织法》《城市居民委员会组织法》进一步健全了基层群众自治组织的民主议事制度。民主议事是村民或居民民主参与基层自治组织事务的重要方式,是村民或居民行使民主权利、维护自身利益进而有效参与社会治理的重要渠道，这对于制约村民委员会或居民委员会的权力也发挥着重要作用。从立法上完善基层自治组织的民主议事制度，将有利于为民众参与社会治理提供坚实的法治保障。仍以2018年《村民委员会组织法》为例，该法从三个方面对基层的民主议事制度进行了健全和完善：一是进一步完善了村民会议制度，对于村民会议的构成人员、召集方式、参会人员、表决方式等内容进行了细致规制；规定了村民会议可以授权给村民代表会议讨论决定的具体事项；丰富了村民会议的议题内容。二是进一步完善了村民代表会议制度，对于村民代表会议的人员组成、妇女代表组成比例、具体职权、召开时间、议事程序、表决结果的有效性等内容做了更为细致的规定，进一步提升了民主议事的可操作性。三是增加了村民小组会议制度，强化了村民小组议事决策的权力，村民小组会议制度的建立则进一步深化了村民自治，有效地扩大了村民参与途径，有助于促进村民更好地行使民主权利，更好地参与社会治理。

第三，《村民委员会组织法》《城市居民委员会组织法》进一步强化了基层群众自治组织的民主监督制度。民主监督制度主要是通过确保村民或居民对于基层事务特别是财务的知情权、对于基层管理工作的审议权以及对于基层自治组织干部的评议权来促进基层民众得以有效参与基层的社会治理。2018年《村民委员会组织法》主要从以下四个方面来强化村民自治组织的民主监督制度：一是构建了专门的民主监督机构，通过村务监督委员会或其他形式的机构的建立，确保村民民主理财和财务公开等制度能够落到实处。二是进一步完善了民主评议内容，对村民委员会成员、村务监督机构成员以及其他相关人员的民主评议进行了详细规定，针对民主评议的对象、时间以及处理结果也展开了细致规定。三是设立了村务档案制度，具体分为村民委员会的选举文件和选票、土地发包方案和承包合同、集体资产登记文件、宅基地使用方案、会议记录等村务档案，这一制度的建立可以较为有效地、完整地记录村民自治的诸项事项，记录村庄的运行历程，为村民委员会工作的顺利进展以及村务公开工作提供了有力保障。四是实行任期和离任经济责任审计制度,规范村庄的村务监督。通过立法对村民委员会成员的任期以及离任经济责任开展审计,有助于促使村务权力在阳光下运行,避免村民委员会滥用权力侵占集体资产,维护村民权益。

(三)促进社会主体参与社会治理的地方立法

实践中,为促进社会主体广泛地参与社会治理,广大地方立法部门亦积极出台相关地方立法,为社会治理的法治化贡献了丰富的地方智识。下面重点从推动社会组织的培育和发展完善公共法律服务两方面来阐释地方立法之于社会治理法治化的重要功用。

第一,正如上文反复指出的那样,社会组织是社会治理法治化的重要参与主体。一个地方的社会组织发展水平与其经济发展水平成正比,实践中,部分经济发达地方出台了促进社会组织发展的地方立法,有效地实现了本地社会组织的法治化发展。以浙江省宁波市为例,改革开放以来,宁波市一直注重对各类社会团体的大力培育,社会团体发展趋势一直较为蓬勃,当前已形成了门类基本齐全、层次有别且覆盖面较为广泛的社会团体体系。进入 21 世纪以来,为鼓励和支持社会团体的发展,宁波市陆续制定了一系列地方性法规、规章及其他规范性法律文件,有效促进了社会组织的规范化、制度化发展。2001 年,宁波市政府办公厅印发了《宁波市民办非企业单位登记管理若干规定》,为规范民办非企业单位的登记行为,维护民办非企业的合法权益提供了制度保障。2013 年,宁波市政府又发布了《关于加快建立现代社会组织体制促进社会组织健康有序发展的意见》,该意见对建立现代社会组织体制并促进社会组织的蓬勃发展展开了系统规定。当前,尽管宁波市没有针对社会组织的培育进行专项地方立法,但诸多地方性法规、规章都涉及了公益性组织、行业协会等社会组织的规范发展,如《宁波市慈善事业促进条例》对宁波市慈善组织的设置、管理、权利和义务都展开了具体规定;《宁波市志愿服务条例》对宁波市志愿服务组织的设立、运行、责任承担等内容展开了专项规定;《宁波市医疗纠纷预防与处置条例》规定“市和县(市)

区司法行政部门会同卫生等有关部门根据人民调解的有关法律规定，指导当地有关社会团体、组织设立医疗纠纷人民调解委员会”，同时，对于该市医疗纠纷人民调解委员会的设置、职责、运行程序、调解效力等内容亦展开了专门规定。“地方性法规、规章和其他规范性文件为宁波市社会组织的稳定、健康发展创造了良好的制度环境，在引领和保障社会组织发展过程中发挥了重要作用。”①

第二，构建完善的法律服务机制也是社会治理法治化的核心要义。这要求政府需要加大法律服务供给，解决法律服务发展过程中出现的不平衡不充分的矛盾，加快建成以实体、热线以及网络三大平台为主体的公共法律服务机制，实现公共法律服务的现代化、精准化与便捷化，为社会大众提供市场化、多层次、可选择的法律服务。

2021 年 1 月 1 日，《山东省公共法律服务条例》正式施行，这是全国首部正式施行的地方公共法律服务条例。该条例规定，山东省人民政府司法行政部门应当建设 12348 热线平台和网络服务平台，县级以上各级人民政府司法行政部门则应推动构建政府政务服务、紧急求助等公共服务热点平台与公共法律服务热线平台的联动衔接机制。该条例还规定，无偿公共法律服务应当优先倾向于弱势群体，如低收入家庭、残疾人、未成年人、老年人等。该条例亦规定要建立公共法律服务诚信档案和积分制度，如实记录公共法律服务机构及其执业人员的基本信息等。

2021 年 3 月 1 日，《湖北省公共法律服务条例》也正式实施。该条例提出，公共法律服务是政府基本公共服务体系建设的重要组成部分，要打造覆盖政府司法行政部门、人民法院、人民检察院及其他法律服务机构、社会组织在内的“大公法”服务体系：其一，明确公共法律服务的政府主导、社会参与的格局。正如同社会治理是政府主导、社会参与的多元治理格局一样，公共法律服务同样是多主体参与的实践机制，只是

---

① 宁波市人大常委会：《加强社会治理地方立法，推进宁波社会治理法治化》，载中国人大网，http://www.npc.gov.cn/zgrdw/npc/lfzt/rlyw/2015-09/25/content_1947252.htm。

在很多民众的认知中,公共法律服务仅仅属于政府司法行政部门或者司法机关的职责。《湖北省公共法律服务条例》就对公共法律服务的概念范畴作出了更为广泛的界定,其第 3 条指出,“本条例所称公共法律服务,是指由政府主导、社会参与,为保障公民、法人和其他组织基本法律需求而组织提供的法律服务、服务保障措施以及其他相关服务事项。公共法律服务主要包括法治宣传教育、法律咨询、法律查询、法律便利、法律援助、人民调解、村(居)法律顾问等基本公共法律服务事项”。在这一规定下,公民、法人以及其他组织都享有了获得公共法律服务的权利,他们可以针对公共法律服务展开广泛的监督与评价。其二,鼓励社会大众参与公共法律服务。《湖北省公共法律服务条例》提出,县级以上的人民政府应当构建公共法律服务的联席会议制度,以此来具体研究和部署关于公共法律服务的重大事项;联席会议制度的日常具体工作由同级别的司法行政部门来负责。县级以上的人民政府司法行政部门则统筹负责城乡公共法律服务的设施布局、科技应用、队伍建设等工作,管理和监督公共法律服务,推动各有关机关之间的衔接。县级以上的其他部门则应结合本部门的职责做好公共法律服务工作。此外,该条例还鼓励并支持人民团体、社会组织、企事业单位、科研院所等主体积极参与公共法律服务。其三,推动公共法律服务平台的融合与合作。《湖北省公共法律服务条例》还提出要加速公共法律服务中心的实体平台的建设。该条例要求省人民政府应当统筹推进公共法律服务热线平台的搭建,并实现这一平台与政府政务服务、诉讼服务、检察服务等公共服务热线平台的衔接。县级人民政府司法行政部门则应进一步统筹推进公共法律服务实体、热线、网络平台的融合发展,推动各种平台之间的数据交换、信息互通与协同创新。

三、社会治理法治化的自治性社会规范体系

习近平总书记指出:“社会治理是一门科学,管得太死,一潭死水不

行;管得太松,波涛汹涌也不行。要讲究辩证法,处理好活力和秩序的关系。”[①]从规范的角度来看,上述要求意味着在社会治理法治化的进程中,除依靠法律规范体系外,自治性的社会规范体系同样不可或缺,只有充分发挥自治性的社会规范体系的作用,才能既减轻政府等公权力部门的压力,又充分释放社会的活力,真正践行“治理”的核心要义。事实上,法治生发于社会也服务于社会,社会规范体系本来就是法治规范体系中不可或缺的重要组成部分,正如有论者所指出的那样,“社会治理法治化并不是一个完全自给自足的封闭体系,在以法治为主要手段的同时,也需要借助民间规则的力量,才能真正达到良善之治”[②]。

(一)自治性社会规范的重要性研判

1. 自治性社会规范之于法律的重要补充功用

自治性社会规范是独立于法律体系的客观存在,就产生顺序而言,自治性社会规范要先于法律而产生。马克思在论述“法”(法权关系)时就鲜明地指出了这一点。一方面,马克思深刻指出,法的根源是由一定的社会物质生活条件所决定的,在对黑格尔唯心主义的国家与法的观点进行批判的过程中,马克思指出,“法的关系正像国家的形式一样,既不能从他们本身来理解,也不能从所谓人类精神的一般发展来理解,相反它们根源于物质的生活关系”[③]。由此,马克思科学地揭示了法的物质根源——一定的社会物质生活条件从根本上决定了社会主体的利益需求,各类社会主体的利益需求“在社会主体的现实实践中被普遍化、抽象化、固定化,被赋予应有权利的理念。它们在经典作家的著述中往往被表达为‘习惯权利’或‘法权要求’;一定社会条件下的人们因‘法权要求’而结成的社会关系被称为‘法权关系’”[④]。简言之,在马克思看来,

---

① 习近平:《在中央政法工作会议上的讲话(2014年1月7日)》,载中共中央文献研究室编:《习近平关于社会主义社会建设论述摘编》,中央文献出版社2017年版,第125页。

② 许奎:《社会治理法治化的民间规则之维》,载《人民论坛·学术前沿》2019年第1期。

③ 《马克思恩格斯全集》(第13卷),人民出版社1962年版,第8页。

④ 夏锦文主编:《法哲学关键词》,江苏人民出版社2013年版,第18页。

法权关系"是一种反映着经济关系的意志关系。这种法权关系或意志关系的内容是由这种经济关系本身决定的"[①],"经济关系产生出法权关系"。[②] 这里所谓的"法权关系",实际上就是"法",[③]它"是一定社会经济关系的权利表现或权利要求,法的本体是权利"[④]。在《资本论》中,马克思也明确地指出,法实际上就是由一定的社会经济条件所决定的法权要求,它是经济形态的一种意识化形态,"法的关系,是一种反映着经济关系的意志关系。这种法的关系或意志关系的内容是由这种经济关系本身决定的"[⑤]。因此,权利要求是法律最为本质的内容,"法与权利是处于同等序列的概念"[⑥]。另一方面,法毕竟是一种抽象的存在,在现实世界,法"往往借助于统治阶级创制法律的实践活动,转化为统治阶级的直接社会权利要求,取得国家意志的形式"[⑦],也就是取得法律的形式。对此,恩格斯也指出,"在社会发展某个很早的阶段,产生了这样的一种需要:把每天重复着的生产、分配和交换产品的行为用一个共同的规则概括起来,设法使个人服从生产和交换的一般条件。这个规则首先表现为习惯,后来便成了法律"[⑧]。

可以看到,在马克思主义法哲学观中,民间习惯与法律都是对由一定社会物质生活条件所决定的权利要求的体现,而且这种权利要求在历史上首先体现为习惯,在国家产生后才体现为法律。因此,自治性社会规范是与法律同等重要的规范体系,是法律的重要补充,是社会治理法治化进程中不可或缺的重要规范组成部分,法治国家同时需要两类规范体系的蓬勃发展。

---

① 《马克思恩格斯全集》(第23卷),人民出版社1972年版,第102页。

② 参见《马克思恩格斯全集》(第19卷),人民出版社1965年版,第18~19页。

③ 参见公丕祥主编:《法理学》,复旦大学出版社2008年版,第29页。

④ 公丕祥主编:《法理学》,复旦大学出版社2008年版,第29页。

⑤ 《马克思恩格斯全集》(第23卷),人民出版社1972年版,第102页。

⑥ 公丕祥:《再论法与法律的区别》,载《江苏社联通讯》1989年第1期。

⑦ 公丕祥主编:《法理学》,复旦大学出版社2008年版,第31页。

⑧ 《马克思恩格斯全集》(第18卷),人民出版社1964年版,第309页。

2. 自治性社会规范内含的多元功能特质

自治性社会规范内含的多元功能特质决定了其参与社会治理法治化进程的必然性。尽管法律可以调整绝大部分重要的社会关系,但其并不能调整一切,这决定了法律规范必须同其他社会规则一道,共同维系社会秩序。就法律与自治性社会规范的关系而言,自治性社会规范可以为法律的合理性提供例证与说明,毕竟,历史上社会规则先于法律规范而产生,"从很大程度上来说,法律的运用具有象征性和表达性功能,是对普遍自然秩序的承认,几乎不存在任何有意改变现实的企图"①。就我国的实际状况而言,法律的合理性有时更为需要自治性社会规范的有力支持。

第一,自治性社会规范是克服立法固有局限性的重要补充规范。从立法的视角来看,法治的首要依存要素当然是完备的法律,但是,仅有立法仍不足以支撑起"法治的大厦"。立法者理性的有限性决定了立法无法一劳永逸地应对变化无穷的社会问题。实践中,社会中的主体以及利益总是丰富多样的,特别是,中国幅员辽阔,人口众多,地区发展极不平衡,这些事实都进一步加剧了我国社会的多样性,这种多样性给立法工作带来了巨大困难,这意味着立法必须尽可能地反映社会中多样化的利益诉求;但与此同时,现代国家普遍采用代议制的立法机制,"代议制立法的目的性决定了立法产品的有限性"②,易言之,通过代议制机制产生的法律总是存有漏洞,无法全面反映社会多样化的利益诉求,这既是因为代议制机制下立法者的认知水平无法促使其认知社会的整体风貌,且任何立法者本身也或多或少地带有一些"偏私性",同时,这也是由于处于不断变化状态下的社会决定了任何法律在其诞生伊始就已经具有了滞后性,成文立法始终难以及时地对新的社会现象展开周全规制。正因如此,有论者指出,"那些导致了概念和教义的法律,甚至是国家决定的

① [德]尼克拉斯·卢曼:《法社会学》,宾凯、赵春燕译,上海人民出版社 2013 年版,第 229 页。

② 庞正:《代议制立法的有限性及其补正——兼论第三部门的立法参与功能》,载《社会科学》2008 年第 2 期。

法律，都是次要的、派生的、片段的和言辞的现象。如果碰到疑虑，对于法学家法和国家法的处理都必须返回实际上的活的、原初的社会法中”[①]。这就是说，自治性的社会规范此时可以有效地弥补立法存在的上述不足，在立法难以对社会问题展开及时调整的情况下，为人们提供充足的规范依据，毕竟，自治性的社会规范生发于社会也成长于社会，同立法相比，自治性的社会规范的内容更为贴近社会本身，这使该类规范具备了立法所不具备的面对社会动态得以及时灵活调整的特质。

第二，自治性的社会规范是维系社会秩序的重要制度性依据。自治性社会规范下的社会秩序更为契合社会治理法治化所追求的法治秩序。在中国几千年的传统社会中，婚姻的缔结、财产的归属、合同的签订等问题都有着广泛的民间规则的烙印；而在当代社会，随着社会系统复杂性的提升，传统社会的机构以及关系开始逐渐被瓦解，法律调控取代了原先长期存在的宗族主导的秩序。但是，这并不意味着民间规则就不复存在了，因为新的民间规则会源源不断地以新的方式出现并影响着人们的思维方式与行为模式，而立法者往往也是在尊重这种民间自发的秩序之基础上制定法律的。仔细审视当下社会即可发现，尽管国家并未采取大量措施来确保法律的实效，但是，社会中大多数人仍会自觉地按照法律设定的行为规范予以行为。究其原因，就在于法律所欲维系的秩序实际上往往源于社会的自发秩序，而自治性的社会规范正是这种秩序的直接维护者。

此外，自治性社会规范亦有助于在社会治理法治化的进程中推动矛盾纠纷的高效化解。社会治理是一项复杂庞大的工程，要面对不断变化的社会现实和纷繁复杂的矛盾冲突。科赛（A. Coser）认为，任何社会系统在其运转过程中都会产生敌对情绪，形成潜在的破坏系统的压力，一旦这种敌对情绪超过了社会系统的耐压能力，就会导致社会系统的瓦解。因此，社会必须借助稳定化、制度化的疏导机制有序释放社会的紧

---

① ［德］尼克拉斯·卢曼：《法社会学》，宾凯、赵春燕译，上海人民出版社 2013 年版，第 61 页。

张情绪，消解社会冲突。[①] 而自治性的社会规范就是有效的疏导机制，无论是道德规范、伦理习俗还是宗教规则，每当其被违反时，都会不同程度地求助于公共舆论或大众愤怒的校正。所以，在对破坏社会秩序的行为人展开制裁时，自治性社会规范往往比法律的制裁更为有效。

（二）自治性社会规范体系的构成分析

在新时代社会治理法治化的进程中，自治性的社会规范呈现愈加多元化的特质，它们有效弥补了单纯依靠立法治理社会的不足，有效地提升了新时代社会治理的效益。

1. 居民公约

居民公约，是指城市社区范围内的民众在基层群众自治组织以及社区的指导下，按照一定的程序以及约定的条件，就社区内部的公共事务，本着平等、友好、互利、团结、自愿、协商的原则所达成的协议。居民公约的主体就是参与居民公约的制定、实行以及遵守的主体，主要包括社区居民、社区组织、基层群众自治组织等。在社会治理法治化的进程中，居民公约能够有效调动基层民众的力量，实现社会矛盾的多元化解，有效提升基层社会治理的效益。

一方面，居民公约可以充分发挥居民与社区的自治力量。党的十八大以来，党和国家高度重视社会治理体系和治理能力现代化问题，高度重视人民民主权利，提倡发挥社会自治组织的力量。党的十八大报告指出："在城乡社区治理、基层公共事务和公益事业中实行群众自我管理、自我服务、自我教育、自我监督，是人民依法直接行使民主权利的重要方式。"党的十八届三中全会指出："坚持系统治理，加强党委领导，发挥政府主导作用，鼓励和支持社会各方面参与，实现政府治理和社会自我调节、居民自治良性互动。"党的十八届四中全会指出："完善和发展基层民主制度，依法推进基层民主和行业自律，实行自我管理、自我服务、自我教育、自我监督。"而居民公约就有效地承载了社区的自治力量，有效

---

① 参见［美］L. 科塞：《社会冲突的功能》，孙立平等译，华夏出版社 1989 年版，第 120 页。

地发挥了居民的整体力量，弥补了国家力量无法事必躬亲以及个人力量较为渺小的不足，提升了社会治理的整体效益。

另一方面，居民公约能够有效化解社区纠纷，实现矛盾纠纷处理的高效化、多元化。居民公约覆盖范围较为广泛，涵盖了居民生活、生产、商业等各方面内容，包含婚姻家庭、物权、债权、侵权等多重法律关系，涉及社区范围内的居民、学校、医院、公司、社会组织等众多主体。在传统的管理机制下，社区内部的矛盾或者诉诸私力协商，或者最终诉诸法院，造成了国家公权力机关的不堪重负，甚至还会制造新的矛盾纠纷。因此，传统的社区纠纷解决方式具有有限性、被动性的特质，解决纠纷的能力有限。但是，居民公约的出发点以及落脚点始终是居民自身的核心利益，居民公约纠纷解决体系在运行过程中贯穿了民主的原则，充分体现了“以居民为核心”的治理理念——针对社区中所可能出现的各类潜在纠纷，居民公约可以令居民通过自愿认同公约、主动履行公约、积极践行义务的方式实现纠纷的高效化解，而不必最终都诉诸司法机关等国家公权力部门。这显然更能节约社会资源，实现矛盾纠纷化解的高效化、多元化，更能有效满足社区纠纷的解决需要。

2. 村规民约

“村规民约是推进新时代基层社会治理的重要手段。”①十八届四中全会在强调要建设法治社会时，提出了要开展多领域多层次的依法治理，指出要“发挥市民公约、乡规民约、行业规章、团体章程等社会规范在社会治理中的积极作用”。2018 年 9 月，习近平总书记指出，“很多风俗习惯、村规民约等具有深厚的优秀传统文化基因，至今仍然发挥着重要作用。要在实行自治和法治的同时，注重发挥好德治的作用，推动礼仪之邦、优秀传统文化和法治社会建设相辅相成”②。2018 年 12 月，民政部、中央组织部和中央政法委等七部门联合发布的《关于做好村规民

① 陈成文：《论村规民约与新时代基层社会治理》，载《贵州社会科学》2021 年第 8 期。

② 习近平：《把乡村振兴战略作为新时代“三农”工作总抓手》，载《社会主义论坛》2019 年第 7 期。

约和居民公约工作的指导意见》亦指出，“到2020年全国所有村、社区普遍制定或修订形成务实管用的村规民约、居民公约，推动健全党组织领导下自治、法治、德治相结合的现代基层社会治理机制”。2019年6月，中共中央办公厅、国务院办公厅出台的《关于加强和改进乡村治理的指导意见》强调，要推进新时代乡村治理，就必须“加强村规民约建设，强化党组织领导和把关，实现村规民约行政村全覆盖”。

村规民约就是村庄民众在村民自治的进程中，就本村的公共事务、相关纠纷等与村民利益密切相关的事项，按照自主约定的程序开展共同协商所确定的并能够约束全体村民的村庄社会规范。村规民约是村民在日常生活中根据自身需要自发产生的规范，具有鲜明的内生性，更容易被本村村民所接受和遵守，因此其在村庄社会关系的调整过程中发挥着重要功能。村规民约更为贴近村民的日常生活，同法律相比，适用村规民约显然更具效益，村规民约得以令村民利用更符合本村实际情况的规则处理相关公共事务，有效地降低了乡村的治理成本。总之，在社会治理法治化的进程中，村规民约在确保基层民主、加强基层团结、维护乡村治安、管理基层公共事务、合理分配并保护集体资产、有效利用自然资源、促进乡村环境卫生保护、改变乡村陈旧风俗、解决乡村纠纷等方面都发挥着积极的作用。[①] 实践中，江苏省灌南县堆沟港镇将保护生态环境写入村规民约，该镇《村规民约》就规定：“爱护公物古迹，守住历史遗存；呵护水清岸绿，向往蓝天白云；保护生态环境，造福子孙后代……”2021年，堆沟港镇获得了连云港市空气质量第一名，在全市92个乡镇中独占鳌头。[②]

3. 乡村社会习惯法

“习惯法不仅是一个历史现象，也是一种现实社会规范。”[③]我国地

① 参见陈寒非、高其才：《乡规民约在乡村治理中的积极作用实证研究》，载《清华法学》2018年第1期。

② 参见《江苏：灌南县堆沟港镇将环保写入〈村规民约〉》，载腾讯网，https://new.qq.com/rain/a/20220226A04JYK00。

③ 高其才：《习惯法的当代传承与弘扬——来自广西金秀的田野考察报告》，载《法商研究》2017年第5期。

域广阔,乡村社会的地域跨度极大,导致我国乡村之间的经济发展程度也差距较大;同时,我国还是个多民族国家,少数民族人口总体数量较为庞大,且大部分民众都生活于偏远的乡村地区。上述因素导致我国广大乡村出现了种类丰富、表现形式多元且功能较为全面的习惯法,众多的习惯法在社会治理法治化进程中具有重要地位,特别是在一些少数民族聚居的偏远乡村社会中,乡村社会习惯法成为社会治理的主要规范依据。在形式方面,这些乡村习惯法有的以源远流长的宗族习惯规则为表现形式,有的则以村落习惯规则为表现形式;在内容方面,乡村习惯法大致包括农业、畜牧业、婚丧嫁娶、民间借贷、社会纠纷处理等事项,既有实体规范亦有程序性规范。在乡村习惯法发达的社会,社会内部的生产、生活等各项活动都有习惯法加以规制,因此乡村习惯法在社会治理法治化进程中发挥了重要的基础性功用。

乡村社会习惯法之所以能够在社会治理法治化进程中产生如此重要的影响,一项重要的原因即在于乡村社会习惯法与国家立法之间存在诸多一致性,二者表现出对特定价值的共同追求或者对特定行为的共同禁止。例如,尊老爱幼、诚实守信等价值理念不但是我国立法所倡导的,同时也是广大社会习惯法所普遍推崇的;又如,背信弃义、虐待老人等行为都同时是被国家立法与社会习惯法所不容的。同样重要的是,尽管正如上文所述,社会习惯法的产生要早于国家制定法,但是,这并不影响在国家立法产生以后,人们会根据国家立法而对社会习惯法开展部分修正。当前,我国乡村的社会习惯法普遍都要求村民遵照国家立法,坚持党的领导,这本身就说明了二者的共通性。

乡村社会习惯法与国家立法之间的上述共通性,确保了乡村社会习惯法在社会治理法治化进程中的作用,保证了乡村社会习惯法填补立法空白、弥补立法局限性特质的充分发挥。例如,乡村社会中村民社会交往关系的一些具体行为(如红白喜事),国家立法不方便直接作出细致规定,但乡村社会习惯法中往往含有大量调整该类行为的规范,且这类规范会伴随着农村经济社会的发展而被不断调整,具有国家立法所不具备的灵活性。又如,在国家立法与乡村社会习惯法针对特定事项都有规定的情形中,国家立法与社会习惯法在具体调整方法上又风格迥异。相较之下,国家立法的规定往往更为原则性与一般性,诸多情况下更注重通过禁止以及惩罚的手段来实现调整目的;而乡村社会习惯法的规定则往往更为具体明确,更加符合村民日常生活的实际需要,并主要通过感化、舆论等方式来达致其调整社会纠纷的目的。因此,在社会治理法治化的过程中,乡村社会习惯法能够以更为灵活的方式有效地调整乡村社会关系,构成了对国家立法的重要制度性补充。

4. 行业协会自治规则

行业协会自治规则是各个行业协会根据自身的自治权及行业发展状况,在合法的框架下自行设计用于调整组织结构及运行事务的各类规范的总和。行业协会自治规则是行业协会展开自治管理的重要制度性依据,它对于规范行业从业者的行为、维系行业秩序具有重要的功用,是自治性社会规范体系的重要组成部分。

一方面,行业协会自治规则是对国家立法的重要补充,在国家立法力有不逮的情况下为社会治理工作提供了重要的指引,确保了社会治理的法治化。法律的滞后性、不确定性以及因体系庞大而导致的僵化性,共同决定了法律不可能对任何社会事务都能够展开及时且有针对性的调整。而行业协会自治规则就可以有效弥补国家立法的这种局限性,及时调解各类行业协会之间的利益关系,实现特定社会事务的自我运行,避免国家公权力的“事必躬亲”,有效提升社会治理的效益。

另一方面,行业协会自治规则的灵活性、针对性以及专业性特质对于推动国家立法的施行亦有显著功用。行业协会自治规则是行业协会根据本行业的具体特质而对国家立法展开的进一步细化,细化后的规则更适合于本行业的发展状况,从而更具可操作性;进而经过行业协会自治规则的内化后,行业协会的成员也会最大限度地认同国家立法,从而减少国家立法日后在执行中可能遇到的障碍。

第三章　社会治理法治化的体制机制

党的十八届三中全会将“推进国家治理体系和治理能力现代化”作为全面深化改革的总目标，这是一件对中国现代化进程产生深远影响的大事。① 在这次全会上，党中央首次提出“社会治理”概念，标志着执政党治国理政理念发生了“从政府管理走向社会治理”的重大转变。② 自此以后，治理思想成为统领中国政治和法治现代化的新思想、新理念。衡量一个国家治理体系是否现代化有多个标准，法治是其中一个重要标准。③ 在这个意义上，社会治理法治化是国家治理体系和治理能力现代化的重要表征。

在当代中国，社会治理法治化是国家治理能力现

---

① 不少学者指出，国家治理体系和治理能力现代化是继工业现代化、农业现代化、国防现代化、科学技术现代化之后的第五个现代化。参见高奇琦：《智能革命与国家治理现代化初探》，载《中国社会科学》2020 年第 7 期。

② 2004 年，党的十六届四中全会提出了“社会管理”概念。此后，党的十七大、十八大一直沿用了“社会管理”的提法。参见燕继荣：《中国社会治理的理论探索与实践创新》，载《教学与研究》2017 年第 9 期。

③ 俞可平认为，衡量国家治理体系是否现代化有五个标准：公共权力运行的制度化规范化、民主化、法治、效率和协调。参见俞可平：《国家治理体系的内涵本质》，载《理论导报》2014 年第 4 期。

代化的重要环节。从构成要素来看，国家治理体系由政府治理、市场治理和社会治理三个最重要的次级体系构成。[①] 着眼于改革开放以来的实践历程，中国国家治理体系的构建脉络沿着市场治理—政府治理—社会治理的顺序渐次展开。相较于政府治理和市场治理，社会治理的基础更为薄弱、任务更为繁重。中国政府锚定实现社会治理法治化的艰巨目标，改变了由政府单方面进行社会管控的格局，逐步确立起“党委领导、政府负责、民主协商、社会协同、公众参与、法治保障、科技支撑”的社会治理体系。

一、党委领导和政府负责的管理体制

社会治理体系是一项高度复杂的系统性工程。对于一个庞大的治理体系来说，各子系统之间互相协调是整个系统效能最大化的根本所在。治理理论突出强调多元主体协作共治，但并没有特别区分不同治理主体的地位或优势，更没有明确限定治理活动所依凭的政治体制。在当代中国，推进社会治理法治化和现代化，最根本的一点就是坚持并完善党的领导。各级党组织应当真正把党的理论优势、政治优势、制度优势和密切联系群众的优势，转化为社会治理的效能。

（一）党的领导是社会治理体系的根本

100 年来，中国共产党领导全国人民在革命、建设与改革过程中创立的历史伟业，以及中国社会发展的现有国情，决定了我们党在当代中国国家治理中必然且应当处于核心地位。这一必然性和必要性早已成为社会普遍共识。确如有学者所指出的那样，“政党在国家治理中居于中心地位，发挥核心作用，整个国家治理体系以政党为中轴而构建，整个

① 参见俞可平：《国家治理体系的内涵本质》，载《理论导报》2014 年第 4 期。张文显主张将“国家治理”作为“社会治理”的上位概念。除社会治理外，政党治理、政府治理、军队治理、经济治理、文化治理、环境治理、网络治理、参与全球治理也属于国家治理的范畴。参见张文显：《新时代中国社会治理的理论、制度和实践创新》，载《法商研究》2020 年第 2 期。

国家治理过程由政党主导而展开”[①]。坚持党的领导之基本原则，立足于我国国家治理现实实践，重视政党在治理中的核心地位和无以替代的领导功能，从而把政治学领域的政党研究引入国家治理研究的中心地位。在历史政治学的理论视野中，中国共产党引领的国家发展可被归纳为：“一个核心能动者——中国共产党，三重逻辑交织——革命逻辑、现代化逻辑、民族复兴逻辑，形塑三个发展阶段——站起来、富起来、强起来”[②]。这种中国共产党治国理政的复线逻辑，揭示出执政党的政治逻辑以及制度优势转化为治理效能的传递机制。可见，我国当下的政治学和历史政治学都是基于中国治理经验的本土化政治理论建构的，它们尝试突破“国家与社会关系”的研究范式，成功地将“政党”这一关键要素带入治理研究的主流话语体系之中。

第一，在中国特色社会治理体系中，坚持党的领导贯穿于治理活动的方方面面。正是坚持党的领导，使中国社会治理体系具有鲜明的中国特色。“中国共产党领导是中国特色社会主义最本质的特征，是中国特色社会主义制度的最大优势，党是最高政治领导力量。”[③]在中国的时空条件下，实现社会治理现代化的根本在于坚持党的领导。

在整个社会治理体系中，执政党与其他社会治理主体之间是领导与被领导的关系。相较于其他治理主体，政党具有跨越国家和社会进行整合的治理优势。党的十九届四中全会对“健全党的全面领导”进行了部署，指出要“完善党领导人大、政府、政协、监察机关、审判机关、检察机关、武装力量、人民团体、企事业单位、基层群众自治组织、社会组织等制度，健全各级党委（党组）工作制度，确保党在各种组织中发挥领导作用”[④]。

---

① 郭定平：《政党中心的国家治理：中国的经验》，载《政治学研究》2019 年第 3 期。

② 贺东航：《中国共产党领导国家成长的复线逻辑——一项历史政治学的考察》，载《东南学术》2021 年第 4 期。

③ 《中共中央关于坚持和完善中国特色社会主义制度 推进国家治理体系和治理能力现代化若干重大问题的决定》，人民出版社 2019 年版，第 6 页。

④ 《中共中央关于坚持和完善中国特色社会主义制度 推进国家治理体系和治理能力现代化若干重大问题的决定》，人民出版社 2019 年版，第 7 页。

党在各种组织中发挥作用,与党自身具备的组织优势密不可分。从中央到地方,各级国家机构、人民团体、事业单位、企业、基层群众自治组织中都设有党委或党组。党通过设立各级党组织,贯通了与各级各类机构组织的衔接通道。党的这种全覆盖性组织优势,奠定了党统揽全局、协调各方的组织基础。

党建引领社会治理创新的核心工作方法是政治引领。党的政治引领体现在"各级党组织运用党的思想资源和意识形态资源,开展党内教育并促成多方治理主体达成共识从而实现合作的过程"①中。作为一个鲜明的马克思主义政党,中国共产党始终高度重视对党员进行理想信念教育,以确保党的先进性和纯洁性。党的政治引领不仅具有宏观层面的领航定向作用,还"有助于不同治理主体超越技术主义的工具主义思维,在政治认识层面达成行动共识——这一点在体制内跨部门协同中作用尤为显著"②。相关实证研究表明,在基层治理的具体工作中,党建联席会议比行政部门牵头的联席会议具有优势,"在这个语境下,很多在行政场合能拿来讨价还价的理由都不太好拿出来讲,这个时候大家讨论的都是怎么主动'向前一步'、怎么体现'先进性'"③。基层社会治理的实践经验表明,条块分割所引发的基层治理难题,无法通过"条"或"块"自身的努力加以破解,因为"条"和"块"分属不同的业务领域。然而,"条"和"块"之中都设置有党组织,它们都存在开展党建的共同需要。在基层开展联合党建的过程中,党的政治理论优势和价值引领作用得以充分释放出来,使基层治理者获得超越部门利害关系的宽广视域,进而有助于达成集体行动的共识。

第二,在处理纷繁复杂的社会治理事务中,执政党必须紧紧依靠人民推动国家发展。自人类跨入现代社会以来,"人民主权"构成政治合法性的源泉,已成为民主国家的普遍共识。政治合法性不是从来就有

① 黄晓春:《党建引领下的当代中国社会治理创新》,载《中国社会科学》2021年第6期。

② 黄晓春:《党建引领下的当代中国社会治理创新》,载《中国社会科学》2021年第6期。

③ 黄晓春:《党建引领下的当代中国社会治理创新》,载《中国社会科学》2021年第6期。

的,也不是一劳永逸的。在现阶段,中国的改革步入攻坚期和深水区,“我们党面对的改革发展稳定任务之重前所未有、矛盾风险挑战之多前所未有”①。执政党清醒地意识到现阶段正面临四大风险:“精神懈怠的危险,能力不足的危险,脱离群众的危险,消极腐败的危险”②。在全面深化改革的新时代,密切联系群众、牢牢依靠群众是党破解执政风险、巩固执政地位的法宝。

在当代中国的政治话语体系中,执政党始终警醒合法性危机,并把群众路线作为应对之策。早在1943年,毛泽东在《关于领导方法的若干问题》一文中,首次正式提出群众路线。后来,群众路线被官方最终表述为:“一切为了群众,一切依靠群众,从群众中来,到群众中去。”在政治制度安排和具体实践中,群众路线既有制度化的一面,也有非制度化的一面。群众路线的制度化机制就是人民代表大会制度以及多党合作和政治协商制度。③ 在群众路线的制度化机制之外,执政党也注重用非制度化途径联系群众,要求党政干部主动到群众中去。“显然,这是一种‘主动获取合法性’的策略行为,也是‘唯一合法的执政党’在群众利益表达制度和机制不够健全完善因而无法监测执政合法性是否牢固的情况下而作出的一项理性选择。”④正是基于“主动获取合法性”的执政动因,中国的群众路线可以说是一种“逆向参与”模式。⑤ 在新时代,坚持和完善党的领导地位,内在地要求改进和完善党的领导方式。实践证明,党的政治优势和组织优势在具体问题的情境中会发挥更显著的效果。人民群众的“急难愁盼”,就是党努力奋进的方向。党只有始终牢记为中国人民谋幸福、为中华民族谋复兴的初心和使命,才会始终与国家和民族同呼吸、共命运,才能始终获得全国各族人民的衷心拥护。

---

① 《〈中共中央关于全面推进依法治国若干重大问题的决定〉辅导读本》,人民出版社2014年版,第44页。

② 胡锦涛:《在庆祝中国共产党成立90周年大会上的讲话》,载《前线》2011年第7期。

③ 参见杨成虎:《群众路线的逻辑、意义与限度》,载《云南社会科学》2011年第4期。

④ 杨成虎:《群众路线的逻辑、意义与限度》,载《云南社会科学》2011年第4期。

⑤ 参见王绍光:《毛泽东的逆向政治参与模式——群众路线》,载《学习月刊》2009年第23期。

第三,在推进中国特色社会治理的实践中,执政党必须在宪法和法律范围内依法执政。新中国成立以来,中国共产党从领导武装斗争的革命型政党转变为领导社会主义建设的执政党。党领导社会主义建设的基本经验是:“坚持党的领导、人民当家作主和依法治国有机统一。”应当说,这条经验来之不易,是经过实践反复确认的正确经验。在新时代,面对社会治理领域的新形势、新任务、新挑战,执政党必须不断地改进和完善治国理政的手段和方式。

一方面,党在宪法和法律范围内进行治国理政,体现了党的宗旨。立党为公,执政为民,是中国共产党的根本宗旨。中国共产党践行其根本宗旨的重要表现就是全体党员干部带头遵纪守法,做捍卫法治权威的表率。新中国的法律体系是在全盘否定、废弃国民党旧法统的基础上,由党带领各族人民制定的、反映广大人民群众真实意愿的社会主义法律体系。人民的呼声和意志以一种主观性、非定型的方式存在,亟须被以权威方式客观化。国家立法程序发挥了筛选、汇集和提纯民意的功能,从纷繁复杂的多元化诉求中找到社会共识,进而将这种共识“奉为法律”。人民意志与法律具有根本一致性:人民意志塑造了法律,法律是客观化、定型化的人民意志。因此,党在宪法和法律范围内治国理政,就是按照人民的意志展开活动。在人民当家作主的前提下,执政为民和依法执政具有内在一致性。

另一方面,党在宪法和法律范围内治国理政,是强化党执政权威性的客观要求。党领导社会治理有多种方式,其中依法执政最有助于强化党的执政权威性。其一,宪法确认了党的领导地位。在现行宪法中,党的领导地位体现在两个部分。在“序言”部分,党领导各族人民建立新中国和建设社会主义的奋斗历程,被国家根本大法予以确认。2018 年通过的宪法修正案,进一步在“总纲”的第 1 条中明确规定,“中国共产党领导是中国特色社会主义最本质的特征”。在法律的结构关系上,总纲对其他各部分具有统领、指导地位。《宪法》第 1 条明确党的领导地位,意在强调党的领导具有统领地位。其二,党在治国理政的实践中,不断推进自身建设的规范化、法治化水平。党执政能力的一个重要方面就是依法执政能力。党最常用的制度工具就是政策,政策具有适用对象明确、时效性强、便于操作等优势。按照全面依法治国的总要求,党应进一步健全决策机制,确保所推出的政策和决定合法合规、科学合理。当相关政策推行一段时间后,党应及时将行之有效的好做法、好经验,通过法定程序予以固定下来。党依法执政还表现为,要完善全面从严治党制度。党要管党,全面从严治党,是党不断推进自我革命的主线。党的十八大以来,以习近平同志为核心的党中央高度关注党内法规建设。在新时代,党坚持依法依规从严治党,不仅有助于规范党内政治生活,还是谋根本、利长远的治本之策。

（二）政府负责是社会治理的关键

在一个开放的多元社会中,"社会治理中的行动者就是一个由政府、非政府组织和其他社会自治力量构成的行动者系统"①。那么,在多元化的行动者系统中,政府应当扮演的角色是什么?政府职能应当发生怎样的改变?政府与其他行动者的关系如何?这些问题构成了探讨政府治理角色的关键性问题。

第一,在中国社会治理体系中,政府发挥主导作用。尽管"治理"与"管理"是两个不同的概念,但是"治理也不能不这样那样地包含有统治的要素、管理的要素"②。治理也必然包含"管"的要素,意味着治理是管理的升级迭代,而不是彻底取代。在正确对待治理和管理的区别与联系的基础上,党的十八届三中全会同时采用"治理"和"管理"的表述方式,才能被正确阐释。一方面,党的十八届三中全会提出"治理"理念,宣示了治国理政基本方式的新变革。这意味着国家和社会生活的方方面面都必须推行深刻变革,达致良善治理。另一方面,党的十八届三中全会在具体部署"加快转变政府职能"时,采用的是"创新行政管理方式""加

---

① 张康之:《论主体多元化条件下的社会治理》,载《中国人民大学学报》2014 年第 2 期。

② 郑杭生:《"理想类型"与本土特质——对社会治理的一种社会学分析》,载《社会学评论》2014 年第 3 期。

强市场监管”“事务性管理服务”等表述。在国家治理的语境中，政府实施行政管理仍然必不可少，但是政府管理的内涵和目标发生了变化。面向善治的政府管理，在追求行政权能实现和社会安定有序的同时，应更加注重政府对民生疾苦的回应和民生幸福的关怀。

对于政府在社会治理体系中的地位，执政党权威文件的表述有所变化。党的十八届三中全会采取的是“政府主导”。党的十九大报告用的是“政府负责”。从“主导”到“负责”，政府在治理体系中的责任主体地位更为清晰。不过，政府在治理体系中发挥主导作用，不能被曲解为政府垄断社会治理、全面控制社会。治理理念给政府带来的重大改变是，政府不再是唯一合法的社会管理主体。政府必须从全能型管理者的立场上退却下来，与市场组织、社会组织等一起协同共治。首先，在整体推进国家治理能力现代化的语境中，政府的统治、管理职能依然不可或缺、不能弱化。政府依然是国家最主要的执法主体，肩负着最为全面的社会管理和公共服务职能。其次，尽管治理理念突出强调多元主体共治，但这并不意味着政府主导作用的丧失。从表面上来看，治理理念要求政府简政放权，鼓励社会化力量协同共治，似乎有削减政府作用的表象。但是，若着眼于政府治理的效能，我们就会发现政府的治理绩效获得了显著提升。政府从传统的全能型政府转变为有限政府，从而更好地将资源和精力聚焦到它所擅长的领域。最后，协同共治不意味着各治理主体处于同等地位。社会治理是政府的法定职责，政府必须积极履行治理职责，否则就构成懒政。对于公民和社会组织而言，参与社会治理是其具有的重要权利。因而，协同共治就意味着在党的统一领导下，政府发挥主导作用，各类治理主体积极参与社会治理。

第二，政府由管控型政府向服务型政府转变，以适应社会治理的客观需要。改革开放以来，中国逐渐探索出一条政府推进型现代化道路。为确保现代化建设的顺利进行，政府长期把处理发展与稳定的关系作为中心工作，运用行政手段破解了改革发展道路中的大量难题。在这样的历史背景下，推动经济发展和维护社会安定团结，构成了政府工作的两大着力点。实践证明,在政府的强力推动下,中国的现代化实现了经济高速发展和社会和谐稳定的良好态势。相比较而言,政府在保护生态环境、改善民生、公共服务等方面的职能则发挥得不够充分。

随着改革进程的深入,中国社会利益格局发生了重大改变,社会矛盾日益累积,群体性事件一度呈现出高发态势。面对社会整体形势的变化,党中央审时度势作出了建设社会主义和谐社会的重大战略部署。在党和国家决策文件中,一度不见踪迹的"社会管理"一词,自 2002 年重新进入党的十六大报告后,开始成为执政党政治报告中的高频词。① 2006 年党的十六届六中全会提出"建设服务型政府,强化社会管理和公共服务职能"的目标。2007 年党的十七大报告提出"加快行政管理体制改革,建设服务型政府"。到了 2017 年,党的十九大将"加强和创新社会治理"写入党章。面对社会形势的新变化和党中央的新要求,政府开启了建设服务型政府的新征程。2003 年,在科学发展观的引领下,中国的政府系统进行了一次重要的机构改革。这次机构改革具有转折点意义,它充分汲取了 1982 年以来政府改革忽略社会管理和公共服务职能的教训。党的十八大以来,深入推进"放管服"改革,是新时代政府的自身革命。政府通过"放管服"自我革命,更为清晰明确地将建设法治政府、服务型政府作为改革目标。

第三,面向社会治理的生动实践,政府应与多元主体协作共治。在推进国家治理体系和治理能力现代化的语境中,政府必须全面贯彻协作共治的新理念。面向协作共治的政府,必须转变其看待社会力量的立场。在中国治理的实践脉络中,政府对待社会组织的态度变化情况,成为测度政府观念取向的一个重要风向标。

政府与社会组织关系的实质是政府与社会之间的关系。在本质上,政府与社会之间存在固有张力。"社会"概念的兴起与演变过程,是个

---

① 据景跃进考察,1993 年"社会管理"首次出现在党的十四届三中全会文件之中,后来几年一度消失。参见景跃进:《从"社会管理"到"社会治理"——学习十八届三中全会〈决定〉有感》,载《华中科技大学学报(社会科学版)》2014 年第 3 期。

体摆脱束缚后再自愿结合的过程,是个体连结从机械团结走向有机团结的过程。从政府的视角来看,社会崛起的过程就是一个分化的进程。作为一个现代性的概念,“社会”概念带有明显的离散性倾向。它描述的是社会性力量从政府全面管控中游离出来,逐渐成为另一种权威源泉的历史图景。在现代化的初期阶段,“最先能够形成‘社会’的往往是那些地位较低的阶层”①。因而,在政府的观察界面中,社会的兴起就是边缘群体的反叛。来自国家权力边缘的新兴社会力量,开始产生参与政治生活的诉求,并初步具备影响现实政治的能量。逐渐崛起的社会,就是一个政府统治权威的竞争者、分享者。面对挣脱管控的离散性社会力量,政府总会有权力失控的焦虑。作为这种焦虑感的应激性反应,政府总是试图强化对社会性力量的管控。

在 20 世纪 80 年代初期,非政府组织开始在中国大量涌现。从总体上来看,政府对于自发性的非政府组织抱有一种不信任的警惕。当时的情况是,这些组织主要在非政治性或远离政治性的领域活动,否则它的自组织性很可能被理解为是非法的。② 随之而来的现象是,社会组织的发起人主动避开政治性活动事项,采取先让组织安全存续下来的策略。与之构成鲜明对照的是,政府或政治部门主动组建一些社会组织,这些“被组织”的非政府组织甚至会被要求承担一些政治性较强的事务。③两类非政府组织的境遇差别是 20 世纪 80 年代政府与社会关系的一个缩影。

随着社会领域的日臻成熟,政府也日益适应了社会崛起的事实,逐渐地调整其与社会互动的策略。到了 20 世纪 90 年代末,自组织性非政府组织开始崭露头角。相关统计数据显示,自 1999 年开始,中国的社会组织类型中开始出现民办非企业的类别。在 1999 年,全国共有社会组

① 冯仕政:《社会治理与公共生活:从连结到团结》,载《社会学研究》2021 年第 1 期。

② 参见张康之:《论主体多元化条件下的社会治理》,载《中国人民大学学报》2014 年第 2 期。

③ 参见张康之:《论主体多元化条件下的社会治理》,载《中国人民大学学报》2014 年第 2 期。

织142,665个,其中社会团体136,764个,民办非企业5901个。[①] 民办非企业占社会组织总数的4.1%左右。到了2020年,全国共有社会组织894,162个,其中社会团体374,771个,民办非企业510,959个。[②] 民办非企业占社会组织总数的57.1%左右。从1999年到2020年,民办非企业组织由初露端倪到占据社会组织总量的“半壁江山”,离不开政府对民办非企业组织的接纳、扶持和鼓励。存在数量众多的民办非企业组织,使政府进行协作共治具有坚实可靠的社会基础。

二、多元主体的协商协同参与机制

多元主体参与社会治理内在地要求治理体系具有强大的吸纳和整合能力。吸纳和整合能力是基础性国家能力的一个重要方面。[③] 尤其是在开放多元的现代社会中,国家吸纳多元化利益主体和整合多元化利益诉求的能力越强,这个国家才越能够真正实现长治久安。当代社会具有高度复杂性、高度不确定性,社会的良善治理面临前所未有的复杂内外部环境。在这种社会背景条件下,治理主体如果不能从纷繁复杂的利益诉求中找到共识,就会草率地形成“表面上的共识”。[④] 因而,治理决策者要想避免达成“表面上的共识”,就应该尽可能地吸纳利益相关者参与治理活动,就应该着力畅通利益诉求的表达渠道。

(一)民主协商是社会治理的重要渠道

党的十八大以来,党对社会主义民主政治的认识进一步深化,提出了全过程人民民主的重大理念。全过程人民民主是对社会主义民主实

---

① 参见《辉煌70年》编写组编:《辉煌70年:新中国经济社会发展成就1949－2019》,中国统计出版社2019年版,第473页。

② 参见国家统计局社会科技和文化产业统计司编:《中国社会统计年鉴－2021》,中国统计出版社2021年版,第353页。

③ 王绍光将“基础性国家能力”分为8项:强制能力、汲取能力、濡化能力、国家认证能力、规管能力、统领能力、再分配能力、吸纳和整合能力。参见王绍光:《国家治理与基础性国家能力》,载《华中科技大学学报(社会科学版)》2014年第3期。

④ 参见张康之:《论主体多元化条件下的社会治理》,载《中国人民大学学报》2014年第2期。

践的经验总结和理论升华。全过程人民民主是过程民主与成果民主、程序民主与实质民主、直接民主与间接民主、人民民主和国家意志的统一。全过程人民民主覆盖民主政治的整个流程、各个环节，囊括制度化的民主选举和完善的公民参与，是最真实、最广泛、最管用的社会主义民主新形式。

全过程人民民主内含选举民主和协商民主两种主要类型。在中国的民主政治体系中，选举民主的制度载体就是人民代表大会制度。在经过直接选举或间接选举的程序后，人民代表参与到各级人民代表大会之中，依法履行管理国家事务的政治权利。选举民主的运行过程是一个公开表达权利主张的过程，具有充分的民意基础。任何一种形式的民主都有其适用范围和内在限度，选举民主自然也不例外。选举民主需要定期更换民意代表，以确保当选代表能够真正服务于选民利益。按照我国现行的《全国人民代表大会组织法》，人大代表每届任期 5 年。在人民代表大会举行全体会议时，各级人民代表大会会议期限较短、会议议题有限。从选民的角度来看，在两次选举活动之间的 5 年时间内，选民的政治参与感较低。也正是为了应对选举民主的这种缺陷，我国采取了协商民主的形式予以补充。

协商民主是一个具有中国特色的原创性政治民主形式。相较于选举民主，协商民主有其显著优势。协商民主是非竞争性民主，容易被广大人民群众接受。从协商民主的运作来看，能够进入协商民主视野的议题多种多样，可供开展协商民主的方式灵活多样。从民主功能的角度来看，协商民主和选举民主具有功能互补关系。选举民主是国家权力机构体系的主要运作机制，它负责对政治精英进行筛选、任命、考核、罢免。在选举活动结束后，人民群众通过各种协商渠道参与国家政治生活。在此意义上，协商民主就是一种日常化的基层民主形式，是培养人民群众政治参与能力的训练平台。

在中国协商民主制度和话语体系的演变过程中，协商民主的意涵不断丰富。在很长一段时间内，协商民主就是指以中国人民政治协商会议为制度载体的政治协商。在政治协商的语境中,协商民主是一种执政党与各民主党派共商国是的政治安排。党的十八大以来,社会主义协商民主从政党层面的政治协商,发展成为涵盖政党、人大、政府、人民团体、社会组织、基层自治组织等多领域的协商民主体系。这就意味着不同的治理主体都有协商的职能,协商成为中国治理体系的一大特色。根据社会主义协商民主体系的要求,不同治理主体均有进行协商的职责和任务。社会治理体系的协商化改造,实质上是提出了开放社会治理共同体的要求。这就意味着各级各类社会治理主体要把与社会各种组织和成员进行沟通对话作为最基本的工作方法。在社会治理中,大量涉及群众切身利益的实际问题,需要在人民内部广泛商量,找到全社会意愿和要求的最大公约数。多样化的协商渠道,为实现协商于决策之前、协商于决策实施过程中奠定了坚实的基础。正是由于协商民主体系的建立,协商活动常态化、建制化成为可能,协商成果能够产生政策影响力。

（二）社会协同是社会治理的主要依托

社会协同是治理的内在要求。治理的突出特点就是多元化治理主体的协作共治。社会协同既是顺应公共治理理念的要求,也是执政者回应现实社会发展的理性抉择。

第一,社会协同是实现新时代社会治理目标的客观要求。在不同的历史阶段,中国的社会治理目标具有显著差异。自1949年以来,中国社会治理目标的变化,“反映了国家从总体性社会向‘五位一体’分化的过程”[①]。在20世纪五六十年代,社会管理的目标是把人民组织起来、动员起来。在改革开放后到党的十六届四中全会,“坚持稳定压倒一切的方针”一直是社会治理的最主要目标。[②] 党的十六届四中全会以后,“坚

① 王伟进:《社会治理范围的模糊、清晰与泛化——理论、政策与实践的三种视角》,载《社会学评论》2021年第6期。

② 尽管党的十六届四中全会提出了“构建社会主义和谐社会”“激发社会活力,促进社会公平和正义”等新提法,但是“坚持稳定压倒一切的方针”的表述仍然只字未改。这种状况显示出党的十六届四中全会关于社会治理目标的界定有一种过渡时期的特征。

持稳定压倒一切的方针”不再是社会治理的目标，代之而来的是“充满活力，安定有序”“推动社会主义和谐社会建设”的表述。党的十八届三中全会在设定社会治理目标时，采用了诸如“创新社会治理体制”“提高社会治理水平”“改进社会治理方式”“社会既充满活力又和谐有序”等崭新的政治表述。通过对比可以发现，社会治理目标最引人注目的变化是，“坚持稳定压倒一切的方针”淡出历史舞台。这标志着社会治理的价值取向发生了重大变化，即由单纯地追求社会稳定、秩序，开始转向促进社会和谐、激发社会活力。社会治理目标由刚性的单一指标，走向富有弹性的多元指标。在社会治理的价值取向发生转变的背景下，最大限度地促进社会和谐与尽可能激发社会活力，都倒逼政府必须与多种治理力量进行协作治理。

第二，多元社会规范构成社会协同治理的制度基础。多元主体之间进行协同共治，需要社会规范搭建共治框架。社会规范具有多种类型，涵盖了行业规范、村规民约、社区公约等不同形式。特别是在基层社会治理中，社会规范发挥了特别重要的作用。其一，社会规范在处理不规则的基层事务时，具有低成本和高效率的优势。基层事务最为突出的特点就是不规则性。所谓不规则性，是指基层事务具有偶发性特征。例如，灌溉纠纷等具有显著的季节性。又如，乡村精神病患防控属于小概率事件。在处理不规则的基层事务时，动用正式化、规范化的国家法律往往会不经济。其二，社会规范能够广泛覆盖私人性事务和公共道德事项，具有覆盖面广的优势。法律是调整人们社会行为的社会规范，不宜调整移风易俗等事务。在市场经济大潮的影响下，高价彩礼、红白喜事大操大办等不文明现象呈现蔓延趋势，它们给广大人民群众带来了沉重经济负担。这些基层不文明风俗习惯，要么不属于法律调整的范围，要么即使采取法律调整效果也会不佳。其三，社会规范的调整机制更为灵活，更易于被人民群众接受。法律代表国家意志和国家权威，具有鲜明的强制色彩。社会规范源于行业、村落和社区等，这些都是人民群众比较熟悉、亲近的场合。在具体的实施过程中，社会规范的实施手段较为柔和，不会借助于警车、监狱等国家暴力设施，更容易获得公众的自觉接受和主动配合。

（三）公民参与是社会治理的坚实基础

治理与管理具有本质性区别，两者对于公民参与的态度截然不同。管理突出强调行政主体的意志贯彻和权力运用，治理侧重于强调多元化治理主体的协同共治。

第一，公民参与社会治理是"以人民为中心"社会治理理念的内在要求。"以人民为中心"的执政理念，回答了社会治理"为了谁"的问题。在"以人民为中心"的意义上，"'一切即一'，社会治理共同体再庞大也只有'人'这唯一的目的，在这个共同体中一切人都为了每个人；'一即一切'，'人'再微小也是社会治理共同体的主体，生活在共同体中的每个人都为了一切人"①。党的十九大报告指出，中国特色社会主义进入新时代，社会主要矛盾已经转化为人民日益增长的美好生活需要和不平衡不充分的发展之间的矛盾。人民群众对幸福生活的理解发生了质的跃升，从实现吃饱穿暖等物质性、生存性目标，转向对民主法治、公平正义等精神性、尊严性价值的向往。新时代社会主要矛盾的变化，内在地要求社会治理应当从人民群众最关心最直接最现实的利益问题入手。立足于社会治理体系的供给侧改革，供给必须能够精准对接需求。通过多种方式拓宽公民参与的渠道，是精准识别、全面汇集人民群众治理需求的前提。

第二，公民参与社会治理是打造共建共治共享社会治理格局的客观需要。2019 年，习近平总书记在中央政法工作会议上首次提出"社会治理共同体"的新概念。党的十九届四中全会提出"建设人人有责、人人尽责、人人享有的社会治理共同体"。综合地看，社会治理共同体是一个实践共同体、责任共同体、价值共同体、利益共同体、权利共同体和命

① 张文显：《新时代中国社会治理的理论、制度和实践创新》，载《法商研究》2020 年第 2 期。

运共同体。[①] 公民参与社会治理回答了社会治理“依靠谁”的问题。“治理比管理的进步所在是，这个概念更全面具有利益相关者对公共事务的参与、互动、协商的民主元素。”[②]作为社会治理的最终受益者，人民群众也不是被动的接受者，而是社会治理活动的主动参与者。从国家治理现代化的角度来看，公民对公共治理的参与广度和深度具有指示器的作用。由于公众是公共利益的享有者，也就没有任何主体能够取代其对公共利益进行识别和证成。由此观之，宪法及相关法律赋予公民的政治参与权利，绝不仅限于个体利益的保护，还关乎公共领域的兴旺发达。既然社会治理为了人民、依靠人民，那么社会治理的成果就必须由人民共享。

三、社会治理的支撑保障机制

社会治理是一项系统性社会工程。对于社会治理而言，维持和运转多元主体共同参与的协同共治格局，离不开法治的保障和科技的支撑。

（一）社会治理的法治保障

党的十九大报告首次提出“社会治理制度”的概念，并把“法治保障”作为社会治理体制五个部分之一。党的十九届四中全会首次提出“社会治理体系”概念，“法治保障”是其七个组成部分之一。由此可见，从“社会治理制度”到“社会治理体系”的跃升，“法治保障”始终是社会治理十分重要的组成部分。

社会治理体系中的“法治保障”，可以区分为两个层面的含义。一方面，“法治保障”意味着“用法治去保障”社会治理。在这个层面上，法治主要是一种工具主义的法治。相对于社会治理目标的实现来说，法治是一种治理手段和工具。这就是典型的“治理型法治”。另一方面，“法治保障”意味着“以法治为保障”的社会治理。在这个层面上，法治是一

① 参见张文显：《新时代中国社会治理的理论、制度和实践创新》，载《法商研究》2020 年第 2 期。

② 马庆钰：《共建共治共享社会治理格局的意涵解读》，载《行政管理改革》2018 年第 3 期。

种社会秩序化状态和社会实践方式。“法治保障”预设了社会治理的基础是法治社会，社会治理必须按照法治的要求展开。在此语境中，“法治保障”实际上意味着“法治”是社会治理的依托。当法治是最高目标时，法治对社会治理的“保障”实则意味着“塑造”。区分“法治保障”的两层含义，意在凸显法治对于社会治理的托底作用，避免陷入狭隘的工具主义法治观。

(二)社会治理的科技支撑

党的十八大要求，要加快形成“党委领导、政府负责、社会协同、公众参与、法治保障”的社会管理体制。在起草党的十九届四中全会决定时，文件起草组收集到的一项重要反馈就是：“建议更加重视运用人工智能、互联网、大数据等现代信息技术手段提升治理能力和治理现代化水平”。[①] 这一修改建议在党的十九届四中全会决定中得到了充分体现。党的十九届四中全会提出，“必须加强和创新社会治理，完善党委领导、政府负责、民主协商、社会协同、公众参与、法治保障、科技支撑的社会治理体系”。[②] 由此可见，从党的十八大到党的十九届四中全会，科技支撑在社会治理体系中的重要性日益凸显。

科技赋能社会治理主要采用人工智能和区块链两种技术方式。人工智能技术的本质是集聚，它会进一步强化国家在集聚资源和制度方面的优势。与之相反，区块链是一种基于数字信任的多中心技术，“其本质是以社会为中心的一种权力结构”[③]。由于区块链采取分布式记账方法，社会治理的信息数据被分散化储存在不同区块之中。从本质上讲，数据信息的分散化就是权力的分散化。区块链是一个共享型数据库，“存储于其中的数据或信息，具有‘不可伪造’‘全程留痕’‘可以追溯’

① 《中共中央关于坚持和完善中国特色社会主义制度 推进国家治理体系和治理能力现代化若干重大问题的决定》，人民出版社 2019 年版，第 53 页。

② 《中共中央关于坚持和完善中国特色社会主义制度 推进国家治理体系和治理能力现代化若干重大问题的决定》，人民出版社 2019 年版，第 28 页。

③ 高奇琦：《智能革命与国家治理现代化初探》，载《中国社会科学》2020 年第 7 期。

‘公开透明’‘集体维护’等特征”[①]。由此可见,尽管人工智能和区块链都是赋能社会治理的科技手段,但是两者是将社会治理引向相反方向的不同力量。科技赋能社会治理既有可能向政府赋能,也有可能向社会赋能。科学技术介入社会治理后,在一定程度上重塑了政府、市场和社会的关系,赋能多元主体搭建“多跨协同”的治理机制。至于如何恰当地措置两种技术手段的应用范围和深度,已然超出了科技所能回应的议题范围,还需要人类作出最终抉择。

(三)社会治理法治化与智能化的一体建设

在全面依法治国的时代背景中,社会治理的智能化实践,必须在法治思维的指引下、按法治方式展开探索。与此同时,中国的法治体系也应自觉地面向智能化发展趋势进行主动调试。合乎新时代要求的社会治理建设路径,必然是推进法治化和智能化一体建设。

第一,社会治理法治化与智能化的发展阶段不同,这是国家推进社会治理法治化与智能化一体建设的约束性条件。经过多年的法治建设,中国的社会治理有了坚实的法治基础。特别是在步入新时代后,以良法善治为目标的全面依法治国步入深水区。处于高速发展阶段的智能化和日益成熟定型的法治之间存在显著的阶段性差异,很可能会造成“‘社会治理智能化’的低标准与‘社会治理法治化’的高标准之间的矛盾”[②]。社会治理法治化与智能化的阶段性差异决定了国家在推进社会治理进程时的路径选择。单纯从逻辑的角度来看,无论是将智能化融入法治化框架,还是把法治化纳入智能化框架,均是可供顶层设计者选择的方案。但是,前述两种方案在实施难度系数方面差别很大。相比较而言,将智能化融入法治化框架最容易付诸实施。该方案意味着通过对立法、执法、司法、守法和法律监督进行智能化改造,既有的法治体系能够更为高效、便捷地运作。

---

① 高奇琦:《智能革命与国家治理现代化初探》,载《中国社会科学》2020 年第 7 期。

② 周汉华、刘灿华:《社会治理智能化的法治路径》,载《法学杂志》2020 年第 9 期。

第二,社会治理法治化与智能化的相互强化效应使国家推进社会治理法治化与智能化一体建设成为可能。

一方面,科技赋能法治,产生社会治理法治化的智能推动。历史经验表明,“历次技术革命并未颠覆近现代以来的法治体系,相反地,技术的进步让公众有了更广阔的表达渠道与监督渠道、让政府有了更高效的治理方式,不断推动着法治走向它想要实现的价值”①。科学技术智能化的突飞猛进,并没有消解、重构法治的基本要义。相反,智能化为法治化提供了更为便捷、高效的实现途径。

目前,在社会治理领域,科技赋能法治取得了可喜的成绩。在执法领域,涌现了智慧执法平台、智能警务平台、智慧城管等多种智能化执法平台。例如,宁波城管执法人员发现市民违法遛狗时,运用移动执法一体机(PDA)进行拍照取证,并按简易程序当场作出处罚决定书,违法者当场缴纳罚款。又如,杭州市智慧城管运用自动识别技术,可以实时、动态化地收集和更新违章停车、违章建设等信息,提升了执法效率和精准性。在司法领域,涌现了类案智能推送系统、智能语音云平台等多种司法辅助系统。智慧司法的发展,将法官从重复性的资料查找操作实践中解放出来,从而使其有更多的精力去关注案件本身。例如,浙江省台州市推行的“共享法庭”,汇集调解指导、网上立案、在线诉讼、普法宣传和基层治理五大功能于一体。智慧司法方便了调查取证、当事人参加诉讼,降低了司法成本,切实保障了司法为民。在涉及民生领域和社会公共服务方面,智能化建设也取得了较大进步。例如,在城市的市容环境监测、智慧停车场等方面,借助智能化有力地提高了治理效率、节省了社会成本、提升了人民群众的生活便利度和舒适度。智能警务平台、类案智能推送系统、无人机取证等得到了广泛应用。目前,在维持社会稳定、预防和抓捕犯罪等领域,智能化的发展进程较快。这对于保持和维护社

---

① 张志铭、赵轩毅:《未来法治植根何处:一种分析进路的概念省察》,载《国家检察官学院学报》2022 年第 1 期。

会的安定团结秩序有显著的效果。

另一方面,社会治理智能化高速发展,使法治保障更为必不可少。在法律层面上,社会治理智能化尚面临诸多制度障碍。社会治理要素涵盖主体、空间、时间、事项等诸多类型。社会治理要素数据化是社会治理智能化的前提,社会治理要素数据化的程度决定了社会治理智能化可能达到的高度。现阶段,社会治理要素数据的性质、主体、收集、融合等问题,均需要在法律上予以明确定性。

目前,政府和互联网平台企业是数据收集的主要力量。互联网平台企业所倚重和收集的数据,主要是具有商业价值的数据。社会治理主体所收集的数据,则是典型的"公共数据"。然而,目前我国法律重点规制企业的数据收集,较少涉及社会治理数据。其实,社会治理数据收集更应被严格规范。传统的数据收集主要依靠人工,现在数据收集已经实现了自动化、智能化。人脸识别、智能感知、网络爬虫等智能化数据收集手段,大大提升了数据收集的便利性、全面性。以城市治理中的智能感知技术为例,AI视频能够智能识别占道经营、乱丢垃圾等城市管理问题,但是也同时收集了临街商户、路上行人的信息,这些数据收集不仅与城市管理无关,甚至还会侵犯相关人员的个人隐私。因此,如何防范社会治理数据的过度收集是一个严峻的现实问题。

综上所述,在社会治理领域中,实现法治化和智能化相结合,会产生社会治理法治化的智能推动和社会治理智能化的法治保障等效果。① 从法治层面,进一步明确社会治理数据的权属,推行数据的分级管理和融合共享,实现社会治理法治化与智能化的双向强化。

第三,社会治理法治化与智能化的固有张力,限定了社会治理法治化与智能化一体建设的广度和深度。在推进社会治理法治化和智能化的过程中,两者之间的潜在紧张关系应得到充分重视。毕竟,智能化与法治化具有不同的价值取向,前者追求的是工具理性,后者尊奉的是价

① 参见周汉华、刘灿华:《社会治理智能化的法治路径》,载《法学杂志》2020年第9期。

值理性。在社会治理领域中,全社会需要特别警惕工具理性对价值理性的冲击和侵蚀。

一方面,社会治理智能化提升了个体权益受到侵犯的风险。社会治理领域的智能化推进,为政府提供了更为高效便捷的治理工具。政府可以用较低成本建立起全覆盖、动态更新的监控网络体系,客观上造成了易于侵犯公民权利的非意图后果,也导致政府自身权力的运作变得更为温和、隐蔽。视频监控、人脸识别、大数据分析等智能化手段的广泛运用,使公民隐私、数据安全等处于脆弱的境况。这些技术手段的运用,对于提高社会稳定、维持社会秩序具有促进作用。但与此同时,智能化技术手段的迅速发展,也加剧了技术对法治的逾越和反噬。

另一方面,社会治理智能化带来了公权力扩张的风险。在具有高度符号化、流动性的信息网络时空背景下,权力的实现方式变得更为隐蔽。"权力的实现有可能绕开人类的理性意识,在感性层面与无意识的层面重新发挥作用。"①在技术治理的实践逻辑中,治理所需的对象、事实、信息等要素必须具有可编码性。当社会治理要素被转译为编码后,权力就可以更便捷地采取劝诱、引导的方式去感染社会成员,甚至以更顺乎个体习性的方式浑然不觉地实施社会控制。② 社会成员对权力暴力性感知的弱化,大大降低了其对权力是一种"必要的恶"的警觉。权力的编码化塑造了权力暴力性减退的外观,却在事实上强化了社会控制的广度和力度。

退一步讲,即使社会成员对公权力的警惕性没有降低,权力的编码化大大提高了驯化权力的难度。在技术治理的情境中,权力直接作用于筛选、录入、运算编码的各个环节。政府权力行使过程的人格化色彩变淡,执法主体不再频繁地与行政相对人直接接触,更多的是将权力意志

---

① 陈氚:《权力的隐身术——互联网时代的权力技术隐喻》,载《福建论坛(人文社会科学版)》2015 年第 12 期。

② 目前,算法推荐发展得非常迅速。互联网用户在浏览过购物、娱乐、时政新闻等网页后,会收到网络基于算法自动推送的相近内容。

通过技术性操作规则予以呈现。随着技术治理而来的“信息茧房”“算法黑箱”等,进一步拉远了社会公众与政府的距离。政府通过智能化手段采集多少个人数据、采用何种算法规则,这些事实难以被社会公众知悉。

四、自治、法治、德治“三治融合”机制

任何一种社会治理方式均有其适用的范围,也有其内在的局限性。在深入推进社会治理法治化的过程中,“法治虚无主义”早已没了社会土壤。当步入法治话语泛在的时代,我们要警惕“就法治论法治”“法治万能”等错误思想。这就意味着我们应摆正法治的位置,既要避免孤立地看待法治,又要抑制泛化法治的冲动。在社会治理体系的整体布局中,摆正法治的位置就必须处理好自治、法治和德治的关系,明确它们各自的内涵、侧重点及相互关系,科学设计“三治融合”的实施机制。

(一)自治、法治、德治的内涵

自治、法治和德治是三种不同的治理手段。从三种治理工具的功能来看,自治旨在激发社会成员的主体意识,法治旨在设定治理活动的边界和底线,德治在于发挥道德规范的价值引领作用。

1. 自治

在中国传统社会的漫长治理实践中,形成了注重基层自治的优良传统。中国传统社会的治理有一个总体性特征,即由中央与地方分工治理。以县一级为界域,中央皇权和地方绅权进行了纵向权力切割。费孝通将皇权与绅权进行分治的格局,概括为传统中国的“双轨政治”。[①] 处于“双轨政治”格局中的自治,具有两个方面的特征:其一,自治的实质是“乡绅自治”。在皇权不下县的情况下,地方士绅实际上担负起基层治理的责任。其二,自治深嵌于传统的一体化结构中。透过“双轨政治”的分治表象,可以发现支撑传统自治的社会结构。借助儒家意识形态,国家官

① 参见费孝通:《乡土中国》,上海人民出版社 2006 年版,第 145 ~ 160 页。

僚机构、乡绅自治、宗法家族三种组织层次被整合成“宗法一体化结构”。[①]受传统社会结构支撑的传统社会自治，非但没有成为社会的离散性力量，相反却有力地支撑了传统中国社会的超稳定结构。“从晚清到民国的地方自治进程，始终贯彻政府官治主导、地方自治辅之的二元化的乡村治理主轴，政府官治与地方自治之间内在融合、实为一体。”[②]近代以来，国家通过机构设置和官员委任，将地方权威纳入国家治理体系，开启了地方权威的“官僚化”进程。[③] 20 世纪 50 年代以后，城乡居民被安放在企业、人民公社、生产大队等各类组织中，他们以单位为媒介与国家发生连接。从乡绅自治到单位自治，改变了社会成员与国家政权的连接媒介，但是社会成员却从未成为真正的自治主体。到了 1980 年，广西宜州合寨村村民出于社会治安的需要，自发组织了村民委员会。[④] 以这种地方性创新为基础，1982 年《宪法》将居民委员会和村民委员会定位成基层群众自治组织。从此以后，人民群众真正成为基层自治的主体。

自治就是人民群众的自我管理、自我教育和自我服务。从表现形式来看，自治呈现整体性自治和局部性自治两种样态。区分两种形式的自治，意在凸显“自治”意涵的丰富性。特别是，在中国的政治和学术话语体系中，“自治”基本上成了“群众自治”的同义语。所谓整体性自治，即人民通过选举、公决等方式，进行政治决策或制定法律。就此而言，整体性自治就是人民当家作主。所谓局部性自治，意味着在国家内部特定区域内，由群众进行一定范围的自我管理。中国宪法确认了三种自治形式，即基层群众自治、民族区域自治和特别行政区自治。民族区域自治和特别行政区自治适用范围有限，基层群众自治是最为广泛的局部性自治形式。从党的十九届四中全会对“三治融合”的定位来看，“三治融

① 参见金观涛、刘青峰：《开放中的变迁：再论中国社会超稳定结构》，法律出版社 2010 年版，第 11 页。

② 公丕祥：《新中国 70 年进程中的乡村治理与自治》，载《社会科学战线》2019 年第 5 期。

③ 参见张静：《社会治理：组织、观念与方法》，商务印书馆 2019 年版，第 2 ~ 3 页。

④ 参见郁建兴、任杰：《中国基层社会治理中的自治、法治与德治》，载《学术月刊》2018 年第 12 期。

合”被定位成基层治理机制，“自治”主要指的是局部性自治。

在基层治理实践中，自治主要体现为基层民主。城乡居民按照《城市居民委员会组织法》和《村民委员会组织法》，依法进行基层民主选举、决策和管理。统计数据表明，2020 年全国共有 615, 146 个自治组织，其中有 502, 057 个村民委员会和 113, 089 个居民委员会。[①] 广大人民群众依托规模庞大的基层自治组织，开展丰富多样的自治活动。

2. 法治

中国是一个具有漫长成文法传统的国度。自战国时代李悝编著《法经》以来，编纂成文法典历来受到封建君主的重视。受社会物质生活条件和法典编纂水平等因素的制约，中国古代法典呈现出明显的专制主义立场，“法”“刑”“律”均是驭民工具。自晚清以降，面对“数千年未有之变局”，前赴后继的仁人志士开始探索法制改良的救国道路。近代中国社会在内外矛盾的交织中，在不彻底改变工具主义法律观的前提下，注定只会迎接一场场失败的法制改良运动。

新中国成立以来，特别是改革开放以来，中国社会发生了深刻的变革，法治所赖以存在的社会条件逐渐成长起来。相关田野调研资料显示，20 世纪 80 年代中后期，处于巨变中的中国农村社会呈现出“结构混乱”状态，乡村社会产生出对现代法律的内生性需求，出现了“送法下乡”到“迎法下乡”的历史性转变。[②] 从“送法下乡”到“迎法下乡”，人民群众不再是国家法治化进程中的被动参与者。人民群众内生性的法律需求，汇流到他们对美好生活的向往之中。党的十八大以来，基层治理法治化步入了快车道。到了 2020 年，中央层面正式提出“法治乡村”的建设目标。[③] 在中国乡村法治化的历史进程中，建设“法治乡村”具有重

---

① 参见国家统计局编：《中国统计年鉴－2021》，中国统计出版社 2021 年版，第 733 页。

② 参见董磊明、陈柏峰、聂良波：《结构混乱与迎法下乡——河南宋村法律实践的解读》，载《中国社会科学》2008 年第 5 期。

③ 2020 年 3 月，中央全面依法治国委员会印发了《关于加强法治乡村建设的意见》，明确要求到 2035 年要基本建成法治乡村。2022 年中央一号文件即《中共中央 国务院关于做好 2022 年全面推进乡村振兴重点工作的意见》提出，推进更高水平的平安法治乡村建设。

大历史意义。这里的新变化在于,无论是“送法下乡”,还是“迎法下乡”,都预设了乡村与法治之间的区隔和疏离。“法治乡村”则意味着法治在乡村扎下根来。法律不再是乡村之上或之外的存在物,而是乡村内部所不可或缺的必需品。

法治就是法律之治、依法而治和良法善治。[①] 缺失人权价值的传统法制,与现代意义上的法治,根本不是一回事。否则,关于法治的言说就会陷入语义含混。[②] 在社会治理语境中,法治之“法”应作广义理解,包括正式性规范和非正式性规范。一方面,法律是国家意志的体现,以国家强制力为后盾,是典型的刚性治理手段。在基层治理实践中,国家法律为人民群众、群众自治组织和基层政权之间的良性互动设定了基本关系框架。随着基层治理法治化的深入推进,基层社会中的法治元素越来越多。在基层社会中出现了村居法律顾问、“乡村法律明白人”、社区民警等,标志着覆盖城乡居民的公共法律服务体系建设取得了重要进展。通过国家法律的普及和实施,逐步强化城乡社区成员的权利意识、义务意识和责任意识。另一方面,基层治理离不开大量的非正式性规范。在国家法律之外,村规民约、市民公约等“软法”构成了基层治理的规范来源。这些主要依靠群众自觉、社会舆论保障实施的“软法”,填充了国家立法所留下的缝隙。

3. 德治

“德治”是传统中国最主要的统治方式。周公从对夏、商两朝执政教训的反思中,发展出“明德慎罚”的德政思想。在此基础上,孔子明确把德治置于首位,“德主刑辅”的思想内核得以确立。自此以后,无论是荀子的

---

① 张文显将新时代中国特色社会主义法治进行了区分:一是规则层面上的“法律之治”;二是实施运行层面上的“依法而治”;三是价值层面上的“良法善治”。这三个层面的法治对应于现代法学的“法律”、“法治”和“法理”三个基本范畴。参见张文显:《“三治融合”之理》,载《治理研究》2020 年第 6 期。

② 例如,邓大才教授就没有限定“法治”的意涵,而是将“法治”与“法制”等量齐观。邓大才教授认为,中国传统乡村的治理模式为先德治再自治后法治。因而德治、自治、法治的结合性治理一直都在,只是在不同的时期有不同的作用和功能。参见郭晔:《新时代社会治理现代化的法理思辨——“社会治理的法治思维和法理思维”学术研讨会述评》,载《治理研究》2019 年第 2 期。

“隆礼重法”，还是董仲舒的“大德小刑”，不过是对“德主刑辅”的演绎和注脚。“德主刑辅”明确了儒家意识形态在治国理政中的核心地位，适应了宗法一体化社会结构的治理需要。尽管传统中国存在“出礼入刑”“礼法并用”的状况，但是民众从德治中尚能感受到些许自由与温情。

新中国成立以后，社会主义道德成为引领全体国民的新道德。进入21世纪后，坚持依法治国与以德治国相结合，成为党治国理政的基本方略。2001年，江泽民同志在全国宣传部长会议的讲话中，对德治和法治的关系进行了深刻论述，“对一个国家的治理来说，法治与德治，从来都是相辅相成、相互促进的。二者缺一不可，也不可偏废。法治属于政治建设、属于政治文明，德治属于思想建设、属于精神文明。二者范畴不同，但其地位和功能都是非常重要的。我们应始终注意把法制建设与道德建设紧密结合起来，把依法治国与以德治国紧密结合起来”①。胡锦涛同志在党的十八大报告中提出，“要坚持依法治国和以德治国相结合，加强社会公德、职业道德、家庭美德、个人品德教育，弘扬中华传统美德，弘扬时代新风”②。习近平同志指出，全面依法治国要处理好依法治国和以德治国的关系，“要坚持依法治国和以德治国相结合，实现法治和德治相辅相成、相得益彰”③。由此可见，从依法治国到全面依法治国，德治始终是法治建设的重要依靠力量。

德治就是采用道德规范进行治理。德治所依赖的道德规范类型多样，包括个人品德、家庭美德、职业道德、社会公德等。在基层社会治理领域，德治有着广阔的应用空间。改革开放以来，市场经济大潮也深刻地席卷了中国的城乡社区，改变了基层社会的利益结构，瓦解了部分传统的道德规范。在基层社会中推进德治，可以从三个方面开展工作：其一，强化道德的制度化约束力，是德治取得实效的关键。在基层治理中，

---

① 江泽民：《把依法治国与以德治国紧密结合起来》，载《高校理论战线》2001年第2期。

② 胡锦涛：《坚定不移沿着中国特色社会主义道路前进 为全面建成小康社会而奋斗——在中国共产党第十八次全国代表大会上的报告》，载《求是》2012年第22期。

③ 《习近平谈治国理政》（第3卷），外文出版社2020年版，第286页。

村规民约、市民公约是实现道德制度化的重要载体。经过村规民约、市民公约的筛选、确认，基层社会中的道德共识被制度化、固定化。多数村规民约、市民公约还设置有奖惩机制，提升了道德的制度化约束力。其二，充分挖掘和整合文化资源，不断丰富德治的内涵和形式。广大城乡社区是文化的涵养地。在推进德治建设的过程中，应充分整合传统文化、地域文化、民俗文化，丰富人民群众的精神世界。其三，加强对人民群众的教育引导，厚植德治的社会基础。根据基层群众的认知特点，以发生在群众身边的典型事例为标杆，采取人民群众喜闻乐见的方式，大力开展道德宣传教育活动。

在新时代，德治在社会治理中具有重要作用，也有其内在限度。首先，广大人民群众是推行德治的主体。在社会治理活动中，注重发挥道德规范的作用，但并不否定人民群众的主体地位。这就意味着我们应当避免将广大人民群众作为道德教化的客体。其次，在社会治理中，倡导道德是有语境和条件的，不能泛道德化。治理者在推进德治的时候，需要注意避免以强制性手段推动德治。道德规范对社会成员的要求，要远高于法律。道德主要通过无形方式，靠潜移默化的力量影响个体行为。强制推行道德会适得其反，引起社会成员的不满和反抗。最后，在社会治理中，应当正确处理道德和利益的关系。德治偏重于强调发挥公民的利他精神、奉献精神。不过，对于一般社会成员，我们更多地只能是从道德立场发出倡导。换言之，倡导德治并不意味着可以无视公民的正当利益。事实上，德治不仅应当与个人正当利益兼容，还有助于化解不同主体之间的利益冲突。

（二）“三治融合”的理论逻辑

“三治融合”是地方创新实践的理论概括。在中国的社会治理实践中，这三种治理手段互相强化，形成社会治理的合力。随着“三治”建设进程的不断深化，“三治”的内涵不断发生着变化。[①] 在 2013 年桐乡市

---

① 参见胡占光：《“三治结合”何以得到全国性推广？——基于政策创新扩散的视角》，载《治理研究》2022 年第 1 期。

进行的“三治”初步探索时期,设定的“三治”建设总目标是“德治为基础、法治为保障、自治为目标”。2014 年党的十八届四中全会提出全面推进依法治国后,“三治”建设的目标改为“法治为要、德治为基、自治为本”。2017 年党的十九大提出“健全自治、法治、德治相结合的乡村治理体系”。2019 年党的十九届四中全会进一步将其提升为“健全党组织领导的自治、法治、德治相结合的城乡基层治理体系”。自此以后,“三治融合”成为涵盖城市和乡村的普遍性治理机制。在“三治融合”走向成熟化、定型化的过程中,自治、法治和德治的排列次序最终确定下来。“三治”之中何者居首,绝非只是简单的技术性操作问题,也是深刻地触及不同治理方式之间的理论逻辑问题。

第一,自治、法治、德治之间是“一体两翼”关系。在中国的政治和学术话语体系中,“自治”基本上成了“群众自治”的同义语。当整体性自治被遮蔽的情况下,“三治融合”机制中“自治”居首就显得有些费解。在整体性自治的语境中,自治首先意味着人民群众自我立法之治。就此而言,自治与法治的意涵被政治民主程序贯通起来。道德规范具有自律性的面向,揭示出德治与自治的交叉重合。特定群体成员进行自治的规范依据,主要源于共同体的伦理道德。因此,自治描述的是治理理想和目标,法治和德治描述的是治理方式和形式。在这个意义上,“自治属于民主政治的范畴,位居法治和德治之前,并统筹法治和德治,法治和德治是实现自治的方式”①。因而,在“三治融合”的治理格局中,自治是具有统领地位的“一体”,法治和德治构成“两翼”。

第二,法治设定“三治融合”的保障底线。法治为自治和德治设定了底线和红线。一方面,在法治社会中,自治必然是“依法自治”。对于基层治理来说,最重要的法律依据是《村民委员会组织法》和《城市居民委员会组织法》。对于乡镇、街道来说,应严格按照法律的规定,切实尊重和保障基层群众自治。在基层社会治理过度行政化的情况下,乡镇政

① 张文显:《“三治融合”之理》,载《治理研究》2020 年第 6 期。

府应当推行权力清单制度,依法确定基层自治组织协助事项的范围。就基层自治组织而言,城乡社区干部应切实担负起法律赋予其的化解邻里纠纷、管理集体经济组织等权力。另一方面,德治的手段不能逾越法治的要求。制定乡规民约、城乡社区管理规章制度和社区成员的行为准则,强化规范约束,发挥明导向、正民心、树新风的积极作用。但是,在推行“德治”的过程中,应慎重使用惩戒机制。例如,Y 市为增强“家庭文明档案制度”的约束力,配套设置了奖惩制度。“对于信用评分在 90 分以下的家庭,如果该家庭有人将考学、考公务员或参军入伍等,则需要村级组织出具报告证明。村级组织会将该家庭的失信情况如实记录在证明报告中,这可能影响到家庭成员未来的工作和学习。”[①]社会信用惩戒机制是助力社会治理的利器,但不能被滥用。

第三,德治引领“三治融合”的发展方向。道德规范同时具有自律性和他律性。道德规范具有自律性的面向,揭示出德治与自治的交叉重合。从集体的角度来看,德治推行的是社群共同的伦理道德之治,是典型的集体自治。此外,道德规范具有他律性的面向,拉近了德治与法治的距离。道德调整机制除依靠教化和个体内省外,最主要的是通过社会舆论和风俗进行社会性评价。作为一种调整人们行为的社会规范,道德与法律存在发生学意义上的密切关联。从规范来源的角度来看,道德构成了正式性规范和非正式性规范的共同源泉。作为正式性规范的国家法律,往往把一个社会最基本、最重要的伦理道德规则予以法定化。爱护环境、尊老爱幼、诚实守信和尊重生命等道德规范,被世界各国的法律广泛吸纳。道德法律化曾是法律演化的一个重要阶段。面向未来,道德仍将继续塑造着世界法律的面貌。对于非正式社会规范来说,道德的塑造作用就更为突出和深刻。行业协会为了维护本行业的经营秩序,自发组织相关从业者确立行业规范。各类商会援引商贸往来中积淀下来的惯例,对不正当竞争、不守信用等越轨行为进行惩罚。城乡基层自治组

① 孙冲:《村庄“三治”融合的实践与机制》,载《法制与社会发展》2021 年第 4 期。

织依靠“居民公约”和“村民公约”,推进环境治理、纠纷解决和移风易俗等大量社会细事。

综上所述,“三治融合”体现了“民主治理、依法治理、以德治理的现代治理逻辑”①。在民主政治层面上,自治统领法治和德治,法治和德治是实现自治的两种不同方式。在实现良法善治的语境中,法治之“法”必须合乎道德、倚重道德,法治之“治”表现为人民的“自我立法”和“依法自治”。

(三)“三治融合”的实施机制

“三治融合”的关键在于“融合”。一旦脱离了“融合”谈论“三治”,不过是强化其中一种治理手段,从而背离了“三治融合”的初衷。“三治融合”是综合治理原则的内在要求。综合治理意味着援引多种手段进行治理,科学合理地配置治理手段,发挥“治理工具箱”的协同集成效应。

第一,加强组织机构建设,统筹推进“三治融合”。自治、法治、德治各有侧重点。与“三治”相对应的事项,涵盖党建、民政、政法、宣传、教育、综治、农业农村等多部门的工作。若没有整体性组织进行统筹推进,自治、法治、德治就难以真正实现融合,结果只能是“三治”分别强化。立足于“三治融合”的现实需要,有必要进行统筹性考虑,组建一个具有权威性的推进机构。比如,可以建立基层社会治理部(办公室),“赋予该机构在基层社会事务上统筹指导、资源整合、协调推进、督促落实权力和职责,负责‘三治’建设工作”②。由于“三治融合”涉及领域广泛,新组建的机构必须具备综合协调优势。此外,“三治融合”并不等于每种治理方式均衡用力。相比较而言,自治和德治主要依靠社会自身的力量去推动,法治更需要政法部门强力推进。因此,在政法委内组建专司“三治融合”的机构,较为适宜。

---

① 张文显:《“三治融合”之理》,载《治理研究》2020年第6期。

② 郁建兴、任杰:《中国基层社会治理中的自治、法治与德治》,载《学术月刊》2018年第12期。

第二，构建“三治融合”的有效载体，激发群众参与热情。在推进“三治融合”的过程中，要注重搭建“三治融合”的载体和平台。其一，群众自治是基层治理的主要实现方式。根据《村民委员会组织法》和《城市居民委员会组织法》，城市居民委员会和农村村民委员会是法定的群众自治组织。这些法定群众自治组织的职权、人员构成、活动方式等，均被专门性法律予以规定。正是基层群众组织具有“依法自治”的特点，这些自治组织的平稳高效运行，就是法治的实现过程。在法定的群众自治组织之外，各地还探索出“道德评议团”“红白理事会”等自治组织。这些新兴自治组织具有松散灵活、针对性强等优势。其二，在基层治理中注入法治元素，营造“法治在场”的浓郁氛围。“对于广大人民群众来说，‘法治乡村’‘三治融合’这样的‘大词’，只有借助日常生活中法治村主任、驻村律师、社区（村庄）民警的‘在场’方可得以具化和感知。”①基层治理的“法治在场”，不仅有助于塑造风清气正的社会氛围，还便于基层干部群众获得法律公共服务。长期以来，宗族势力、黑恶势力支配了部分城乡区域，严重败坏了基层社会生态，威胁到人民群众的人身、财产安全。在基层实现法治化治理，有助于震慑、打击各种违法犯罪行为，重塑文明和谐的城乡社会风貌。此外，基层法律公共服务的不断完善，提升了公平正义的可及性，增强了人民群众的法治获得感。其三，社会治理目标的实现，需要依靠自治和法治弘扬道德。对于道德建设而言，重点在于营造一个良好的社会公共空间。社会成员通过日常互动，就道德问题进行公开讨论和交换看法，形成充盈于社会空间的舆论力量。诸如“道德红黑榜”“草根道德奖”“道德积分银行”等，它们是民间自主发起的道德考评形式，体现了自治为表、德治为里的融合样态。与此同时，各类自发性道德考评活动纷纷制定了考评规则，使德治有章法可循、有规则可依。

---

① 朱政：《“三治融合”视野下法治乡村建设的实践机理与理想图景——基于湖北宜都试点的讨论》，载《云南社会科学》2021 年第 2 期。

第三，面向人民群众的利益关切，厚植“三治融合”的群众基础。在推进“三治融合”的过程中，要切实回应人民群众的利益关切，将满足人民群众日益增长的对美好生活的向往作为“三治融合”的落脚点。

在基层社会治理实践中，面临的最大问题是，群众的参与意愿不强。以我们在H省所做的基层治理调研情况来看，老百姓对参与治理的热情较低。H省在其全部乡村，普遍建立人民调解委员会、红白理事会、村民议事会等村民自治组织。当被问及民事调解委员会的运转情况时，H省N市的乡镇负责人表示：“不管成立啥样的组织，主要还是村组干部负责解决问题。一般老百姓不愿意耽搁时间去做这些事。况且，这些事解决起来耗时费力，还会得罪人。”[①]在群众缺乏参与的动力和意愿时，村组干部只好每人身兼多种职务，导致民事调解委员会等成了叠床架屋的摆设。尽管这种形式主义是乡镇干部不愿看到的，但是它却给村民留下了干部又在搞“花架子”的不良观感。H省的人民调解委员会面临的处境，映射出国内多数乡村治理的共性问题。与之构成鲜明对照的是，在中国的东部、南部等发达地区，近年来涌现出以“三治融合”为代表的基层治理创新热潮。在“三治融合”取得良好实践效果的地方，有一个共同的成功经验就是注重运用利益驱动机制激发和唤醒群众的参与热情。例如，桐乡市面向积极参与社会治理且信用评级较好的群众，发放免于担保的线上信用贷款“三治信农贷”。[②] 由此可见，“三治融合”源自基层治理实践，有其内在的实践逻辑。“三治融合”的实践证明，以解决人民群众“急难愁盼”为目标的治理活动，才能最大限度地激发群众的参与热情。“三治融合”的运行和扩散推广，离不开人民群众自发、持续和高质量的参与支持。

五、社会治理法治化的考核评价机制

在2000年，联合国千年峰会号召国际社会共同致力于消除饥饿、贫

---

① 访谈内容来自笔者在H省所做的基层治理调研记录。

② 参见郁建兴：《“三治融合”的持续创新》，载《治理研究》2020年第6期。

困、环境恶化等，这些目标被统称为“千年发展目标”。“千年发展目标”就最重要、最迫切的人类生存问题，设置了时间表、计划图。20世纪60年代中期以来，美国的社会研究领域兴起了“社会指标运动”。作为这一运动的延伸，在法律领域涌现出以“世界正义工程”为代表的一系列法治评估体系。在世界范围内“社会指标运动”和国内全面依法治国实践的双重作用下，中国开始兴起了“法治指数”“中国治理评估框架”“国家治理指数报告”“营商环境评估”等一系列评估量化运动。[①] 在法治领域，党的十八届三中全会通过的《中共中央关于全面深化改革若干重大问题的决定》要求“建立科学的法治建设指标体系和考核标准”。这标志着围绕法治评估的理论研究和地方创新实践实现了转型升级，法治评估正式成为法治中国建设的重要推进机制。来自中央的顶层设计和高位推动，使法治评估迎来高速发展的重大契机。从西方到东方，由国民经济到法治，“社会指标运动”对世界范围内的社会建设起到了巨大的推动作用。“社会指标运动”呈现出的强劲发展势头，既反映了社会科学量化研究方法和技术的新进展，也反映出社会建设各领域对定量化、科学化、精细化的内在需求。

（一）科学建构社会治理法治化考评机制的意义

从社会治理环节来看，社会治理法治化考评起始于社会治理活动终结之处。社会治理法治化考评的后置性，并不意味它只能起到一种事后监督作用。社会治理法治化考评指标体系综合作用于社会治理实践，它具有认知导向、激励和监督多重功能。[②] 科学运用社会治理法治化考评机制，有助于政府和社会公众对社会治理法治化的状况有一个清楚的认识，有助于推动社会治理法治化的进程，也有助于国家对社会治理法治

---

① 2005年我国香港特别行政区发布法治指数。2008年，杭州市余杭区推出中国内地首个“法治指数”。2008年，中国与联合国开发计划署合作，推出“中国治理评估框架”项目。自2015年开始，华东政法大学政治学研究院每年发布“国家治理指数报告”。“国家治理指数”由“基础性指数”、“价值性指数”和“持续性指数”三大部分组成。

② 参见饶世权：《论社会治理法治评估的正当性》，载《黑龙江社会科学》2019年第2期。

化工作进行监督检查。

第一,科学建构社会治理法治化考评机制是推进国家治理体系和治理能力现代化的重要举措。在国际交往领域,为规避国际交往风险而编制的国家风险评估指南中,法治水平是确定一国是否属于高风险国家的重要依据。① 在全球化时代,各类社会指标评估运动的兴起使不同文化和制度获得了横向可比性,顺应了高密度跨国交往的客观需求。事实上,法治更是一项重要的国家软实力,综合体现在国际交往和国际竞争的方方面面。从国际角度来看,中国建立起科学的法治指标考评体系,能够助推中国以更为开放、透明的姿态融入世界。从国内角度来看,政府推进型法治现代化建设需要一个客观、可量化的标准,以供评估法治建设绩效和优化未来法治建设的路径。在主权国家范围内,社会治理法治化的实现程度,构成了国家治理能力现代化水准的重要表征。科学合理地设计社会治理法治化的考核评价指标体系,是我们推进国家治理体系和治理能力现代化的题中应有之义。

第二,科学建构社会治理法治化考评机制是回应人民群众日益增长的物质文化生活需求的应有之义。党的十九大报告指出:"中国特色社会主义进入新时代,我国社会主要矛盾已经转化为人民日益增长的美好生活需要和不平衡不充分的发展之间的矛盾。"②新时代人民对于美好生活的向往是全方面、多层次和高质量的。为了满足人民日益增长的美好生活需要,国家需要加快推进服务型政府建设步伐,全面深化社会主义市场经济改革,还需要推动社会治理法治化的建设水平。与转变政府职能和深化市场改革相比,社会治理法治化与人民群众的日常生活联系更为直接和广泛。对社会治理法治化情况进行考评,有助于以可量化、精细化的方式,将人民群众物质文化需要的满足情况予以呈现。

---

① 参见钱弘道等:《法治评估及其中国应用》,载《中国社会科学》2012 年第 4 期。

② 习近平:《决胜全面建成小康社会 夺取新时代中国特色社会主义伟大胜利——在中国共产党第十九次全国代表大会上的报告》,人民出版社 2017 年版,第 11 页。

(二)科学建构社会治理法治化考评机制的基本原则

社会治理法治化考评从属于法治评估。对社会治理法治化进行考核评价,意味着先将社会治理的主要内容进行指标化处理,使社会治理能够被以定性分析的方式予以评估测度。在设定社会治理法治化的指标及其权重时,必须考虑一些基本原则。

第一,在设计社会治理法治化考评机制时,兼顾国际经验与中国治理实际。在全球化时代,中国社会治理构成了全球社会治理的一部分。这就意味着中国社会治理的法治化进程必须被放置于全球化视野中予以审视。嵌套于世界结构这个事实,确立了中国参与社会秩序建构的主动地位,也决定了中国不可避免地处于一种"被评估"的境地。一方面,中国会遭受来自西方世界的指责,并拿起法治的武器进行回击。例如,2000 年美国国务院发表《1999 年国别人权报告》,对中国的人权状况进行横加抨击。自 2000 年开始,中国开始发布美国上一年度的人权状况报告。另一方面,中国的法治建设成就受到国际法治评估的肯定,有力地捍卫了国家的法治形象。目前,国际上有影响力的国家治理评价体系主要有四类。这四类国家治理评价体系分别是联合国开发计划署治理评价指标体系、多边机构治理评价指标体系、双边机构的治理评估和独立机构的治理评估。[①] 这些评估指标体系之所以具有较大影响力,与发布这些指标体系的机构自身具有独立性和公信力是分不开的。美国非政府组织"世界正义工程"发布的《2020 年法治指数》显示,中国香港的整体排名为全球第 16 位,其中"廉洁""秩序与安全""民事司法""刑事司法"等位次均有提升。[②] "世界正义工程"对中国香港法治状况的评估,有力地佐证了短时期的社会动荡并未动摇中国香港的法治基础。

应当看到,国际法治评估对中国具有"双刃剑"式的效应。在甄别、

---

① 参见俞可平:《关于国家治理评估的若干思考》,载《华中科技大学学报(社会科学版)》2014 年第 3 期。

② 参见《"世界正义工程"再次肯定香港法治指数地位》,载香港特别行政区政府网,https://sc.isd.gov.hk/TuniS/www.info.gov.hk/gia/general/202003/11/P2020031100689.htm。

分析和吸收国际法治评估经验的同时，应当注意相关评估的限度。其一，国际法治评估带有明显的价值倾向，甚至存在意识形态的偏见和傲慢。“法治评估”必然带有价值立场和意识形态的倾向，并不容易被其他主权国家接受。正是由于法治评估具有“嵌入性”特点，“不能抛开一个国家制度结构的特点，单独谈论法治评估方式的优劣”①。其二，相关国际法治评估更加注重普适性，而对不同国家和地区的差异性考虑不足。世界范围内法治评估运动的兴起，主要是由全球化的世界交往所推动，以便于进行横向的制度比较为主要考量。然而，法治也是一种社会治理的实践方式，深受不同国家和地区自然条件、资源禀赋和地域文化等多方因素的制约。

因此，在设计中国社会治理法治化考评机制时，必须审慎地对待国际经验，面向中国社会治理的生动实践，建构适应中国法治发展阶段和反映中国治理智慧的考评机制。

第二，在设计社会治理法治化考评机制时，应采取定量与定性相结合的原则。从方法的角度，可以把法治评估分为定性评估和定量评估两种。科学的社会治理法治化考评机制必须综合使用两种方法。目前，中国的“社会治理”和“法治评估”普遍存在定性主导、定量不足的情况。例如，“中国治理评估框架”课题组围绕中国社会政治经济发展的重大战略目标，确立了“公民参与”“人权与公民权”“党内民主”“法治”等12个方面的基本内容。② 从该课题的名称——“中国治理评估框架”就可以看出，这项社会评估是一种框架性的评估，只是对社会治理的要点进行定性评价。社会治理评估体现出定性主导的倾向，有其客观必然性。一方面，“社会治理”和“法治”均带有鲜明的价值色彩。定性是定量的前提和基础。诸如法治的内涵、法治的基本要素、法治的价值等，均需要通过定性分析予以辨明。另一方面，中国社会治理法治化评估的经验积

① 钱弘道等:《法治评估及其中国应用》，载《中国社会科学》2012 年第 4 期。

② 参见俞可平:《中国治理评估框架》，载《经济社会体制比较》2008 年第 6 期。

累尚显不足。通过长期的努力,中国的法治建设总体上取得了巨大进步。党的十八届三中全会首次提出国家治理能力现代化的要求,为社会治理设定了一个高标准的目标。社会治理领域的法治化水平,与法治政府建设相比尚有不小差距。既有的社会治理水平距离国家治理现代化尚存在较大差距。受制于社会治理法治化的发展阶段,社会治理法治化评估实践尚有待进一步深化。

在进行考核评价时,应更加突出定量方法的作用。尽管定性研究构成定量研究的基础,但开展量化评估最倚重的还应当是定量方法。首先,对社会治理法治化状况进行考评,是人们客观认识社会治理法治化状况的前提。对于社会治理法治化状况,人们有着最为直观的感受。但是,社会公众的主观认知往往存在较大差异。只有通过一系列量化指标,人们才能客观、清楚地认识社会治理法治化的状况。其次,对社会治理法治化状况进行考评,有助于发挥考评机制的导向作用。社会治理法治化考评体系内含了价值追求,反映了社会治理法治化的进步目标。客观公正的考评,可以为社会治理法治化建设提供方向指引。在不同地方政府之间,也会形成横向的压力。最后,对社会治理法治化状况进行考评,有助于发挥考评机制的监督作用。实现社会治理法治化既是一种目标设定,也是一系列的操作实践。对社会治理法治化状况进行考核评价,旨在认真检视相关工作的实效,找到实际工作成效与理想蓝图之间的差距,从而实现对社会治理法治化建设工作的监督。

第三,在设计社会治理法治化考评机制时,采取全面评估与突出重点相结合的原则。社会治理与政府治理、市场治理具有显著的差异,即社会治理领域并没有一个明确边界。在这个意义上,我们可以说,落于政府治理和市场治理之外的广阔领域,均属于社会治理的范围。面对这样一个宽广的治理领域,设计一套科学合理的考评机制,确实是一项艰巨的任务。科学合理的社会治理法治化考核方案,必须能够涵盖社会治理法治化的主要内容。

根据评估对象的不同,可以区分出综合性评估和专项性评估两类。

社会治理法治化评估属于法治评估的子项，是一种专项性评估。有学者曾比较了中国香港特别行政区法治指数与杭州市余杭区法治指数，发现内地法治指数对民主政治、市场经济等法治外围制度和理念的关注较多。[①] 杭州市余杭区法治指数注重考查法治外围制度环境，表明内地法治对其他社会子系统的依附性较大。中国香港和内地法治指数关注点的差异，鲜明地揭示出国内不同地区法治发展的阶段性差异。法治发展所存在的区域性、阶段性差异，有力地确证了构建特色化社会治理法治化考评机制的必要性。只有在进行必要的取舍之后，社会治理法治化考评机制才会更加有的放矢、体现出特色和亮点。在涵盖社会治理法治化基本内容的基础上，通过科学遴选考评指标来彰显社会治理法治化的特色。例如，在"中国治理评估框架"中，"党内民主"就是一项具有中国特色的重要观测指标。[②] 中国社会治理体系最显著的特色就在于坚持党的领导，党内民主治理情况对于社会治理的民主化、法治化具有引领、示范作用。此外，在社会治理法治化考评指标体系中，通过差异化设定不同指标的权重，能够凸显社会治理的关注重心。

综上所述，社会治理范围的广泛性，决定了社会治理法治化评估的全面性。社会治理法治化的社会文化条件差异性，决定了社会治理法治化评估应突出重点、体现特色。

（三）社会治理法治化考评机制的实施

社会治理法治化考核评价有一套完整的考评流程。科学合理的考评方案，构成了社会治理法治化考评的逻辑起点和评价总纲。在考评方案的具体实施过程中，全面、高效、准确地收集社会治理法治化数据要素，并且客观、科学、权威地分析、解读这些数据要素，构成了考评实施的两大重点任务。

第一，依据社会治理法治化的建设目标，设计指标体系和考核标准，

① 参见钱弘道等：《法治评估及其中国应用》，载《中国社会科学》2012 年第 4 期。

② 参见俞可平：《中国治理评估框架》，载《经济社会体制比较》2008 年第 6 期。

制订科学合理的考评方案。考评方案构成了考评实施的起点,决定着考评结果的权威性。制订社会治理法治化的考评方案,需要将社会治理法治化的建设目标进行转化。经过转化以后,社会治理法治化的观测指标及其权重,就能够全面体现社会治理法治化的建设目标。从相关法治考核指标体系的设计经验来看,社会治理法治化的考评指标体系应由三级指标构成。有学者认为,社会治理法治化共有六个一级指标:一是党委领导和推进社会治理法治建设指标;二是人民代表大会加强社会治理立法和监督指标;三是政府主导社会治理法治建设指标;四是司法机关维护社会治理公平正义指标;五是社会组织自治和参与合作共治指标;六是公众有序参与社会治理法治建设指标。[①] 在每个一级指标之下,设置若干二级指标、三级指标。这六个一级指标,涵盖了社会治理的主要参与主体。由于该指标体系出台的时间较早,未能将党中央关于社会治理法治化的最新表述涵盖进去。与党中央关于社会治理法治化的最新要求相比,该指标体系缺少了“科技支撑”“三治融合”等方面的指标。此外,该指标体系并未设定每个指标的权重。下一步,社会治理法治化考评方案的制订,应全面遵循党中央关于社会治理法治化的最新部署安排,充分吸收国内外“社会治理评估”“法治评估”的成熟经验,做到兼顾国际经验与中国治理实际、定性与定量相结合、全面评估与突出重点相结合。

第二,严格遵循考评方案,全面收集、科学处理社会治理法治化的信息数据。对于考评实施来说,全面、高效地收集社会治理法治化的信息数据是基础性工作。目前,社会治理法治化信息数据的收集主体,主要是党委、政府、第三方评估机构、企事业单位、公民个人。不同主体在信息数据的掌握、收集方面各有优势,应充分发挥各自积极性。一方面,党政机构负责收集由党委、政府部门掌握的数据。由于社会治理法治化信息要素涉及多部门、多领域,相关信息的收集难度较大。由政法委主导

---

① 参见徐汉明、张新平:《社会治理法治建设指标体系的设计、内容及其评估》,载《法学杂志》2016 年第 6 期。

开展社会治理法治化信息收集是比较可行的选择。政府的相关职能部门应配合政法委,积极主动地报送相关信息数据。另一方面,党政机构之外的组织和个人负责收集散落在社会中的数据。科研院所、智库、社会组织是第三方评估的主要力量。党委政府通过购买服务的方式,委托第三方评估机构收集相关数据信息。此外,社会公众对于社会治理法治状况的感知和意见,可以由第三方评估机构收集,也可以由政府通过互联网直接收集。对于收集汇总而来的信息数据,需要进一步描述、分析和评价。社会治理法治化数据处理主体,主要是党政系统或者党政系统所委托的高校、智库等第三方机构。全面客观地描述社会治理法治化状况,有助于发挥社会治理法治化考评的认知功能。综合深入地分析社会治理法治化所面临的制约因素,有助于揭示社会治理法治化的改进方向。准确合理地评价社会治理法治化的成败得失,有助于测度社会治理法治化的实施成效。

第三,注重社会治理法治化考核评价结果的应用,发挥考核评价的导向作用、监督作用。社会治理法治化考核评价的权威性,主要由考评结果的约束力所决定。现阶段,在开展法治评估、营商环境评估时,各地均把评估结果与被考核单位和个人的年度目标责任制考核相挂钩。这些好做法、好经验也应该被吸收到社会治理法治化考评机制中。党的十八届四中全会公报提出“把法治建设成效作为衡量各级领导班子和领导干部工作实绩重要内容、纳入政绩考核指标体系”。与此同时,不同地区在社会治理法治化考评中所占的位次差异,也激起各地区之间围绕治理展开横向竞争。近年来,地方政府“晋升锦标赛”的表现形式愈加多样化,除传统的经济 GDP 指标竞赛外,“绿色 GDP”①“法治 GDP”②等

① 2004 年,原国家环保总局和国家统计局联合发文,决定于 2004 ~ 2006 年,在部分地市进行绿色国民经济核算和污染损失估算。参见于越峰主编,《中国环境年鉴》编辑委员会编:《中国环境年鉴 – 2005》,中国环境年鉴社 2005 年版,第 76 ~ 78 页。

② “法治 GDP”主要是学术界的一种形象说法。党的十八届四中全会公报将法治建设纳入领导干部政绩考核中,实际上就是正式承认了“法治 GDP”。

新兴指标竞赛不断涌现。这预示着在中央的大力推动下，地方政府官员“唯 GDP”的狭隘政绩观已发生根本性扭转。将社会治理法治化考评结果作为地方党委、政府官员评优、晋升的重要依据，有助于强化考评的刚性约束力，进一步调动各级官员的工作积极性。

第四章　社会治理法治化的主要任务

“坚持在法治轨道上推进国家治理体系和治理能力现代化”是习近平法治思想的核心要义之一。在这个问题上习近平总书记曾有过完整的表述：“法治是国家治理体系和治理能力的重要依托。只有全面依法治国才能有效保障国家治理体系的系统性、规范性、协调性，才能最大限度凝聚社会共识。”[①]从党的十八届三中全会到十九届四中全会的政策演进，特别是从《法治社会建设实施纲要（2020—2025年）》和《中共中央 国务院关于加强基层治理体系和治理能力现代化建设的意见》这两个直接关涉社会治理法治化的重要文件来看，党中央推动社会管理向法治化的社会治理转型的决策导向是十分明显的。党和国家一系列重大决策性文件表明，我国的社会治理具体涉及国家安全、公共安全、社会治安、矛盾化解、依法治理等领域。[②] 因此，社会治理法治化实践也必然在

---

① 习近平：《论坚持全面依法治国》，中央文献出版社2020年版，第3页。

② 参见李建伟、王伟进：《理解社会治理现代化：内涵、目标与路径》，载《南京大学学报（哲学·人文科学·社会科学）》2021年第5期。

这些领域展开。

一、多层次、多领域的依法治理

当前我国社会呈现社会层次立体化、社会主体多元化、社会利益差别化、社会矛盾复杂化的新格局,因此法治愈加成为创新社会治理、实现社会善治的必由之路。[①] 在此社会背景下,党的十八届四中全会首次提出“推进多层次多领域依法治理”。《法治社会建设实施纲要(2020—2025 年)》在“推进社会治理法治化”部分再次强调“推进多层次多领域依法治理”。在推进多层次多领域依法治理的过程中,各地应当坚持依法规范和协调不同层次不同领域的社会关系,使社会主体能够依法理性表达诉求。[②]

(一)推进市域社会治理现代化建设工作

根据国家《城市规划基本术语标准》(GB/T 50280—98),所谓“市域”,即是指“城市行政管辖的全部地域”。为了与国家治理概念相区分,一般而言,社会治理指的是基层社区和农村的治理。但是“市域社会”是统筹整合省、县、乡所形成的治理客体概念,包含了人口、环境、卫生、住所等诸多治理要素。市域社会具有复杂性、开放性和流动性等特征,其决定了这种社会结构需要采用多元治理模式。[③] 为厘清治理主体之间纷繁复杂的法律关系,我们更需要“市域社会治理法治化”来解决突出的社会矛盾和技术风险,即“依靠硬法与软法构建内部结构严密、职能分工明确的治理体系,以法治思维和法治方式推动达成良法善治、合作共治的理想状态”[④]。党的十九届四中全会明确提出“加快推进市

---

① 参见汪永清:《推进多层次多领域依法治理(学习贯彻党的十八届四中全会精神)》,载《人民日报》2014 年 12 月 11 日,第 7 版。

② 参见汪永清:《推进多层次多领域依法治理(学习贯彻党的十八届四中全会精神)》,载《人民日报》2014 年 12 月 11 日,第 7 版。

③ 参见周振超、侯金亮:《市域社会治理法治化:理论蕴含、实践探索及路径优化》,载《重庆社会科学》2021 年第 8 期。

④ 施伟东:《论市域社会治理数字化转型的法治推进》,载《政治与法律》2022 年第 3 期。

域社会治理现代化”的目标。[①] 习近平总书记指出，要把市域社会治理现代化作为社会治理现代化的切入点和突破口，[②]在市域社会治理中“要注重在科学化、精细化、智能化上下功夫”[③]。我国应当把市域作为在国家与社会之间、宏观与微观之间起到承上启下作用的节点。这是因为市域范围较广，矛盾纠纷和风险防控的压力较大也较为集中。我国“只有布好市域社会治理这盘棋，统筹全盘、谋准大局、精准施策，才能找到破解基层治理难题的门道”[④]。应当看到，市域也有自身的权力机关、监察机关、行政机关和司法机关，能够妥善处理大量的社会矛盾纠纷，维护社会的和谐稳定秩序。市域社会治理现代化的实现需要以多元主体协同治理体系为基础。有学者认为，“多元化社会主体参与治理是治理科技发展的必然结果，推动达成‘技术、法律、政策和市场’四个维度善治之果”[⑤]。由此可见，市域可以成为推动社会治理法治化得以实现的重要支点，作为集成体其能够保障执政党、政府、群团组织、社会组织以及公众等社会治理主体依法有序开展社会治理活动，进而不断健全和完善党委领导、政府负责、民主协商、社会协同、公众参与、法治保障、科技支撑的社会治理体系。

从市域社会治理现代化试点地区的具体实践来看，海口市自被确定为全国市域社会治理现代化试点地区以来，各级党委政府坚持以党建为引领，树立科学理念，创新治理模式，制定印发《海口市推进市域社会治理现代化试点工作实施方案》，将 118 项基本要求和 23 项具有海口特色的工作任务，逐一明确责任单位，形成可量化、可操作、可考

---

① 参见《中共中央关于坚持和完善中国特色社会主义制度 推进国家治理体系和治理能力现代化若干重大问题的决定》，人民出版社 2019 年版，第 30 页。

② 参见陈一新：《新时代市域社会治理理念体系能力现代化》，载《社会治理》2018 年第 8 期。

③ 习近平：《论把握新发展阶段、贯彻新发展理念、构建新发展格局》，中央文献出版社 2021 年版，第 412 页。

④ 张文显：《新时代中国社会治理的理论、制度和实践创新》，载《法商研究》2020 年第 2 期。

⑤ 施伟东：《论市域社会治理数字化转型的法治推进》，载《政治与法律》2022 年第 3 期。

评的指标体系。[①] 淄博市是山东省第一期市域社会治理现代化试点城市之一，为打造具有淄博特色的市域社会治理现代化品牌，以全方位、全流程、全覆盖社会治理模式为方向，科学谋划了网格化管理、信息化智慧治理、实体化综治平台、多元化矛盾化解、立体化安全风险防控、法治化保障、常态化督导考核、全域化组织领导“八大工作体系”，进一步明确路径、绘制蓝图，全力争创全国市域社会治理现代化试点合格市。[②] 内蒙古自治区兴安盟把提升人民群众的获得感、幸福感、安全感作为重要的民生工程来抓，在全区率先启动市域社会治理现代化试点建设，围绕提高社会治理的社会化、法治化、智能化、专业化水平高位推动、精准发力，高标准建设智能化社会治理平台，发挥党建引领作用，打通基层治理末梢，积极探索市域社会治理现代化新路径，“智慧治理”成效渐显。山东省烟台市瞄准群众需求点推进市域社会治理，把群众关心的事“捞”上来，在网格化治理中发动群众共同解决、共享成果，让每一名群众都尝到社会治理创新的“甜头”。[③] 新疆维吾尔自治区和田市委、市政府围绕建设“平安和田”的目标，针对社会稳定、脱贫攻坚、城乡治理等方面存在的突出问题和风险隐患，按照“外圈保内圈、联动抓处置、同步强治理”的原则，形成了“城市圈、城郊圈、农村圈”同步推进的工作格局，打造了一条城市网格化、城郊规范化、农村法治化的市域社会治理现代化之路，不断提高人民群众获得感、幸福感、安全感。[④]

“在法治发展领域，在社会主义初级阶段社会基本矛盾运动规律的作用下，现阶段不平衡不充分的法治发展现象的客观存在，制约了对于

① 参见《推进社会治理现代化 谱写平安海口新篇章》，载中国普法网，http://www.legalinfo.gov.cn/pub/sfbzhfx/zhfxyfzl/yfzldfyfzl/202012/t20201229_46208.html。

② 参见《山东淄博“八大工作体系”推进市域社会治理现代化》，载中国普法网，http://www.legalinfo.gov.cn/pub/sfbzhfx/zhfxyfzl/yfzldfyfzl/202012/t20201228_46095.html。

③ 参见《山东烟台激活群众参与热情推进市域社会治理》，载中国普法网，http://www.legalinfo.gov.cn/pub/sfbzhfx/zhfxyfzl/yfzldfyfzl/202012/t20201214_44567.html。

④ 参见《新疆和田：“三圈”治理打造市域社会治理新样板》，载中国普法网，http://www.legalinfo.gov.cn/pub/sfbzhfx/zhfxyfzl/yfzldfyfzl/202012/t20201217_45242.html。

新时代人民法治新需要的有效满足，构成了我们认识和把握中国法治国情条件的现实基点。”[①]这一论述告诉我们，我国推进市域社会治理现代化建设，应当从最明显的短板补起，围绕人、组织、物、网等社会治理基本要素，加快构建和完善市级层面的实名登记制度、社会信用管理制度、产权保护等基础性制度建设，推动市域社会治理模式的转型，即从事后应对转变为源头防范。[②] 市域社会治理现代化对社会秩序的调整结果主要体现在：人们的尚法、守法意识增强；法律对人们行为的约束力大大加强；法治成为实现市域社会治理现代化的制度前提以及评判标准；在市域社会治理现代化的框架中，法治将取代人治成为维护市域社会秩序的根本保障。[③] 我国应当持续推进市域社会治理现代化试点工作，注重市域社会治理的法治保障，使法治成为市域经济社会发展的核心竞争力，优化构建系统完备、科学规范、集约高效的市域社会治理法治体系，实现社会治理制度化、规范化、程序化、智能化、社会化和法治化。

第一，应当构建系统完备的市域社会治理法律规范体系。市域社会具有体系性，是多元社会治理主体运用法律、道德、心理、村规民约等体系化社会控制手段所开展的一项社会行动。[④] 因此，我国应当制定权责法定、可操作性强的地方性法规、地方政府规章，使市域经济社会各项改革都实现于法有据。第二，应当健全公正权威的市域社会治理法治实施体系。在行政执法问题上，市域社会还是经常出现职权划分不明、未依法公正执法等情况，集中体现在“横向部门之间的职权划分与纵向行政级别之间的职责划分不清晰，存在多头执法、选择性执法、权责推诿等现象”[⑤]。

---

① 公丕祥：《新时代中国法治现代化的内在动因——基于我国社会主要矛盾新变化的初步分析》，载《中国高校社会科学》2019 年第 3 期。

② 参见《法治社会建设实施纲要（2020—2025 年）》，人民出版社 2020 年版，第 14 页。

③ 参见陈成文、陈静、陈建平：《市域社会治理现代化：理论建构与实践路径》，载《江苏社会科学》2020 年第 1 期。

④ 参见施伟东：《论市域社会治理数字化转型的法治推进》，载《政治与法律》2022 年第 3 期。

⑤ 周振超、侯金亮：《市域社会治理法治化：理论蕴含、实践探索及路径优化》，载《重庆社会科学》2021 年第 8 期。

因此,我国应当健全落实依法决策机制,推动程序公开化、裁量标准化、行为规范化。第三,应当完善逻辑严密的市域社会治理法治监督体系,把公权力牢牢关进制度的“笼子”里,建立健全立体化、全天候的市域社会治理法治监督网络。第四,应当构建务实管用的市域社会治理法治保障体系。随着经济社会的不断发展,特别是中产阶层不断扩大,人们的维权意识和法治观念不断提升,市域层面积聚的矛盾和纠纷日益增多,对公共法律资源的需求也会更旺盛。因此,如果我们构建全市统一的公共法律服务网络[①],努力让人民群众平等地受到法治保护,感受到公平正义,那么公共法律服务优势必将能够转化为法治化的动能。[②]

(二)推进社会治理的重心向基层下移,深化城乡社区依法治理

社会治理的重点和难点都在基层。基层以社区为基本单位,是人民群众开展生产生活的主要场域,也是人民群众感知社会治理法治化效果的“神经末梢”。随着经济社会结构加速转型,城乡社区日渐成为社会群体的交汇点、社会矛盾的积聚点和社会治理的着力点。“但我国城乡社区治理目前仍然存在体制机制不健全、资源投入不到位、动力转换不充分等瓶颈问题。”[③]因此,为推进社会治理的重心向基层下移,作为县级以上人民政府负责社会治理工作的职能部门和乡镇政府(街道办事处)应当遵循减负赋能的基本原则,认真制定和落实在社会治理法治化方面的权责清单。此外,我国还应当继续深化改革社区治理法治化的创建工作,继续推进法治乡村建设试点工作。在此过程中,各地应当以社区为中心,以实现社会治理法治化为基本目标,将更多的人力、物力、经费等公共资源投放到基层社区,做好“小盆栽”,使其产生集聚效应,进而形成“大森林”,不断提升社会治理效能。党委政府及其工作人员应

---

① 参见陈一新:《推进新时代市域社会治理现代化》,载《人民日报》2018 年 7 月 17 日,第 7 版。

② 参见周振超、侯金亮:《市域社会治理法治化:理论蕴含、实践探索及路径优化》,载《重庆社会科学》2021 年第 8 期。

③ 民政部编写组编著:《〈中共中央 国务院关于加强和完善城乡社区治理的意见〉辅导读本》,人民出版社 2017 年版,第 20 页。

当把群众的事当作天大的事来对待,化管理为服务,做精做细社会治理法治化工作。

社区居民委员会、村民委员会是城乡社区治理的重要主体,在城乡社区治理活动中起着基础性作用。[①] 有学者认为,应当"坚持以人民是否满意、是否有'获得感'来检验法治发展的成败得失,着力把握人民群众对法治建设的认可程度,充分调动人民群众投身法治建设的积极性和主动性"[②]。因此,为提高人民群众参与社区治理的积极性、主动性,各社区在社会治理实践工作中,可以通过合作共建、孵化支持、购买服务等方式不断扩大社会治理工作的参与主体。例如,利用居民会议、居民代表会议、社区协商议事会、线上协商等议事制度,使各方力量都能参与到社会治理法治化工作中来,集中民智,群策群力,激发人民群众的参与热情和使命感,使社会既稳定有序又充满活力。此外,为实现制度保障功能,上述议事制度均须制定详细的实施办法,明确协商的程序和责任,让人民群众真正参与到社会治理法治化工作中来。[③]

法治是现代社会治理体系的重要基石,是维护社会秩序的根本保障。"依法治理是最可靠、最稳定的治理。"[④]社会依法治理是指通过强调法治、以人民为中心,重构政府、社会、个人三者关系的"共治"和"善治"。在此基础上,政府、社会组织和个人通过依法规范社会行为、调节社会矛盾、防范社会风险,实现社会公平正义,最终促进人的自由和全面发展。[⑤] 社会依法治理更多的是强调治理主体的多元化参与。因为"激

① 参见民政部编写组编著:《〈中共中央 国务院关于加强和完善城乡社区治理的意见〉辅导读本》,人民出版社 2017 年版,第 76 页。

② 公丕祥:《法治现代化的中国方案》,载《江苏社会科学》2020 年第 4 期。

③ 参见薛侃:《风险社会下推进城市社区治理法治化的基本路径》,载《中国党政干部论坛》2022 年第 2 期。

④ 李建伟、王伟进:《理解社会治理现代化:内涵、目标与路径》,载《南京大学学报(哲学 · 人文科学 · 社会科学)》2021 年第 5 期。

⑤ 参见徐瑞鸿:《社会依法治理的观念增强、层次深化、领域拓展》,载《天水行政学院学报》2016 年第 1 期。

发和引导多元主体共同参与社会事务治理，既是现代社会治理的内在要求，也是提升社会治理能力水平的必然途径”[①]。党的十九届四中全会针对这一问题，指出了要“建设社会治理共同体”。从其表述来看，社会治理共同体包含执政党、政府、社会组织、公众等多元主体。社会治理共同体是一种以人民为中心、角色到位、能力共强、作用协调的格局。它不是指国家公权力在社会治理工作中的退出，更不是执政党、政府等所代表的国家公权力与社会组织、群众等所代表的社会权力之间此消彼长的关系，而应当被看作一个国家与社会相互之间不断赋权、协作共治的过程。它是一种国家权力与社会权力之间的互动过程，其目标是将“强政党、强政府、弱社会”转变为“强政党、强政府、强社会”的多元主体协同共治的社会治理新格局，并在党组织领导下实现政府治理和社会调节、居民自治良性互动。[②]

（三）推进乡村自治、法治体系建设

关于自治与法治的关系问题，有学者认为“自治是法治的基础，法治是自治的保障，两者互为表里，缺一不可”[③]。我们认为，要推进乡村自治体系建设，首先要明确自治的含义。自治是指人民群众在社区治理、基层公共事务和公益事业中实行自我管理、自我服务、自我教育、自我监督的治理过程。从法治现代化的价值层面来看，“以人民为中心是中国式法治现代化的根本价值”[④]。因此，人民群众通过自治方式实现乡村社会治理法治化，是他们依法直接行使民主权利的重要方式，是训练和促使他们遵守规则的最好治理方式，也是他们以社会主体的身份依法依规互治的最好场域。乡村自治意味着人民群众及其社会组织是推

① 夏锦文：《共建共治共享的社会治理格局：理论构建与实践探索》，载《江苏社会科学》2018 年第 3 期。

② 参见訾从进、王琦：《共同体视域下社区网格化治理法治化的主体之维》，载《广西社会科学》2021 年第 2 期。

③ 郁建兴、任杰：《中国基层社会治理中的自治、法治与德治》，载《学术月刊》2018 年第 12 期。

④ 张文显：《论中国式法治现代化新道路》，载《中国法学》2022 年第 1 期。

进乡村社会治理法治化建设的根本主体,而非法治客体和治理的对象。

从根本上讲,基层社会治理应当以促进社会的良性成长和稳步发展为价值目标,为社会增强自治性和自主性提供适宜的制度条件和良好环境,提升社会的自治能力和水平。[①] 社会应当井然有序又充满活力,这是计划经济向市场经济发展的必然结果,也是社会管理模式向社会治理以及社会治理法治化转型的内在要求,是改革开放以来我国对经济社会建设经验的重要总结。实践证明,社会管理模式中政府大规模提供公共服务和维护社会秩序的旧思路不切实际。市场调节、社会调节或组织调节、居民自治和共建共治共享的创造性活力日益受到重视。社会秩序与社会活力的平衡,使我国社会不仅保持了相对稳定,而且基层民主、协商民主、社会组织、公益慈善和志愿服务、专业社会工作等得到快速发展。国家与社会的关系、公共服务的结构和社会治理的主体结构得到优化,经济社会发展更加协调。[②]

城乡基层社会自治局面的实现,必须仰赖基层群众自治制度的健全和完善。毋庸讳言,我国的基层群众自治制度尽管推行了30余年,但距离成熟的社会自治状态仍有很大的进步空间。“村民委员会和居民委员会作为自我管理、自我服务、自我教育、自我监督的基层群众性自治组织,其展现的社会自治功能目前还是非常有限的。”[③]应当看到,基层群众性自治组织是党和政府联系人民群众的桥梁纽带,是城乡社区治理的基本载体。我国只有实现基层群众性自治组织全覆盖,把人民群众组织起来,为人民群众提供优质服务,才能适应社会主义市场经济体制下健全城乡基层公共服务、公共管理、公共安全的客观要求。[④] 在社会治理

① 参见黄燕翔、施美萍:《治理现代化视域下预防化解基层社会矛盾机制研究》,载《南京航空航天大学学报(社会科学版)》2015年第2期。

② 参见李建伟、王伟进:《理解社会治理现代化:内涵、目标与路径》,载《南京大学学报(哲学·人文科学·社会科学)》2021年第5期。

③ 王琦:《“社会治理法治化”命题的理论澄清》,载《大连干部学刊》2022年第3期。

④ 参见民政部编写组编著:《〈中共中央 国务院关于加强和完善城乡社区治理的意见〉辅导读本》,人民出版社2017年版,第77页。

法治化的改革推进过程中，进一步完善和落实基层群众自治制度是根本策略。社会治理法治化的有效建设，最为重要的就是不能破坏宪法法律明确规定的基层群众自治制度，而是要强化和更好地落实这一制度。近年来，由于我国工业化、城镇化步伐持续加快，在一些城乡接合部地区、城中村地区、工矿企业所在地、新建住宅区、流动人口聚居地区，基层群众性自治组织的建设进程呈现滞后性的特征，使人民群众的合法权益难以得到有效保障和充分行使，基层社会治理和公共服务难以有效落实。因此，需要重点加快推进这些地方的基层群众性自治组织的建设工作。[①]

我国乡村社会治理的基石是乡村自治。“乡村社会治理与法治发展在很大程度上取决于广泛存在于乡土社会之中的村落共同体及其乡村自治程序之构造。”[②]为充分构建乡村自治秩序，我们应当完善村级协商讨论制度，鼓励在农村地区开展与村民谈话、社区协商等活动。无论人民群众是通过传统的地方政府组织还是通过居民委员会或社区联席会议等协商平台进行自治，都需要确定社区协商的法律框架和制度结构，以明确社区协商的法律地位，确保其得到法律支持。[③] 例如，我国应当进一步完善关于基层群众自治制度的法律法规体系，引导人民群众在党组织的领导下，在政府的指导下，充分掌握相关知识和技能以后，依照宪法法律的规定，制定和完善自治章程、村规民约、居民公约等自治规范。

自治规范体系建立以后，我们要进一步落实和完善村规民约、居民公约等自治章程草案的审核和备案制度，健全合法有效的村规民约、居民公约的落实执行机制，充分发挥村规民约、居民公约等社会自治规范

---

① 参见民政部编写组编著：《〈中共中央 国务院关于加强和完善城乡社区治理的意见〉辅导读本》，人民出版社 2017 年版，第 77 ~ 78 页。

② 公丕祥：《新中国 70 年进程中的乡村治理与自治》，载《社会科学战线》2019 年第 5 期。

③ 参见薛佩：《风险社会下推进城市社区治理法治化的基本路径》，载《中国党政干部论坛》2022 年第 2 期。

在社会治理工作中的作用。[①] 实践中已有地区进行了积极的探索，形成了良好的经验。例如，云南省普洱市西盟佤族自治县新修订的村规民约在融入民族团结、公平正义、互帮互助等优秀民族习俗的同时，结合各村组实际加入约束和引导内容。[②] 河南省平顶山市湛河区 68 个村扎实有效地开展依法治村工作，各村均按要求完成了村规民约的修订完善工作。[③] 上海市松江区坚持让村规民约实现合法可行，体现民主自治，不能与党的方针、政策和国家的法律法规相抵触，不能让私分集体财产、侵害少数居（村）民合法权益、男女不平等、违反计划生育等违法情况假借多数人的意愿成为大家共同遵守的规范。[④] 2020 年 7 月，浙江省首个"村规民约制（修）订工作规范"编制工作在诸暨市枫桥镇正式启动。该项目完成后，将为浙江省各地村规民约制（修）订工作的开展、管理及评估，提供重要的"操作指南"。[⑤] 河北省邯郸市积极开展"两约"制定修订工作，通过征集民意、拟订草案、依法审核、审议表决、备案公布等一系列流程，让基层党组织、群众、法律顾问参与其中。[⑥] 该市将"两约"制定修订工作作为"三创四建"活动的重要内容，列入市县重点工作清单扎实推进。市民政局积极履行牵头单位职责，协调相关部门齐抓共管，在广泛调研的基础上，研究制定了《村规民约和居民公约制定修订工作评估办法》，对修订工作提出详细要求，列出各阶段时间表，层层落实，强力

---

① 参见王琦：《社区网格化治理法治化的规范之维——基于社会内在性视域》，载谢晖、陈金钊、蒋传光主编：《民间法》第 25 卷，研究出版社 2021 年版，第 120 页。

② 参见《村规民约"约"出心声》，载人民网，http://leaders.people.com.cn/n1/2020/1116/c420864-31932605.html。

③ 参见《平顶山湛河区：村规民约"约"出乡村文明新风尚》，载人民网，http://henan.people.com.cn/n2/2020/1015/c378397-34351479.html。

④ 参见《上海市松江区：村规民约助力乡村振兴》，载人民网，http://jl.people.com.cn/n2/2020/0611/c349771-34078721.html。

⑤ 参见《村规民约如何制定？浙江省首份"操作指南"出炉》，载人民网，http://zj.people.com.cn/n2/2020/0731/c228592-34196168.html。

⑥ 参见《河北邯郸：村规民约"约"出新风貌》，载人民网，http://sn.people.com.cn/n2/2020/0929/c378296-34326552.html。

推进。[①]

因此,我国应当注重弘扬社会主义核心价值观,充分发挥良好的家教家风在社会治理工作中的有效作用。实践中已有地区进行了积极的探索,形成了良好的经验。例如,湖南省郴州市苏仙区把村规民约(居民公约)修订完善工作作为贯彻落实党的十九届四中全会精神的具体内容,全力推进基层治理体系建设,取得良好效果。金田村支"两委"通过广泛征求村民意见和建议,对原有内容繁杂的老村规进行提质升级,精简提炼出 29 条符合新时代要求的"村规民约",并在村民代表大会表决通过。新版村规民约朗朗上口、通俗易懂,内容涵盖公序良俗、环境整治、移风易俗等多方面。狮子山村支"两委"结合脱贫攻坚工作,重点围绕移风易俗、制止恶习陋习、保护生态、尊老爱幼崇教、城乡环境治理、公益事业等方面制定了符合村情民意的村规民约。殡葬改革实施后,铁炉冲社区积极行动和落实,结合社区实际将殡葬改革举措融入居民公约,并加大宣传、严格执行居民公约,做到深入民心。如今,社区居民不仅带头文明祭扫,还相互监督,公墓山"烟火祭祀"问题迎刃而解。凤凰山社区通过居民公约规范居民行为,实现社区共建共享,不文明现象明显减少;特别是新冠疫情防控期间,全体居民积极参与,圆满完成防控任务。[②] 近年来,河南省平顶山市湛河区将垃圾分类、移风易俗、守法经营等内容写进村规民约,做成文化墙,制成宣传页,通过"大喇叭"、微信群等形式广泛宣传村规民约内容和实施的重要性,形成人人宣传、个个参与的浓厚氛围,融入村民的日常生活中。[③] 河北省邯郸市紧密结合基层社会治理实际,立足实际、规范有效、依法依规开展村规民约、居民公约制定修订工作。截至 2020 年,全市 5722 个村(社区)已全部完成"两

---

① 参见《邯郸村规民约居民公约覆盖所有村(社区)》,载人民网,http://he.people.com.cn/n2/2020/0914/c192235-34290168.html。

② 参见李秉钧、何庆辉、李贵:《小村规大治理——郴州市苏仙区推进基层治理体系建设纪实》,载《湖南日报》2020 年 9 月 4 日,第 10 版。

③ 参见《平顶山湛河区:村规民约"约"出乡村文明新风尚》,载人民网,http://henan.people.com.cn/n2/2020/1015/c378397-34351479.html。

约”制定修订工作，不断提升基层自治组织自我管理、自我服务、自我教育、自我监督的能力。[①] 上海市松江区根据民政部、中央组织部等七部门印发的《关于做好村规民约和居民公约工作的指导意见》的相关要求，修订完善《松江区关于制定和完善居民公约（村规民约）的指导意见》，各村根据实际，因地制宜修订完善村规民约，同时引导村民通过居民公约、村规民约、自治章程等开展自治活动，切实发挥村规民约作用。松江区在推进村规民约工作中，始终发挥党组织的领导核心作用和党员的示范带头作用，把好起草关、审查关，形成工作合力。[②] 综上所述，我国在开展社会治理工作的过程中应当重视并使用道德、习俗、伦理、礼仪等社会规则，充分依靠社会舆论所形成的社会压力机制等非正式的社会控制方式来形成社会的有效自治和他治。[③]

法治乡村建设是我国实现法治现代化的重要组成部分。有学者指出，“法治现代化的实践充分表明，只有法治型的社会统治形式才是保障和扩大社会主体权利的基本组织形态”[④]。以乡村地区为例，我国应当持续开展法治乡村创建活动，实施村级事务阳光工程。乡村社会“小官巨贪”、村干部为“村霸”等黑恶势力做“保护伞”等腐败现象的出现，严重侵害了村民的合法权益，损害了基层群众自治制度的合法性基础和村干部形象。“阳光是最好的防腐剂。”各地区应当仔细梳理村级事务公开清单，完善党务、村务、财务“三公开”制度，推广村级事务“阳光公开”监督平台，推进民主监督制度建设。这既是基层群众自治制度的重要内容，也将有利于保障村民的知情权、参与权、表达权和监督权，有利于制约和监督村“两委”班子的权力行使过程，从而实现以权力监督和

① 参见《邯郸村规民约居民公约覆盖所有村（社区）》，载人民网，http://he.people.com.cn/n2/2020/0914/c192235-34290168.html。

② 参见《上海市松江区：村规民约助力乡村振兴》，载人民网，http://jl.people.com.cn/n2/2020/0611/c349771-34078721.html。

③ 参见王琦：《社区网格化治理法治化的规范之维——基于社会内在性视域》，载谢晖、陈金钊、蒋传光主编：《民间法》第25卷，研究出版社2021年版，第117页。

④ 公丕祥：《习近平的法治与国家治理现代化思想》，载《法商研究》2021年第2期。

权利保障为核心内容的法治乡村建设。此外,我国应当加强基层群众性自治组织规范化建设,修改《城市居民委员会组织法》和《村民委员会组织法》,并且“坚持用制度管权管事管人,让人民监督权力,让权力在阳光下运行”①。因此,我国广大乡村地区应当把健全村务监督机制和推进基层民主管理作为推进乡村治理法治化的重要内容,准确把握村务监督委员会的工作定位,确保村务工作公开透明、合法合规,有效维护村集体利益和广大村民利益;并“强化基层纪检监察组织与村(居)务监督委员会的沟通协作、有效衔接,形成监督合力”②。同时,各地应当注重借鉴运用村务公开和民主管理的成功实践经验,深入开展以村民会议、议事协商、民主听证为主要形式的民主管理实践,以村务公开、民主评议为主要内容的民主监督实践,全面推进社区村民自治的制度化、规范化、程序化和法治化。③

(四)全面推进基层单位依法治理

企业、学校等基层单位是推进社会治理法治化建设的重要力量,应当充分利用自身优势,积极履行社会治理责任,参与社会治理工作。近年来,企业、学校等基层单位普遍完善关于业务和管理活动的各项规章制度,建立运用法治方式解决问题的平台和机制。企业的生命力在于创新精神,而创新的前提是有一个良性竞争的环境。因此,维护市场秩序、进行自我约束,是每个企业应尽的义务与责任。企业依法治理的目的是帮助企业提高防范法律风险的能力,促进企业依法设立、经营、管理和解决财务纠纷,强调诚信和尊重法律。④ 中国特色社会主义进入新时代以

---

① 应松年:《加快法治建设促进国家治理体系和治理能力现代化》,载《中国法学》2014 年第 6 期。

② 《中共中央 国务院关于加强基层治理体系和治理能力现代化建设的意见》,人民出版社 2021 年版,第 8 页。

③ 参见民政部编写组编著:《〈中共中央 国务院关于加强和完善城乡社区治理的意见〉辅导读本》,人民出版社 2017 年版,第 82 页。

④ 参见宁夏自治区司法厅课题组、陈刚、陆春:《强化依法治理示范单位引领作用研究》,载《中国司法》2013 年第 11 期。

来，我国大部分企业纷纷健全和完善组织章程，建立联席会议制度，完善法律顾问制度，健全内部监督机制，整体上逐步进入了规范化轨道。

各基层单位在党组织的领导下，依法持续深入开展了一系列符合实际、具有地方特色的治理活动，并在此过程中大大地激发了人民群众参与单位依法治理的积极性。以宁夏的实践探索为例，近10年来，宁夏回族自治区组织多个行业部门和基层单位开展大型“依法治理示范单位”创建活动，为深化机关、乡村、乡镇、企业的依法治理工作提供了有效支撑，构建了综合经济发展、利益协调、矛盾治理、社会重建和基层社会治理功能的立体化机制，引导基层组织和基层干部依法办事，引导人民群众依法有序参与社会治理工作，促使各单位在日常工作中进一步树立依法治理、遵纪守法的理念。“依法治理示范单位”创建对象包括公权力机关、地方社区、乡村、学校、企业和其他组织或部门。这一创建活动的持续深入开展使示范单位从点的积累到面的覆盖，从量的积累到质的转变，实现了逐年发展的基本目标，还树立了依法开展公共决策和社会治理工作的理念，强化了各基层单位的责任感和使命感，整体上营造了全社会的法治氛围。[①] 学校依法治理的重点是对学生进行系统的法治教育，关注学校安全，改善学校环境，促进学校法治建设。我们要充分发挥教育系统的独特优势，为青少年开展“与法同行”“一周一问一答”“小手拉大手”等实践活动。[②] 在实践中，大部分学校通过认真落实《青少年法治教育大纲》，把青少年群体作为“重中之重”进行法治宣传教育，以点带面推动全民普法工作深入开展，利用新媒体新技术开展全方位、立体化、覆盖式宣传，取得了良好的普法宣传教育效果。

（五）广泛开展行业依法治理，推进企业合规审查

在国家层面，有关监管机构逐步加强了企业合规审查监管的立法深

---

① 参见宁夏自治区司法厅课题组、陈刚、陆春：《强化依法治理示范单位引领作用研究》，载《中国司法》2013年第11期。

② 参见宁夏自治区司法厅课题组、陈刚、陆春：《强化依法治理示范单位引领作用研究》，载《中国司法》2013年第11期。

度和执法力度。2020 年 1 月，国家市场监督管理总局向社会公布《〈反垄断法〉修订草案（公开征求意见稿）》。这是《反垄断法》实施 10 余年来面临的首次修订，并将互联网领域纳入其中。此外，“十四五”规划和 2035 年远景目标纲要中多次出现“反垄断”表述，这些都表明我国市场监管策略已由促发展的包容宽松政策转变为避免无序竞争的包容审慎策略，目的是引导和督促企业实现合规经营。2021 年 6 月 3 日，最高人民检察院、司法部、财政部、生态环境部、国务院国有资产监督管理委员会、国家税务总局、国家市场监督管理总局、中华全国工商业联合会、中国国际贸易促进委员会研究制定了《关于建立涉案企业合规第三方监督评估机制的指导意见（试行）》，主要目的是推进业务标准程序完善、合法合规审查到位、防范化解风险及时和法律监督有效的法治化治理方式。根据该意见，我们应当推进企业合规改革试点工作，建立健全第三方合规监测评估机制，确保企业合规，有效惩治和预防企业犯罪，服务经济社会高质量发展，助力推进国家治理体系和治理能力现代化。

企业合规是指企业为依法开展业务、防范和管理合规风险而建立的治理体系。法律法规如果规定了完备的行政监督和激励机制以及制裁和处罚机制，企业合规管理确实可以取得良好的效果。企业合规是一种旨在保护企业合法权益的风险防控机制。这一机制不仅要防范和控制企业的商业和财务风险，而且要防范和控制可能导致行政处罚或刑事起诉后果的合规风险。当企业出现违法犯罪活动时，企业合规审查制度将守法的企业与违法的员工进行区分，使企业得以存续经营，违法的个人则受到相应的惩罚，还能将对企业的不良社会影响降到最小。

（六）依法妥善处置涉及民族、宗教等因素的社会问题

由民族和宗教因素引发的突发和群体性事件是影响社会稳定、民族团结和经济发展的重要因素，尤其近年来这种趋势不断上升。因此，加强对涉及民族和宗教因素的突发和群体性事件的有效预防和及时处理，是一项政治性和政策性很强的工作，必须从促进民族团结、维护秩序稳定、建设和谐社会的角度来认识。首先，现行《宪法》第 4 条第 3 款规

定,“各少数民族聚居的地方实行区域自治,设立自治机关,行使自治权”。《宪法》将民族区域自治制度确定为我国的基本政治制度之一,确保民族自治地区与中央政府在行使少数民族自治权的基础上保持和谐关系,并肯定了民族自治地区在立法、执法、司法等各个领域中的自治权行使。其次,《宪法》第 4 条第 2 款规定,“国家根据各少数民族的特点和需要,帮助各少数民族地区加速经济和文化的发展”。在一个统一的多民族国家,和谐的民族关系是民族地区稳定的前提和基础,也是国家和社会整体稳定的前提和基础。我国的少数民族自治区大多位于边境地区,其地理位置和战略地位极为重要。然而,由于历史发展和自然环境等多方面原因,我国的少数民族地区往往基础薄弱,经济欠发达。在这种情况下,为了促进民族自治地区的经济和文化发展,进而维护国家的统一和稳定,维护民族自治地区之间的和谐关系已成为一个重点事项。[①] 在这个过程中,工作重点是在国家层面上支持东部经济发达地区对口支援少数民族地区,这也能够促进民族和非民族地区之间形成和谐关系。

在民族自治地区,各区域之间的发展差异巨大,教育和就业等问题是最突出的。我们只有依靠法治,才能把合法行使民族区域自治权与贯彻落实党和国家的指示和政策以及保护少数民族的合法权益和履行公民义务等协调统一起来。依法解决民族地区的宗教问题是维护这些地区社会秩序稳定的最有效途径,维护边疆稳定也有利于实现中华民族的伟大复兴。民族地区的宗教问题应该由法律来规范,同时考虑到民族地区自身的发展需要。因此,我国应依靠法治来强化秩序观念和现代化思维,引导当事人通过法律程序表达诉求,强化法律在社会治理工作中的权威性,依靠法律手段解决社会矛盾纠纷。《宗教事务条例》对保障公民的宗教自由和宗教团体的合法权益作出了明确规定,明确了宗教场所

① 参见赵莹莹:《城市多民族社区依法治理研究》,中央民族大学 2021 年博士学位论文,第 206 ~ 207 页。

的法人地位和宗教财产的所有权,规范了宗教团体的财务管理和互联网上的宗教信息服务。这些规定不仅体现了国家依法规范宗教活动,也体现了国家依法保护公民宗教信仰自由的基本权利。[①] 综上所述,在社会治理工作中,少数民族地区的公民应当运用法律手段维护自身权益,坚持运用法治思维和法治方式解决社会矛盾和问题。少数民族地区的公权力机关及其工作人员应当不断提升社会治理能力,使依法办事成为执政党、国家机关和群团组织的基本遵循,使法治成为社会治理工作的准则,从而促进民族和宗教关系的和谐。

二、预防和化解社会矛盾纠纷

在经济社会快速发展的转型期,社会矛盾类型更为多样,利益纠纷形式更加复杂。当代社会矛盾和纠纷的特点是扩散迅速、多样化、有组织地参与、极端化和网络化,以及过度依赖行政化的冲突解决方式。这些特点使纠纷解决过程更加复杂,增加了维护社会稳定秩序的压力。[②] 社会治理法治化的主要任务之一是预防和化解社会矛盾纠纷。随着我国社会结构的迅速变迁,各种复杂的利益诉求引发的社会矛盾和纠纷不断增多,特别是土地征用和安置、劳资纠纷、公共安全事件等引起的社会矛盾和纠纷大幅增加,其中一些矛盾和纠纷有可能被深化和扩大化,这给社会秩序的和谐稳定带来了巨大隐患。如不妥善解决这些矛盾纠纷,可能影响社会秩序的和谐稳定。将社会纠纷矛盾的预防和化解工作充分纳入法治轨道,是实现社会和谐有序与充满活力相统一的长效机制。[③]

(一)新时代"枫桥经验"的坚持和发展

习近平总书记强调,"要加强和创新基层社会治理,使每个社会细

① 参见周世中:《我国西南民族地区宗教事务治理法治化路径探析》,载《南海法学》2017 年第 6 期。

② 参见马怀德:《预防化解社会矛盾的治本之策:规范公权力》,载《中国法学》2012 年第 2 期。

③ 参见应松年:《加快法治建设促进国家治理体系和治理能力现代化》,载《中国法学》2014 年第 6 期。

胞都健康活跃，将矛盾纠纷化解在基层，将和谐稳定创建在基层”①。这一把握时代特征的重要论断，为加强和创新基层社会治理提供了科学指引和根本遵循。有学者指出，自治、法治、德治相结合是新时代“枫桥经验”的精华，写进了党的文件。三者结合的功能和优势在于，“以自治增活力、以法治强保障、以德治扬正气”。从法理层面，可以说“以自治增添活力、以法治定分止争、以德治春风化雨”。② 在解决人民内部矛盾时，新时代的社会治理法治化创新必须以“枫桥经验”为基础，力争在早期阶段就能够妥善解决社会矛盾和纠纷，从源头上预防风险。

枫桥经验是指20世纪60年代初，浙江省绍兴市诸暨县（现诸暨市）枫桥镇干部群众创造的“发动和依靠群众，坚持矛盾不上交，就地解决，实现捕人少，治安好”的社会治理经验。为此，毛泽东同志于1963年11月亲笔批示“要各地仿效，经过试点，推广去做”。之后，“枫桥经验”得到不断发展。“习近平总书记在浙江工作期间，强调要充分珍惜‘枫桥经验’、大力推广‘枫桥经验’、不断创新‘枫桥经验’。”③在中国特色社会主义进入新时代的重要历史时刻，“枫桥经验”适应新时代社会主要矛盾的深刻变化，坚持以习近平新时代中国特色社会主义思想为指引，坚持以创新发展“枫桥经验”为总抓手，坚持以平安建设为主线，不断加强和创新基层社会治理，形成了“坚持党建统领、坚持人民主体、坚持‘三治融合’（自治、法治、德治融合）、坚持‘四防并举’（人防、物防、技防、心防）、坚持共建共享”的新时代“枫桥经验”。党的十九大以来，新时代“枫桥经验”先后被写入《中国共产党农村基层组织工作条例》《中共中央关于坚持和完善中国特色社会主义制度 推进国家治理体系和治理能力现代化若干重大问题的决定》《中共中央关于制定国民经济和社

---

① 习近平：《在经济社会领域专家座谈会上的讲话（2020年8月24日）》，载《人民日报》2020年8月25日，第2版。

② 参见张文显：《优化基层社会治理格局》，载《北京日报》2020年7月13日，第10版。

③ 孟建柱：《加强和创新群众工作 为全面建成小康社会创造和谐稳定的社会环境——纪念毛泽东同志批示“枫桥经验”50周年》，载《求是》2013年第21期。

会发展第十四个五年规划和二〇三五年远景目标的建议》《中共中央 国务院关于支持浙江高质量发展建设共同富裕示范区的意见》《中共中央关于党的百年奋斗重大成就和历史经验的决议》等重要文件。①

我国社会治理工作取得显著成效，有赖于以习近平同志为核心的党中央带领全国人民开展的艰辛探索。其中，新时代"枫桥经验"作为党领导人民创立的一整套行之有效的社会治理方案，为化解社会矛盾纠纷以及提升社会治理效能作出了特殊贡献。其一，坚持党建引领。基层党组织建设与基层治理有机衔接、良性互动，党的建设贯穿基层治理、保障基层治理、引领基层治理。例如，诸暨市始终把党的领导贯穿基层治理全过程，实施政治引领、组织引领、能力引领、发展引领、服务引领"五大引领"工程，开展"村村联盟""村企联盟""企企联盟"等区域化党建联盟建设，探索功能型党支部建设；强化基层治理全科网格建设，推行"1个党支部+1个网格+N个党小组"模式。其二，坚持以人民为中心，充分依靠广大人民群众，从群众中寻找解决问题的方案和办法，依据群众的实践和创造完善政策主张。新时代"枫桥经验"充分"反映了老百姓的意愿和需求，回应了人民群众对美好生活的向往，人民生活品质不断提高，让人民群众有更多的获得感、幸福感、安全感"②。浙江"实行民事民议、民事民办、民事民管，真正把群众组织起来，把群众的主人翁意识激发出来，努力做到'大事一起干、好坏一起评、事事有人管'，实现了政府治理和社会调节、居民自治良性互动的局面，夯实了基层社会治理根基"③。其三，运用法治思维和法治方式解决社会矛盾，引导社会成员养成在法治轨道上主张权利、解决纷争的习惯。正如有学者所指出的，"在化解社会矛盾、维护社会稳定方面，不能简单依靠国家强制力甚至

---

① 参见金伯中：《"枫桥经验"的历史性贡献与重要启示》，载《公安学刊（浙江警察学院学报）》2021年第5期。

② 金伯中：《新思想孕育新经验——对新时代"枫桥经验"的一点认识》，载《公安学刊（浙江警察学院学报）》2018年第1期。

③ 金伯中、蒋国长、毛华栋：《坚持发展新时代"枫桥经验"为推进社会治理现代化提供制度保障》，载《公安学刊（浙江警察学院学报）》2020年第1期。

国家暴力去压制,不能用行政手段‘摆平’,也不能套用‘人民内部矛盾人民币解决’的老办法,而是要通过法治方式、回归法治途径,把社会矛盾的解决建立在法治基础上,把维稳建立在维权的基础之上”①。从这一论述出发,我们应当重视利用法治、民主、协商等手段,重视情、理、法的充分结合,以法为纲、以理服人、以情动人,依法保护人民群众的政治、经济、文化和社会权利。按照这一要求,我国只有健全和完善社会矛盾纠纷预防和化解机制,及时消除矛盾纠纷隐患,及时化解矛盾纠纷,才能妥善解决群体性事件、集体上访和越级上访问题,最大限度地减少负面和不稳定的社会因素,最大限度地化解社会矛盾纠纷。

(二)社会矛盾纠纷预防机制的建立

古语有云,防患于未然。社会矛盾纠纷都遵循“出现—发展—升级”的过程。社会矛盾纠纷都是可以预测、预防和化解的。在全球化、网络化、人口老龄化等社会背景下,我们更应当加快健全完善社会矛盾纠纷的预防机制。过去10年的财政支出数据显示,中国的社会治理正处于从解决冲突到注重预防的过渡阶段。预防性和以服务为导向的社会治理需要进一步发展,才能更加有效。② 比如,大型项目建设往往会在敏感的拆迁补偿问题上产生矛盾;企业改制通常会在员工生计问题上产生矛盾。利益多元化与利益差异化往往相伴而生,导致许多矛盾和利益冲突,严重影响矛盾纠纷的化解和社会稳定问题。我们只有及时了解社会矛盾和纠纷的性质变化,顺势而为,才能正确地认识和处理它们。因此,我国应当健全完善如下机制:

首先,健全社会矛盾纠纷的动态分析机制。在社会治理工作中,各级党委、政府要建立以政法委综合办为中心,公安局(派出所)、司法局(司法所)为重点,以及其他相关部门参与的社会矛盾纠纷动态分析机制。各部门按照党委的职责分工,通过相互配合,在社区网格化治理体

① 张文显:《法治与国家治理现代化》,载《中国法学》2014年第4期。

② 参见李建伟、王伟进:《理解社会治理现代化:内涵、目标与路径》,载《南京大学学报(哲学·人文科学·社会科学)》2021年第5期。

制的帮助下，坚持对问题进行系统调查和分析评估，及时收集动态信息，力争在预警、预报、预测、预防方面取得实效。此外，各单位要围绕重点领域、重点项目、重点部位、重点问题，及时进行定性和定量分析，提高社会矛盾纠纷的早期识别和化解的针对性，切实对重点领域的社会矛盾纠纷做到早发现、早管理、早监控、早化解。各部门应采取相应对策，确保未解决的矛盾不升级为群体性事件，对一般矛盾进行分析和调查，及时采取措施防止矛盾升级、产生负面影响和社会危害。

其次，完善社会矛盾纠纷的舆情收集机制。在社会治理工作中，各级党委、政府要积极运用互联网、大数据等现代信息和科技手段进行日常管理、服务、调研和摸排。同时，各地还应当通过互联网、短信、各类平台和 App 广泛收集社会信息，监测和准确分析社会热点和复杂问题，及时了解社会民生动态，摸清各种社会矛盾和纠纷，迅速了解和记录群众的呼声、需求以及心理感受，并定期向社会公布。

再次，完善重点领域的社会稳定风险评估机制。在社会治理工作中，各级党委、政府在设计和实施具体政策措施时要特别关注社会稳定因素，充分考虑群众的根本利益，努力做到“两个不出台”：不出台不能惠及群众、不被大多数群众理解和支持的改革政策；不出台可能引发社会动荡的改革政策。当政策不能保障群众利益时，相关部门应当从源头上预防和化解因解决问题不科学而引发的各种社会矛盾和分歧，有效保障人民群众的合法权益。

最后，健全完善社会矛盾纠纷的信息预警机制。这是预防和减少社会矛盾纠纷的基本举措。其一，改进社会矛盾纠纷的信息网络系统。各级党委、政府在社会治理工作中，要把社会矛盾纠纷信息网络扩大到各个领域和部门，及时准确地监测社会矛盾和不稳定因素的动态，对社会矛盾爆发的相关问题要有极强的敏感性和应对能力，及时发现和收集相关信息。此外，信息预警的重点是及时分析和调查涉及公众实际利益的问题，如土地征用和转让、土地租赁、建筑合同、涉法涉诉和与弱势群体有关的问题。有关部门应当预测潜在的社会冲突并充分分析其影响，积极组织技术人员调查相关政策和措施出台后对社会的潜在影响，以及了解整个社会情绪和社会心理，增强应对社会矛盾纠纷的主动性和预测性。其二，健全社会矛盾纠纷的信息工作体系。在社会治理工作中，各级党委和政府应当设立社会矛盾纠纷预警中心，加强矛盾排查和风险研判，完善社会矛盾纠纷多元预防调处化解综合机制，努力将矛盾纠纷化解在基层。[①] 社会矛盾纠纷预警中心应当积极组织有关工作人员和专家，根据矛盾纠纷的成因、性质、类别、调解难度、发展趋势等因素，结合收集整理而来的矛盾纠纷信息，认真进行分析评估，并迅速评价和公布评估结果。在社会治安方面，各级党委、政府要充分发挥公安派出所的优势，建立组织严密、渠道有效、反应迅速、覆盖面广的情报信息体系。同时，各单位要加强对各种不稳定因素的研判，特别是对潜在群体性事件的预判，提高情报信息活动的及时性和准确性，切实把不稳定因素解决在早期阶段。其三，健全社会矛盾纠纷防范情况的报告制度。在社会治理工作中，各级党委、政府要完善工作情况报告制度，把社会矛盾纠纷解决在萌芽状态，即依托社区网格化治理体制，组织相关部门建立和组合治理网络，并形成密切配合的合作关系，及时报告和处理相关情况，有效遏制矛盾纠纷的进一步激化。健全社会矛盾纠纷防范情况的报告制度有利于各级党委、政府主动出击、补齐短板、主动调解、主动预防，全方位介入社会治理工作。我们应当变不作为为有作为，从各方面预防矛盾，从源头化解矛盾，防止矛盾的激化和升级，努力地把矛盾纠纷化解在基层和萌芽状态，实现社会治理法治化实践的任务。

（三）社会矛盾纠纷联调处置机制的探索

诉讼洪潮是经济社会迅猛发展和公众维权意识增强的实践产物。在此背景下，全球都在反思纠纷解决和社会治理的内在规律，探索构建社会矛盾纠纷联调处置机制。追求非对抗、自治、效率、便利、参与、协商等价值的多元化理念促成了大量新型纠纷解决机制的产生和传统调解

---

① 参见《法治社会建设实施纲要（2020—2025年）》，人民出版社2020年版，第16页。

机制向现代的转型。[①] 虽然解决纠纷的法律渠道包括人民调解、司法调解、诉讼、仲裁等,但是如今真正发挥作用的还是行政手段。公众一般倾向于通过行政或政治渠道解决纠纷,把希望寄托在领导人身上。[②] 为改变这一现状,我国应建立和完善体系健全、制度完备、互动配合的社会矛盾纠纷联调处置机制。[③] 这是预防和化解社会矛盾纠纷的有力措施。《法治社会建设实施纲要(2020—2025 年)》也将完善社会矛盾纠纷联调处置机制作为全面提升社会治理法治化水平的题中应有之义。[④]

从国家政策层面来看,社会矛盾纠纷联调处置机制的出台并非一蹴而就,而是一个认识不断深化的过程。自 2008 年中央部署"建立诉讼与非诉讼相衔接的矛盾纠纷解决机制改革"以来,社会矛盾纠纷联调处置机制的构建和完善问题逐渐被重视。2009 年,最高人民法院出台《关于建立健全诉讼与非诉讼相衔接的矛盾纠纷解决机制的若干意见》。2014 年,党的十八届四中全会决定提出"健全社会矛盾纠纷预防化解机制,完善调解、仲裁、行政裁决、行政复议、诉讼等有机衔接、相互协调的多元化纠纷解决机制"[⑤]。2015 年 12 月,中共中央办公厅、国务院办公厅出台《关于完善矛盾纠纷多元化解机制的意见》,明确了多元化的纠纷解决类型。2016 年 6 月,最高人民法院印发《关于人民法院进一步深化多元化纠纷解决机制改革的意见》和《关于人民法院特邀调解的规定》,进一步确立了人民法院开展多元化纠纷解决机制改革的基本原则、工作重点和实施路径等。[⑥] 习近平总书记强调要"把非诉讼纠纷解

① 参见范愉等:《多元化纠纷解决机制与和谐社会的构建》,经济科学出版社 2011 年版,第 21 页。

② 参见马怀德:《预防化解社会矛盾的治本之策:规范公权力》,载《中国法学》2012 年第 2 期。

③ 参见赵赟、张蛟:《关于构建多元化纠纷解决机制问题的探讨》,载《理论探讨》2017 年第 5 期。

④ 参见廖永安、王聪:《我国多元化纠纷解决机制立法论纲——基于地方立法的观察与思考》,载《法治现代化研究》2021 年第 4 期。

⑤ 《中共中央关于全面推进依法治国若干重大问题的决定》,人民出版社 2014 年版,第 29 页。

⑥ 参见《最高法院发布多元化纠纷解决机制改革若干意见》,载中国法院网 2016 年 6 月 29 日,https://www.chinacourt.org/article/detail/2016/06/id/2000605.shtml。

决机制挺在前面”，明确指出，“我国国情决定了我们不能成为‘诉讼大国’。我国有14亿人口，大大小小的事都要打官司，那必然不堪重负！要推动更多法治力量向引导和疏导端用力，完善预防性法律制度，坚持和发展新时代‘枫桥经验’，完善社会矛盾纠纷多元预防调处化解综合机制”①。2019年2月，《人民法院第五个五年改革纲要(2019—2023)》再次强调要深化多元化纠纷解决机制改革，创新发展新时代“枫桥经验”，完善“诉源治理”机制，坚持把非诉讼纠纷解决机制挺在前面，推动从源头上减少诉讼增量。完善调解、仲裁、行政裁决、行政复议、诉讼等有机衔接、相互协调的多元化纠纷解决体系，促进共建共治共享的社会治理格局建设。② 社会矛盾纠纷的预防调处工作是一项极其复杂、难度极大的系统性工程，应当探索在矛盾纠纷多发领域建立“一站式”纠纷解决机制。③ 2021年2月19日，中央全面深化改革委员会第十八次会议审议通过《关于加强诉源治理推动矛盾纠纷源头化解的意见》，强调要推动更多法治力量向引导和疏导端用力，加强矛盾纠纷源头预防、前端化解、关口把控，完善预防性法律制度，从源头上减少诉讼增量。

从实践探索的层面来看，各地运用社会矛盾纠纷联调处置机制是中国社会发展演化到一定程度之后的内在需要。④ 社会矛盾纠纷联调处置机制“强调诉讼与非诉讼、国家司法制度与社会制度、国家权力与社会自治、国家救济与社会救济之间的相互配合与协调，最终达到纠纷的有效化解”⑤。源头防控、多元解纷社会治理理念的提出，回应了新时代我国社会主要矛盾变化的现实需求。坚持把非诉讼纠纷解决机制挺在前面，把诉讼作为纠纷解决的最后一道防线，加快构建衔接顺畅、协调有

---

① 习近平：《坚定不移走中国特色社会主义法治道路 为全面建设社会主义现代化国家提供有力法治保障》，载《求是》2021年第5期。

② 参见《最高人民法院召开“五五改革纲要”暨中国法院司法改革白皮书发布会》，载搜狐网2017年2月27日，https://www.sohu.com/a/298346877_672938。

③ 参见《法治社会建设实施纲要(2020—2025年)》，人民出版社2020年版，第17页。

④ 参见泮伟江：《法学的社会学启蒙》，商务印书馆2019年版，第234页。

⑤ 龙飞：《论多元化纠纷解决机制的衔接问题》，载《中国应用法学》2019年第6期。

序的多元化纠纷解决体系成为新时代政法改革的重要内容之一。我国依法妥善处理各类案件,有效保障人民群众合法权益,切实维护社会和谐稳定,需要在党委领导、人大监督、政府支持下,充分调动各种社会力量,形成纠纷化解的合力。"完善多元化纠纷解决机制,必须在强化司法公信力的基础上,实现调解、仲裁、行政裁决等纠纷解决机制与诉讼的有机衔接,形成既相互独立又统一、配合的纠纷解决体系。"①近年来,各地在多元化解矛盾纠纷和诉源治理方面进行了积极的实践探索,形成了许多有益经验,取得明显成效。

首先,各地充分发挥了人民调解的第一道防线作用,"完善人民调解、行政调解、司法调解联动工作体系"②。安徽桐城"六尺巷"调解、成都蒲江法院"五老调解"等多元解纷"东方经验"继承了中国优良调解传统,"不断提炼形成了价值互补、机制互联、程序互通、共建共享、多方共赢的多元解纷文化。政府支持和社会投入结合,建立以财政支持为主、社会投入为辅的经费保障机制;通过探索购买社会力量的服务,促进调解职业化与市场化等多种方式,挖掘各方解决纠纷潜力,整合各类纠纷解决资源,以实现纠纷解决机制效益的最大化和质量最优化"③。2013年5月,西湖法院正式成立诉讼服务中心和诉调对接中心,初步实现了诉调衔接工作的规模化、系统化、常态化运作。诉调对接中心下设诉前调解工作室以及诉调对接工作室。诉前调解工作室通过优化资源配置,使法官、专职调解员与特邀调解员三方形成密切配合的工作关系,分流了大量民商事案件。"诉调对接工作室积极加强与行政机关、行业协会、调解组织、各镇街、村社区以及其他具有调解职能的组织机构的衔接,逐步建立起多项合作机制,探索创新多元纠纷解决机制的新模式。"④此外,

---

① 邹亚莎:《传统无讼理念与当代多元化纠纷解决机制的完善》,载《法学杂志》2016年第10期。

② 《法治社会建设实施纲要(2020—2025年)》,人民出版社2020年版,第17页。

③ 胡仕浩:《多元化纠纷解决机制的"中国方案"》,载《中国应用法学》2017年第3期。

④ 陈辽敏:《创新型多元化纠纷解决机制的构建与发展——以浙江省杭州市西湖区人民法院为例》,载《中国应用法学》2017年第3期。

西湖法院还特别注重诉调衔接工作的制度化建设，出台了《诉调对接中心矛盾纠纷分流和督办工作制度》，“进一步规范纠纷分流和督办工作机制，坚持以‘妥善分流、有效分流’为导向，根据矛盾纠纷的性质、类别，妥善向更适宜的调处机构有效分流矛盾纠纷”①。

其次，注重社会矛盾纠纷联调处置机制的法治保障。“现实性矛盾与困境的集中爆发，背后必然有着深层次的、根源性的因素在发挥影响。”②我们认为，过去社会矛盾纠纷多发的深层次、根源性因素之一就是法治保障不足。新时代以来，10 余个省市出台了多元化纠纷解决机制地方性法规。譬如，《厦门经济特区多元化纠纷解决机制促进条例》《山东省多元化解纠纷促进条例》《福建省多元化解纠纷条例》《安徽省多元化解纠纷促进条例》《武汉市多元化解纠纷促进条例》《四川省纠纷多元化解条例》《吉林省多元化解纠纷促进条例》《海南省多元化解纠纷条例》《辽宁省矛盾纠纷多元预防化解条例》《河北省多元化解纠纷条例》《上海市促进多元化解矛盾纠纷条例》等。③ 上述地方性法规多分别从主体职责分工、纠纷解决途径、程序衔接、组织建设、保障措施、监督考核和责任追究等方面对社会矛盾纠纷联调处置机制予以法治保障，使其始终在法治轨道上规范有序运转。

最后，各地探索构建了社会矛盾纠纷联调处置的领导责任机制。其一，各地在党政领导下，成立矛盾纠纷排查小组。省、市两级成立由政府机关、法院、公安、司法、妇联、城市规划、计生、建设、交通、市场监管、卫生等部门代表组成的信息共享、共同化解矛盾纠纷的指导小组。党委、政府切实把矛盾纠纷排查工作列入议事日程，认真分析社会矛盾纠纷排查过程中出现的新情况、新问题，并抓紧制定措施和对策，为矛盾纠纷排

---

① 陈辽敏：《创新型多元化纠纷解决机制的构建与发展——以浙江省杭州市西湖区人民法院为例》，载《中国应用法学》2017 年第 3 期。

② 李瑜青、夏伟：《多元化纠纷解决机制的价值及其路径思考——兼驳机制的运行与法治社会建设相悖论》，载《学术界》2016 年第 9 期。

③ 参见廖永安、王聪：《我国多元化纠纷解决机制立法论纲——基于地方立法的观察与思考》，载《法治现代化研究》2021 年第 4 期。

查工作提供必要的人、财、物保障。其二,各地建立协同治理机制,即在党委、政府领导下的“大调解”协同治理机制,由省、市两级的政法委发挥关键作用,公安、司法部门予以支持,人民群众有序参与。其三,各地完善了问责机制。各地按照“谁主管,谁负责”的原则,明确“大调解”协同治理机制相关部门的责任,坚持团结协作的原则,全面落实责任制。问责机关严格落实对调查失真问题的问责机制以及对涉案人员的问责机制,对调查失真、未发现、未报告、未及时解决,导致发生严重刑事案件、群体性事件的,做到了不查清原因不放过、不追究责任不放过,严格依法追究单位、部门负责人和直接责任人的相应责任。

(四)社会矛盾纠纷民情民意表达机制的完善

健全完善民情民意表达机制是预防和减少社会矛盾纠纷的有效方法。因为基层社会矛盾的根源是利益结构的不协调,其根本原因是人民群众在经济、政治、社会和文化等方面的利益诉求未得到充分的满足。[①]当前,“由于社会地位、劳动关系、就业方式以及收入形式发生了前所未有的变化,社会心态中的不适应感、不公平感、困惑感、矛盾感、浮躁焦虑、急功近利等非理性因素比较突出,情绪化现象相当普遍”[②]。如果民意表达渠道不畅,民意表达机制不完善,社会怨气则会始终处于高度积累的临界水平。社会矛盾积聚,极易引发社会不稳定风险。应当看到,“坚持以人民为中心、以维护社会公平正义为主轴的基本价值尺度,充分彰显中国特色社会主义法治发展的价值取向,实现了对先前的和当下的诸种法治现代化模式的历史性超越”[③]。弱势群体缺乏足够的话语权:不仅在实践中表现为没有畅通渠道来维护自己的合法权益,而且个人的软弱和表达利益的机制不健全往往容易导致他们的声音被异化和淹没。“民意如水,宜疏不宜堵。”坚持和发展新时代“枫桥经验”,畅通

---

① 参见黄燕翔、施美萍:《治理现代化视域下预防化解基层社会矛盾机制研究》,载《南京航空航天大学学报(社会科学版)》2015 年第 2 期。

② 李有发:《我国社会心态的变化趋向及其相关问题》,载《兰州学刊》2009 年第 12 期。

③ 公丕祥:《中国式法治现代化新道路的内在逻辑》,载《法学》2021 年第 10 期。

和规范群众诉求表达、利益协调、权益保障通道在社会转型期不可或缺。[①] 一方面，民情民意收集机制可以促使政府部门听取不同社会群体的意见，尽早发现社会矛盾纠纷的形成原因，从而“对症下药”尽快拿出解决方案；另一方面，民情民意表达机制可以让那些利益受损的人民群众通过合法渠道表达他们的不满情绪，从而避免发生因舆情扩散而导致的大规模群体性事件。

我国需要完善社会矛盾纠纷民情民意表达机制，还有一个重要原因，即社会治理是民主协商之治。对于该问题，党和国家多次强调，民主协商是社会治理体系的核心构成要素。党的十八届三中全会提出，“开展形式多样的基层民主协商，推进基层协商制度化”[②]。党的十八届四中全会提出，“构建程序合理、环节完整的协商民主体系”[③]。党的十九大报告指出，“有事好商量，众人的事情由众人商量，是人民民主的真谛”[④]。党的十九届四中全会提出，“完善党委领导、政府负责、民主协商、社会协同、公众参与、法治保障、科技支撑的社会治理体系”[⑤]。《法治社会建设实施纲要（2020—2025 年）》指出，“发挥人民团体和社会组织在法治社会建设中的作用”[⑥]。“这些论断都强调了社会治理是民主协商之治。社会治理要实现共建共治共享，就必须坚持民主协商。坚持民主协商的社会治理可以充分听取各方主体的意见，有效维护社会公共利益。各级人民政府在开展社会治理工作的过程中，应当倾听人民呼声，多与人民商量，汲取人民智慧。只有充分做到了民主协商的社会治理，才能促进科学决策、民主决策，真正彰显人民群众在社会治理体制中

① 参见《法治社会建设实施纲要（2020—2025 年）》，人民出版社 2020 年版，第 16 页。

② 《中共中央关于全面深化改革若干重大问题的决定》，人民出版社 2013 年版，第 31 页。

③ 《中共中央关于全面推进依法治国若干重大问题的决定》，人民出版社 2014 年版，第 13 页。

④ 习近平：《决胜全面建成小康社会 夺取新时代中国特色社会主义伟大胜利——在中国共产党第十九次全国代表大会上的报告》，人民出版社 2017 年版，第 37～38 页。

⑤ 《中共中央关于坚持和完善中国特色社会主义制度 推进国家治理体系和治理能力现代化若干重大问题的决定》，人民出版社 2019 年版，第 28 页。

⑥ 《法治社会建设实施纲要（2020—2025 年）》，人民出版社 2020 年版，第 15 页。

的主体地位。”[①]有学者认为，应当“鼓励和支持市民、村民及各行业、各组织开展多元合作和协同共治，共同应对社会问题、化解社会矛盾”[②]。在社会矛盾纠纷调解工作中，我们应当呼吁老领导、老党员、老专家、老医生、老教师等具有良好口碑、专业知识和核心地位的“五老人员”，利用自身年龄或专业优势和丰富的调解经验，积极参与社会矛盾纠纷的调解工作，注重发挥他们在社会治理工作中形成各方合力的重要作用。

为完善社会矛盾纠纷民情民意表达机制，各级党委和政府应当密切关注人民群众的意见和诉求。首先，各地应当充分利用人大、政府、司法机关等国家机关的官方网站、官方微博，以及 QQ、微信、B 站、抖音等各种社交平台，与人民群众进行深入的沟通和交流，打造人民群众表达利益诉求的立体化网络平台，畅通维权渠道，帮助他们妥善解决各类社会矛盾纠纷。其次，各地应当健全信访工作长效机制。在推进社会治理法治化建设的新时代背景下，有关部门要积极下基层，改接访为下访，主动收集和获取信息，主动深入群众生活，帮助群众解决难题，从而减少信访压力。最后，各地应当完善科学民主决策机制。决策制定机关在制定公共政策和决定重大问题之前应当召开集体会议，进行深入的研究和讨论，避免“一言堂”，并及时向社会公布政策草案，积极征求人民群众的意见，自觉接受人民监督。

三、社会治安防控

做好社会治安防控工作是社会治理法治化的重要任务。随着一系列社会危害严重、影响恶劣的刑事案件接连发生，社会治安防控问题已经成为党和国家关注的焦点。2014 年 10 月，习近平总书记强调，“深入推进平安中国建设，发挥法治的引领和保障作用，坚持运用法治思维和法治方式解决矛盾和问题，加强基础建设，加快创新立体化社会治安防

① 王琦：《“社会治理法治化”命题的理论澄清》，载《大连干部学刊》2022 年第 3 期。

② 张文显：《新时代中国社会治理的理论、制度和实践创新》，载《法商研究》2020 年第 2 期。

控体系”[1]。2015年4月，中共中央办公厅、国务院办公厅印发《关于加强社会治安防控体系建设的意见》。该意见指出，加强立体防控体系和社会安全管理的路径是加强党委统筹组织协调，各部门共同管理，社区力量积极参与，并注重法治保障。因此，各部门应当重视立体化社会治安防控体系的构建问题，提高社会治安预防和管理的有效性，防范和应对危害公共安全的恐怖活动和暴力犯罪。社会治安防控水平是评判基层社会治理能力的重要指标，也是社会治理法治化建设的基本工作内容。作为社会治理法治化建设的关键环节，新时代社会治安防控应当注重提升“合作、互通、互享”的理念，增强社会治安防控的系统性、整体性和综合性。[2] 社会治安防控问题影响着经济社会的可持续和高质量发展，因此我们需要健全和完善社会治安防控体系，即构建立体化社会治安防控体系，依法预防和惩治各类违法犯罪活动，并充分实现法治保障。

（一）立体化社会治安防控体系的组成要素及互动原理

立体化社会治安防控体系是指为了维护社会稳定和谐，在党和政府的领导下，以公安机关为核心主体，公民积极参与的预防和控制犯罪的系统。[3] 系统性是立体化社会治安防控体系的基本属性；这是由社会治安防控体系的内在性质决定的，体现为层次排列和系统构成要素的组合。各要素之间相互联系、整体运作、不断完善，以促进整个系统的持续、稳定、有效地更新和循环发展。立体化社会治安防控体系的系统性可表现在社会治安防控体系的整体性、层次性与开放性三个方面。[4]

为厘清立体化社会治安防控体系组成要素之间的互动原理，我们首先要明确社会治安防控体系的组成要素。目前，学术界已有一部分学者

---

① 习近平：《论坚持全面依法治国》，中央文献出版社2020年版，第119页。

② 参见谢君：《关于新时代政法综治工作新使命的几点思考》，载《上海法学研究》2019年第10卷。

③ 参见王晓滨、张旭：《创新立体化社会治安防控体系研究——以结构功能相关律为关照》，载《北方法学》2015年第2期。

④ 参见熊一新、周舜：《论社会治安防控体系的概念、属性及结构模式》，载《中国人民公安大学学报》2004年第6期。

探讨了社会治安防控体系，大多数学者总结了社会治安防控体系的建设经验、现有问题和改进措施，但是关于社会治安防控体系的组成要素的研究成果较少。在仅有的一部分相关研究当中，学者多将社会治安防控体系的组成要素概括为多元主体、总体目的和防控措施。[①] 我们认为，主体和目的是社会治安防控体系的组成要素，但是防控措施只是社会治安防控体系各组成部分相互作用的具体体现。作为社会治安防控体系的防控措施不应是构成要素，而是与社会治安防控体系不可分割的组成部分。此外，我们认为，社会治安防控体系的构成要素还应当包含情境。"情境"一词源于犯罪学中的情境犯罪预防理论，是指在犯罪预防过程中能够有机地发生变化的环境，主要包括自然环境、人文环境及其他与预防犯罪有关的事物（如防盗门窗、铁丝网等）。预防犯罪行为是通过处理、计划和适应与犯罪者有关的情况来实施的。概言之，立体化社会治安防控体系的组成要素如下：主体要素，包括执政党、政府、公民及相关社会组织；目的要素，是指控制、预防犯罪，从而实现社会稳定；情境要素，包括一切与预防和控制犯罪相关的自然环境、人际交往环境以及其他与预防犯罪有关的事物。

《中共中央关于全面深化改革若干重大问题的决定》指出，"加强社会治安综合治理，创新立体化社会治安防控体系，依法严密防范和惩治各类违法犯罪活动"[②]。因此，"创新立体化社会治安防控体系"是新时代党和国家对社会治安防控的研究与实践工作提出的要求。但从我们目前收集到的文献资料以及相关数据来看，无论是社会治安防控工作的理论研究还是实践研究，在构建社会治安防控体系时都没有落实"立体化"这一要求。在空间上，各地大多局限于建立"线性"或"扁平"的社会治安防控体系，即强调社会治安防控体系结构的合理性或职能的合理性。社会治安防控体系要做到真正的"立体化"，必须兼顾结构合理性

---

① 参见杨俊：《社会治安防控体系的基本内涵与运行模式》，载《广西警官高等专科学校学报》2012 年第 3 期。

② 《中共中央关于全面深化改革若干重大问题的决定》，人民出版社 2013 年版，第 51 页。

与功能合理性，使社会治安防控体系能够实现协调统一。对此，我们可以利用系统论的相关原理来解释。“系统”一词是从英语单词“system”翻译而来的，意思是由部分组成的集合。有学者从基础科学的层面对系统进行定义，认为系统是由相互关联、相互作用的要素构成的复合体。[①]还有学者从技术和科学层面研究系统。可见，结构和功能是系统的基本性质，这也是系统论中“结构—功能关联律”的基本观点。[②]“结构—功能关联律”的基本含义是：结构和功能是系统的两个内在属性，两者既具有关联性又不完全相同。结构是系统内部组成部分之间相对稳定的联系，功能则是系统的性质及其与外部环境的相互作用。可以看出，结构是系统的内在表现，它反映了系统各组成部分的价值以及它们之间的相互依赖关系。功能是系统的外在表现，反映了系统对其他相关事物的价值和意义。立体化社会治安防控体系作为一个由多个要素构成的系统，当然也具有结构和功能这两个内在属性。

立体化社会治安防控体系作为一个系统，其结构属性是指社会治安防控体系各组成要素（如主体、目的、情境）之间的相互关系。这表明立体化社会治安防控体系各要素之间应相互协调、有效配合、有序有机排列，从而体现社会治安防控体系的结构合理性。首先，立体化社会治安防控体系的主体要素应以公权力机关为核心，即社会治安防控体系主体要素之间的互动主要是通过负责公共安全的机构和部门进行的。这是因为根据《治安管理处罚法》第 7 条和《人民警察法》第 2 条的规定，公安机关是负责全国治安管理工作的部门，其具有维护社会治安秩序的职责。因此，为维护社会治安秩序，无论是当事人抑或公权力机关，在参与管理社会公共事务时都应当服从公安机关对其采取的社会治安防控措施。其次，立体化社会治安防控体系的各要素之间应当是互动关系，即我们不仅需要有一系列刑事政策来遏制犯罪，以维护社会稳定，还要有

① 参见苗东升：《系统科学精要》，中国人民大学出版社 2010 年版，第 20 页。

② 钱学森指出：“结构和功能的辩证关系是系统论中的最重要问题之一。”转引自魏宏森、曾国屏：《系统论的基本规律》，载《自然辩证法研究》1995 年第 4 期。

负责维护公共安全的国家机构。在社会治安防控工作中,负责维护公共安全的机构应当总结自己的工作不足,向同级党委、政府和上一级部门汇报相关经验和具体问题,并以合理的形式向社会公开。如此,公民不仅可以通过多种形式表达诉求和参与社会治理工作,还可以增强对国家机关的好感和信任度。

立体化社会治安防控体系作为一个系统,其功能属性是指系统与外部环境之间互动的性质、价值和意义,即为实现预防、控制犯罪和维护社会稳定等目的而与犯罪之间的互动。需要注意的是,"犯罪"这个词应该从广义上理解。这意味着这里的"犯罪"概念的扩展并不等同于刑法中"犯罪"概念的扩展,而应在更广泛的社会意义上理解。刑法中的"犯罪"一词一般是指违反刑法的行为,由于对社会造成的危害严重,应受到刑法的惩罚。[①] 立体化社会治安防控体系还应涵盖犯罪的延伸概念,即虽未被《刑法》规定为犯罪行为,但其是社会危害性相对较大的一些社会不良行为,如自杀、自残、酗酒等。换句话说,"犯罪"应该被理解为在一定的社会背景和生活方式下发生的,通过非法或不道德的行为造成较大社会危害,并应得到有效遏制的行为。[②] 立体化社会治安防控体系必须直接或间接地针对犯罪采取行动,以控制和预防犯罪为目的。因此,我们必须准确了解犯罪形势、犯罪原因、犯罪特点、犯罪类型和犯罪危害,才能坚定不移地开展社会治安防控工作,充分履行社会治安防控体系的职能。总之,我国必须通过改善日常人际交往环境、健全相关法律法规体系以及完善社会治安防控体系来打击和控制犯罪。

综上所述,各地应当依托政法委综治办,将人、地、物、事、组织等基本治安要素纳入网格化社会治理范畴,做到信息掌握到位、矛盾化解到位、治安防控到位、便民服务到位。公安部门应当"织密织牢"社会治安防控网,并深入推进城乡社区警务战略,健全点线面结合、网上网下结

---

① 参见高铭暄、马克昌主编:《刑法学》,北京大学出版社、高等教育出版社 2007 年版,第 50 ~ 53 页。

② 参见张旭、单勇:《犯罪学基本理论研究》,高等教育出版社 2010 年版,第 37 ~ 39 页。

合、人防物防技防结合、打访管控结合的立体化社会治安防控体系。

（二）立体化社会治安防控体系的法治保障

亚里士多德对“法治”的含义有过经典论述：“法治应包含两重意义：已成立的法律获得普遍的服从，而大家所服从的法律又应该本身是制定良好的法律。”[①]首先，法治（rule of law）是法律之统治，是指用法律来治理国家。一切公权力的行使都要有法律依据，都应当恪守法定程序和接受法律监督。其次，法律之统治当中的“法律”必须是良法，因此法治也是良法之治。中国语境下的“法治”可被理解为《中共中央关于全面推进依法治国若干重大问题的决定》中所提出的“科学立法、严格执法、公正司法、全民守法”十六字方针。[②] 在新时代，党和国家充分认识到法治的价值和重要性，并明确指出：全面推进依法治国，要“坚持依法治国、依法执政、依法行政共同推进，坚持法治国家、法治政府、法治社会一体建设”[③]。在新时代，社会治理离不开法治的保障；而作为社会治理法治化的重要组成部分的立体化社会治安防控体系，当然也必须由法治来保障。法治可以为社会治安防控主体提供法律授权，确保其活动合法；同时，法治为构建立体化社会治安防控体系提供了法律依据，从而实现既有效地维护社会治安秩序，又最大限度地减少对公民合法权益的侵犯，确保立体化社会治安防控体系始终在法治框架内运行。

我国应运用法治思维和法治方式推进立体化社会治安防控体系建设，充分体现法治在依法化解社会矛盾、预防和打击犯罪、规范社会秩序、维护社会稳定中的引导、规范、保护和惩治作用。我国应当根据立体化社会治安防控体系建设的总体需要，做好相关法律法规的制定、修改、废止、解释和宣传工作。各地人大和政府要对重大社会问题进行实时监测，及时通过有关地方性法规和地方行政规章，从制度层面解决社会治

---

① ［古希腊］亚里士多德：《政治学》，吴寿彭译，商务印书馆 2009 年版，第 199 页。

② 参见王利明：《社会管理体制创新须由法治保障》，载《中国社会科学报》2013 年 1 月 16 日，A7 版。

③ 《中共中央关于全面推进依法治国若干重大问题的决定》，人民出版社 2014 年版，第 4 页。

安防控工作中的重点和复杂问题,并积极推动在国家立法层面上予以解决,从源头上防止违法行为。此外,各地政府应当加强食品和药品质量安全、生产安全、环境保护、文化市场监管和网络安全等重点领域的基层执法,加强行政执法与刑事司法的有机衔接。司法机关应当尽快解决公民关切的积案,持续深化司法体制机制改革,加快建设公正高效的中国特色社会主义司法制度,提高办案质量。公安机关应当贯彻落实宽严相济的刑事政策,通过依法严厉打击极少数影响恶劣的犯罪分子,最大限度地减少社会对抗情形,争取化消极因素为积极因素。负有普法职责的国家机关应当加强和改进法治宣传教育,着力提高法治宣传教育的针对性和实效性,增强全民守法的法治观念,促使领导干部这一"关键少数"以法治思维和法治方式开展工作。

立体化社会治安防控体系需要法治保障,这里的"保障"不能简单理解为用法律作为工具来保障立体化社会治安防控体系得以运行。立体化社会治安防控体系建设的法治保障,是法的本质属性的体现。在我国,法律是人民意志的体现,立法机关通过立法行为将人民的意志转化为具有国家强制力的行为准则。以法治为保障,就是既把法律看作推进立体化社会治安防控体系建设的行动指南和根本准则,又把法律看作衡量和检验立体化社会治安防控体系运行效果的标尺。这也与立体化社会治安防控体系建设的根本目的相一致,那就是确保公共安全。社会治安防控的重点是维护和谐稳定的公共秩序。社会治安防控主要包括两个方面内容,即社会治安预防与社会治安控制。社会治安预防主要是指对违法犯罪行为的预防活动,而社会治安控制是通过打击和制止违法犯罪活动来控制社会秩序。从社会学角度来看,社会控制的工具包括国家权力、法律制度、道德规范、文化、宗教等。因此,有关部门对公共安全的控制实际上是社会控制的一种表现形式。立体化社会治安防控体系的法治保障具有现实必要性,具体理由分述如下:

首先,立体化社会治安防控体系的法治保障是社会转型期背景下国家维护社会治安秩序的现实需要。在社会转型期,我国面临经济体制深刻变革、社会结构发生变化、利益结构持续调整、思想观念深刻变化的现实问题。社会矛盾纠纷呈现巨大、频繁、多样的特点。这一现实国情对立体化社会治安防控体系建设也产生了重大影响。虽然当前社会治安防控形势总体平稳可控,但局部形势依然严峻。例如,“两抢一盗”等侵犯公民财产权的刑事案件频发;以事故灾难和群体性事件为代表的突发事件不断发生;涉黑涉恶犯罪现象增多;电信诈骗等跨境犯罪团伙势力有所抬头;未成年人暴力犯罪案例增多;黄赌毒等违法犯罪活动的隐蔽性持续增强;恐怖分子的暴力袭击活动时有发生。鉴于社会治安局部形势的严峻性,如何选择合法有效的应对方式以及构建立体化社会治安防控体系显得尤为重要。应当说,法治保障是维护社会治安秩序的最佳选择。因为法治不仅可以为立体化社会治安防控体系提供动力供给,还可以保障社会治安防控手段和防控过程的合法性,树立执法权威,保障和提升权力行使的公信力,确保立体化社会治安防控体系能够被人民群众从内心深处所接受和认可。

其次,立体化社会治安防控体系的法治保障是法治政府建设的题中应有之义。法治政府是指依照法治原则和精神运作的政府,并以制度保障行政管理活动的依法治理。法治政府建设要求将法治贯穿于政府宏观调控、市场监管、社会治理和公共服务的全方位实施过程。构建和完善立体化社会治安防控体系,并积极维护社会治安秩序是政府履行社会治理职能的重要体现。公安机关作为国家的行政机关,是各级人民政府的职能部门,承担着执法、保护人民群众生命财产安全和维护社会治安秩序的重要任务。公安机关在立体化社会治安防控体系建设中,显然要按照法治政府建设的要求,将法治贯穿于社会治安防控体系建设、有序运行和健全完善的全过程,并以一系列制度来保障社会治安防控目标的实现。

最后,立体化社会治安防控体系的法治保障是社会治安防控体系目标的内在要求。立体化社会治安防控体系的目标是指通过社会治安防控体系的建立和运行所要实现的目标。关于社会治安防控体系所要实现的目标,学界有不同的理解。我们认为,立体化社会治安防控体系的目标应当是维护社会治安的良好秩序,提升人民群众的安全感、幸福感,让人民群众免于陷入恐惧心理。法治在维护社会秩序和保护人民生命财产安全方面具有重要价值和意义,这与立体化社会治安防控体系的最终目标是一致的。同时,法治可以保证公权力行使的合法性和权威性,这对于提升公民的安全感和幸福感有直接影响。因此,从这个意义上讲,法治保障也是立体化社会治安防控体系目标的内在要求。

四、维护公共安全和国家安全

近年来,我国社会治理体系日益完善,治理能力明显提升,公共安全和国家安全建设稳步推进,人民群众的安全感和幸福感不断增强。在推进平安中国建设和社会治理体系和治理能力现代化的现实背景下,维护公共安全和国家安全是社会治理法治化的重点任务。公共安全与国家安全不是同一层面的问题,因此应当分别进行论述。

(一)维护公共安全

近年来,频繁发生的公共安全事件严重影响了人们正常的生产、生活秩序以及社会稳定,一次又一次地考验着我国维护公共安全的治理能力,使我们不得不对这一问题进行系统、深入的理论思考,从而探求公共安全治理的有效途径。[①] 公共安全是影响人类社会稳定发展和文明进步的重要因素,对全体社会成员的生存和发展具有重大意义。如今,由社会急剧变化引起的各种危机使人类社会变成了一个真正的“风险社会”。风险社会的主要特征是“不确定性”,即难以有效预测和控制风险。习近平总书记在参加十三届全国人大四次会议青海代表团审议时强调,要加强和创新社会治理,完善公共安全应急响应体系,及时排除各类风险隐患,确保国家安全和人民安居乐业。中国特色社会主义进入新时代以来,我国努力建立健全符合实际国情的公共安全体制和机制,建

---

① 参见彭彦强:《中国公共安全管理:问题、国际经验与对策》,载《中州学刊》2009 年第 3 期。

立健全公共安全机构，制定完善的应急预案体系，完善风险管理和应急处置标准和程序，有效预防和抵御重大灾害，减少和处置各类生产安全事故，为保护人民生命财产安全作出了重要贡献。根据《深化党和国家机构改革方案》，自2018年3月起，应急管理部整合了13个部门的职责，其中大部分涉及自然灾害，如森林草原火灾、地震等。也就是说，新成立的应急管理部主要是把自然灾害和事故灾难处置的职能整合在一起。同时，地方各级政府设立了应急管理部门和办公室，将预防和应对各类自然灾害和安全事故的管理、监督、协调和行政工作结合起来。公共安全治理作为现代社会治理体系的一个重要组成部分，其治理能力的强化有利于提升国家和政府的治理能力。因此，维护公共安全不仅关系到人民生活、社会稳定和发展，而且是国家机构行使执法权、保护人民生命财产安全、履行治国理政等重要职能的集中体现，也是实现社会治理法治化的一项重要制度性任务。

首先，需要厘清公共安全的含义。从已有的相关研究成果来看，学者对于公共安全含义的认识不尽相同。什么是公共安全？现行《刑法》分则第二章对其含义没有作出明确的解释，最高人民法院也没有出台专门的司法解释。但是我国刑法教科书及有关论文对其内涵进行了界定，主要分为以下四种观点：第一种观点认为，所谓危害公共安全，是指故意或者过失实施足以危害不特定多数人的生命、健康或重大私产的安全。① 第二种观点认为，危害公共安全是指故意或者过失危害不特定多数人的生命、健康或者重大公私财产的行为。② 第三种观点认为，危害公共安全是指故意或者过失实施危害不特定多数人的生命、健康，重大公私财产以及公共生产、工作和生活的安全。③ 第四种观点认为，危害公共安全是指故意或者过失实施危害或足以危害不特定多数人的生命、

① 参见肖扬主编：《中国新刑法学》，中国人民公安大学出版社1997年版，第317页。

② 参见高格等编著：《刑法教程》，吉林大学出版社1987年版，第273页。

③ 参见赵廷光主编：《中国刑法原理》（各论卷），武汉大学出版社1992年版，第174页。

健康、重大财产安全,重大公共财产安全和其他法定公共利益的安全。[①]具体来看,“公共安全”是一个复合概念,由“公共”和“安全”两个概念共同构成。其中,“公共”是限定语,标明了概念的主体对象;“安全”是主词,揭示了概念的主要内涵。因此,公共安全是指公众的安全。按照这种构词方式,我们至少还可以定义“国家安全”和“个体安全”两个概念,分别指国家作为主体的安全和个体作为主体的安全。此外,还有“食品安全”“粮食安全”“职业安全”等概念,它们用以指称公共安全的分支领域。[②]

其次,需要增强风险意识。“面对严峻的公共安全形势,全社会只有牢记隐患险于明火、防范胜于救灾、责任重于泰山,才能有效防范化解管控好公共安全风险。”[③]我国应当建立健全公共安全的教育、宣传、培训体系。教育部应在中小学和大学开设公共安全课程。社会媒体应广泛利用电视、广播、互联网等现代信息工具,推广和广泛传播不同类型的公共安全预警、预防和应急系统。不同类型的公共安全指挥系统应当定期为不同类型和级别的突发事件进行实战演习。除由专家和专业人士组成的培训团队外,我们还要组建一支公共安全志愿者队伍,其中行业人员、学生、警察、预备役人员等应当发挥重要作用。除专门的团队外,我们还应当定期组织培训活动,以提高人民群众维护公共安全的意识、知识和能力。

再次,应当加强防灾减灾救灾能力建设,落实安全生产管理和责任制度。其一,我国应当健全应急管理体制,切实增强防灾减灾救灾能力。我国是世界上自然灾害最严重的国家之一,做好防灾减灾救灾工作是一项长期任务。自2003年“非典”暴发以来,我国各级政府已将应急管理

---

① 参见蔡士良:《对刑法中“公共安全”含义的探讨》,载《湖北公安高等专科学校学报》2000年第5期。

② 参见丁翔、张海波:《大数据与公共安全:概念、维度与关系》,载《中国行政管理》2017年第8期。

③ 孟建柱:《加强和创新社会治理(学习贯彻党的十八届五中全会精神)》,载《人民日报》2015年11月17日,第6版。

作为社会治理和公共服务的重要组成部分。什么是应急管理？简单地说，它是对不同级别和不同类型的突发事件的管理。根据2007年颁布实施的《突发事件应对法》，突发事件是指“突然发生，造成或者可能造成严重社会危害，需要采取应急处置措施予以应对的自然灾害、事故灾难、公共卫生事件和社会安全事件”。由于突发事件的频繁性、不可预测性和复杂性，应急管理工作对于国家和政府来说变得越来越重要。《突发事件应对法》明确，国家建立统一领导、综合协调、分类管理、分级负责、属地管理为主的应急管理体制。随着多元主体参与社会治理这一理念的广泛传播，2016年，中共中央、国务院出台的《关于推进防灾减灾救灾体制机制改革的意见》指出，我国应当建立党委领导、政府主导、社会力量和市场机制广泛参与，各方协同形成合力的防灾减灾救灾机制。因此，我国各地应当全面落实这一机制，向全民宣传和培训防灾减灾救灾知识和相关技能，形成有效应对突发事件的强大合力。其二，我国应当加强安全生产监督执法力度，落实安全生产管理和责任制度。习近平总书记强调，各级党委和政府特别是领导干部要牢固树立安全生产的观念，正确处理安全和发展的关系，坚守“发展决不能以牺牲安全为代价”这条红线。我国应当加快完善安全生产管理体制，强化安全监管部门综合监管责任，严格落实行业主管部门监管责任、地方党委和政府属地管理责任，加强基层安全监管执法队伍建设。针对高速铁路、城市轨道、油气管网、城市燃气、高层建筑防火、城中村等重点领域和煤矿、矿山、化工、烟花爆竹等重点行业，各地应当深入开展专项整治，强化预防和治本工作。各地还要健全常态化的安全生产检查机制，不定期开展安全生产大检查，对检查发现的问题要厉行整改，切实消除隐患，确保万无一失。此外，我国应当深刻认识到安全生产工作的艰巨性、复杂性、紧迫性，要坚持以人民为中心，全面落实安全生产责任制。各地应强化“党政同责、一岗双责、齐抓共管、失职追责”的原则，充分发挥应急管理部门的专业优势，明确职责分工，对因失职行为而造成人身安全损害、重大公私财产损失或产生重大社会影响的依法依规追究当事人的责任。

最后,应当建立健全相关体系,作为维护公共安全的重要制度保障。其一,我国应当建立健全以政府为主的维护公共安全的行政管理体系,强化政府对公共安全问题和责任的认识。政府主要领导和分管领导要高度重视公共安全工作,起到统筹协调全局的作用。各有关部门要认真履行职责,相互配合,把维护公共安全作为一项重要工作来抓,并纳入年底绩效考核指标。其二,我国要建立健全公共安全的法律法规体系。法治发达国家的法律、法规和制度安排为公共安全提供了一个坚实的制度框架,而我国还没有“紧急状态法”和完善的《突发事件应对法》。目前,规范突发事件的《突发事件应对法》还存在一些问题。例如,应急管理的组织体系不够健全,无法整合各类应急资源;社会和市场力量参与突发事件应对的制度保障仍然不足;对应急预案的编制和演练要求不够明确;应急资金、救援队伍、物资储备、宣教演练等事前准备工作缺乏保障性措施;事后恢复与重建缺乏系统的制度安排。① 因此,我国应当加快制定“紧急状态法”,依法规范相关国家机关的活动,明确社会各机构、组织和公民的职责和任务,建立完善可靠的公共安全应急体系和机制。相关立法部门应当及时审查和尽快出台“突发事件应对管理法(草案)”,其中重点是建立各级应急管理委员会作为应对突发事件的领导机关。此外,新法还应当完善激励社会参与的法律机制;完善应急预案管理制度,确保预案的完整性、适用性、可操作性和互相衔接;制定保障措施,确保各级应急准备工作得以有效落实;对事后恢复重建中的重要问题作出安排,等等。② 其三,我国应当建立健全维护公共安全的物质和财政保障体系。我国需要大量物资来预防和应对不同类型的突发事件,因此维护公共安全的预算资金必须纳入年度财政规划。目前,国家用于应急储备的预算约为50亿元,这在发生重大紧急突发事件时往往

---

① 参见马怀德主编:《非常规突发事件应急管理的法律问题研究》,中国法制出版社2015年版,第291～294页。

② 参见马怀德主编:《非常规突发事件应急管理的法律问题研究》,中国法制出版社2015年版,第294～297页。

显得太少。我国应当增加应急储备资金，并纳入财政预算，同时制定适当的政策鼓励企业和个人捐款，建立公共安全基金，以确保维护公共安全的物资保障。

（二）维护国家安全

国家安全是国家得以生存和发展的前提，是人民幸福安康的基础，也是发展中国特色社会主义事业的重要保障。党的十八大以来，以习近平同志为核心的党中央高度重视国家安全问题，推动国家安全工作在方略、制度、工作举措方面取得了明显进展。当前，我国社会政治大局总体稳定，但国家安全环境仍然复杂，对做好新形势下国家安全工作提出了更高要求。党的十八届三中全会以来，以习近平同志为核心的党中央成立了高层次的决策与议事协调机构——国家安全委员会，提出了总体国家安全观，制定了具有前瞻性的国家安全战略。① 总体国家安全观的提出有一个循序渐进的过程。2014 年 4 月，习近平总书记在中央国家安全委员会第一次会议上的讲话中首次提出了总体国家安全观，要求以人民安全为宗旨，以政治安全为根本，以经济安全为基础，以军事、文化、社会安全为保障，以促进国际安全为依托，走出一条中国特色国家安全道路。② 2014 年 10 月，党的十八届四中全会将总体国家安全观正式写入全会报告，要求"贯彻落实总体国家安全观，加快国家安全法治建设，抓紧出台反恐怖等一批急需法律，推进公共安全法治化，构建国家安全法律制度体系"③。2015 年 1 月，《国家安全战略纲要》公布实施，确立总体国家安全观在维护国家安全中的指导性地位，并注重关注各领域国家安全，坚持以法治思维和法治方式贯彻于维护国家安全的全过程。④ 2017 年 10 月，党的十九大报告将"坚持总体国家安全观"作为新时代坚

---

① 参见《中共中央关于全面深化改革若干重大问题的决定》，人民出版社 2013 年版，第 52 页。

② 参见张丽：《习近平国家安全战略思想初探》，载《理论界》2015 年第 11 期。

③ 《中共中央关于全面推进依法治国若干重大问题的决定》，人民出版社 2014 年版，第 14 页。

④ 参见宋颖：《我国国家安全立法的不足与完善》，载《甘肃社会科学》2021 年第 5 期。

持和发展中国特色社会主义的基本方略之一。[1] 2019 年 10 月,习近平总书记再次强调,坚持总体国家安全观,统筹发展和安全,坚持人民安全、政治安全、国家利益至上有机统一。

我国的社会治理理念内蕴着建立一个多元主体共同治理的国家安全体系;因为国家安全是国家生存和发展的前提,是提升人民安全感和实现共同富裕的基础,也是发展中国特色社会主义事业的重要保障。2015 年 7 月,我国颁布并实施了《国家安全法》。该法第 2 条规定:"国家安全是指国家政权、主权、统一和领土完整、人民福祉、经济社会可持续发展和国家其他重大利益相对处于没有危险和不受内外威胁的状态,以及保障持续安全状态的能力。"2016 年 12 月,中央政治局审议通过了《关于加强国家安全工作的意见》,强调"必须坚持总体国家安全观,以人民安全为宗旨,统筹国内国际两个大局,统筹发展安全两件大事,有效整合各方面力量,综合运用各种手段,维护各领域国家安全,构建国家安全体系,走中国特色国家安全道路;必须坚持集中统一、高效权威的国家安全领导体制;必须坚持国家安全一切为了人民,一切依靠人民;必须坚持社会主义法治原则;必须开展国家安全宣传教育,增强全社会国家安全意识"。[2] 在党的十九届四中全会决定中,完善国家安全体系被明确为社会治理制度的范畴并作为独立部分,标志着社会治理制度由包含国家安全在内的五大领域所组成;[3]并进一步提出"完善集中统一、高效权威的国家安全领导体制,健全国家安全法律制度体系。加强国家安全人民防线建设,增强全民国家安全意识"的基本要求;[4]还将维护国家安全

---

① 参见习近平:《决胜全面建成小康社会 夺取新时代中国特色社会主义伟大胜利——在中国共产党第十九次全国代表大会上的报告》,人民出版社 2017 年版,第 24 页。

② 《习近平主持中央政治局会议分析研究 2017 年经济工作》,载中华人民共和国中央人民政府网,http://www.gov.cn/xinwen/2016-12/09/contert_5145862.htm。

③ 参见《中共中央关于坚持和完善中国特色社会主义制度 推进国家治理体系和治理能力现代化若干重大问题的决定》,人民出版社 2019 年版,第 30 页。

④ 参见《中共中央关于坚持和完善中国特色社会主义制度 推进国家治理体系和治理能力现代化若干重大问题的决定》,人民出版社 2019 年版,第 30 页。

与保持社会稳定作为同等目标,将完善国家安全体系作为社会治理的重要任务。[①] 而在此前党的十九大报告中,"有效维护国家安全"与"打造共建共治共享的社会治理格局"这两个表述是相并列的关系,国家安全并未被纳入社会治理范畴。[②] 党的十九届五中全会将统筹发展和安全、建设更高水平的平安中国作为一个重要任务进行了专门强调。全会对国家政治安全、制度安全、意识形态安全、经济安全、人民生命安全、社会稳定与安全进行了系统而具体的部署,国家安全逐渐从社会治理的目标上升为国家发展的重要理念与战略。[③]

为学习贯彻习近平总书记关于维护国家安全的重要论述,我国应当树立总体国家安全观,统筹发展和安全,坚持人民安全、政治安全、国家利益至上有机统一,走出一条中国特色国家安全道路。[④] 具体实现路径如下:

第一,我国应当实施国家安全战略,充分发挥国家安全委员会的职能作用。当今国内国际形势的重大变化推动了维护国家安全命题的提出。我国制定和实施国家安全战略,是有效维护国家安全的迫切需要。中共中央政治局于 2015 年 1 月 23 日召开会议,审议通过了《国家安全战略纲要》。这是一个全面系统的国家安全战略规划,为我国在新形势下全面保障国家安全提供了强有力的战略支撑。[⑤] 我国应当以总体国家安全观为指导,进一步明确国家安全战略的指导方针、中长期目标、重点领域以及相关政策。我国还应当充分发挥国家安全委员会的职能作

---

① 参见《中共中央关于坚持和完善中国特色社会主义制度 推进国家治理体系和治理能力现代化若干重大问题的决定》,人民出版社 2019 年版,第 28 ~ 30 页。

② 参见习近平:《决胜全面建成小康社会 夺取新时代中国特色社会主义伟大胜利——在中国共产党第十九次全国代表大会上的报告》,人民出版社 2017 年版,第 49 ~ 50 页。

③ 参见《中共中央关于制定国民经济和社会发展第十四个五年规划和二〇三五年远景目标的建议》,载《人民日报》2020 年 11 月 4 日,第 1 版。

④ 参见张丽:《习近平国家安全战略思想初探》,载《理论界》2015 年第 11 期。

⑤ 参见刘跃进、王啸:《完善机制 健全法治 加强教育 我国国家安全战略展现新布局》,载《人民日报》2016 年 8 月 23 日,第 7 版。

用。党的十八届三中全会后，党中央成立国家安全委员会，建立了集中统一、高效权威的国家安全领导体制。国家安全委员会的设立不仅健全和完善了国家安全工作的顶层设计，而且为国家安全战略的顺利实施提供了保障。国家安全委员会作为中共中央关于国家安全工作的决策和议事协调机构，统筹协调涉及国家安全的重大事项和重要工作。至此，我国就拥有了应对国内外综合安全和制定国家安全战略的顶层运作机制。这个机构能够整合各方力量，既充分体现了维护国家安全与创新社会治理的有机统一，又展示了以习近平同志为核心的党中央关于国家安全战略的具体设想。[①]

第二，我国应构建国家安全法律制度体系。党的十八届四中全会对“加快国家安全法治建设”和“构建国家安全法律制度体系”提出明确要求。[②] 我国有必要以法律的形式明确维护国家安全的原则、任务和制度，依法建立健全相关体制机制，完善国家安全制度体系，明确和规范国家机关、公民和组织维护国家安全的职责、权利和义务，形成维护国家安全的整体合力。[③] 近年来，我国颁布实施了《国家安全法》《国家情报法》《反恐怖主义法》《境外非政府组织境内活动管理法》《国防交通法》《网络安全法》《核安全法》《外商投资法》等一批有关维护国家安全的重点法律，加快了构建国家安全法律制度体系的进程。《国家安全法》是统领国家安全各领域工作的基本法，确立了总体国家安全观的指导地位和国家安全工作领导体制，也确立了维护国家安全的各项制度。此外，《全国人民代表大会关于建立健全香港特别行政区维护国家安全的法律制度和执行机制的决定》以及《香港特别行政区维护国家安全法》陆续出台，解决了香港特别行政区的国家安全问题，为新时代依法维护国

---

① 参见姜鲁鸣、王文华：《国家安全委员会的由来和使命》，载《学习时报》2014 年 4 月 7 日，A7 版。

② 参见《中共中央关于全面推进依法治国若干重大问题的决定》，人民出版社 2014 年版，第 14 页。

③ 参见马怀德：《国家安全的法律保障——学习贯彻〈中华人民共和国国家安全法〉》，载《求是》2016 年第 4 期。

家安全提供了坚实法治保障。我国国家安全法治建设取得了一定成绩，具体表现为国家安全法律法规得到了深入实施，积极防范化解了国家安全领域的各种风险挑战，依法严厉打击了各类危害国家安全的违法犯罪行为，有力维护了国家主权、安全和发展利益。[①] 今后，我国应当以《国家安全法》为基础，制定相关领域维护国家安全的法律法规和其他配套制度，最终形成具有可操作性的国家安全法律法规体系，加快国家安全法治建设，将法治贯穿于维护国家安全全过程，为维护国家安全提供有力法治保障。[②]

第三，我国应当完善国家安全审查制度。根据《国家安全法》《对外贸易法》《核出口管制条例》等法律法规的相关规定，我国应当对影响或者可能影响国家安全的投资、关键技术、网络信息技术产品和服务、涉及国家安全事项的建设项目以及其他重大事项和活动进行国家安全审查。这是从源头上预防和化解国家安全风险的重要举措。[③] 以外商投资国家安全审查制度为例，根据《自由贸易试验区外商投资国家安全审查试行办法》的相关规定，外商投资国家安全审查制度的总体原则是对影响或可能影响国家安全、国家安全保障能力，涉及敏感投资主体、敏感并购对象、敏感行业、敏感技术、敏感地域的外商投资进行安全审查。外商投资国家安全审查制度的审查内容包括：一是外商投资对国防安全包括对国防需要的国内产品生产能力、国内服务提供能力和有关设施的影响；二是外商投资对国家经济稳定运行的影响；三是外商投资对社会基本生活秩序的影响；四是外商投资对国家文化安全、公共道德的影响；五是外商投资对国家网络安全的影响；六是外商投资对涉及国家安全关键技术研发能力的影响。今后，为适应对外开放和国家安全形势发展变化的需

---

① 参见国安宣：《坚持以总体国家安全观为指导 全面深入推进国家安全法治建设——写在国家安全法颁布实施五周年之际》，载《人民日报》2020年7月1日，第13版。

② 参见马怀德：《国家安全的法律保障——学习贯彻〈中华人民共和国国家安全法〉》，载《求是》2016年第4期。

③ 参见马怀德：《国家安全的法律保障——学习贯彻〈中华人民共和国国家安全法〉》，载《求是》2016年第4期。

要,以及进一步发挥国家安全审查制度在维护国家安全方面的作用,我国应当把国家安全审查制度延伸到经济以外其他领域,完善国家安全审查内容和程序,明确违反国家安全审查规定应承担的法律责任,努力构筑维护国家安全的“防火墙”。[①]

第四,我国应当加强国家安全人民防线建设,增强全民国家安全意识。国家安全不仅关乎国家利益,而且关涉每个公民的切身利益。维护国家安全人人有责。[②] 具体来看,我国应当建立健全国家安全的教育、宣传、培训体系,广泛开展多种形式的全民国家安全教育活动,将宣传教育活动的触角延伸到乡镇(街道)、村(社区)、企业、学校等基层组织,提高全民国家安全意识,增强全民国家安全责任感,夯实国家安全的社会基础。各地国家安全部门和法治宣传部门应当把学习宣传贯彻总体国家安全观和《国家安全法》《反恐怖主义法》《网络安全法》等与国家安全有关的法律法规作为重中之重,以“4·15”全民国家安全教育日为抓手,精心谋划和组织实施形式多样、群众喜闻乐见的普法宣传教育活动。我们可以利用线上和线下等多种宣传形式和手段,推动国家安全宣传教育实现常态化、全覆盖。这一系列活动可以让广大人民群众增强国家安全意识,即认识到维护国家安全是党履行治国理政职能的一项重要工作,是实现国泰民安的有力保障,也是公民应尽的法定义务。这些举措都将有利于在全社会营造“维护国家安全人人有责”的浓厚氛围,筑牢国家安全人民防线,进一步将国家安全意识转化为行动自觉,进而形成维护国家安全的强大合力。

第五,我国应当提高防范抵御国家安全风险能力,高度警惕、坚决防范和严厉打击敌对势力渗透、破坏、颠覆、分裂活动。我国应当“始终把坚决维护国家主权、安全、发展利益作为外交工作的基本出发点

---

① 参见孟建柱:《加强和创新社会治理(学习贯彻党的十八届五中全会精神)》,载《人民日报》2015年11月17日,第6版。

② 参见国安宣:《坚持以总体国家安全观为指导 全面深入推进国家安全法治建设——写在国家安全法颁布实施五周年之际》,载《人民日报》2020年7月1日,第13版。

和落脚点”[1]，依法严密防范、严厉打击敌对势力渗透、颠覆、破坏活动，坚决捍卫中国共产党领导和中国特色社会主义制度。各地区各部门在工作实践中应当遵循“预防为主、惩防结合”的基本原则，以提高依法维护国家安全的能力和水平为着力点。详言之，各地应当切实运用法治思维和法治方式防范化解国家安全风险隐患，严格按照法定职能、权限、程序、责任，积极开展维护国家安全的各项工作，不断增强依法防范、制止和惩治各类危害国家安全活动的能力和成效。[2] 各地应当始终保持对暴力恐怖活动的高压态势，组织动员人民群众进行群防群治，“防范国际暴力恐怖活动向境内渗透”[3]。国家有关部门应当深入开展反分裂斗争，“坚决在国际上遏制‘台独’、‘藏独’、‘东突’等分裂势力的破坏活动”[4]，坚决维护民族团结和国家统一。此外，国家安全已经成为需要全世界共同解决的难题。我国应当树立系统思维，全面提升防范抵御国家安全风险的能力，全方位构筑国家安全屏障。[5] 这就是说，我们既要认识到国家安全和国家发展之间的关系，也要看到中国和世界的联系。因此我国不能回避矛盾和问题，关起门来独自解决国家安全问题，应当推动反恐怖主义和极端势力的国际交流合作，共同构建人类命运共同体。[6]

---

① 中共中央宣传部编：《习近平总书记系列重要讲话读本（2016 年版）》，学习出版社、人民出版社 2016 年版，第 273 页。

② 参见国安宣：《坚持以总体国家安全观为指导 全面深入推进国家安全法治建设——写在国家安全法颁布实施五周年之际》，载《人民日报》2020 年 7 月 1 日，第 13 版。

③ 中共中央宣传部编：《习近平总书记系列重要讲话读本（2016 年版）》，学习出版社、人民出版社 2016 年版，第 273 页。

④ 中共中央宣传部编：《习近平总书记系列重要讲话读本（2016 年版）》，学习出版社、人民出版社 2016 年版，第 273 页。

⑤ 参见孟建柱：《加强和创新社会治理（学习贯彻党的十八届五中全会精神）》，载《人民日报》2015 年 11 月 17 日，第 6 版。

⑥ 参见王林：《国家安全治理体系与治理能力现代化探究》，载《上海法学研究》2021 年第 1 卷。

第五章　社会治理法治化的基层场域

基层是社会治理的基本单元，是推进社会治理法治化的核心场域，也是考察社会治理法治化状况的重要切入点。党的十八大以来，党和国家最高决策层高度重视基层社会治理工作，积极推进基层治理法治建设。《中共中央 国务院关于加强和完善城乡社区治理的意见》提出要“全面提升城乡社区治理法治化、科学化、精细化水平和组织化程度”[①]。党的十九届四中全会通过的《中共中央关于坚持和完善中国特色社会主义制度 推进国家治理体系和治理能力现代化若干重大问题的决定》强调要“健全党组织领导的自治、法治、德治相结合的城乡基层治理体系”[②]。此后，《中共中央 国务院关于加强基层治理体系和治理能力现代化建设的意见》对基层治理法治建设进行了更为详尽的表述：“提升基层党员、干部法治素养，

① 《中共中央 国务院关于加强和完善城乡社区治理的意见》，人民出版社 2017 年版，第 1 页。

② 《中共中央关于坚持和完善中国特色社会主义制度 推进国家治理体系和治理能力现代化若干重大问题的决定》，人民出版社 2019 年版，第 29～30页。

引导群众积极参与、依法支持和配合基层治理。完善基层公共法律服务体系,加强和规范村(居)法律顾问工作。乡镇(街道)指导村(社区)依法制定村规民约、居民公约,健全备案和履行机制,确保符合法律法规和公序良俗”[①]。基层治理法治化既是基层治理现代化的必然要求,也是整体社会治理法治化的重要组成部分。

一、社会转型期中的城乡基层治理

改革开放在推动我国经济快速发展的同时,也开启了我国由农业社会到工业社会,再到后工业社会的重大社会转型。“社会转型是一个缓慢的利益调整和矛盾处置过程”[②],在这一过程中,社会的生活组织结构、产业经济结构、价值理念等皆发生深刻变化,社会本身的复杂性与不确定性程度不断提升,社会矛盾多发且易变,呈现风险社会的典型特征。作为社会治理的基层场域,城乡社区必然面临因社会转型而产生的各种风险,能否合理认知城乡基层治理在社会转型时期的重要地位,精准把握城乡基层治理在社会转型时期的挑战与任务,成为当前社会治理工作面临的重要问题。

(一)城乡基层治理在社会转型期的重心地位

城乡基层治理脱胎于由社会管理到社会治理的概念变迁。相较于社会管理,社会治理强调社会治理主体的多元化,并认可非正式制度在社会治理中的重要作用。[③] 城乡基层治理是社会治理最为基层的运作,主要是指在当下中国的制度架构中,乡镇、村以及城市社区层级的不同行为主体,围绕本地区的利益,通过协商合作的方式来实现公共利益最大化的政治过程,城市社区、乡镇、村是其三个重要组成部分。[④] 那么,

---

① 《中共中央 国务院关于加强基层治理体系和治理能力现代化建设的意见》,人民出版社 2021 年版,第 9～10 页。

② 倪咸林:《转型时期基层社会治理的问题与对策》,载《社会治理》2020 年第 6 期。

③ 参见龚廷泰主编:《当代中国的法治社会建设》,法律出版社 2017 年版,第 95 页。

④ 参见陈家刚:《基层治理:转型发展的逻辑与路径》,载《学习与探索》2015 年第 2 期。

为何要将城乡基层治理从整体的社会治理概念中独立出来加以重点分析?

首先,基层城乡社区是转型时期的基本组织形态与社会治理单元。在进入社会转型期以前,农村"集体"与城市中的各类"单位"构成了个体生存与生活的主要载体,在为个体提供基本的生活资源的同时,也承担着对所属个体进行社会管理的相应责任。① 进入社会转型期以后,市场经济的快速发展弱化了个体社会成员对农村"集体"与城市"单位"的依附关系,农村"集体"与城市"单位"的社会管理职责也随之被不断瓦解。此时,城乡社区逐步替代农村"集体"与城市"单位"成为最基本的社会组织形态与治理单元。作为全部社会成员必然生活于其中的社会场域,城乡社区虽然无法像农村"集体"与城市"单位"一般对其成员进行深入而全面的管理,但其却能够为其所属个体提供基本的社会成员身份,正是这种基本的社会成员身份赋予了个体享受国家政策红利与接受国家治理要求的基本前提。

其次,基层城乡社区是落实国家各项法律与政策的主要场域。为妥善解决社会转型时期的各种矛盾纠纷,确保社会安定和谐,党和国家决策层制定出台了一系列法律法规与指导政策,为社会转型时期的社会生活秩序构建起完善的制度体系。但对于社会治理工作而言,法律与政策的制定只是起点,法律与政策还需要实现由应然状态到实然状态的转化,能否落实顶层设计的各项法律与政策,精准反映立法者与决策者的目的,关系到社会治理工作的实际效果。作为整体社会治理架构的最基层部分,城乡社区乃是落实党和国家各项法律政策的主要场域:一方面,各种法律政策的落实皆依赖城乡社区提供基本的人力、物力条件;另一方面,抽象的法律政策也需要结合基层的社情民意才能转化为具体的治理方案。

① 参见陈柏峰:《基层治理在法治社会建设中的格局与布局》,载《法治现代化研究》2020 年第 6 期。

再次，基层城乡社区是社会转型问题的集中爆发地。在社会转型过程中，既往的社会结构不断瓦解与重构，社会利益格局随之不断分化，利益诉求越发多元，由此产生的利益冲突和矛盾在基层社会集中爆发。比如，在宏观的社会转型与经济发展浪潮中，不同社会成员从中获益的程度存在较大差异，基层社会的贫富矛盾与城乡矛盾被不断激化，引发个体“社会公平感”的缺失；由于内在价值与逻辑的不同，国家层面的法律制度在具体适用时，容易同传统的民间风俗、传统习惯等产生冲突，引发社会生活的规范选择问题；社会生活状况的改善与人们民主权利意识的增长，要求社会治理工作更加人性化、科学化，基层服务能力有限与基层治理需求之间的不匹配问题日益凸显。① 能否妥善化解基层矛盾纠纷，维护基层民众利益，提升基层治理水平，直接关系到整体社会秩序的变迁与稳定。

最后，基层城乡社区承载着人民对美好社会生活的期待。进入中国特色社会主义新时代以来，我国社会的主要矛盾已经转化为人民日益增长的美好生活需要和不平衡不充分的发展之间的矛盾。相应地，满足人民对美好生活的期待也成为党和国家治理工作的奋斗目标。在社会物质财富已经相对丰富的前提下，美好生活逐渐发展为一个包含社会发展机会、自然生态环境、精神文化生活等多方面内容的概念。对以城乡社区为核心生活场域的人民群众而言，其评判社会是否公平正义、自然生态环境是否良好、精神文化产品是否丰富的样本必然源于城乡社区的生活实际。就此而言，基层城乡社区无疑承载着人民对美好生活的期待，而意图实现“满足人民对美好生活的期待”这一治理目标，就必须着力提升基层治理能力，让人民群众切实感受到社会治理带来的生活红利。

正是基于上述理由，党和国家近年来多次强调要推动社会治理重心

---

① 参见陈柏峰：《基层治理在法治社会建设中的格局与布局》，载《法治现代化研究》2020 年第 6 期。

向基层下移，把更多的社会治理资源下沉到基层，不断提升城乡社区的服务与治理能力，构建城乡社区治理的新格局。

（二）城乡基层治理在社会转型期的核心工作

作为整体社会治理工作的重心所在，城乡基层治理面临的往往是社会转型过程中高度浓缩的深层次问题，具有业务面广、工作量大的特点。与此同时，由于级别限制，城乡基层所拥有的治理资源又相对有限，如何利用有限的治理资源来解决转型时期的复杂问题成为城乡基层治理工作的重要问题。对此，梳理城乡基层治理的业务清单，明确城乡基层治理的工作重心，具有重要意义。

第一，保障基层民生。在马克思和恩格斯看来，“人们为了能够‘创造历史’，必须能够生活。但是为了生活，首先就需要衣、食、住以及其他东西”①。这一言论深刻地指出了民生问题的重要性。作为民众社会生活状态的总体性概括，“民生”问题是维系社会正常运转与秩序稳定、提升社会治理效能的根本所在，只有让人民群众在自己关心的民生热点问题方面拥有幸福感与获得感，才能不断满足人民对美好社会生活的需求。② 因此，社会治理必须做好民生保障工作。尤其对于直接联系广大人民群众的基层治理工作而言，更要坚持以民生为导向，解决人民最关心、最直接、最现实的利益问题，让社会改革发展成果更多也更公平地惠及全体人民。

结合党和国家关于社会治理工作的战略部署与城乡基层治理工作的实际来看，城乡基层治理中的民生保障任务具体包括如下方面：发展基层教育事业，深化基层教育改革，推动城乡义务教育一体化发展，让人民享有公平且高质量的教育；提供就业公共服务，开展职业技能培训，构建和谐的劳动关系；拓宽民众收入渠道，加快推进基本公共服务均等化，缓解城乡贫富矛盾；加强基层社会保障体系建设，落实全面参保计划，统

---

① 《马克思恩格斯全集》（第3卷），人民出版社1960年版，第31页。

② 参见董一冰、廖小红：《新时代民生保障制度优势向社会治理效能的转化》，载《学术交流》2021年第11期。

筹城乡基层社会救助体系，完善留守儿童、流浪乞讨人员、残障人群等弱势群体的社会福利、慈善事业；积极落实脱贫攻坚战的各项工作，坚持精准扶贫、精准脱贫，系统解决基层区域内的贫困问题；落实健康中国策略，加强基层医疗卫生服务体系和全科医生队伍建设，积极应对人口老龄化，加快基层老龄事业与产业发展等。[①] 整体而言，城乡基层的民生保障工作基本覆盖个体生活的方方面面与整个生命周期，在内容上以对国家治理政策的具体执行落实为主，并尤其关注特殊困难群体的民生诉求。因此，城乡基层治理在民生保障方面应当开展更为深入的社情调研，从而更为精准地把握基层民众的民生需求。

第二，改善城乡人居环境。随着社会物质生活水平的不断提升，人民群众关于美好社会生活的需要日益拓展至更广的生活领域，对美好人居环境的追求成为美好社会生活的一项重要内容。2017 年，《中共中央 国务院关于加强和完善城乡社区治理的意见》将“改善社区人居环境”明确为“着力补齐城乡社区治理短板”的一项重点工作，强调城乡社区治理应当着力推进城乡社区基础设施建设、城乡社区环境综合治理、健康城市和健康村镇建设、社区风险防范预案管理、消防宣传与消防治理等工作。[②] 2019 年，《住房和城乡建设部关于在城乡人居环境建设和整治中开展美好环境和幸福生活共同缔造活动的指导意见》指出，“当前我国城乡人居环境状况很不平衡，一些地区环境脏乱差问题仍然比较突出，人民群众对房前屋后的环境问题不太满意，与全面建成小康社会的要求还有差距”，强调要“以更大的决心、更明确的目标、更有力的举措补短板、强弱项，努力改善城乡人居环境，不断满足人民日益增长的美好生活需要，让发展成果更多更公平地惠及全体人民”。[③] 通过这些官方文件

---

① 参见习近平：《决胜全面建成小康社会 夺取新时代中国特色社会主义伟大胜利——在中国共产党第十九次全国代表大会上的报告》，人民出版社 2017 年版，第 45 ~ 49 页。

② 参见《中共中央 国务院关于加强和完善城乡社区治理的意见》，人民出版社 2017 年版，第 11 ~ 12 页。

③ 参见《住房和城乡建设部关于在城乡人居环境建设和整治中开展美好环境与幸福生活共同缔造活动的指导意见》，载中国政府网，http://www.gov.cn/xinwen/2019 - 03/02/content_5369939.htm。

可以看出,改善城乡人居环境已经成为转型时期的一项重要治理工作。作为具体负责城镇改造、物业管理、垃圾分类、污染整治等细化工作的治理主体,城乡基层需要从基层群众关心的小事、实事出发,积极探索人居环境改善工作的创新方案,引导城乡社区居民共同缔造美好环境与幸福生活。

第三,化解基层矛盾纠纷。进入转型期以来,我国经济社会发展展现出巨大活力,但同时,由于体制机制相对滞后以及利益结构不断瓦解重构,一系列与民众切身权益直接相关的矛盾纠纷也在基层社会集中爆发,如邻里纠纷、医疗纠纷、征地拆迁纠纷、劳资纠纷、物业纠纷、生态环境纠纷等。[①] 对此,《中共中央 国务院关于加强和完善城乡社区治理的意见》明确指出,要提升社区矛盾预防化解能力,着力完善利益表达机制,完善心理疏导机制,完善矛盾纠纷调处机制,推进平安社区建设。[②]《法治社会建设实施纲要(2020—2025年)》也强调,要"坚持和发展新时代'枫桥经验',畅通和规范群众诉求表达、利益协调、权益保障通道,加强矛盾排查和风险研判,完善社会矛盾纠纷多元预防调处化解综合机制,努力将矛盾纠纷化解在基层"[③]。从整体来看,调处化解社会矛盾纠纷已然成为城乡基层治理工作的核心内容之一。对基层社会矛盾纠纷的化解工作不仅仅是针对具体纠纷给出解决方案,而更为根本的是对基层社会利益关系的再调整和对社会基层秩序的再构建。在这一过程中,城乡基层治理工作需要妥善协调政府、社会与个人之间的相互关系,以法治为导向构建多元化的基层矛盾化解机制。

(三)城乡基层治理在社会转型期的重大变革

进入社会转型期以来,城乡基层治理工作受到学术界与实务界的高度重视。一方面,学术界针对城乡基层治理开展了系统研究,从理论层

---

① 参见张文汇:《法治化语境下的基层矛盾化解路径选择》,载《东岳论丛》2019年第5期。

② 参见《中共中央 国务院关于加强和完善城乡社区治理的意见》,人民出版社2017年版,第9~10页。

③ 《法治社会建设实施纲要(2020—2025年)》,人民出版社2020年版,第16页。

面明确了城乡基层治理的概念、模式与逻辑；另一方面，基层治理体制改革工作持续推进，基层治理方案不断推陈出新。同时，由于转型时期的社会体制、经济利益格局、思想观念等不断发生深刻变革，社会治理环境也在不断发生变化。面对社会转型时期的治理任务，城乡基层治理工作必须结合新的社会形势与新的社会要求，在治理观念、治理体制与治理方式等方面不断革新，适应社会转型的阶段特点，以高效能治理支撑社会稳定快速发展。

首先，城乡基层治理需要实现由“经济本位”到“社会本位”的观念转变。早期的城乡基层治理工作主要以秩序管控为目的，强调通过高效有力的政治权力运作来构建一体化的社会生活秩序。进入社会转型期以来，“经济发展”逐步取代“秩序管控”，成为城乡基层治理工作的目标定位。受此影响，市场经营理念广泛嵌入城乡基层治理的各个领域，形成了以经济利益为导向、以提升绩效为目标的经营性治理局面。[①] 经济导向的城乡基层治理工作在促进经济发展、提升物质生活水平方面效果显著，但过度偏重经济发展也同时引发了经济发展与社会发展的失衡问题。在城市社区，社会财富的集中导致社会成员的经济水平日渐分化，引发贫富对立，且住房、医疗、食品等生活必需品的价格攀升也同社会成员的消费能力产生冲突；在乡镇农村，随着农民外出务工比率的不断提高，农村空心化、农业边缘化、农民老龄化以及留守儿童问题越发严重，因城镇化建设而引发的拆迁补偿矛盾也不断涌现。如何妥善解决这些问题，成为城乡基层治理工作的重要任务。

不同的治理观念背后是对基层社会生活本质的认知分歧，这种分歧最主要地体现为经济学与社会学的不同，前者的立足点在于成本节约和收益最大化，后者则强调生活的社会性与文化特质。[②] 经济本位的治理

---

① 参见范逢春：《新发展阶段城乡基层治理的态势演变、逻辑转换与思路创新》，载《行政论坛》2021 年第 5 期。

② 参见任少波：《城市：集聚化交易的空间秩序——关于城市本质的制度经济学理解》，载《浙江大学学报（人文社会科学版）》2012 年第 4 期。

逻辑之所以引发了一系列城乡问题,其根源即在于过度的资本控制使城乡治理工作在一定程度上脱离了生活于其中的人,而要解决上述问题就必须回归社会本位,从注重经济生产到关注社会生活,在基层治理中深入贯彻习近平总书记关于“人民城市人民建,人民城市为人民”[①]的重要理念,突出城乡基层治理工作的人民性,切实解决人民问题,满足人民的治理需求。

其次,城乡基层治理应实现由“条块治理”到“整体治理”的体制转变。传统的社会治理体制在结构上呈现鲜明的“条块”结构:所谓“条”主要是指政府职能部门自中央直属部委到基层的垂直管理关系,如国家层面的民政、公安、教育等部门对各级地方相应部门的业务指导关系;“块”主要用于描述地方行政当局对某一区域内事务的统一管理,强调不同区域之间的横向平行关系。虽然“条”“块”之间的相互关系会随着社会治理需求的变化而变化,但“条块”式的社会治理体制在基层治理中始终存在因“条块”分割而引发的治理碎片化问题。尤其是随着转型期的城乡问题日渐复合化,“条块治理”存在的权责不对称、协调困难、各自为政以及管理不顺等问题也越发突出。[②] 对于具体负担基层治理任务的基层治理者而言,“基层治理中,往往会遇到各种综合性难题,这些难题牵扯到多个行政主管部门的权责。在条块分割的行政机制下,街乡由于权力所限,遇到综合性治理难题往往束手无策,根本无法调动上级有关部门协同处理”[③]。不仅如此,“条块”分割还增加了决策者与政策实施者之间的交流成本,与基层治理有关的政府部门无法充分、及时地获取基层治理所需要的信息,[④]各职能部门之间难以形成资源的优化组合,导致基层治理工作效率低下,无法适应转型时期的社会发展节奏。

---

① 《习近平:人民城市人民建,人民城市为人民》,载人民网,http://politics.people.com.cn/n1/2019/1103/c1024-31434666.html。

② 参见陶振:《基层治理中的条块冲突及其优化路径》,载《理论月刊》2015年第1期。

③ 杨积堂、张玉宝:《“吹哨报到”治理创新的北京探索》,载《前线》2019年第10期。

④ 参见王丛虎、乔卫星:《基层治理中“条块分割”的弥补与完善——以北京城市“一体两翼”机制为例》,载《中国行政管理》2021年第10期。

为了解决“条块治理”存在的分割性、低效性问题，城乡基层治理工作需要实现由“条块治理”到“整体治理”的体制转换。与“条块治理”不同，“整体治理”强调要加强城乡基层治理的顶层设计，推动体制内不同层级、不同部门之间的整合，对原本分散、孤立的基层治理资源进行优化配置，以此来克服因条块关系而产生的相互推诿现象。[①] 为了实现这一体制转换，城乡基层治理工作不仅需要积极构建“条条”之间的跨领域合作机制与“块块”之间的区域协作机制，实现不同领域与区域之间的相互开放与资源互补，还应当提高运用综合治理体系解决相关问题的能力，[②]真正解决基层民众的实际困难。

最后，城乡基层治理需要实现由“粗放式治理”到“精细化治理”的方式转变。在较长一段时期内，由于与治理相关的技术不够发达，城乡基层治理工作具有较为明显的粗放特征，主要表现在：结构上较为松散，缺乏明确的分工与责任体系，权力运用的自由裁量性较大；形式上重结果轻过程，缺乏明确的成本意识，理性筹划不足；广度上缺乏分工协作，基层政府及其官员事无巨细，大包大揽；深度上缺乏对社会事实及其细节的掌控，很多社会事实游离于治理工作之外；手段上缺乏科学性与专业性，往往将问题大而化之，治标不治本。[③] “粗放式治理”背后隐含着抓大放小、发挥治理主体主观能动性等观念，能够在一定程度上应对复杂性程度较低的社会治理需求，但进入社会转型期以来，粗放的治理方式已无力应对复杂的社会事实，亟待实现向“精细化治理”的转变。

“精细化”概念源于企业管理，指的是降低企业管理成本，提升治理效率，此后被逐渐应用于行政管理与社会领域。2017 年十二届全国人大五次会议期间，习近平总书记在参加上海代表团审议时指出，“城市

---

① 参见田先红：《中国基层治理：体制与机制——条块关系的分析视角》，载《公共管理与政策评论》2022 年第 1 期。

② 参见王立新：《以综合协调型治理消解条块壁垒》，载《探索与争鸣》2020 年第 11 期。

③ 参见韩志明：《从粗放式管理到精细化治理——迈向复杂社会的治理转型》，载《云南大学学报（社会科学版）》2019 年第 1 期。

管理应该像绣花一样精细。城市精细化管理，必须适应城市发展"①。2019年10月31日，《中共中央关于坚持和完善中国特色社会主义制度 推进国家治理体系和治理能力现代化若干重大问题的决定》明确提出，要"推动社会治理和服务重心向基层下移，把更多资源下沉到基层，更好提供精准化、精细化服务"②。"精细化治理是超越于粗放式管理的管理形态，包含了多方面的内涵：首先，理念上，信奉理性，追求专业和科学，尤其是关注细节，重视个体和局部，强调精打细算、精益求精、一丝不苟和追求卓越等；其次，在过程上，精细化治理不仅重视结果的品质，还强调治理过程的重塑，建立起全覆盖无死角的制度规范，实施严格的标准化的治理，具有很高的透明性和可见性；再次，精细化治理需要精明能干的管理者，对管理者的专业素质和能力提出了更高的要求，要求形成匹配精细化治理的价值和行为；最后，精细化治理倡导多元化的立场，强调社会主体的广泛参与，整合多种社会资源和社会力量，实现多元协同的共治。"③一定程度上来看，城乡基层的精细化治理既是国家治理现代化的逻辑延伸，也可被视作党的领导下国家趋近社会的新一轮尝试，④能否实现这一转变构成了城乡基层治理工作在社会转型期面临的重要挑战。

二、城乡基层治理工作的一般特点

多年来，我国基层治理工作不断推陈出新，不仅有效解决了转型时期的各种社会问题，塑造了安定有序的基层社会环境，而且成为整体社会治理工作的"试验田"与创新源头，形成了一批具有示范意义的实践

---

① 《习近平参加上海代表团审议》，载新华网，http://www.xinhuanet.com/politics/2017-03/05/c_1120571919.htm。

② 《中共中央关于坚持和完善中国特色社会主义制度 推进国家治理体系和治理能力现代化若干重大问题的决定》，人民出版社2019年版，第30页。

③ 韩志明：《从粗放式管理到精细化治理——迈向复杂社会的治理转型》，载《云南大学学报（社会科学版）》2019年第1期。

④ 参见黄俊尧：《"精细化"导向的城市基层治理创新——国家"趋近"社会的实践与逻辑》，载《浙江学刊》2019年第1期。

样本，如“党建＋科技＋治理”的龙华模式、“两赋两强”的秦淮样本、“街乡吹哨、部门报到”的北京模式等。城乡基层治理的地方样本背后是不同区域独特的社情民意与基层治理工作者的智慧，同时不同地区的城乡基层治理工作也具有相似的一般特点。

（一）党建引领基层治理

在塞缪尔·P. 亨廷顿（Samuel P. Huntington）看来，在后发现代化的国家，政党在政治秩序建构和社会团结生成方面往往扮演着不可替代的关键性作用。[①] 这一论断同样适用于对我国城乡基层治理工作的描述。

多年来，党和国家十分重视发挥基层党组织在城乡基层治理中的领导作用，通过多个文件将坚持党的领导明确为我国基层治理工作的一项基本原则。《中共中央 国务院关于加强和完善城乡社区治理的意见》明确指出，要“加强党对城乡社区治理工作的领导，推进城乡社区基层党组织建设，切实发挥基层党组织领导核心作用，带领群众坚定不移贯彻党的理论和路线方针政策，确保城乡社区治理始终保持正确政治方向”[②]。此后，《中共中央 国务院关于加强基层治理体系和治理能力现代化建设的意见》对如何完善党全面领导基层治理制度进行了三个方面部署：加强党的基层组织建设，健全基层治理党的领导体制；构建党委领导、党政统筹、简约高效的乡镇（街道）管理体制；完善党建引领的社会参与制度。[③]

当前来看，基层党组织已经成为我国推进城乡基层治理工作的主导力量与解决城乡基层治理难题的重要抓手。在这一现实背景下，不少学者对基层党组织的领导作用进行了深入的理论分析，并将“党建引领”总结为我国城乡基层治理的重要制度优势。比如，有学者认为，在“去

---

① 参见［美］塞缪尔·P. 亨廷顿：《变化社会中的政治秩序》，王冠华、刘为等译，上海人民出版社2008年版，第332～336页。

② 《中共中央 国务院关于加强和完善城乡社区治理的意见》，人民出版社2017年版，第2页。

③ 参见《中共中央 国务院关于加强基层治理体系和治理能力现代化建设的意见》，人民出版社2021年版，第3～4页。

组织化”的社会发展趋势下，党员与党的工作“再嵌入”能够满足“再组织化”的需求，这是党引领基层治理的战略选择。[①] 也有学者指出，社区党建体现了转型期党的建设与政治社会发展的内在需求，社区党建通过主体补位维持秩序，以组织化撬动社会发展，具有“政治建设”与“社会构建”的双重属性。[②] 这些研究成果的共同之处在于，它们皆高度肯定了基层党组织在城乡基层治理工作中的领导角色，主张发挥基层党建在整合治理资源、凝聚治理力量方面的重要作用。

在一定程度上而言，党建引领基层治理乃是我国社会治理体制变革的一种必然选择。由于社会力量相对较弱，社会的自主性与功能性无法充分发挥，早期的城乡基层工作只能寄托于国家力量的发挥，呈现出较为明显的行政化逻辑。此后，随着社会力量的不断增长以及社会治理诉求的日渐多元化，行政力量主导的社会管理模式逐渐让位于新的社会治理模式。与社会管理模式不同，社会治理模式强调政府简政放权和优化服务，积极打造政府与社会组织、企事业单位、家庭乃至公民等多元社会主体的合作共治。政府力量的适度退场有助于激发社会本身的自主能力和减轻政府自身的治理压力，但与此同时，政府退场也导致基层治理工作失去了整合治理资源的力量，引发对城乡基层治理碎片化的担忧。党建引领基层治理乃是补位政府退场的一种必然选择，因为在当下中国，唯有执政党能够纵向沟通上下，横向贯穿多元主体和协调统领全局。[③] 就此而言，党建引领基层治理的本质是以“政治”激活“共治”，通过基层党建来实现社会生活的再团结。

首先，党建引领基层治理体现为基层党组织对基层治理场域的塑造。按照布尔迪厄（Pierre Bourdieu）的观点，“场域”乃是一种相对独立

---

① 参见祝灵君：《再组织化：中国共产党引领基层治理的战略选择》，载《长白学刊》2016 年第 6 期。

② 参见吴晓林：《党如何链接社会：城市社区党建的主体补位与社会建构》，载《学术月刊》2020 年第 5 期。

③ 参见蔡禾：《从单位到社区：城市社会管理重心的转变》，载《社会》2018 年第 6 期。

的社会空间,但该空间既非由某种边界所划定的领地,也不同于一般意义上的领域,而是一种关于关系的社会存在。[①] 我国城乡基层治理工作不仅以一定的社会空间作为依托,而且需要在这一社会空间中构建不同治理主体的结构性关系,因此,特定社会空间及其形成的治理主体关系就构成了中国基层治理的"场域"。[②] 基层党组织对基层治理场域的塑造功能分为如下三个步骤展开:首先,通过党建工作不断延伸党组织的基层末梢,解决基层党组织弱化、虚化、边缘化的问题,实现基层党组织的全覆盖,为党建引领下的整体性治理机制储备了"党的领导在场"的政治势能;其次,基层党组织通过打造诸如党群服务中心、红色会客厅、城市驿站等"红色空间"的方式,为多元治理主体关系的凝聚提供组织化的公共场域;最后,在实现了"党的领导在场"与基层治理场域构建的基础上,打破"单位制党建"束缚,积极推进区域统筹、条块协同、上下联动、共建共享的联合党建新格局,形成纵横结合、具有强力聚合功能的基层治理场域。[③] 通过以上三个步骤,基层党组织将原子化的治理主体与治理资源纳入协作共治的整体性治理框架中,实现了多元主体的组织联动,避免了城乡基层治理的碎片化,充分展现了基层党组织的组织能力。

其次,党建引领基层治理还体现于基层党组织的政治引领作用。在传统的政府主导模式下,城乡基层治理工作被认为是一个运用国家权力来进行公共管理和维系社会秩序的过程。受此观念影响,城乡基层治理工作十分重视对治理效率的提升和对治理成本的节省控制,容易忽视基层群众的真实诉求,导致基层治理的官僚主义与形式主义弊病。对此,借助政治学习、思想教育活动等形式,对党员领导干部进行

① 参见庞正、周恒:《场域抑或主体:网络社群的理论定位》,载《社会科学战线》2017 年第 12 期。

② 参见陈秀红:《整体性治理:党建引领基层治理的一个解释框架》,载《学习与实践》2021 年第 12 期。

③ 参见陈秀红:《整体性治理:党建引领基层治理的一个解释框架》,载《学习与实践》2021 年第 12 期。

政治规训,对基层治理主体的思想与行为进行改造,激发党员干部的政治使命感与历史责任,树立服务导向的基层治理观念,便显得尤为重要。[①] 基层党建的作用在于,它实现了党员领导干部向基层社会的下沉与内嵌,强化了党员干部与群众的直接互动,践行了党的群众路线方针。一方面,下沉党员能够了解群众的真实利益诉求,拓宽治理工作与治理对象之间的沟通渠道,避免治理举措与治理需求之间的错位,并借助党员自身的组织关系向基层社会输入公共服务资源;[②]另一方面,基层党组织践行群众路线还具有重要的"政治教化"功能[③],它通过深入群众生活、走贫访苦的形式深化党员干部对初心使命的认识,强化党员干部的责任担当,引导基层治理工作者由技术性官僚向人民公仆的转变。

最后,党建引领基层治理体现于基层党组织的社会培育与动员功能。对于转型时期的城乡基层社会而言,社会治理的复杂性与不确定性要求城乡基层治理工作突破传统的线性管理模式,代之以更加多元的协同治理机制,充分发挥社会力量在城乡基层治理中的积极作用。社会力量参与城乡基层治理有两个前提要件:一是社会力量发育良好,具有参与城乡基层治理的能力;二是社会本身具有走出私人领域进入公共领域,参与城乡基层治理的积极意愿。要满足上述两个前提要件,就必须形成有效的社会培育机制与社会动员机制,这一工作在很大程度上是由基层党组织来完成的。一方面,基层党委通过吸纳社会组织参与治理、开展社会组织党建工作等方式,将物业、社会组织等新兴社会力量纳入党建体系,赋予了社会力量参与城乡基层治理工作的政治身份和合法性,实现了对社会力量的赋权增能,有助于社会力量的不断发展壮大;另

---

① 参见彭勃、杜力:《"超行政治理":党建引领的基层治理逻辑与工作路径》,载《理论与改革》2022 年第 1 期。

② 参见彭勃、杜力:《"超行政治理":党建引领的基层治理逻辑与工作路径》,载《理论与改革》2022 年第 1 期。

③ 参见吴冠军:《重新激活"群众路线"的两个关键问题:为什么与如何》,载《政治学研究》2016 年第 6 期。

一方面，通过构建社会交往互惠机制、协商对话机制等方式，基层党组织强化了基于共同情感与共同价值的社会交往互动，打造了基层民众高度认同的社会生活共同体，这在客观上起到了社会动员的作用，推动民众走出狭隘的私人领域，参与解决社会公共问题。[①]

（二）自治、法治、德治“三治融合”

面对我国城乡基层治理的各种新问题、新情况，我国城乡基层治理工作不断开拓创新，探索形成了一批具有典型示范意义的基层治理样本。2013 年，浙江省桐乡市积极贯彻党和国家关于城乡基层治理工作的决策部署，探索开启了自治、法治、德治“三治”联动的基层治理路径，在促进地方经济社会平稳健康发展方面表现优异。其具体举措主要包括三个方面：不遗余力地推进乡村法治建设，培养农民学法守法用法的法治理念，“以法治定分止争”；充分发挥新乡贤在乡村治理中的作用，着重发挥传统道德等乡土文化的感召作用，借此约束农民行为，以“德治春风化雨”；进一步丰富乡村自治工作，注重提升村民的主人翁意识，引导村民积极主动参与乡村治理与发展建设，化解干群矛盾，以“自治消化矛盾”。[②] 自治、法治、德治的联动治理，乃是依法治理、系统治理、综合治理、源头治理等多种治理理念融会贯通的创新方案，“德治是法治、自治的基础，重点解决治理主体思想精神层面的素质修养问题；法治是德治、自治的保障，重点解决治理的现实依据和手段问题；自治是德治、法治的目标，重点解决治理的具体形式和载体问题”[③]。

此后，在桐乡经验的基础上，党和国家决策层对自治、法治、德治

---

① 参见陈秀红：《整体性治理：党建引领基层治理的一个解释框架》，载《学习与实践》2021 年第 12 期。

② 参见张明皓：《新时代“三治融合”乡村治理体系的理论逻辑与实践机制》，载《西北农林科技大学学报（社会科学版）》2019 年第 5 期。

③ 张清：《基层自治制度的理论阐述与路径选择》，载《法律科学（西北政法大学学报）》2020 年第 2 期。

“三治融合”的治理模式进行了不断完善与推广。2017 年,党的十九大报告明确提出,“加强农村基层基础工作,健全自治、法治、德治相结合的乡村治理体系”①。2019 年,中共中央办公厅、国务院办公厅印发《关于加强和改进乡村治理的指导意见》,强调要“以自治增活力、以法治强保障、以德治扬正气,健全党组织领导的自治、法治、德治相结合的乡村治理体系,构建共建共治共享的社会治理格局”②。2021 年,《中共中央 国务院关于加强基层治理体系和治理能力现代化建设的意见》将建立“自治、法治、德治相结合的基层治理体系”③,明确为加强基层治理体系和治理能力现代化建设的一项重要目标。当前来看,自治、法治、德治“三治融合”已经超越微观的个案示范,上升为一种具有普遍性的城乡基层治理设计。

从自治视角来看,我国城乡基层治理工作紧紧围绕提升城乡基层自治水平这一目标,坚持自我管理、自我服务、自我监督,开展了形式多样的基层自治活动,取得了良好的自治成效。在既往以村民委员会、居民委员会等基层自治组织为载体的自治活动的基础上,我国城乡基层自治重心进一步下沉,形成了许多更加微观的基层自治活动,其常见形式包括:“村民小组”自治,即根据村民居住状况、集体土地所有权关系等分设若干村民小组,使其成为一个独立的自治主体,直接行使民主自治权;“院落或者门栋”自治,即以“院落”“门栋”等“小单元”为自治平台,通过民主选举产生院落、门栋民情代表议事会,公开决议相关公共事项,再由相应的自治管理小组负责实施自治事务的形式;“小事物”自治,即将基层自治的主题由“重大”公共事项拓展至基层民众日常生活的“小事”,通过微小事项治理来培养基层民众直接参与基层民主自治的习

---

① 习近平:《决胜全面建成小康社会 夺取新时代中国特色社会主义伟大胜利——在中国共产党第十九次全国代表大会上的报告》,人民出版社 2017 年版,第 32 页。

② 《关于加强和改进乡村治理的指导意见》,人民出版社 2019 年版,第 2 页。

③ 《中共中央 国务院关于加强基层治理体系和治理能力现代化建设的意见》,人民出版社 2021 年版,第 2 页。

惯、意识与能力。[①] 相较于官方层面的治理活动，基层自治实现了由"为民做主"到"由民做主"、"做群众工作"到"群众做工作"的重大转变，这不仅能够最大限度地调动基层民众在社会治理工作中的积极性与主动性，而且能够直接、及时地回应基层社会的治理需求，有效缓解了公共管理机构的城乡基层治理压力。

从法治视角来看，我国城乡基层治理的法律规则体系不断完善，基层治理的法治化水平不断提升。城乡基层的自治活动构成了城乡基层社区秩序的重要来源，但"片面强调社会自治而忽视政府管理，也会造成社会族群利益之间因为缺乏公共协调而使社会陷入长期的矛盾冲突之中，最终影响社会秩序稳定"[②]。对此，必须以法治的精神和价值取向来构造城乡基层秩序的基本框架。自改革开放以来，我国基层治理的法治化建设成果斐然。一方面，基层群众自治的法治规范不断完善，《村民委员会组织法》《城市居民委员会组织法》修订实施，地方性法规不断修订完善，社区居民委员会建设、社区服务体系建设、村民委员会换届选举、村级组织运转经费保障机制等文件先后下发，为城乡基层群众自治提供了有力的法律保障；另一方面，各地基层审判机关、检察机关、公安机关和司法行政机关及其派出机构建设不断健全，基层司法服务更加贴近群众、便利群众。[③] 在城乡基层治理中，"法治通过完善的体系规则和健全的责任机制来规范农村基层的治理行为、分配社会主体的治理责任，为基层治理体制构筑起合法的制度框架和权威的运行结构，通过强化法治在基层治理中的基础地位，有效调整、约束和规范农村社会中不同主体间的关系，实现对基层治理的规制和保护，让农村市场化进程中基层社会的主体利益得到优化、治理资源得到整合，让多元化主体的政治参与热情、乡村治理请求和正当利益诉求得到满足，通过制度的形式

---

① 参见张清：《基层自治制度的理论阐述与路径选择》，载《法律科学（西北政法大学学报）》2020年第2期。

② 燕继荣：《国家治理及其改革》，北京大学出版社2015年版，第275～276页。

③ 参见刘佳义：《推进基层治理法治化》，载《光明日报》2014年12月8日，第1版。

稳固和解决农村市场化带来的问题和矛盾,保障基层治理的制度效果真正实现,保障基层治理的法治秩序真正形成,从而在根本上提高农村市场化进程中基层社会的治理能力"[①]。

从德治视角来看,我国城乡基层治理的伦理根基越发牢固,中华优秀传统道德文化与社会主义道德在维系基层社会生活秩序、提升基层社会文明程度等方面发挥重要作用。我国历来拥有以德治国的传统,在历史上形成了德主刑辅、以德化人等思想主张。历经千百年基层治理逻辑的递嬗,今日意义上的德治已不再是古代中央集权用以控制臣民思想的特定治式,而发展成为以道德规范推进城乡基层治理的新型治式。[②] 我国当下城乡基层治理中的道德在内容上呈现为一种混合体,它既包含中华传统优秀道德文化的内容,也吸纳了马克思主义的道德理论,并基于党的"德治"实践而不断创新发展。[③] 具体而言,城乡基层治理中的"德治"体现在如下方面:其一,优秀伦理规则与道德精神被纳入乡规民约,成为规范基层民众行为、树立基层社会新风尚、维护基层和谐稳定发展的重要规范来源;其二,道德因其所承载的深厚集体记忆与文化根基,成为基层人民调解工作的重要依托,在说服与引导基层民众,消弭基层社会矛盾方面效果明显;其三,在现代乡贤治理模式下,德性不仅构成了乡贤非强制性权威的根本来源,而且成为乡贤代表基层民众利益处理基层公共事务的办事标准;其四,作为现代家风家法的核心内容,道德教化起到了凝聚家庭共识,营造家庭氛围的作用,成为基层民众生活意义上的精神归属。[④] 整体来看,作为非正式制度的道德规范既能为正式制度提

---

① 彭澎:《农村基层治理法治化的制度内涵与发展目标研究》,载《湖北社会科学》2016 年第 12 期。

② 参见周申倡、戴玉琴:《从"教化—控制"到"治理—善治":基层治理模式递嬗中的乡村德治》,载《江海学刊》2020 年第 6 期。

③ 参见陈成文:《深植社会治理的伦理根基——中国共产党百年"德治"的经验与启示》,载《社会科学家》2021 年第 6 期。

④ 参见于语和、雷园园:《村民自治视域下的乡村德治论纲》,载《山东大学学报(哲学社会科学版)》2020 年第 1 期。

供伦理根基，也能填补正式制度的不足与空白。

自治、法治与德治的“三治融合”需要在厘清三者之间关系的基础上，实现三者在功能与制度层面的实质融合，避免将自治、法治与德治予以简单的罗列组合，或者不加区分地将三种治理方式予以同质化的混同。[①] 在“三治融合”的基层治理体系中，自治乃是本体性的治理方式，三者之间应形成“自治为体、法德两用”的形态，也即“自治基础上的法治＋德治”模式，通过德治建设与法治保障来提升城乡基层自治的有效性。[②] “三治融合”的实质治理主体乃是基层民众，“三治融合”的根本目标在于实现城乡基层治理的“善治”。

（三）社会组织积极参与城乡基层治理

近年来，政府购买服务作为社会治理体制创新的一项重要内容备受重视，并迅速发展成为我国城乡基层治理的基本模式之一，形成了一系列颇具特色的地方实践样本。[③] 在这一过程中，社会组织因其强大的社会服务功能而备受重视，被吸纳成为我国重要的社会治理主体。2019年，党的十九届四中全会通过的《中共中央关于坚持和完善中国特色社会主义制度 推进国家治理体系和治理能力现代化若干重大问题的决定》对构建基层社会治理新格局作出重要部署，强调要“发挥群团组织、社会组织作用，发挥行业协会商会自律功能，实现政府治理和社会调节、居民自治良性互动，夯实基层社会治理基础”[④]。《法治社会建设实施纲要（2020—2025年）》也明确提出要“促进社会组织健康有序发展，推进社会组织明确权责、依法自治、发挥作用”，“发挥社区社会组织在创新

① 参见耿玉基：《乡村矛盾的实质治理：以“三治融合”为阐释对象》，载《河北法学》2021年第11期。

② 参见周申倡、戴玉琴：《村级治理中“德治涵养自治”逻辑的政治学分析》，载《宁夏社会科学》2021年第3期。

③ 参见朱媛媛：《关系运作：社会组织参与基层治理的空间实践——以G市政府购买服务项目为例》，载《江西社会科学》2019年第7期。

④ 《中共中央关于坚持和完善中国特色社会主义制度 推进国家治理体系和治理能力现代化若干重大问题的决定》，人民出版社2019年版，第30页。

基层社会治理中的积极作用”。[①]

“社会组织是一定多数的社会成员，基于某种共同的社会目标，以一定的组织化形态自觉结合而成的社会群体”[②]，也被称为“第三部门”。社会组织的基本特征包括：自治性，即社会组织自我运作、自我管理，独立于任何其他机构和组织；非营利性，即社会组织不以自身利益为最终目标，而是旨在增进群体或社会公益；自愿性，即社会组织的建立是由公民自愿聚合而成的，区别于传统民间组织和政府组织；合法性和公开性，即社会组织的成立符合法律设定的条件，运行过程公开，并接受社会公众和政府的监督；多元性和代表性，即不同社会组织在目的、功能、角色方面多有不同，但每一个社会组织都在一定程度上代表了某一特定群体的共同意志。[③]

自 2012 年以来，我国社会组织规模不断发展壮大，成为一股重要的社会力量。根据中国社会组织网的数据统计，截至 2021 年 1 月 25 日，入库社会组织总数已由 2012 年的 32 万发展至 90 万，达 901, 351 家，其中民政部登记社会组织共 2292 家，预计 2022 年将突破 100 万大关。规模庞大的社会组织在老龄服务、儿童福利和收养登记、残疾人服务、社会救助、防灾减灾、慈善事业、优抚安置等方面皆发挥了巨大的社会作用。尤其值得注意的是，借助政府购买服务的形式，各类社会组织随着社会治理重心的下移也下沉至基层，积极参加城乡基层治理的各项工作，成为我国城乡基层治理工作的一项重要特征。

首先，社会组织积极参与城乡基层服务工作。公共服务曾经被认为是政府的专属职责，而非政府机构的作用仅限于为政府工作提供一些细微的补充。随着社会复杂性的提升以及社会治理观念的转变，公共服务的政府全能主义逐渐式微，政府在提供公共服务方面的有限性受到重视，政府与社会组织合作提供公共服务逐渐成为共识。相较于政府机

① 《法治社会建设实施纲要（2020—2025 年）》，人民出版社 2020 年版，第 15 页。

② 龚廷泰主编：《当代中国的法治社会建设》，法律出版社 2017 年版，第 110 页。

③ 参见庞正、周恒：《场域抑或主体：网络社群的理论定位》，载《社会科学战线》2017 年第 12 期。

构,社会组织在生产和提供基层公共服务方面有较为明显的优势:其一,社会组织根植于基层社会,能够及时掌握基层社会的实际需要,并作出快速回应;其二,各类社会组织在特定工作领域内一般具有较高程度的专业性,有专业化的管理人才与技能人才,公共服务的专业化水平较高;其三,社会组织在生产和提供公共服务方面较为灵活,能够适时调整自身的服务方案与服务策略,契合不断变迁的基层社会治理需求;其四,社会组织类型多样,能够提供个性化与多元化服务,满足基层社会的多样化服务需求。[①] 这些独特的功能优势为社会组织参与城乡基层服务工作奠定了良好基础。在当前的城乡基层治理工作中,社会组织提供了包括公共政策服务、公共产品服务、公共管理服务等在内的多项服务,基本涵盖了城乡社会生活的方方面面。尤其是在城乡弱势群体帮扶方面,社会组织积极开展了一系列社会救助与福利服务工作,有效改善了基层社会弱势群体的生存环境。

其次,社会组织积极参与城乡基层秩序的塑造。法律及其统治最原初的功能意义在于,满足人类社会存在和延续的秩序化需要,即秩序构成了法律和法治最为基础的价值意义。[②] 不可否认,当下的社会生活秩序主要是由国家及其立法活动提供的,但与此同时,我们也不应忽视社会本身所拥有的秩序化愿望与能力。作为社会力量的主要载体,社会组织在当下基层社会秩序的塑造方面发挥着重要作用。一方面,社会组织能够按照政府职能部门的要求,协助落实政府的各项职能任务,甚至直接接受政府委托,代为执行部分基层治理任务,成为政府部门在城乡基层治理中的事务性工作助手;另一方面,社会组织使原子化的社会成员由孤立走向联合,打造出一种紧密的成员关系和群体归属感,在此基础上,社会组织通常借助一定的自治规范来对组织内部的生活秩序加以规范,它明确告诉组织成员应当做什么、禁止做什么,并辅以一定的追责机

---

① 参见刘春湘、邱松伟、陈业勤:《社会组织参与社区公共服务的现实困境与策略选择》,载《中州学刊》2011 年第 2 期。

② 参见庞正:《法治秩序的社会之维》,载《法律科学(西北政法大学学报)》2016 年第 1 期。

制来防范组织成员的极端任性,形成了稳定、健康的内部组织秩序。

最后,社会组织积极参与基层社会治理中的协商工作。注重不同主体之间的民主协商历来是我国社会治理工作的优良传统。在党的十九大报告中,习近平总书记明确指出,“要推动协商民主广泛、多层、制度化发展,统筹推进政党协商、人大协商、政府协商、政协协商、人民团体协商、基层协商以及社会组织协商”。[①] 可以看到,作为社会成员协同工作的组织载体,社会组织在落实基层社会协商方面的重要作用已经受到最高决策层的肯定,成为推动协商民主发展的重要力量。一般认为,社会组织所承载的协商议题主要包括经济社会发展中的重大问题、人民群众关心的切身利益问题、社会组织内部以及社会组织之间的相关事务等。具体到城乡基层治理工作来看,社会组织的协商功能主要体现在内外两个向度:在内部层面,社会组织构建了组织成员间的对话协商机制,推动碎片化的社会利益诉求经由协商而相互包容、吸纳、协调、平衡,最终整合为具有普遍性的社会共识,起到了弥合社会分歧、协调社会矛盾的重要作用;[②]在对外层面,社会组织提供了政府与基层社会民众开展协商交互的良性机制,它能够将整合后的基层民众共识以合法、有效的制度化渠道输入基层治理决策,促使基层治理工作充分吸收基层社会治理需求,从而间接提升基层治理决策的科学性、合理性与社会认可度。

对于城乡基层的社会治理而言,“如果涉及个体权利配置的法律和政策在制定过程中没有或者排斥理性的民主参与,就会增加大众行为的可能性,进而削弱政治权威的合法性基础,最终法治秩序也就会受到威胁”[③]。反之,当基层政府能够同基层民众开展智识交流,并在决策中吸收和反映基层民众的利益需求时,就会在相当程度上增强基层民众对基

① 习近平:《决胜全面建成小康社会 夺取新时代中国特色社会主义伟大胜利——在中国共产党第十九次全国代表大会上的报告》,人民出版社2017年版,第38页。

② 参见刘春湘、江润洲:《社会组织在基层治理新格局中的作用》,载《湖南科技大学学报(社会科学版)》2021年第4期。

③ 庞正:《法治的社会之维:社会组织的法治功能研究》,法律出版社2015年版,第163页。

层治理决策的理解乃至普遍的认同。因此,城乡基层治理工作需要在城乡基层政府与城乡基层民众之间形成一种交互机制或者说中间地带,而最终承担这一责任的即社会组织。作为“私”利的代表,社会组织自下而上地参与、影响并制约国家治理决策;作为“公”利的代表,社会组织能够协助基层政府阐明政策原理、缓解政治命令同个体利益的直接碰撞。

（四）城乡基层治理智能化

随着信息技术的不断发展,人类社会开启了全新的数字生活时代。一方面,信息技术的纵深发展给基层社会治理带来了新的问题与挑战;另一方面,信息技术也极大地提升了人类认识世界、改造世界的能力,为社会治理能力的提升带来新的机遇。对此,《中共中央 国务院关于加强和完善城乡社区治理的意见》指出,应增强社区信息化应用能力,提高城乡社区信息基础设施和技术装备水平,加快城乡社区公共服务综合信息平台建设,加快互联网与社区治理和服务体系的深度融合,探索社区治理与服务的新模式。[①] 此后,《中共中央 国务院关于加强基层治理体系和治理能力现代化建设的意见》就如何加强基层智慧治理能力建设作出更为详细的部署:做好信息化建设规划,统筹推进智慧城市、智慧社区基础设施、系统平台与应用终端建设,加强系统集成、数据融合与网络安全保障;实施“互联网 + 基层治理”行动,共建全国基层治理数据库,推动基层治理数据资源共享,根据需要向基层开放使用;加快全国一体化政务服务平台建设,推动政务服务平台向乡镇(街道)延伸,建设开发智慧社区信息系统和简便应用软件,提高基层治理数字化智能化水平。[②] 在此时代背景与政策背景下,我国城乡基层治理工作呈现出鲜明的智能化特征。

---

① 参见《中共中央 国务院关于加强和完善城乡社区治理的意见》,人民出版社 2017 年版,第 10～11 页。

② 参见《中共中央 国务院关于加强基层治理体系和治理能力现代化建设的意见》,人民出版社 2021 年版,第 11 页。

“基层社会治理智能化是基层社会的实质空间和数字空间日益交叉融合的结果，旨在运用互联网、大数据、云计算、物联网、区块链等信息技术手段，结合信息化和数字化发展的规律和特点，将复杂的社会运行体系映射在多维、动态的数据体系之中，实时、量化、可视化地观测社会运行规律、社会诉求变化以及政府回应效果，提升社会抗风险能力以及社会治理的有效性。”①社会治理的智能化不仅意味着在硬件层面实现基层治理办公的电子化与自动化，还意味着在软件层面开发服务性与人文性的数字治理方案，从而满足基层民众的个性化需求，推动社会治理体制的实质变迁。结合我国当前基层治理的实践来看，基层治理的智能化特征主要体现在如下方面。

第一，基层社会治理要素的数据化。智能化的社会治理方式本身以大数据作为技术支撑，需要将社会治理要素加以数据化的转化，使其成为智能化治理系统中的大数据。能否实现社会治理要素的数据化转化，能在多大程度上实现社会治理要素的数据化转化，直接影响着智能化社会治理的广度与深度。这里所谓的社会治理要素主要是指基层社会治理中必不可少的人、地、物、组织、时间、位置等。在非智能化的社会治理模式下，社会治理要素主要经由人力录入的方式获取，并以纸质文本的形式保存。在智能化的社会治理工作中，生物识别技术与智能感知技术成为采集社会治理要素的主要方式。② 比如，借助人脸识别技术，人的面部信息被数据化，并与其个人信息档案相绑定，为实现“人”这一治理要素的数据化提供条件；凭借车辆识别技术，公共管理者能够适时提取道路车辆的类型、颜色、车牌以及驾驶人的驾驶行为等，为维护基层交通秩序提供便利；通过全球定位系统（GPS）定位技术，个体的位置信息与行程轨迹被精确记录，为重大公共卫生事件中的精准防控工作奠定基础。从整体来看，在智能化的基层社会治理中，各项社会治理要素皆被

---

① 韩瑞波、唐鸣：《基层社会治理智能化的潜在风险与化解防范——基于 Y 市 Z 区的案例研究》，载《宁夏社会科学》2021 年第 1 期。

② 参见周汉华、刘灿华：《社会治理智能化的法治路径》，载《法学杂志》2020 年第 9 期。

基于人体、车辆、行为或者图像的数字化感知技术加以数据化采集、整理与存储，转化为基层社会治理中可被智能机器识别的大数据。

第二，基层社会治理数据的汇聚化。转型时期的城乡基层治理强调系统治理与综合治理，实现多元治理主体之间的协同工作。与非智能社会治理模式下的“协调会议”或者“协调机构”等协同方式不同，智能化的基层治理模式主要通过社会治理数据的汇聚共享来实现不同治理主体的协同共治。借助统一的信息数据库与信息数据平台，智能化治理能够将不同部门、不同层级的社会治理数据加以汇合，并通过统一的数据标准来实现不同治理数据之间的兼容。由此，基层社会治理不再需要频繁地召开会议来协调不同部门之间的工作，部门协同的效率得到提升。并且这种数据化的协同模式客观上提升了政府部门协同工作的透明度，有助于对基层治理主体的不作为和乱作为现象加以监督。① 例如，深圳市委、政法委以及市场和质量监督管理委员会联合发布了《社会管理要素统一地址规范》的深圳标准，通过赋予建筑物房屋唯一身份号码的形式，建立起市、区、街道、社区、基础网格、建筑物、楼栋和房间八级空间块单元，在此基础上将各区域内的人员、房屋、法人、场所、物件等社会治理要素与空间地理位置进行融合对接，有效解决了社会治理数据的“碎片化”与“孤岛化”问题，实现了社会矛盾纠纷与安全隐患的联动化解、联手处置与联合整治。②

第三，基层社会治理规则的算法化。现代社会治理乃是规则之治。作为社会治理的逻辑起点与基本依据，治理规则乃是特定社会集团内部基于秩序化需求，借助沟通、协商等民主形式所形成的一致意见，在内容上通常指向某种普遍化的行为方式。③ 在智能化的基层社会治理中，社会治理规则与人工智能算法模型产生深度融合，智能机器不仅“掌握”

---

① 参见刘灿华：《社会治理智能化：实践创新与路径优化》，载《电子政务》2021 年第 3 期。

② 参见《块数据助社会治理走向共建共治共享新模式》，载腾讯云 2018 年 12 月 13 日，https://cloud. tencent. com/developer/news/370381。

③ 参见龚廷泰主编：《当代中国的法治社会建设》，法律出版社 2017 年版，第 116 页。

了社会治理的规则知识，而且能够依据治理规则自动识别、自动预测、自动判断与自动处置，呈现出鲜明的自动化特征。[①] 以杭州市拱墅区为例，拱墅区在基层治理中对原有城市摄像头进行人工智能（AI）升级，打造了被称为“城市眼云共治”的自动化治理系统。通过对上百万场景的深度学习，“城市眼”能够对机动车违停、违规物宣传、垃圾堆放、出店经营、人员异常聚集、小区环境卫生管理、保健品销售管理、独居老人服务等多种场景或者行为进行精准识别。当发现异常情况或者违规内容时，AI系统将自动推送异常信息与相应的法律规范，并按照违法违规人员自行整改、社区监督整改、执法整改的阶段顺序，推动社会异常问题的解决。[②] 相较于非智能化的社会治理，社会治理规则的算法化不仅极大地提升了基层治理工作的预判性与主动性，而且降低了基层社会治理的人力成本。

智能技术的广泛应用实现了基层社会的人机共治。当然，从技术条件来看，当前的人机共治仍旧以人为主，智能机器只是作为城乡基层治理的一项辅助工具被广泛使用。但不可否认的是，智能机器确实在提升基层社会治理能力方面发挥了重要作用。智能机器的应用将人从部分重复性的体力劳动中解放出来，对有限的基层治理资源进行调配，提升了城乡基层治理的协同性、主动性、针对性以及精细化程度，成为创新城乡基层治理工作的重要途径。

三、城乡基层治理工作的法治化要求

党的十八大以来，以习近平同志为核心的党中央高度重视社会治理工作与法治建设的结合，提出了“社会治理法治化”这一重要实践命题，强调运用法治思维和法治方式推进社会治理，在社会治理中贯彻法治逻辑。作为社会治理的重心所在，城乡基层治理法治化既是贯彻落实“社

① 参见周汉华、刘灿华：《社会治理智能化的法治路径》，载《法学杂志》2020年第9期。

② 参见《更“智慧”更“温暖”！拱墅小河街道“城市眼云共治”再升级》，载杭州网，https://ori.hangzhou.com.cn/ornews/content/2020-07/15/content_7774841.htm。

会治理法治化”命题的关键,也是城乡基层治理改革的发展方向与目标。城乡基层治理法治化意味着在法治框架下革新城乡基层的治理模式,整合城乡基层的治理资源,树立法治在城乡基层治理中的核心地位,对城乡基层治理工作提出了更高的法治化要求。

(一)科学融贯的基层规范体系

城乡基层治理法治化首先意味着城乡基层治理的规范化、制度化,避免城乡基层治理工作的随意与混乱,形成关于城乡基层治理的稳定预期。为此,城乡基层治理工作应当坚持规范先行,加强城乡基层规范体系建设,不断完善城乡基层社会治理的各项规范。

第一,对国家“硬法”与社会“软法”的二元规范加以整合,确保城乡基层治理规范的和谐统一。城乡基层治理中的规范乃是城乡基层社会秩序化以及良善状态的规则依据,它体现并反映着实践中的城乡基层社会关系,是对城乡基层具体社会关系的某种抽象与归纳。完善的城乡基层规范不仅能够为我国的城乡基层治理工作提供合法性与权威性,确保各项社会治理工作在法治框架内展开,而且有助于培养城乡基层各社会主体的规则意识。结合当前的城乡基层社会治理实际来看,我国城乡基层的规范体系呈现明显的二元结构。一方面,依凭国家理性的国家制定法在整体规范体系中发挥着重要的主导作用,为加快城乡基层治理的法治化奠定了坚实的制度规范基础;另一方面,源自社会生活本身的社会规章、自治条例、乡规民约、风俗习惯等社会规范同样发挥着重要的规范功能。作为区别于国家制定法的规范体系,社会规范在多个方面有自身的特色:在制定主体方面,社会规范更多依赖社会组织、自治组织以及基层民众的自我演化;在效力来源方面,社会规范并不依靠国家强制力,而主要借助基层生活共同体内部的自我监督与合意认同作为效力基础,在手段上更为柔性;在违反后果方面,社会规范主要借助基层生活共同体内部的某种个人或组织权威来进行调解与协商,一般不诉诸司法手段;在效力范围方面,社会规范一般只作用于产生于其中的基层共同体内部,范围相对有限。[①]

基层社会规范的崛起打破了公共管理机构对基层规范体系的垄断地位,使基层治理工作摆脱了对国家以及国家强制力的单一依赖。城乡基层社会的治理当然离不开国家"硬法"所提供的制度框架,但由于社会本身并非完全经由国家设计的生活领域,国家"硬法"在城乡基层治理的实际应用中并不能解决全部的社会问题,尤其是在面对一些复杂矛盾纠纷背后的深层次社会问题时,国家层面的制定法通常作用有限。从这一角度来看,城乡基层存在的多元社会规范无疑有重要意义,社会规范的存在不仅能够有效弥补代议制国家立法的不足,填补基层社会治理的规范空缺,而且有助于形成多元化的纠纷解决机制。并且相对于国家立法对一般性问题的关注,社会规范更加关注小型共同体的特殊性问题,有助于应对基层治理诉求的多元化发展。但与此同时,由于在逻辑、内容等方面存在差异,国家规范与社会规范容易出现错位和冲突。也正因如此,城乡基层治理工作面临着国家规范与社会规范的整合协同问题。对此,"必须以法治的精神和价值取向来完善基层的自治规则,使自治规则服务于法治建设大局"[②],实现国家硬法规范与社会软法规范之间的和谐统一。

第二,深入推进基层治理重点领域的立法工作,不断完善城乡基层社会治理的法律体系。多年来,在党和国家的领导推动下,我国城乡基层治理的制度规范不断健全,制定出台了一系列基层法律法规,为城乡基层治理工作构建起完善的制度规范体系。但城乡基层社会的不断发展以及城乡基层治理工作的持续革新又不断产生各种新的制度需求,需要持续推进城乡基层立法工作。对此,在城乡基层治理过程中应当着力完善基层社会重点领域的制度体系,授权有立法权的地方立法机构结合当地实际,出台城乡社区治理的地方性法规和地方政府规章。并且为了

① 参见龚廷泰主编:《当代中国的法治社会建设》,法律出版社 2017 年版,第 117 页。

② 张镭:《论基层自治规则的主导作用及其法律保障》,载《法学》2018 年第 9 期。

确保城乡基层规范体系充分反映社情民意，基层立法工作应积极贯彻科学立法、民主立法的立法原则，推动设立基层立法联系点，以常态化的民主机制保障基层民众有序参与立法工作。

第三，构建多元治理主体的权限与协作规范，推动不同治理主体的分工配合。近年来，我国城乡基层治理工作实现了由一元主体到多元共治的转变，在坚持政府主导地位的同时，积极发挥社会组织、企事业单位、家庭乃至公民等多元社会主体的治理作用。对于政府部门而言，社会治理主体的多元化转变意味着政府简政放权，更加注重自身的社会服务功能；对于社会主体而言，社会治理主体的多元化转变意味着由治理对象到治理主体、由被动接受到主动作为的变迁。在理想状态下，政府与多元社会主体构成了善治的平等主体，各自负担自身擅长的基层事务，通过彼此间的合作共同塑造基层社会的生活秩序。但从现实来看，由于不同主体权限规范的缺失，社会治理主体的多元化容易导致社会治理主体间的职责不清问题，政府与社会之间缺乏明确的责任分工，不同主体之间的协作配合自然无从谈起。为了充分贯彻落实“合作共治”的现代治理理念①，城乡基层治理工作需要着力构建多元治理主体的权限规范，明确各治理主体的治理职责，强化政府的服务职能，引导和督促社会主体自我管理、自我发展。

第四，明确城乡基层治理的权力制约规范，强化城乡基层小微权力的制约与监督。在英国法学家戴雪（A. V. Dicey）看来，法治的第一层要义就是“国法的至尊适与武断权力相违反。四境之内，大凡一切独裁、特权，以至宽大的裁夺权威，均被摒除”②。阿克顿（J. E. E. Dalberg-Acton）也指出，“在所有使人类腐化堕落和道德败坏的因素中，权力是出现频率最多和最活跃的因素”③。因此，对权力的制约与监督构成了法

① 参见龚廷泰、常文华：《政社互动：社会治理的新模式》，载《江海学刊》2015 年第 6 期。

② ［英］戴雪：《英宪精义》，雷宾南译，中国法制出版社 2001 年版，第 232 页。

③ ［英］约翰·埃默里克·爱德华·达尔伯格－阿克顿：《自由与权力》，侯健、范亚峰译，译林出版社 2014 年版，第 294 页。

治的基本精神之一,也是法治建设的出发点与落脚点。法治始终对权力保持极高的警惕,并注重通过规范建设来限制权力的行使,而无论权力的主体是国家、政府抑或社会。因此,法治化的城乡基层治理必然要认真对待城乡基层治理权力的扩展与滥用问题,通过完善的权力制约规范明确城乡基层治理权力的运行范围、程序步骤、执行主体等,强化对基层小微权力的监督与制约,防止城乡基层小微权力滥用对基层民众利益的损害。

(二)良好的基层法治文化氛围

社会治理的法治化并不仅仅是制定出科学完善的制度规范体系,同样重要的是所制定出来的制度规范能够得到社会成员的真诚认同与遵守。这里所谓的认同与遵守实质上是一种"文化认同"问题,是"一种群体文化确认的状态,是一种个体被群体文化所影响的感知"[①]。易言之,社会治理的法治化建设需要作为共同体成员的个人从心理和观念上认可该共同体的制度规范,并真诚地认同遵守该制度规范为共同体成员必不可少的基本道德,否则,他将无法融入该共同体的公共生活。因此,除完善的制度规范外,城乡基层治理的法治化亦需要良好的法治文化为其提供非正式的支撑。正如博登海默(E. Bodenheimer)所言,"警察权力(police power)当然是必不可少的,然而却永远是不充分的……秩序的真正生命力依然源自内部。是良知造就了我们所有的公民"[②]。

2012 年,在首都各界纪念现行宪法公布施行 30 周年大会上,习近平总书记强调,"我们要在全社会加强宪法宣传教育,提高全体人民特别是各级领导干部和国家机关工作人员的宪法意识和法制观念,弘扬社会主义法治精神,努力培育社会主义法治文化,让宪法家喻户晓,在全社会形成学法尊法守法用法的良好氛围"[③]。这一言论深刻洞见了法治建设

---

① 龚廷泰:《理念、制度与法治实践——一个文化的分析视角》,载《北方法学》2013 年第 2 期。

② [美]E. 博登海默:《法理学:法律哲学与法律方法》,邓正来译,中国政法大学出版社 1999 年版,第 345 页。

③ 习近平:《在首都各界纪念现行宪法公布施行 30 周年大会上的讲话》,载《人民日报》2012 年 12 月 5 日,第 2 版。

在精神文化层面的重要意义。结合社会治理的历史实践不难发现，只有将法治建设升华到文化层面，让法治观念渗透于全体社会成员的血脉思想中，才有可能实现真正意义上的法治。

关于如何理解法治文化的概念内涵，学术界存在不同观点。有学者认为，法治文化乃是法的精神部分，它主要由社会经济基础和政治结构所决定，是在历史发展过程中沉淀积累并不断发展而成的，有关法和法律生活的群体性认知、评价、心态以及行为模式等。[①] 有学者将法治文化与人治文化对应分析，认为法治文化是人治文化之后更为先进的文化样态，是社会成员对法、法律制度及其运作的普遍性的认识和态度，它主要体现为社会成员广泛认同和持有的以法治为取向的精神意识、价值判断等，鲜明的价值判断与价值取向是其与法律文化的区别所在。[②] 也有学者认为，“法治文化是一个大的概念，它并不是指法制新闻、法制文学、法制文艺、法制网络等某项具体的文化活动，也不是指法治宣传教育工作中的某种具体形式和手段，它与和谐文化相辅相成，是社会主义民主法制建设中的一个重要的组成部分，是包括立法、司法、执法、法制宣传、法律服务和法律监督等社会法制文明活动的综合体现”[③]。除此之外，还有学者立足于社会主义文化，认为“社会主义法治文化其要义是以社会主义法治精神理念为导引，以社会主义法律制度为主干，以依法办事和自觉守法为基础，以构建社会主义法治秩序为目标的法治文明状态”[④]。整体来看，学术界关于法治文化的定义存在广义和狭义两种界定方式。前者将法治文化理解为包括精神文明成果、制度文明成果以及行为方式等在内的文化现象和法治状态；后者则仅将法治文化理解为法治精神文明成果。本书该部分主要是在狭义层面来理解法治文化的，将

---

① 参见张文显：《法律文化的释义》，载《法学研究》1992 年第 5 期。

② 参见魏淑君：《和谐社会法治文化的思考》，载《中国浦东干部学院学报》2009 年第 1 期。

③ 周义：《论法治文化对法治心理的影响》，载《中国司法》2007 年第 3 期。

④ 李林：《社会主义法治文化概念的几个问题》，载《北京联合大学学报（人文社会科学版）》2012 年第 2 期。

法治文化界定为社会共同体成员观念层面的集中体现,认为法治文化是个体法治意识在共同体生活中的普遍化存在样态,是社会主体践行法治而达成的主观心理及相应的社会氛围,集中体现为社会主体对法治的认知与价值判断,这种认知与判断既包括制度规范良善与否的观点,也涉及对法治运行实效的主观评判。[①]

在恩格斯看来,“人们自觉或不自觉地,归根到底总是从他们阶级地位所依据的实际关系中——从他们进行生产和交换的经济关系中,获得自己的伦理观念”[②]。按照这样一种观点,法治文化以及具体构成法治文化的个体法治意识,在很大程度上就源于社会民众的法治生活体验,反映社会民众在实际法治生活中的地位、权利、义务等。相应地,若要准确判断特定社会空间的法治文化状况,其关键即在于考察该社会空间内的个体是否具备如下法治意识:其一,主体意识,即社会成员是否对自身的社会主体身份有清醒的认识,是否意识到自我应该具有和被充分肯定的法律人格;其二,权利意识,即人们对个人在国家政治生活、社会生活中所享有权利的内容的认识,以及对权利行使方式和权利救济途径的准确把握;其三,责任意识,它“是指公民基于自身在国家和社会中的法律地位,对个人、家庭、社会和国家应当具有的义务和担当的理解而形成的认识”[③],主要体现为个人的理性自律、对他人的尊重、对公共事务的承担等;其四,参与意识,即社会民众不仅具有参与社会治理的积极意愿,而且对参与方式有清晰认知;其五,规则意识,即社会成员在信仰、认同的基础上,主动服从社会生活规则的充分自觉。

早于20世纪初,梁启超就曾深刻地指出,一切社会变革的重要基础在于国民观念的变革,所谓“新民”其实主要指的就是具有权利、义务、公德等法治意识的国民。在一定程度上而言,城乡基层治理的法治化意味着城乡社会由人情社会、礼俗社会向法理社会的转变,这一转变不仅

① 参见周恒、庞正:《法治社会的四维表征》,载《河北法学》2018年第1期。

② 《马克思恩格斯选集》(第3卷),人民出版社1995年版,第434页。

③ 伍华军、周叶中:《我国公民意识及其培植研究》,武汉大学出版社2014年版,第39页。

依赖市场经济、民主政治所奠定的经济与政治条件，亦要求法治观念的普及与法治文化的确立作为其思想条件。现代法治意识与法治文化乃是基层民众参与城乡基层法治建设的内在驱动力，它能够唤醒基层民众作为社会治理主体的身份认同，推动基层民众“跳脱”出单纯的私人角色，更为积极主动地关注城乡基层公共事务，由被动的政治冷漠转向积极主动的法治参与。与此同时，只有确立起以自由、平等、权利、正义等为内容的现代法治观念，广大的社会主体才会真正认同基层社会法治规范的权威性、合理性，进而自觉地信仰与服从法律规范所确立的社会生活准则。正如伯尔曼（H. J. Berman）所言，“依法统治者无须处处仰赖警察”，“真正能阻止犯罪的还是守法传统，而这种传统根植于一种深切而热烈的信念之中”。[①] 基于此，城乡基层治理的法治化必然要求形成良好的法治文化氛围。

法治文化的养成并非一项简单的实体项目，而是一项长期、渐进的社会工程。一方面，城乡基层治理的法治化需要优化基层普法工作。城乡基层普法工作应注意法治宣传教育的大众化，对抽象的法治精神、法治理念与法治规范加以通俗化处理，把分类施教、因需施教作为重点，区分基层民众的受教育能力，有针对性地推进基层普法工作。同时，基层普法工作应注意拓展普法载体，充分利用数字新媒体技术来创新普法形式，提升普法宣传教育的影响力与感染力。另一方面，优化基层法治实践，保障基层民众对法治实践的积极参与是孕育城乡基层法治文化的重要途径。在城乡基层治理实践中，要完善重大事务集体决策制度、专家咨询制度、听证与公示制度，强化基层治理的程序性规范，提升基层治理的法治化水平，并保障基层民众以多种形式参与基层治理实践，为基层民众提供法治建设的真实感受，在实际生活体验中逐步养成现代化的法治观念。

---

① ［美］伯尔曼：《法律与宗教》，梁治平译，中国政法大学出版社 2003 年版，第 17 ~ 18 页。

(三)完善的基层公共法律服务体系

作为我国法律制度的重要组成部分,法律服务被赋予维护法律正确实施、落实法律规范、维护社会公平正义的重要职能。《中共中央 国务院关于加强基层治理体系和治理能力现代化建设的意见》在有关基层治理法治建设部分明确提出,"完善基层公共法律服务体系,加强和规范村(居)法律顾问工作"[①]。

关于如何理解法律服务,我国学术界和实务界存在广义与狭义之分。广义的法律服务泛指一切为市场主体、社会公众以及政府机构等提供法律事务性帮助的服务活动,包括在司法行政机关登记并受司法机关管理的律师、公证、法律援助、基层法律服务、司法鉴定,以及受相关部门管理的企业法律顾问、商标事务代理、版权事务代理、税务代理、破产管理、物权登记、商事提存管理等各种法律事务。[②] 狭义的法律服务则主要指取得法定执业资格并经相关部门批准,为当事人提供有偿或无偿法律事务性帮助的活动,"主要包括律师、公证、基层法律服务、法律援助等"[③]。当不作特别说明时,一般所指的法律服务主要是狭义的法律服务。

法律服务本质上是具备一定法律知识与技能的服务者,协助委托人具体处理法律问题的一种社会活动。法律服务既具有服务业的一般特征,又具有鲜明的专业色彩。按照《国际服务贸易分类表》,法律服务属于商业服务中的专业服务,适用服务业的相关规则,这意味着法律服务的发展必然无法脱离市场经济的基本规律。但同时,法律服务本身的司法专业属性又要求法律服务以保障和维护当事人的法律利益为根本落脚点。完备的法律服务不仅是推进国家法治建设的客观需要,也是保障社会公平正义的重要前提。

---

① 《中共中央 国务院关于加强基层治理体系和治理能力现代化建设的意见》,人民出版社 2021 年版,第 10 页。

② 参见龚廷泰主编:《当代中国的法治社会建设》,法律出版社 2017 年版,第 197 页。

③ 赵大程:《建设完备的法律服务体系》,载《光明日报》2014 年 11 月 24 日,第 1 版。

近年来,在法律服务概念的基础上,“公共法律服务”因社会治理的需要而发展成为学术界与实务界的热词。2014 年,司法部印发《关于推进公共法律服务体系建设的意见》,强调要“不断健全公共法律服务网络,有效整合公共法律服务资源,大力拓展公共法律服务领域,不断提高公共法律服务能力和水平,加快建立健全符合国情、覆盖城乡、惠及全民的公共法律服务体系,不断满足人民群众基本法律服务需求”①。2019 年,中共中央办公厅、国务院办公厅印发《关于加快推进公共法律服务体系建设的意见》,明确指出“公共法律服务是政府公共职能的重要组成部分,是保障和改善民生的重要举措,是全面依法治国的基础性、服务性和保障性工作。推进公共法律服务体系建设,对于更好满足广大人民群众日益增长的美好生活需要,提高国家治理体系和治理能力现代化水平具有重要意义”。② 2021 年年底,司法部印发《全国公共法律服务体系建设规划(2021 –2025 年)》。该规划对“十三五”时期的公共法律服务工作进行了总结,分析了“十四五”时期公共法律服务工作面临的新形势,提出要“加强党对公共法律服务工作的全面领导,完整、准确、全面贯彻新发展理念,健全完善覆盖城乡、便捷高效、均等普惠的现代公共法律服务体系,深化供给侧结构性改革,推动法律服务业高质量发展,不断提高公共法律服务供给总量和质量,为保障司法公正、促进社会治理、服务经济高质量发展,建设更高水平法治中国、平安中国提供优质高效法律服务”③。

公共法律服务,是指“为满足社会经济发展中人民群众日益增长的法律服务需求,弥补市场供给不足、市场需求不畅和资源配置不均衡,实现社会公平正义与和谐稳定,由党委领导、政府主导、机关部门协同、社

---

① 《司法部印发关于推进公共法律服务体系建设的意见》,载中国政府网,http://www. gov. cn/xinwen/2014 –02/19/content_2614079. htm。

② 《中共中央办公厅 国务院办公厅印发〈关于加快推进公共法律服务体系建设的意见〉》,载中国政府网,http://www. gov. cn/zhengce/2019 –07/10/content_5408010. htm。

③ 《司法部关于印发〈全国公共法律服务体系建设规划(2021 –2025 年)〉的通知》,载中国政府网,http://www. gov. cn/zhengce/zhengceku/2022 –01/25/content_5670385. htm。

会力量参与,以保障公民、法人和其他组织法律需求为主要目的,而组织提供的必要服务设施、产品、活动、事项等。其中,既包括主要由国家机关组织提供的保障型、兜底型基本公共法律服务,也包括国家政府定价的非基本公共法律服务和主要依靠市场化方式提供的公共法律服务,以及社会力量参与的公益化公共法律服务”①。相较于普通法律服务,公共法律服务具有如下核心特征:其一,公共法律服务具有普惠性,不存在特定的服务对象,每一个社会成员都平等地享有获取公共法律服务的权利;其二,公共法律服务具有鲜明的公益性,它本身一般不以营利为目的,而是追求法律服务的社会效果,服务于社会的公益目的;其三,公共法律服务具有独特的政府责任性,虽然部分非政府力量也参与提供公共法律服务,但公共法律服务本质上乃是政府公共服务的一部分,是司法行政机关的基本职责任务。

早期的公共法律服务范围相对较窄,主要是指对社会困难群体的法律援助,当下的公共法律服务范围已延伸至一切不以营利为目的的法律服务。在具体的服务内容上,公共法律服务主要包括法律咨询、法律援助、调解、法治宣传、代为起草法律文书、代理诉讼等多个方面,其根本目的在于维护人性尊严与权益,实现人的自由与全面发展。对于城乡基层社会治理的法治化建设而言,公共法律服务体系的存在不仅能够确保城乡基层民众,尤其是经济支付能力相对有限的困难群众,享有平等的法律服务,弥补因经济支付能力差异而引发的法律知识、诉讼技巧上的“鸿沟”,解决基层法治运行中可能存在的不平等问题,而且有助于引导城乡基层民众与基层治理主体运用法治思维与法治方式来解决社会问题,使法治内嵌于城乡基层的社会生活实际。

根据司法部《全国公共法律服务体系建设规划(2021 - 2025 年)》中的数据统计,“十三五”期间,我国共有律师事务所、公证处、司法鉴定机构、仲裁机构、人民调解委员会、基层法律服务机构等各类法律服务机

① 杨凯:《论现代公共法律服务多元化规范体系建构》,载《法学》2022 年第 2 期。

构76.5万个,专业法律服务人员388.5万人。截至2020年年底,我国已建成公共法律服务中心(工作站、点)57万个,60多万个村(社区)配备了法律顾问。在具体工作量上,“十三五”期间,全国共办理法律援助案件640万件,司法鉴定业务1167万件,仲裁案件188万件,人民调解组织调解矛盾纠纷4482万件,律师与公证行业服务量均超过1100万件,基层法律服务工作者办理各类法律事务80万件。[①] 该数据统计充分展现了公共法律服务在城乡基层社会治理法治化建设中的重要作用。但与此同时,我国公共法律服务也存在体制机制尚不健全、政府权责边界不够清晰、公共法律服务资源总量不足等问题,尤其是城乡基层的公共法律服务配置不均衡,差异化明显,部分欠发达地区的公共法律服务人员与基础设施较为短缺,严重限制了公共法律服务在城乡基层治理法治化建设中的重要作用。

针对城乡基层公共法律服务存在的问题,城乡基层治理工作应持续推进基层公共法律服务体系建设,着力补足城乡基层公共法律服务的短板,推动基层公共法律服务体系化、制度化,实现公共法律服务在城乡基层的全覆盖。其一,应加强公共法律服务体系的顶层设计,统筹城乡与区域发展,均衡配置基层公共法律服务资源,保障基层人民群众均等享有公共法律服务;其二,加强欠发达地区的公共法律服务建设,在财政资金方面给予适当倾斜,鼓励经济发达地区与欠发达地区开展法律服务资源帮扶工程,实现法律服务资源的区域流动;其三,加强基层公共法律服务平台建设,深度整合基层法律服务资源,不断完善城乡基层公共法律服务的工作制度、运行机制、管理方案以及第三方监督,注重提升公共法律服务的质量与效果;其四,积极推进“智慧法律服务”,善于利用信息科学技术发展公共法律服务,提升公共法律服务的智能化水平,提升公共法律服务的主动性与精准化程度,形成实体公共法律服务平台、网络

① 参见《司法部关于印发〈全国公共法律服务体系建设规划(2021-2025年)〉的通知》,载中国政府网,http://www.gov.cn/zhengce/zhengceku/2022-01/25/content_5670385.htm。

公共法律服务平台、移动公共法律服务平台融合发展的公共法律服务新格局;其五,进一步完善公共法律服务的政府购买方案,明确政府购买公共法律服务的范围、标准,通过政府购买公共法律服务的长效机制,弥补政府提供公共法律服务的不足,实现公共法律服务主体的多元化发展。

第六章　社会治理法治化的实践进路

在新时代中国式法治现代化发展进程中，我们党和国家围绕社会治理的实践路径问题不断作出顶层设计，引领着社会治理持续向社会化、法治化、智能化、专业化方向迈进。例如，党的十九大提出了“打造共建共治共享的社会治理格局”，“推动社会治理重心向基层下移，发挥社会组织作用，实现政府治理和社会调节、居民自治良性互动”。[①] 又如，党的十九届四中全会指出要“建设人人有责、人人尽责、人人享有的社会治理共同体”。[②] 再如，党的二十大进一步提出，要推进多层次多领域依法治国，完善社会治理体系，健全共建共治共享的社会治理制度，提升社会治理效能，提升社会治理法治化水平。[③] 在党和国

---

① 习近平：《决胜全面建成小康社会 夺取新时代中国特色社会主义伟大胜利——在中国共产党第十九次全国代表大会上的报告》，人民出版社2017年版，第49页。

② 《中共中央关于坚持和完善中国特色社会主义制度 推进国家治理体系和治理能力现代化若干重大问题的决定》，人民出版社2019年版，第28页。

③ 参见《中国共产党第二十次全国代表大会文件汇编》，人民出版社2022年版，第35、45页。

家给出的一系列实践方案布局下，全国各地努力构建共建共治共享的社会治理共同体，将民主协商机制融入社会治理实践中，形成对社会治理领域权力运行的配合、监督和制约；经由推进"政社民互动"模式，使"政社互动""政民互动"成为社会治理法治化的重要动力机制；依托网格化社会治理平台开展法治宣传教育、提供公共法律服务、化解社会纠纷、发展基层民主政治。

一、构建共建共治共享社会治理共同体

有效的社会治理是维护社会秩序稳定和促进经济社会发展的重要基础，是实现国家治理体系和治理能力现代化的必由之路。党的十八大以来，党和国家在社会治理领域进行了一系列创新探索，初步实现了从"社会管理"向"社会治理"的理念转变。随着新时代历史方位的重大变化，人民群众对社会治理的诉求越发丰富和多元，同时也开始注重主体性地位的精神追求，主张在社会治理过程中发挥自身价值。[①] 面对目前社会治理实践中利益诉求多元化、社会参与度不高等问题，党和国家高度重视社会治理主体间的协调性和协同性，提出了"社会治理共同体"命题。"社会治理共同体"命题强调党委、政府、社会组织、基层自治组织、公民个体共同参与社会治理，以共同体的形式在社会治理中有机配合、发挥作用，不仅形成对社会治理领域公权力运行的监督和制约，还使民主协商成为社会治理的重要联结机制。构建共建共治共享的社会治理共同体，是社会治理法治化的题中应有之义。

（一）"社会治理共同体"命题的提出

党的十九届四中全会通过的《中共中央关于坚持和完善中国特色社会主义制度 推进国家治理体系和治理能力现代化若干重大问题的决

① 参见张国磊、马丽：《新时代构建社会治理共同体的内涵、目标与取向——基于党的十九届四中全会〈决定〉的解读》，载《宁夏社会科学》2020 年第 1 期。

定》明确指出,“社会治理是国家治理的重要方面”[①]。也就是说,社会治理体系和治理能力的现代化是国家治理体系与治理能力现代化的有机组成部分,甚至可以说,社会的有效治理是“以人民为中心”理念的具体实践表达,也是国家治理行为的具体落脚点。该决定同时指出,要“建设人人有责、人人尽责、人人享有的社会治理共同体”[②],将“社会治理共同体”的概念融入国家治理现代化的理论话语体系中。我们认为,社会治理共同体是关于社会治理实践方案的重大创新,也是社会治理实践蓝图的重新规划。

社会治理是政府、社会组织、公民等多元主体,以合作型关系协商互动,回应各种治理需求,共同努力规范管理社会事务,从而实现社会利益最大化的过程。[③] “共同体”是一个社会学概念,是指个体、组织等行为体基于共同利益和目标追求,为追求价值认同而形成的相互关联、关系稳定的集合体。[④] 例如,柏拉图、亚里士多德认为古希腊城邦是“公民共同体”,霍布斯、卢梭等认为现代性的社会是“社会共同体”。党的十八大提出“人类命运共同体”命题,是我国首次正式以党的最高层级政策文件提出“共同体”的概念。

在我们看来,“社会治理共同体”应当具有以下五个层面的规范性含义:其一,社会治理共同体中的行为主体利益相关并共享,是一个真正意义上的利益整体;其二,社会治理共同体成员之间有复杂的社会关系,它们处理社会事务时以“共同体”为联结纽带;其三,在社会治理共同体中,个体愿意为共同体作出贡献,每个共同体成员都是负责任的行为主体;其四,在社会治理共同体中,个体利益和整体利益并不是静态的两分

---

① 《中共中央关于坚持和完善中国特色社会主义制度 推进国家治理体系和治理能力现代化若干重大问题的决定》,人民出版社 2019 年版,第 28 页。

② 《中共中央关于坚持和完善中国特色社会主义制度 推进国家治理体系和治理能力现代化若干重大问题的决定》,人民出版社 2019 年版,第 28 页。

③ 参见郁建兴:《社会治理共同体及其建设路径》,载《公共管理评论》2019 年第 3 期。

④ 参见关爽、郁建兴:《国家主导的社会治理:当代中国社会治理的发展模式》,载《上海行政学院学报》2016 年第 2 期。

关系,更不是简单的对立关系,而是强调在共识的基础上,形成集体下的个体权责对等;其五,在社会治理共同体中,行为主体往往采取集体行动的方式,共同参与社会治理实践。

在我国,社会治理共同体是指党委、政府、社会组织、公众等多元主体,基于共同目标和利益追求,以互动协商的共建共治形式,共同参与解决各种社会问题,回应各种社会治理需求,从而形成的相互关联促进的稳定集合体。其实,社会治理本身就蕴含着共同体的价值目标,包含着合作和共识的价值理念。中央层面的政策性文件将"社会治理"与"共同体"一起使用,充分体现了我国赋予社会治理更高的价值依归。鲍曼(Z. Bauman)提出的"衣帽间式的共同体"[①]是碎片化社会单维面向的联合体,中国语境下的社会治理共同体与"衣帽间式的共同体"不同,它致力于在社会多维面向都形成良性互动的局面,而不局限于某一领域或环节。此外,社会治理共同体强调多元主体基于权责对等的广泛互动,进而提高社会治理的整体效能。

在以往的实践中,虽然社会主体能够通过各种方式一定程度地参与社会治理,但社会治理的主要行动者和责任主体乃是政府。[②] 这就导致社会治理的成效更多地以政府考核指标来评判,尚未真正与人民群众的获得感、满意度建立联系。[③] 十九届四中全会决定提出"建设人人有责、人人尽责、人人享有的社会治理共同体"[④],不仅赋予社会治理共同体"责任共同体""行动共同体""利益共同体"的科学内涵,也为我国社会治理实践提供了路径指引。

---

① 参见[英]齐格蒙特·鲍曼:《流动的现代性》,欧阳景根译,中国人民大学出版社2018年版,第325页。

② 参见薛澜:《国家治理框架下的社会治理——问题、挑战与机遇》,载《社会治理》2015年第2期。

③ 参见张文显等:《推进自治法治德治融合建设,创新基层社会治理》,载《治理研究》2018年第6期。

④ 《中共中央关于坚持和完善中国特色社会主义制度 推进国家治理体系和治理能力现代化若干重大问题的决定》,人民出版社2019年版,第28页。

(二)社会治理共同体的内涵

在社会治理共同体中,“人人有责”体现了政府、社会组织、公民个人都是社会治理建设者的“责任共同体”之维;“人人尽责”体现了所有社会治理参与者都要主动作为的“行动共同体”之维,“人人享有”体现了所有共同体成员共享利益和成果的“利益共同体”之维。

第一,社会治理共同体是“责任共同体”。共同体的稳序发展离不开明确划分共同体成员的责任,否则共同体成员将缺乏有效联系而无法延续共同生活。中西方思想史均对“责任分工”进行了重点论述。柏拉图认为,“各人性格不同,适合于不同的工作”,城邦公民应“把各自的工作贡献给公众”。[①] 公民作为城邦共同体的成员,应当各司其职,在明确划分责任的基础上合作互助,保障城邦的稳定,可以说城邦存在的前提离不开基于分工的责任。荀子认为,“人能群,彼不能群也。人何以能群?曰:分……和则一,一则多力,多力则强,强则胜物……”[②]荀子认为“群”和“分”是人的社会性本质特征,这一特征与国家治理有密不可分的联系,个体承担相应职责才能保障群体生活组织有序。

依赖分工协作的群体生活才能高效整合社会资源,从而实现国家的有效治理。荀子还认为“以类行杂,以一行万”[③],这一观点与现代国家治理思想高度契合:治理需要多元主体依据职责功能不同,参与到治理的不同环节中,通过协同合作实现“善治”。在现代社会中,基于责任的分工是重要的行为规范,是社会得以延续的重要基础。[④]

所谓“责任共同体”主要体现在两个方面:首先,“人际责任”是“责任共同体”的首要责任。“人际责任”是人与人之间的责任,一个稳定有序的社会,必然是个体与个体之间互相负责的社会,“人际责任”的缺失

---

① 参见[古希腊]柏拉图:《理想国》,郭斌和、张明竹译,商务印书馆 1986 年版,第 59 页。

② 张觉:《荀子译注》,上海古籍出版社 2019 年版,第 136 页。

③ 张觉:《荀子译注》,上海古籍出版社 2019 年版,第 136 页。

④ 参见[法]埃米尔·涂尔干:《社会分工论》,渠东译,生活·读书·新知三联书店 2013 年版,第 26 页。

必然使社会治理共同体的“共同生活”名存实亡，产生诸多社会问题。其次，多元主体的角色责任也是“责任共同体”的重要责任。在复杂的社会生活中，多元治理主体具有不同的角色定位，在不同的社会治理场域中亦具有不同功能。

第二，社会治理共同体是“行动共同体”。在《德意志意识形态》一书中，马克思认为，人与人是通过自由而平等的联合形成真正的共同体，“只有在共同体中，个人才能获得全面发展其才能的手段，也就是说，只有在共同体中才可能有个人自由”[①]。在马克思主义的理论体系中，共同体是人获得全面而自由发展的联合体。易言之，人只有在共同体中才能获得真正的自由，人也只有在共同体中能够实现人的个体价值。社会治理共同体以人的自由发展为核心价值，不仅强调人在社会生活中只有行动才能发挥人的主体价值，还强调个体与共同体利益关系的统一。[②]

“每个人的自由发展是一切人的自由发展的条件。”[③]马克思主义认为，在共同体中个体的行动既是为了个体的自由发展，同时也是为了共同体的发展。易言之，个体只有在共同体中才能真正发挥人的主体作用。因此，马克思主义的共同体观既强调个体的主体性，人通过行动获得自由而全面的发展，同时还强调集体利益与个体利益的内在统一。[④]在社会治理共同体中，只有“人人尽责”，才能实现“人人享有”，所谓“人人尽责”便是强调人行动的重要性——发挥人的主体作用，彰显人的价值。

第三，社会治理共同体是“利益共同体”。“从社会利益的角度看，各种各样的共同体说到底都是利益共同体。”[⑤]“共同体不是单质化、原子化的个体集合，而是多元化、组织化的主体结合，其内部必然存在复杂

① 《马克思恩格斯选集》(第 1 卷)，人民出版社 2012 年版，第 199 页。

② 参见侯才：《马克思的“个体”和“共同体”概念》，载《哲学研究》2012 年第 1 期。

③ 《马克思恩格斯选集》(第 1 卷)，人民出版社 2012 年版，第 422 页。

④ 参见张瑶：《马克思的共同体思想：超越个体与共同体的对立》，载《内蒙古大学学报(哲学社会科学版)》2019 年第 6 期。

⑤ 石云霞：《马克思社会共同体思想及其发展》，载《中国特色社会主义研究》2016 年第 1 期。

的利益关系。构建共同体的根本要求就是协调多元利益关系，消解利益冲突，保证根本利益一致，尽可能地拓展共同利益。"[①]历史唯物主义认为，人民是社会历史、社会财富的创造者和实践者。社会治理共同体突出强调了"人"的概念，是"以人民为中心"理念在社会治理领域的具体表达。因此，在社会生活中具有主体地位的人民必然是利益的享有者。值得注意的是，这里的人民不仅是抽象意义上的人民群众，也是社会生活中具体的社会成员。社会治理共同体坚持"以人民为中心"的服务理念，在社会治理活动中，通过以人民利益作为价值依归，将共同体内部原子化的社会成员有效结合起来，从而形成多元主体合作互动、相互依存的"社会治理共同体"。在社会治理共同体中，作为社会治理的主导者，政府营造公平的社会环境，保证"以人民为中心"得到有效践行；人民群众不仅是社会治理的重要参与者，更是治理成果的利益获得者，充分体现出社会治理的"人人享有"特色。

（三）社会治理共同体的构建路径

十九届四中全会决定提出"坚持和完善共建共治共享的社会治理制度"，[②]是在正式制度层面再次强调坚持共建、共治、共享的理念，推动社会治理主体全方位融入社会治理实践中，呼应了"建设人人有责、人人尽责、人人享有的社会治理共同体"的目标。与此同时，为实现社会治理共同体建设，十九届四中全会决定提出"完善党委领导、政府负责、民主协商、社会协同、公众参与、法治保障、科技支撑的社会治理体系"[③]，这一新的提法在"四主体一保障"的基础上新增了"民主协商"和"科技支撑"两大关键因素，为建设社会治理共同体提供了具体路径

① 胡小君：《民主协商与社会治理共同体建设：价值、实践与路径分析》，载《河南社会科学》2020年第9期。

② 《中共中央关于坚持和完善中国特色社会主义制度 推进国家治理体系和治理能力现代化若干重大问题的决定》，人民出版社2019年版，第28页。

③ 《中共中央关于坚持和完善中国特色社会主义制度 推进国家治理体系和治理能力现代化若干重大问题的决定》，人民出版社2019年版，第28页。

指引。

第一,加强基层党组织建设。党的领导是中国特色社会主义最本质的特征,是中国特色社会主义制度的最大优势。“党是改革的领导和推动力量。社会治理领域的改革和创新,离不开党的领导。”①构建社会治理共同体,中国共产党也应当处于社会治理的领导核心地位,发挥总揽全局、协调各方的作用。“党的基层组织是党在社会基层组织中的战斗堡垒,是党的全部工作和战斗力的基础,在整个党的建设中具有十分特殊的重要位置。”②基层党组织是中国共产党在基层的延伸,是党带领全国人民走向胜利的制胜法宝。加强基层党组织建设,其重要意义在于充分发挥党对基层的领导和动员作用,有利于党深入群众路线,将基层政府和社会力量凝聚在发展的道路上来。为了构建社会治理共同体,各地加强了党的领导动员能力,充分发挥了基层党组织的优势和作用,让社会治理共同体和谐稳固。具体而言,各地采取了以下举措加强基层党组织建设,从而有效构建社会治理共同体。

基层党组织建设的加强,有效整合了社会治理资源。目前,我国尚处于从社会管理迈向社会治理的转型阶段,部分治理资源处于分散状态,并未被充分调动起来。建设社会治理共同体,必然要求将各种分散的治理资源整合起来,形成治理效能。对此,各地通过加强基层党组织建设,有效整合了基层社区的各种治理资源,编织了一张资源覆盖全面的管理和服务网络,从而确保提供精准的服务。为了加强基层党组织建设,各地不仅将诸如社区党组织与各种驻区党组织协调起来,将各种人力、物力、财力资源进行了有效整合,搭建了服务需求与碎片化的服务资源的沟通协调平台,还将基层党组织深入社区内的每个楼宇单元,使基层党组织能够领导社区内社会力量提供更为精准和具有针对性的社区治理资源。

---

① 陈东辉:《基层党建引领社会治理创新的探索与路径》,载《理论与改革》2019 年第 3 期。

② 陈东辉:《基层党建引领社会治理创新的探索与路径》,载《理论与改革》2019 年第 3 期。

基层党组织建设被充分运用，加强了政府与社会的协作互动。社会治理需要政府与社会的协作互动，通过基层党组织建设，实现了将政府的行政理念和政策方针高效传递至基层，使群众真正理解政府在社会治理中应当发挥的作用，从而合理提出服务需求。[①] 此外，基层党组织建设被充分运用，还实现了尽可能收集民意，将群众最为关切的问题或者及时解决在基层，或者通过基层党组织层层传递至政府高层面的决策层，使基层群众的服务需求得到及时倾听和解决。不仅如此，基层党组织建设被充分运用，更形成了政府和社会的合作纽带，为打造共建共治共享的社会治理共同体夯实坚实基础。

第二，发挥政府负责主导作用。在构建社会治理共同体过程中，发挥政府主导作用是重要一环。[②] 首先，发挥政府主导作用要求构建协同高效的政府运行方式。政府在社会治理中处于主导地位，在社会治理过程中政府能否协同高效运行，一定程度上会影响社会治理的效能。对此，各地进行了政府行政部门改革优化，提高了不同政府部门间的协同配合，以便适合各种社会治理的管理和服务需求。具体而言，在纵向上，十分注重政府政策的落实与反馈，形成了政策高效运转、精准落地的体制机制。在横向上，充分借助大数据、云计算等科技手段，搭建了政府信息共享交流平台，打破了不同部门间的"信息孤岛"，改变以往政府各部门间"各自为政"的局面。其次，发挥政府主导作用要求培育非政府组织的社会治理效能。政府的主导作用主要体现如下：其一，政府为社会组织等社会力量平等参与社会治理提供良好的环境；其二，政府统揽各种社会资源，协调各种社会力量形成治理合力。[③] 发挥政府的主导作用，能够将资源优势转化为治理效能，积极引导其他社会治理主体参与

---

① 参见张贤明、张力伟：《社会治理共同体：理论逻辑、价值目标与实践路径》，载《理论月刊》2021年第1期。

② 参见陈松、阴蕾：《新时代中国社会治理共同体构建：理论内涵、现实需求及实践路径》，载《重庆社会科学》2020年第7期。

③ 参见高晓波：《中国特色社会治理共同体的内涵、理论与构建》，载《甘肃社会科学》2021年第2期。

社会治理。[①] 对此,政府加大了对非政府组织的扶持力度,充分利用了自身资金和资源的优势,为非政府组织提供财政拨款和税收减免等政策扶持,解决了部分非政府组织因资金和资源短缺而产生的社会治理参与度较低的问题。其三,政府还对诸如社会组织、社团、个人、志愿者等非政府组织进行充分赋权,培育出一批专业性的社会组织,积极动员了各种社会力量参与社会治理实践。

第三,加强基层民主协商。十九届四中全会决定指出,"坚持社会主义协商民主的独特优势,统筹推进政党协商、人大协商、政府协商、政协协商、人民团体协商、基层协商以及社会组织协商,构建程序合理、环节完整的协商民主体系"[②]。民主协商是中国共产党在社会治理层面的重要成果结晶,是将"以人民为中心""人民当家作主"等思想转换为治理效能的重要方式。[③]

民主协商的功能表现为以下几个方面:首先,民主协商给予多元治理主体表达想法和平等发言的机会,让社会治理过程更加包容透明,间接培育社会组织以及公民个体的主体意识,有利于鼓励社会力量更加主动地参与社会治理。其次,民主协商为多元社会治理主体提供对话、沟通的渠道,通过充分的协商让治理主体理解资源的有限性,实现个体利益和集体利益的最大化匹配,调和个体无限的主观需求和有限的客观资源之间的紧张关系,使治理结果得到最大限度的接受。最后,民主协商能够充分发掘社会治理力量的智慧。参与社会治理的多元社会力量往往有政府难以比拟的信息优势,通常比政府更加了解真实的社会服务需求,通过民主协商可以让社会治理主体的智慧和力量更多地融入社会治理实践中,使社会治理方案的制订更具可操作性,更为契合基层群众的

---

① 参见高峰:《从体制机制创新看当代中国对社会治理秩序的不懈追求》,载《特区实践与理论》2020 年第 1 期。

② 《中共中央关于坚持和完善中国特色社会主义制度 推进国家治理体系和治理能力现代化若干重大问题的决定》,人民出版社 2019 年版,第 11 页。

③ 参见许开轶、朱晨晨:《基层协商民主的制度认同论析》,载《政治学研究》2018 年第 4 期。

现实需要。[①]

社会治理共同体意味着“有事好商量、众人的事情由众人商量”，要求在社会治理过程中，尽可能地寻求不同意见的最大公约数，在形成共识的基础上展开公共事务管理和服务。显然，民主协商是构建社会治理共同体的重要前提，社会治理共同体也必然以民主协商为基本联结机制。在我国社会治理实践中，在全国各地被广泛采用的自治、法治与德治“三治融合”和“参与式预算”改革试点，以及形式各样的纠纷化解平台，都遵循了民主协商的理念，为建设社会治理共同体提供了重要参照。

第四，激发社会组织的专业化服务功能。党的十九大报告指出，要“加强社区治理体系建设，推动社会治理重心向基层下移，发挥社会组织作用，实现政府治理和社会调节、居民自治良性互动”[②]。社会组织在社会治理中能够发挥专业化服务功能，专业化的社会组织参与社会治理是治理现代化的重要特征，也是社会是否充满活力的标志。政府作为一个行政机构，并不完全具备处理纷繁复杂社会需求的能力。因此，政府有必要将各种专业问题授权社会组织处理，通过“政社民互动”，更好地解决各类社会问题。

构建社会治理共同体，需要社会组织在社会治理的基层实践场域发挥应有作用。政社互动的前提是政社分开，即政府对社会组织充分授权，为社会组织的发展提供空间。然而，在我国社会组织受制于政府提供的资源支持，形成了对政府的特殊路径依赖。[③] 这种路径依赖会导致社会组织成为政府的附庸，不能成为自主参与社会治理的力量，更难以发挥专业优势。如此情形下的社会组织，难以为建设社会治理共同体提供太多助益。鉴于此，党的十八大以来，政府开始向社会组织提供各类

---

① 参见郁建兴：《社会治理共同体及其建设路径》，载《公共管理评论》2019 年第 3 期。

② 习近平：《决胜全面建成小康社会 夺取新时代中国特色社会主义伟大胜利——在中国共产党第十九次全国代表大会上的报告》，人民出版社 2017 年版，第 49 页。

③ 参见王诗宗、宋程成：《独立抑或自主：中国社会组织特征问题重思》，载《中国社会科学》2013 年第 5 期。

资源支持，与此同时政府还充分放权，将社会组织满意度交由社会组织的服务对象测评，对于群众满意度高、社会服务效果好的社会组织，政府加大了政策扶持和资金扶持力度，逐渐形成及时发现服务需求、精准满足服务需求的“政社民互动”机制。

第五，充分调动公民参与社会治理的积极性。面对日益复杂的社会形势和日益多元的社会需求，需要将党委、政府、基层社会组织、公民个体有效汇聚起来，形成一个紧密团结、有机配合的社会治理共同体，最大限度提高社会治理的效能。社会治理不仅需要坚持党的领导、政府负责，同时还要积极调动各种社会力量的积极性，在各种社会力量中，公民参与能够为社会治理汲取更多的智慧和能量，是提高社会治理效能的关键，应当成为社会治理着重强调的内容。在我国社会治理探索过程中，“朝阳群众”“枫桥经验”等公民参与社会治安联防和综合治理的实践方式，都在一定程度上弥补了政府的信息短板。[①]

然而，有学者指出，“在我国当代的社会环境状态下，公民对公共事务往往保持一种冷漠态度，缺乏主动参与公共事务以及自愿与其他主体合作治理的内在动力，从而不利于将更多的利益相关者凝聚起来并吸收他们的资源将其投入到社会治理过程之中”[②]。基于此，我们不断开放公共自主性空间，为公民参与社会治理创造良好条件。为了调动公民参与社会治理的积极性，我们采取了以下措施：首先，积极培养了公民参与意识。公民是“社会治理共同体”的重要主体，在各地社会治理实践中，政府通过教育培训、网络媒体等媒介，充分发挥党员先锋示范作用，树立公民参与社会治理的先进典型，帮助公民树立社会治理“人人有责”的责任意识，引导一批社区志愿者积极投入社会治理实践。此外，政府还适当缩小了行政权力边界，给予社会更多自治空间，给公民参与社会治理创造更多机会，使公民在参与社会治理的过程中进一步养成参与意

① 参见张贤明、张力伟：《社会治理共同体：理论逻辑、价值目标与实践路径》，载《理论月刊》2021年第1期。

② 马克林：《论我国社会治理中的公共性困境及其超越》，载《甘肃社会科学》2020年第1期。

识。其次,扩宽了公共领域范围。公共领域以公共利益为价值依归,是公民理性表达公共意志的场所。通过民主协商等民主制度扩宽公共领域范围,能够拓宽公共权力空间,给予公民更多平等进入公共领域的机会,保障公民参与社会治理的平等权利。最后,疏通了公民参与渠道。政府在社会治理中处于主导地位,一定程度上会缩减公民参与社会治理的渠道。对此,政府运用科技手段消除了政社民信息互享的壁垒,建立了公共信息交流分享平台,疏通了公民参与社会管理与服务的参与、决策、监督渠道,逐步实现了政社民三者协同互动。

第六,推进社会治理技术创新。在社会治理实践中,为有效解决政府权力扩张和社会自治力量参与不足等问题,世界上许多国家和地区通过创新社会治理技术,实现了社会权力和国家权力的有效分配。"工具主义认为,人的认识的目的在于探索行为的方法,寻找应付环境的工具。"①基于工具主义,为摆脱实现目标过程中遇到的困难,概念、观念、思想等均可被视为工具。为实现社会治理目标,推进社会治理技术创新可以提高社会治理效率。因此,社会治理技术创新是符合工具主义的。基于工具主义的认知论,建设社会治理共同体可以通过创新现代技术手段,提高社会主体的互动效率,不断形成合力,提高社会治理效能。党的十九届四中全会决定提出,"科技支撑"是建设社会治理共同体的重要组成部分,②大数据、信息通信技术、物联网等科技手段均可成为社会治理创新的工具,为社会治理共同体建设提供科技支撑。在我国社会治理实践中,为最大限度地利用科技手段识别社会治理需求,我国很多省市展开了"科技+服务"的改革方式,如湖北省的"网上办、一次办"服务、浙江省的"最多跑一次"等,都是通过技术手段了解治理需求的变化,尽可能提高群众的获得感和满意度。③ 目前,推进社会治理技术创新的举

---

① 高晓波:《中国特色社会治理共同体的内涵、理论与构建》,载《甘肃社会科学》2021 年第 2 期。

② 参见《中共中央关于坚持和完善中国特色社会主义制度 推进国家治理体系和治理能力现代化若干重大问题的决定》,人民出版社 2019 年版,第 28 页。

③ 参见郁建兴:《社会治理共同体及其建设路径》,载《公共管理评论》2019 年第 1 期。

措包括以下两个方面。

首先,利用信息通信技术,提高了社会治理的协同度。随着移动互联网技术的飞速发展,信息通信技术在社会治理中发挥出越来越重要的作用。尤其在5G网络的发展和移动终端的广泛普及的背景下,信息通信技术在社会治理中的突出优势越发得到彰显。信息通信技术的广泛应用,打破了不同治理主体之间的时空限制,降低了治理主体交互的成本。此外,我们还利用信息通信技术,为社会治理主体提供更为丰富的交流渠道和平台,引导更多治理主体纳入社会治理共同体中,精准解决特定社会问题,实现了社会治理的高效协同。

其次,将大数据、云计算等引入社会治理,精准满足社会服务需求。在高度复杂的现代社会,囿于认知水平,社会服务需求者也难以精准地表达出真实服务需求,甚至不愿意在参与社会治理中表达服务需求,又或者社会服务需求者有意愿且能够表达自己的需求,但因治理需求是动态变化的,很难实现治理需求的及时满足。对此,我们将大数据、云计算等科学技术引入社会治理,为治理主体提供了精准及时的讯息,让数据驱动需求满足成为可能,甚至还通过大数据、云计算等科技手段,根据需求者的偏好和个体特征,提前制订出服务需求满足方案,为解决上述难题提供了更多可能。在社会治理中,将社会治理行为尽可能数字化,能够获取社会治理需要的更多数据信息,为社会治理专家和多元社会治理主体制定政策提供数据参考。[①] 这种基于数据算法构建的反馈机制,能够避免社会治理中出现信息孤岛,让社会治理主体更易获得真实的服务需求,从而应对日益复杂多样的风险挑战,为构建社会治理共同体奠定了信息基础。

二、聚力社会治理法治化的"政社民互动"

在党中央提出实现国家治理体系和治理能力现代化的背景下,社会

① 参见高峰:《从体制机制创新看当代中国对社会治理秩序的不懈追求》,载《特区实践与理论》2020年第1期。

治理与政府治理、市场治理一样，都是现代国家治理体系中的重要组成部分，[①]从世界各国现代化进程的成功经验和失败教训来看，国家治理现代化需要在社会领域实现治理现代化。因此，在中国实现社会治理现代化应当是实现国家治理体系和治理能力现代化的题中应有之义。

目前，全世界已形成这样的共识，就是应当把治理放在国家与社会之间关系的视野来讨论，[②]“在中国，总体上正是一个社会不断从国家中释放出来的过程，并且，在释放出来的社会与国家之间建立何种互动关系，面临着怎样的风险和机遇，则成为中国改革发展和法治建设中的核心议题”[③]。因此，国家与社会关系同样是影响中国治理现代化和治理法治化的重要要素。随着市民社会理论在我国学术界讨论的日渐深化，“政府—市场—社会”逐渐取代了“国家—社会”的分析框架。值得注意的是，结合我国的具体国情和政治实践经验，越来越多的学者认为在这一分析框架中还需要引进“政党”这一不可忽视的因素。中国改革开放以来取得的巨大成就和治理经验证明，中国共产党在国家治理现代化进程中发挥了无可替代的领导作用，其执政党地位和功能乃是当今中国特色社会主义现代化事业取得成功的决定性因素。同时，在我国改革开放40余年来由计划经济向社会主义市场经济转型的过程中，市场持续显示出蓬勃力量，也在社会治理领域发挥了激活社会活力的特殊作用，因而我们又可以将市场作为独立要素纳入分析框架。所以，对于我国的社会治理问题而言，“政党—政府—市场—社会”才是更为科学和精当的分析范式。在可理解的日常话语体系中，我们可以用最宽泛意义上的“政府”来概括指代执政党及其领导下的行政政府。因此，在实现社会治理法治化的进程中，能否正确处理政府与社会的关系、政府与公民的

---

① 参见俞可平：《民主法治：国家治理的现代化之路》，载《团结》2014年第1期。

② 参见徐勇、吕楠：《热话题与冷思考——关于国家治理体系和治理能力现代化的对话》，载《当代世界与社会主义》2014年第1期。

③ 马长山：《法治社会研究的现状与前景——基于国家与社会关系视角的考察》，载《法治现代化研究》2017年第1期。

关系，形成政府与社会的良性互动（政社互动），以及政府与公民的良性互动（政民互动），乃是能否实现社会治理现代化的关键问题。

从党的十八届三中全会提出实现“政府治理和社会自我调节、居民自治良性互动”[①]，到党的十九大提出“打造共建共治共享的社会治理格局”[②]，再到党的十九届四中全会关于“建设人人有责、人人尽责、人人享有的社会治理共同体”[③]，这一逻辑进路表明，由政社互动和政民互动构成的“政社民互动”，已经成为关于社会治理现代化的中央最高层次政策文件在社会治理实践领域的具体表达。政社互动与政民互动都是政府与社会互动的主要形式，其中政社互动强调政府与社会的合作治理，即“政府与社会对社会政治事务的合作管理”[④]，而政民互动则主要表现为政府提供服务供给，解决好群众服务需求，群众提出问题和要求，同时为政府重大决策提供意见、监督政府的行为。在中国法治现代化的进程中，法治的动力机制是政府推进与社会演进的交互作用，有自上而下与自下而上双向互动的特点。[⑤] “我们要在短短几十年时间内在十三亿多人口的大国实现社会主义现代化，就必须自上而下、自下而上双向互动地推进法治化。”[⑥]推进社会治理领域的政社民互动，无疑成为实现社会治理法治化的关键所在。

（一）“政社民互动”的理论基础

社会治理法治化要求政府与社会、居民在“政社民分开”的基础上实现政府管理与社会调节、居民自治之间良性的“政社互动”，还要求实现政府广泛征求群众需求和建议、群众为政府决策提供建议和监督的

---

① 《中共中央关于全面深化改革若干重大问题的决定》，人民出版社2013年版，第49页。

② 习近平：《决胜全面建成小康社会 夺取新时代中国特色社会主义伟大胜利——在中国共产党第十九次全国代表大会上的报告》，人民出版社2017年版，第49页。

③ 《中共中央关于坚持和完善中国特色社会主义制度 推进国家治理体系和治理能力现代化若干重大问题的决定》，人民出版社2019年版，第28页。

④ 俞可平：《重构社会秩序走向官民共治》，载《国家行政学院学报》2012年第4期。

⑤ 参见公丕祥：《中国式法治现代化新道路的内在逻辑》，载《法学》2021年第10期。

⑥ 习近平：《论坚持全面依法治国》，中央文献出版社2020年版，第136页。

“政民互动”。中国“政社民互动”范式是在中国传统国家主义治理模式与西方自由治理模式之外探索出的第三种社会治理模式。无论是强调“强国家—弱社会”的国家主义抑或强调“强社会—弱国家”的自由主义,都是在预设政府与社会之间是非此即彼的关系,这种“零和博弈”思维显然忽略了无论是仅依靠政府管控抑或仅依靠社会自治都无法有效应对日益复杂的风险社会,也忽略了只有通过政社民有效互动才能达致共赢的社会治理效果。因此,我们应当分析“国家主义”与“自由主义”两种理论范式的不足,为中国探索“第三条道路”。

国家主义社会治理范式意味着国家掌握治权,但在实际运用中政府被赋予了治权的专属职能,政府在社会治理中处于绝对的中心地位。[①]这种“政府优位主义”范式强调政府对社会进行管控,具有官办性质的社会团体也被纳入政府管控体系中,而真正具有社会自治性质的社会组织及公民则被排斥在社会治理外,社会并未成为有效参与社会治理的主体。虽然国家主义社会治理模式具有强大的社会动员能力,能够有效应对自然灾难等重大危机,但是“强国家—弱社会”的社会治理范式容易陷入全能型政府的窠臼,并不能助益于中国社会治理法治化实践。随着市民社会理论在中国的逐渐传播,群众参与社会治理的热情日益高涨,面对日益复杂的公共管理事务,全能型政府已经不可能实现对社会的完全管控,继续采用国家主义社会治理模式会进一步导致政府公共服务供给效率低下的问题。此外,面对日益增多的人口和日益复杂的社会矛盾纠纷化解形式,仅由效率并不太高的政府承担整个国家的治理已经不再可能。

20 世纪七八十年代,随着自由主义范式在先发现代化国家崛起,强调社会独立于国家并具有自治功能的市民社会理论逐渐成为自由主义范式的主要体现。市民社会理论的传播也使治理理论逐渐成为社会关注的热点,虽然治理理论主张百花齐放,但主张弱化政府职能的社会中

---

① 参见张乾友:《行动主义视野中的社会治理转型》,载《江汉论坛》2016 年第 6 期。

心主义更倾向于社会的自我治理。[①] 自由主义社会治理范式的兴起也在一定程度上推动了大量公益型社会组织的发展壮大，对缓解“福利国家危机”具有很大助益。然而，强调“强社会—弱国家”的自由主义社会治理范式同样不能指导并助益于中国社会治理法治化实践，这是因为该范式本身存在难以避免的缺陷。在这种范式预设下，虽然各类社会组织能够为社会成员提供基本的生存资源要素，但这种资源供给却是碎片化的。[②] 而且这种自由主义治理模式本身并不能代替市场实现资源的有效配置。[③] 何况目前在中国并未形成构成市民社会基础的大量“中产阶级”群体，也不存在分布广泛、类型繁多且富有社会影响力的社团组织，客观上根本不具备自由主义治理模式所依赖的“强社会”态势。

通过对上述两种社会治理范式的检视，我们可以从理论层面发现无论是国家主义社会治理范式抑或自由主义社会治理范式，都把国家与社会置于绝对对立的位置，而忽略了代表国家的政府与社会、居民发生互动的可能。从应然层面而言，“强国家—强社会”的社会治理模式是可欲的，在这种理想图景中社会具有相对独立的地位，政府可以通过与社会、居民合作互动、互相监督，从而弥补社会自治中的不足之处。[④] 真正有效的社会治理需要社会大众的自治和共治，同时也需要政府和社会、政府和公民协同互动解决各类社会难题。[⑤] 目前在很多国家，国家主义和自由主义两种治理模式的边界开始模糊，甚至出现两者相互借鉴的趋势。由此可见，一种主张通过“政社民分开”厘清政府、社会、居民三者的边界，在此基础上形成政府、社会、居民三者良性互动的“政社民互

---

① 参见王浦劬：《国家治理、政府治理和社会治理的基本含义及其相互关系辨析》，载《社会学评论》2014 年第 3 期。

② 参见[美]乔尔·S. 米格代尔：《强社会与弱国家》，张长东等译，江苏人民出版社 2012 年版，第 30 页。

③ 参见俞可平主编：《治理与善治》，社会科学文献出版社 2000 年版，第 8 页。

④ 参见唐士其：《“市民社会”、现代国家以及中国的国家与社会的关系》，载《北京大学学报（哲学社会科学版）》1996 年第 6 期。

⑤ 参见任剑涛：《国家释放社会是社会善治的前提》，载《社会科学报》2014 年 5 月 15 日，第 3 版。

动”社会治理模式是可能的。

此外,我们从实践层面分析可以发现,无论是国家主义范式抑或自由主义范式,都无法与中国的社会实践紧密结合起来,都难以推动和指导中国社会治理走向法治化的转型。根据“国家与社会协同”的理论,国家与社会、居民并非一种非此即彼的“零和博弈”关系,“政府与社会”之间、“政府与居民”之间实现良性互动是可能的。① 因此,我们应对超越国家主义与自由主义二元对立的“零和思维”,寻求一条符合推动中国社会治理实现法治化转向的道路,而这条道路正是政府与社会、居民三者基于“正和思维”的“政社民互动”。

在中国推进社会治理法治化需要将治理理论与本土国情有机统一起来,形成符合我国国情的社会治理体系架构。② 社会治理法治化的理论建构应当在“国家与市民社会的互补与协作”中实现。③ “政社民互动”强调“公共、私人、志愿和社区部门的代表一起参与决策的过程”④,是政府与社会、居民的合作共治。可以说,“政社民互动”范式是我国推进社会治理法治化的必然选择治理模式。

(二)“政社民互动”的社会治理实践及其价值意涵

从党的十八届三中全会提出加快形成科学有效的社会治理体制,到党的十九大提出打造共建共治共享的社会治理格局,再到党的十九届四中全会关于“建设人人有责、人人尽责、人人享有的社会治理共同体”的精细表述,这一逻辑进路表明,建立并完善共建共治共享的社会治理制度是我们党对社会治理规律的认识不断深化的结果。共建共治共享的社会治理制度之运行前提,在于多元化主体参与到社会治理活动中,以

---

① 参见余逊达、赵永茂主编:《参与式地方治理研究》,浙江大学出版社 2009 年版,第 232 ~ 245 页。

② 参见郑杭生:《“理想类型”与本土特质——对社会治理的一种社会学分析》,载《社会学评论》2014 年第 3 期。

③ 参见郁建兴:《社会主义市民社会的当代可能性》,载《文史哲》2003 年第 1 期。

④ 卢汉龙等:《新中国社会管理体制研究》,上海人民出版社 2009 年版,第 252 页。

汇聚多方力量形成政府治理和社会调节、居民自治良性的政社互动，政府广泛征求群众需求和建议、群众为政府决策提供建议和监督的政民互动。

近年来，各地开展了一系列“政社民互动”的社会治理创新实践探索。例如，浙江省温岭市探索并实施的“参与式预算”，把政府治理与社会力量参与充分结合起来，形成了社会治理合力；[①]又如，安徽省马鞍山市以“媒体＋政务”为媒介，成立了聚焦群众身边小事的“马上办”平台，成为提高政府工作效率、及时满足群众服务需求的政民互动平台；再如，江苏省太仓市探索建立了政府与基层自治组织签订协议书，实行契约化管理，还通过广泛征求民意，出台《基层群众自治组织协助政府工作事项》和《基层群众自治组织依法履行职责事项》两项清单，充分厘清了政府和基层群众自治组织的边界。[②]

通过调研我们发现，江苏省江阴市关于“政社民互动”的探索实践较为典型，江阴市在社会治理的具体实践中收获了明显的社会成效，能够为我国推进“政社民互动”提供一定参照。例如，江阴市通过大力推行村(社)务公开制、村(社)民议事制、民主理财制、民主监督制等四项制度，保障社区居民充分享有知情权、决策权、管理权、监督权等“四大权利”。又如，江阴市通过降低准入门槛、简化登记程序、完善孵化机制、加大政府购买等措施，培育发展了一大批公益互益类、文化娱乐类、辅助管理类社会组织，其中公益互益类志愿者组织是参与社会治理工作最为重要的力量。再如，在江阴市，很多社区主动加强与驻社区单位的联系和沟通，邀请驻社区单位工作人员参与社区活动，增强了驻社区单位对所在社区的认同感和归属感。驻社区单位也积极参与到社区建设中，不仅为社区提供人力、财力、物力的支持，还向社区居民开放设施，实现了资源的高效利用。此外，江阴市在社会治理实践中认真贯彻以人民

---

① 参见龚廷泰、常文华：《政社互动：社会治理的新模式》，载《江海学刊》2015 年第 6 期。

② 参见桂萍、黄学贤：《论服务型政府语境下的“政社互动”——以“太仓模式”为例》，载《云南行政学院学报》2013 年第 4 期。

为中心的思想,特别注重满足居民群众的服务需求,不断提高居民群众的获得感、幸福感和安全感,探索出了群众主体工作法,让群众成为社会治理的决策主体、执行主体、监督主体,充分发挥了社区居民的主体性、主动性和创造性等。

目前,各地“政社民互动”实践对我国实现国家治理和社会治理现代化提供了重要的功能助力。

首先,“政社民互动”社会治理实践实现了从“社会管理”到“社会治理”的转型。“在我国,政府在社会管理领域的一元核心地位比较突出,政府的管理活动实际上触及社会生活的方方面面,成为社会生活的全面组织者、公共产品的直接提供者以及社会稳定的强力维护者。”[①]过去的“社会管理”强调政府对社会的全方位管控,政府是唯一的责任主体,往往采用制定政策、下达行政命令的方式管理社会公共事务。在我国各地“政社民互动”社会治理实践中,参与社会治理的主体是多元的,既包括党委和政府,还包括基层自治组织、社会组织、志愿者、居民群众等社会力量,实现了社会治理主体的多元化。此外,“政社民互动”社会治理实践改变以往基层政府通过行政命令落实行政任务的方式,逐步实现了政府与社会的有机互动,得到了广大人民群众的认同。不仅如此,“政社民互动”治理实践还强调多元共治,及时满足了群众对服务需求多元化的需求。党的十八届三中全会提出“社会治理”概念,代替了“社会管理”,[②]各地“政社民互动”实践构建了基层政府管理与社会自治的良性互动,实现了从“社会管理”到“社会治理”的转型。

其次,“政社民互动”社会治理实践还实现了政府从支配型向服务型角色的转变。政治统治和社会管理是国家的两种职能,传统的社会管理是为满足政治统治而展开的,由管控下社会最终迈向了“总体性社会”。目前的中国正处于社会的重要转型期,传统的支配型政府已经不

---

① 师泽生:《中国的社会管理创新走向》,载《理论参考》2011 年第 3 期。

② 参见《中共中央关于全面深化改革若干重大问题的决定》,人民出版社 2013 年版,第 50 页。

能适应社会的发展需要，这对政府继续强调“管控”思维提出了严峻挑战。如果政府不能完成从支配型政府向服务型政府的角色转变，政府将面临合法性危机甚至还会产生生存危机。各地“政社民互动”社会治理实践的最大亮点就是转变政府角色，逐渐改变了过去通过行政命令的硬性管理模式，逐渐转向关切群众的服务需求。可以说，从支配型政府到服务型政府的转向，不仅彻底解决了政府大包大揽的管理方式，还纠正了政府与社会自治力量之间的紧张关系。

最后，我国“政社民互动”社会治理实践还实现了基层社会治理民主与秩序的有机统一。秩序对于基层社会治理的重要意义是不言而喻的，然而通过民主协商合作构建秩序和通过垄断社会资源进行严格的社会管控获得秩序，是两种截然不同的秩序建构路径，不同建构路径下秩序的可持续性也完全不同。在现代文明社会，通过民主协商构建秩序是更为理性和健康的，但是根据历史经验，缺乏法治的片面民主不仅不会带来秩序，反而可能破坏秩序。因此，如何实现基层社会治理中民主与秩序的有机统一，成为广大人民群众的重点关切之处。各地“政社民互动”社会治理实践，生动地实现了民主与秩序的有机统一。在各地“政社民互动”社会治理实践中，群众不是社会治理的旁观者，更不是社会治理的客体，而是参与意识强烈的主体，政府能够引导民主朝着合理的方向发展，人民群众的参与不仅显示出民主力量的充沛，还可以形成限制政府权力的社会权力。如此一来，各地“政社民互动”治理实践创新，实现了政府管理与群众自治的有效衔接，还建立了政府与公民之间服务供给与建言监督的新型政民关系，一定意义上实现了民主与秩序的有机统一。

（三）“政社民互动”完善之路径

虽然各地“政社民互动”社会治理实践，为我国社会治理提供了实践的价值意蕴，但不可否认，在我国大多数社会治理实践中，“政社民互动”社会治理实践并未完全取得预期效果，仍存在不少亟须改善之处。“政府控制着社会组织合法性与生存资源，社会组织的生存策略就是改变组织类型与功能，从体制上依附政府，却致使社会组织的趋同化。”①在我国社会治理实践中，政府对社会力量较为严格的管控，导致社会力量尤其是社会组织产生对政府的依赖性，这种依赖性会影响社会力量参与社会治理的自主性和独立性。此外，为提供更好的社会服务，政府往往通过竞价的方式向社会组织购买服务，社会组织为了自身生存的需要，囿于合同的约束性，倾向于为居民提供普适性的服务以应对政府考核，而忽略特殊群体的服务需求。对此，各地采取了以下措施完善我国的“政社民互动”社会治理范式。

第一，充分发挥基层党政主导和社会自治的“双轮”互动。党的领导是中国特色社会主义的最本质特征，也是中国特色社会主义的最大优势，在社会治理领域也不能忽视党的领导作用。我国各地“政社民互动”实践的一个重要亮点就是基层党组织发挥了模范带头作用。在社会治理创新的实践探索中，基层党政主导和社会自治已经成为“政社民互动”的“双轮”驱动力量。“合作治理是政府为了达成公共服务的目标而与非政府的、非营利的社会组织，甚至与私人组织和普通公众开展的、意义更为广泛的合作。”②党政主导和社会力量合作治理，如车之两轮、鸟之两翼，共同推动了中国社会治理的创新发展。

为实现社会治理公共利益最大化的目标，面对社会治理实践中的各类挑战，基层党委和政府不仅注重加强自身建设，还充分调动了多元社会力量参与到社会治理中来，共同致力于实现基层公共服务供给的治理目标。基层自治组织、社会组织以及公民个体等社会力量也借助“政社民互动”平台和制度化渠道，有序参与到社会服务供给中来。通过“政社民互动”，政府权力和社会权力得到了共同发展。一方面，在“政社民互动”社会治理实践中，基层党委和政府并未弱化社会自治在社会治理中的重要意义，相反，通过宏观指导和大力扶持，社会自治力量被有序整

① 张新文、张国磊、高琦：《基层社会治理中的政社互动研究：取向、经验与反思——基于2007—2018年CSSCI期刊文献的内容分析》，载《天津行政学院学报》2020年第2期。

② 陈华：《吸纳与合作：非政府组织与中国社会管理》，社会科学文献出版社2011年版，第32页。

合到社会治理体系中来；另一方面，多元社会力量广泛参与社会治理，并没有弱化党的领导和政府的主导作用，反而以社会权力的形式监督公权力在法治轨道有序运行，促进了国家治理和社会治理进一步迈向现代化。

第二，合理定位政府主导与社会参与的界限。目前，在我国社会治理的实践场域，政府与社会仍然存在权力边界不清晰的问题，政府与社会之间存在互相博弈的现象。这种博弈现象主要表现为两点：其一，政府行政权力扩张会吞噬社会的自我发育，增大了政府治理难度，提高了政府治理成本，与此同时，社会自治力量难以自我成长并发挥应有功用，必然导致对政府的依赖性，社会自治机制的不完善会进一步导致行政权力扩张。其二，政府行政权力的扩张，使社会多元主体难以在治理实践中取得收益，为降低自身参与社会治理的成本，社会组织、基层自治组织、公民个体往往选择依赖政府的决策，长此以往社会主体会因为社会治理效能低而被淘汰。

在社会治理实践中，一方面，如果政府继续采用单中心的服务供给思维模式，对各种资源仍处于绝对的掌控地位，就不可能实现社会系统治理与社会力量积极参与社会治理齐头并进的格局；另一方面，如果任由社会主体自由发展，缺乏必要的监管，就会形成社会参与的无秩序、无实效、无权威的局面。对此，许多地方合理定位了政府主导和社会参与在社会治理中的界限，努力实现多元主体广泛参与社会治理的格局。

第三，推动社会组织“去行政化”。社会组织应然具有自主性、独立性和规范性的特点：[①]社会组织的自主性表现为财务自主和活动自主，即社会组织具有独立的资金来源，能够独立自主地处理财务事项，在不受政府干预的情况下自主开展活动；社会组织的独立性表现为社会组织和政府是平等独立的关系，而不是依附与被依附的关系；社会组织的内部关系和运作方式由社会组织的内部规则确立，并受内部规则约束。

然而，在我国社会组织的建立发展过程中，有的社会组织具有明显

① 参见竺乾威：《政社分开的逻辑及其困境》，载《江苏行政学院学报》2016年第3期。

的行政色彩。这些社会组织与政府部门具有千丝万缕的联系，有的以政府下属机构的形式存在，并由一定级别的官员担任负责人。虽然在我国社会组织的发展初期，社会组织依赖政府的权威和资金获得了快速发展，但社会组织与政府的过度结合势必限制社会组织的长远发展，再加上社会组织对政府形成的依赖性，导致难以推动政社分开，更难以推动政社民有效互动。

因此，对于社会组织能承担的社会事项，政府对社会组织进行了充分赋权，积极引导各类社会组织依法自治，实现了社会组织健康有序发展。此外，多地还采取多种措施，将各类社会组织与行政机关完全脱离关系，并对公益慈善类、科技类、特殊群体服务类社会组织重点提供了资金扶持和人才培养。

第四，提高多元主体参与社会治理的能力与水平。之所以要建立“政社民互动”的社会治理机制，其原因既包括中国特殊的历史背景因素和政治制度因素，还包括现阶段我国各类社会自治力量起步较晚，参与社会治理的能力和水平相对较弱的内在因素。尤其是在社会服务供给领域，近年来各类社会组织提供社会服务的范围、内容、形式都变得丰富多样，然而社会组织提供服务的能力并未得到快速发展，社会组织内部成员素质有待提升。在“政社民互动”过程中，许多地方不仅注重增强社会力量参与社会治理的热情，还注重提高各类社会主体参与社会服务供给的能力。党委和政府对社会主体参与社会治理提出了适宜的发展目标，将资金、人才等资源向基层自治组织、社会组织等社会主体倾斜，提高了各类社会主体提供社会服务的能力。此外，国家还通过政策的制定甚至立法的形式，对各类社会主体尤其是社会组织承担的公共服务进行了监管与指导，从而真正让“政社民互动”领跑社会治理创新。

第五，发挥人民群众在公共管理中的参与作用。政府公共管理能力的提升不仅要求政府转变观念，逐步实现从管制型政府向服务型政府、从保密型政府向透明型政府的转变，还需要发挥民众在公共管理中的重要作用。虽然目前已有民众参与到政府重大决策制定过程中来，但这种参与更多是精英分子的参与，大多数民众并未养成主动向政府反映诉求、主动参与公共管理的习惯，全民参与公共管理的良好氛围并未形成。民众只有积极参与公共管理，才能使政府更为真实地了解民众需求。为了发挥民众在公共管理中的主体作用，多地政府多措并举，畅通了民众参与听证的渠道，使越来越多的民众能够向政府表达意愿、反映合法诉求，真正成为公共管理的参与者与决策者。此外，为了实现民众有序参与公共管理，政府进行了积极引导，使民众能够有序参与、多次参与、长期性参与政府管理。不仅如此，为了实现民众依法参与公共管理，政府还广泛开展各类法律宣传活动，引导民众在不违反法律法规的前提下合理表达诉求、维护权益，依法参与公共管理。

三、助力社会治理法治化的网格化平台建设

网格化社会治理是近年来我国各地展开社会治理创新的主要举措之一，也是社会治理法治化实践主要依赖的路径。党的十八届三中全会提出，要创新社会治理体制，改进社会治理方式，以网格化管理、社会化服务为方向，健全基层综合服务管理平台。[①] 此后全国各级地方党委和政府纷纷对"网格化社会治理"这一社会治理创新方式展开了大量探索，并取得了一定成效。笔者通过调研发现，江阴市的网格化社会治理具有代表性意义。江阴市的基本做法是，依据户籍人口、流动人口和管辖面积，以人均管理300户或1000人为标准，把全市划分为17个一级网格、269个二级网格、1363个三级网格，将"人、地、物、事、组织"等要素全部纳入网格中，为每个网格配齐由网格长、网格员、督察员、联络员、巡查员、信息员组成的队伍。通过网格工作人员的巡查走访，可以随时掌握社情民意，及时发现社区公共服务需求，也可以及时发现问题隐患或矛盾纠纷，并联动职能部门加以处置，基本实现了"小事不出村、大事不出镇、矛盾化解在基层"。与此同时，江阴市依托集成改革政务服务

---

① 参见《中共中央关于全面深化改革若干重大问题的决定》，人民出版社2013年版，第50页。

“一张网”,实施“互联网+社区”行动计划,有效整合各职能部门数据信息以及社会、市场等多种信息资源,实现了网格化管理平台与“12345”热线、城市啄木鸟、综治e通、综合执法系统等平台的融合互通。

虽然各地在实践中推进网格化社会治理的具体方式和举措不尽相同,但在总体上有若干一致的表现形式,如治理空间的网格化细分、网格内专门治理人员的部署、多元治理力量在网格内的配合联动、运用现代信息技术建立为网格化治理服务的信息平台等。有学者对网格化社会治理所作的如下描述是较为细致的:“网格化社会治理是指将治理空间划分为若干网格单元,并利用现代信息技术建立资源和信息共享平台,实现对网格内人、物、事、情的全天候、实时化、动态化、智能化监控,其关键在于下沉治理资源,动员和整合多种力量参与以具体网格为单元的基层社会治理过程,最终形成一个全方位、多维度、高韧性的现代基层社会治理体系。”[①]网格化社会治理作为一种技术创新与制度变革相融合的基层社会治理模式,有其独有的特征和优势。我们应当尽可能地将多元的社会主体吸纳到网格化社会治理平台上来,依托网格化社会治理平台大力推进社会治理法治化。

(一)网格化社会治理的基本特征

与传统的社会管理方式相比较,网格化社会治理具有以下基本特征。

第一,精细的治理方式。网格化社会治理通过将辖区进行网格化划分,明确治理职责,以信息平台建设为抓手,展开动态巡查治理,是一种更为精细化的治理方式。首先,网格化社会治理模式的一般做法是在“县(市、区)—街道—社区”三级治理结构下,根据社区分布、人口数量、居住集散程度、群众生产生活习惯等因素,增加“网格”这一新的治理层级,使治理单元更为细化、治理空间更为精准;其次,网格化社会治理通

① 唐皇凤、吴昌杰:《构建网络化治理模式:新时代我国基本公共服务供给机制的优化路径》,载《河南社会科学》2018年第9期。

过明确网格长、网格员以及其他治理参与人员的岗位和职责,使工作内容更为清晰、管理责任更为明确;再次,网格化社会治理通过建设网格信息系统平台,对网格内的人口、房屋、基础设施、隐患、突发事件等信息进行全面掌控和共享,提高了治理信息的确定性和清晰度;最后,网格化社会治理通过网格员日常化、流程化的网格内动态巡查,可以更迅速地掌握动态的治理情势,最大限度地满足网格内社会成员的服务需求和管理需求。

第二,协同的治理机制。网格化社会治理旨在改变政府部门因职能交叉、各自为政所导致的重复、低效格局,力图建立协同联动的治理机制,实现"条条联合""条块协同"。在网格化社会治理中,市场监督管理、公安、环保、环卫、人社、消防、城管、卫健等职能部门的人力、物力、财力等资源被集中整合至网格中,通过网格信息系统平台,各部门之间共享信息资源、协同合作,实现横向的"条条联合"。同时,网格信息系统平台与政府职能部门的数据实行对接,促进了政府职能部门与街道办事处的信息融合互通,实现了政府职能部门与街道办事处之间的"条块协同"。在网格化社会治理中,面对复杂的治理难题,指挥中心有权通过"条条联合、条块协同"的联动方式,实现跨区域、跨部门的治理协同。

第三,高效的治理过程。网格化社会治理的治理过程是高效的,主要表现在以下几个方面:首先,网格化社会治理以密集而精细的网格为基础,网格内的任何治理问题都能够转化为一条条精确信息,及时传导给网格内相应的治理主体进行处理,改变了过去信息层层上报的低效局面;[①]其次,网格化社会治理将网格信息平台与各类职能部门的信息管理平台对接,实现了基础信息数据库的互联共享,能够依凭大数据的缜密分析作出治理决策,降低了决策成本,提高了治理效率;再次,网格员主动巡查网格,采集信息数据上传至网格信息平台,由指挥中心派遣相

① 参见陈柏峰、吕健俊:《城市基层的网格化管理及其制度逻辑》,载《山东大学学报(哲学社会科学版)》2018 年第 4 期。

应人员及时处理，实现了从“被动接收”向“主动介入”的治理模式转变；最后，网格化社会治理一般有严格的考核制度与之配套，指挥中心通过信息平台下发工作指令、督导问题处理、考核治理成效，使整个治理过程既透明又高效。

第四，明确的治理责任。在网格化社会治理中，通过网格的划分，政府将治理责任从区、街道、社区层层传导，直到延伸至网格这一层级。此时的网格不仅是精细的治理空间和信息收集的单元，更是清晰划分管理和服务责任的单元。一方面，政府通过制定责任清单，规定网格应承担的管理和服务责任，设定网格管理人员的工作职责，明确网格内部的静态责任划分；另一方面，通过设计治理流程制度，规定网格巡查员须及时上报治理需求，指挥中心核实后将任务派遣给相应的责任网格员，责任网格员必须在规定时间内予以处置并反馈处置结果，从而实现网格内部的动态责任划分。

第五，多元的治理主体。现代社会治理理论的核心要义是多元化治理主体的共建、共治。网格化社会治理这一模式突出地呈现了这一治理理念。在网格化社会治理中，参与治理的主体是多元的，既包括由基层党政干部担任的网格长以及由城管、公安、市场监督管理等政府职能部门工作人员组成的网格管理员，也吸纳了由社会组织、小区物业、小区业主委员会、居民活动团体、志愿者、企业、居民等丰富的社会力量。在网格化社会治理中，政府力量和社会力量都应当被视为治理主体，其中政府是社会治理的主导者和责任人，社会成员和社会组织则是政府不可忽视的参与者、协助者。这种由政府力量和社会力量达成的政社互动机制，乃是国家“鼓励和支持社会各方面参与，实现政府治理和社会自我调节、居民自治良性互动”[①]在实践领域的有效落实。

（二）网格化社会治理的优势

网格化社会治理是符合新时代中国基层社会治理客观需求的制度

---

① 《中共中央关于全面深化改革若干重大问题的决定》，人民出版社2013年版，第49页。

性创新,它通过将社会治理空间的基本单位网格化,实现治理重心向基层下移,推进社区治理共同体的有机形塑,推动基层政府由管理型向服务型的转变,构建社区中政治权力与社会权力、个体权利之间形成有机互动的结构性治理机制,形成共建共治共享的社会治理格局。这一治理模式具有以下几大制度优势。

第一,有利于实现从"管控思维"向"服务导向"的转变。以往的社会管理模式内含"管控思维"的治理理念、"维护社会稳定"的治理目标和"单一单向"的权力运行逻辑,[①]政府强调自身对社会管理的绝对主导地位,深陷于全能型政府的窠臼,事实上无力满足新时代变化多样的社会公共产品和公共服务需求。网格化社会治理的实质,就是从以政府为单一管理主体、以管控为主要目标的传统社会管理模式,向以党委领导、自上而下的政府管理与自下而上社会自治的良性互动、管理与服务相融合的多元治理模式转变。

在网格化社会治理中,网格不是简单的地域划分,而是一个个明确的服务单元,它将所有社会成员纳入公共服务供给网络中,为其提供及时有效的公共服务。一方面,网格化社会治理有利于提供精准的公共服务供给。网格化社会治理细化了治理空间,拉近了服务主体与服务对象之间的物理和心理距离,实现对特定需求信息的精确掌握,有效填补了公共服务供给的盲区和空白地带。[②] 此外,网格员在常规化巡查中及时发现公众服务需求,通过网格信息平台快速上传至指挥中心,与网格信息系统中的数据资源对接,为指挥中心的决策提供信息支撑,从而提高了服务供给的精准性和效率。另一方面,网格化社会治理有利于满足公众多元化的服务需求。在网格化社会治理中,各种社会力量参与到社会治理中,不仅能够发挥自身的资源优势,为公众提供契合度更高的公共

---

① 参见姜晓萍、焦艳:《从"网格化管理"到"网格化治理"的内涵式提升》,载《理论探讨》2015 年第 6 期。

② 参见唐皇凤、吴昌杰:《构建网络化治理模式:新时代我国基本公共服务供给机制的优化路径》,载《河南社会科学》2018 年第 9 期。

产品和公共服务，而且在政府的统筹协调下，松散的社会资源可以得到有效整合，从而提供更为多元化的服务供给。

第二，有利于实现"共建共治共享"的治理理念。党的十九大报告提出，"打造共建共治共享的社会治理格局。加强社会治理制度建设，完善党委领导、政府负责、社会协同、公众参与、法治保障的社会治理体制，提高社会治理社会化、法治化、智能化、专业化水平"①。党的十九届四中全会提出，"必须加强和创新社会治理，完善党委领导、政府负责、民主协商、社会协同、公众参与、法治保障、科技支撑的社会治理体系，建设人人有责、人人尽责、人人享有的社会治理共同体"②。如果说"共建共治共享"是当下我国社会治理领域的指导原则和创新方向，"党委领导、政府负责、民主协商、社会协同、公众参与、法治保障、科技支撑"便是"共建共治共享的社会治理格局"的基本架构，而"社会治理社会化、法治化、智能化、专业化"则是"共建共治共享"这一理念的实践目标指向。③ 不难看出，网格化社会治理模式通过划小、划细基本治理单元，有效实现权力下放、资源下置、力量下沉，十分有利于实现"共建共治共享"的治理理念。

就治理主体而言，网格化社会治理模式要求广泛动员多种社会力量的参与，这些社会力量承担不同的责任分工并发挥各自独特的功用，实现了社会治理的"社会化"；就治理原则而言，网格化社会治理模式追求法治框架下的依法治理，它不仅强调服从实体性制度规范，更强调遵循程序性制度规范，以社会治理的"法治化"为基本原则；就治理手段而言，网格化社会治理充分利用现代信息技术建设网格信息系统，并与各地综合信息服务系统和职能部门的信息管理系统对接，实现社会治理的

---

① 习近平：《决胜全面建成小康社会 夺取新时代中国特色社会主义伟大胜利——在中国共产党第十九次全国代表大会上的报告》，人民出版社 2017 年版，第 49 页。

② 《中共中央关于坚持和完善中国特色社会主义制度 推进国家治理体系和治理能力现代化若干重大问题的决定》，人民出版社 2019 年版，第 28 页。

③ 参见马海韵：《"共建共治共享社会治理格局"的理论内涵——基于社会治理创新的视角》，载《北京交通大学学报（社会科学版）》2018 年第 4 期。

"智能化";就治理方式而言,网格化社会治理对网格长、网格员以及其他社会力量进行明确的角色分工和职责划分,并通过讲座、培训班等形式对治理队伍进行专业化培训,努力实现社会治理的"专业化"。

第三,有利于落实"以人民为中心"的指导思想。党的十九大报告指出,"以人民为中心的发展思想"就是要"坚持人民主体地位","把人民对美好生活的向往作为奋斗目标,依靠人民创造历史伟业"。[①] 可以说,网格化社会治理模式,乃是新时代"以人民为中心的发展思想"在社会治理领域的具体实践方式。在这一模式中,"以人民为中心"思想有两个向度的展现:其一,网格化社会治理强调以人民为主体,注重吸纳社会本身的力量融入社会治理实践中,发挥广大人民群众的主体性、主动性和创造性;其二,网格化社会治理倡导由管控主导意识转变为服务主导意识,它的目标不仅局限于追求社会稳定,更在于有效提供符合人民需求的社会公共服务,突出以人为本的服务理念,把社会管理与公共服务有机结合起来。

值得注意的是,党的十九大报告提出关于新时代坚持和发展中国特色社会主义的14条基本方略,在"坚持在发展中保障和改善民生"这一基本方略中出现了"加强和创新社会治理"的表述,这说明"民生"概念不仅涵盖经济生活条件,关涉收入、教育、医疗、养老、住房、社会福利等内容,而且以社会公平正义、社会秩序安定、社会和谐安宁为构成要素。也就是说,社会治理水平的创新和提升,是国家长治久安、人民安居乐业的重要保障。网格化社会治理模式的出现,因应了切实满足人民日益增长的美好生活需要的要求。

(三)依托网格化治理平台推进社会治理法治化

网格化社会治理平台本身就是一个"政社民互动"平台,我们完全可以依托网格化社会治理平台推进社会治理法治化。

---

① 习近平:《决胜全面建成小康社会 夺取新时代中国特色社会主义伟大胜利——在中国共产党第十九次全国代表大会上的报告》,人民出版社2017年版,第21页。

第一,以网格化社区为单位开展法治宣传教育。社会治理法治化在观念层面表现为社会生活领域存在浓厚的法治氛围,信奉法律的普遍观念、清晰的权利意识、自觉守法的行为习惯、理性的思维方式等构成持久的文化风尚。因此,深入开展法治宣传教育,促使社会全体成员树立法治意识,是推进社会治理法治化的基础环节。网格化社区为法治宣传教育提供了便捷有效的组织单元,具体做法包括以下几个方面。

首先,以网格化社区为单位,打造了专业化的法治宣传队伍。网格员是网格化社会治理的重要主体,打造以网格员为主要力量的法治宣传队伍,能够提升法治宣传教育的力度。对此,各地在每个网格化社区内明确了专门的法治宣传网格员,由其负责社区的法治宣传工作;同时,还对法治宣传网格员定期组织开展了专业知识培训,提升法治宣传网格员的法律素养和法治宣传水平,使其成为专业化的法治宣传力量。

其次,利用网格化社区,推动法治宣传教育工作方式的创新。其一,以“区—街道—社区”三级网格化社会治理服务中心为载体,赋予其法治宣传教育功能,实现了法治宣传教育的实体化;其二,利用网格化社会治理信息平台(微信群),定期发布关于典型案例和社会热点的法律解读,将其建设成为移动互联网普法平台;其三,依托网格信息平台,以“任务分解、组织实施、检查督促、评估反馈”的闭环方式,对社区的法治宣传教育绩效进行考核评估。

最后,吸纳法治宣传社会力量进网格,提升法治宣传质效。在推进社会治理法治化过程中,各地充分发挥了能够承担法治宣传功能的社会组织的作用,调动、激发网格化社区内的各种社会力量,推动人民群众自我普法、自我教育。同时,各地还将普法讲师团、公益律师团、普法志愿者队伍等社会力量纳入网格化社区,以网格化社区为单位开展法治宣传教育。

第二,利用网格化平台推进“政社民互动”。社会治理法治化要求政府与社会、居民在“政社民分开”的基础上实现政府管理与社会调节、居民自治之间良性的“政社互动”,还要求实现政府广泛征求群众需求和建议、群众为政府决策提供建议和监督的“政民互动”。“政社民互动”的理念更在于基层政府与社会要素的有效衔接和良性互动,共同缔造健康而非压制的社会秩序。推进“政社民互动”是实现社会治理法治化的重要路径,而网格化社会治理平台正是推进“政社民互动”的重要载体。

首先,利用网格化平台,推进政府购买服务。从本质上讲,政府以合同、委托等方式向社会组织购买服务,由后者为社区居民提供专业化的公共服务,是基层政府将权力资源下沉的赋权过程。然而在实践中,“复杂的街区权力关系限制了专业社工深度嵌入社区治理,这使得表面光鲜的社会工作在街区权力体系中逐渐式微”[①]。网格化社区的出现,为原有的以行政科层制为条块的权力体系注入了更小规模的社会单元。这有助于社会组织根据自身的能力担负起不同分量的专业化公共服务,有助于政府把适宜由社会组织承担的诸如法律援助、法治宣传、安置帮教、民间调解、社工服务、慈善救济、公益宣传等事项通过更小标的的购买合同下沉至网格化社区中,为社区居民提供切实的公共服务。

其次,利用网格化平台,提高社会组织参与服务和治理的效能。近年来,社会组织提供公共服务的内容日渐丰富,参与社会治理的形式也日益多样化,但总体上社会组织参与公共服务和社会治理的能力仍处于较低水平。所以,提高社会组织参与公共服务和社会治理的效能,是实现有效“政社民互动”的重要条件。[②] 对此,各地依托网格化社会治理平台,有效整合了网格内的各种社会力量和资源,发挥集约优势,推进基层行政主体与社会组织及其他社会力量的交互合作,提升了社会组织提供公共服务的水平和参与社会治理的能力。

第三,在网格化社区内提供公共法律服务。社会治理法治化要求社会成员的正当权益能够获得有效法治保障。提供公共法律服务旨在维

---

① 朱健刚、陈安娜:《嵌入中的专业社会工作与街区权力关系——对一个政府购买服务项目的个案分析》,载《社会学研究》2013 年第 1 期。

② 参见樊鹏:《“政社互动”领跑社会治理创新》,载《光明日报》2016 年 2 月 22 日,第 11 版。

护人民群众合法权益，是社会治理法治化的内在要求，也是政府在社会治理中必须担负的责任。2019 年 7 月，中共中央办公厅、国务院办公厅印发了《关于加快推进公共法律服务体系建设的意见》。依托网格化社区为社会成员提供公共法律服务，是实现社会治理法治化的有效方案。

首先，以网格化社会治理服务中心为依托，建设网格化社区公共法律服务平台。当前，乡镇（街道）层级的公共法律服务站作为最基层的公共法律服务实体单位，事实上难以满足人们对专业、精细、高效的公共法律服务供给的需要。为此，各地充分利用了网格化社会治理服务中心及其信息平台，为其增加公共法律服务功能，实现了省、市级公共法律服务网络平台与县（区）网格化信息平台的对接，促使县（区）网格化信息平台同时成为公共法律服务载体，实现了公共法律服务从线下走到线上，与社区成员“零距离”。

其次，引导社会力量进网格，实现公共法律服务的充分供给。“公共法律服务与国防或外交等政府完全提供的公共物品不同，它涉及包括政府、个人、社会组织、专业机构等多元主体的共同参与。”[①]为实现社会治理法治化，各地把提供法律咨询、法律援助、律师代理、公证、司法鉴定、人民调解等公共法律服务的社会力量充分纳入网格化社区，发挥了这些社会力量的专业优势，为社区内社会成员提供了充分有效的公共法律服务，实现了公共法律服务供给主体和供给方式的多元化。

最后，利用网格化社区，促进法律服务实体、热线、网络的全面融合。建设公共法律服务实体平台、热线平台和网络平台，推进三者的全面融合，是推进公共法律服务体系建设的重要内容。对此，各地建立了“12348”公共法律服务热线平台与网格化指挥中心的协作制度，建立了相应的衔接联动机制。在实践中，网格员即时掌握的法律服务需求信息，通过网格化信息平台上传至网格化指挥中心，由指挥中心协调联系

---

① 徐尚昆：《推进公共法律服务体系建设的理论探讨》，载《中国特色社会主义研究》2014 年第 5 期。

法律服务供给主体,促使供需双方通过公共法律服务线上或实体平台完成法律事务,实现了公共法律服务实体、热线、网络平台的融合互通。

第四,通过网格化多元治理手段化解社会纠纷。随着改革开放的持续推进,我国社会经济生活得到了长足发展,与此同时社会利益诉求也日趋多元化,社会矛盾纠纷呈现复杂多样的态势。因此,建立健全社会矛盾纠纷预防、化解机制成为实现社会治理法治化的基本任务和重要内容。利用网格化社会治理平台化解社会纠纷,不失为一条切实可行、便捷高效的路径。

首先,以网格化社区为框架,建立社会纠纷化解的责任单元。社会纠纷解决机制的探索既是实现社会治理法治化的内容也是社会治理创新的举措。将网格化社区打造成社会纠纷解决的责任单元,是第一时间在纠纷发生地化解社会矛盾的有效举措。对此,各地以面积大小、人口数量、治安情况、居民构成、产业状况等为标准,把行政辖区划分为多个纠纷解决责任网格单元,为每个网格配备了专门网格员,负责网格内的纠纷信息和风险信息的收集、报送,对网格内的纠纷解决成效负责,从而实现了网格内社会矛盾信息及时获取、纠纷解决力量及时到位、纠纷解决职责具体明确、纠纷解决考核标准清晰。

其次,依托网格化社区,建立社会纠纷的动态巡查机制。“当代中国由于社会的巨大转型正步入风险社会,甚至将可能进入高风险社会。”[①]任何社会纠纷如果不能得到及时、有效、公正的解决,都有可能变形、发酵为一定程度的负面舆情甚至社会风险。为应对社会风险,各地充分利用了网格化社会治理的动态巡查机制,提前收集风险信息和矛盾纠纷信息,对在网格员能力范围内的普通纠纷进行及时调解,对不能调解的专业性强或风险性高的复杂纠纷,则上传至网格化信息平台,由指挥中心联系指派相应的专业人员或政府职能部门及时介入,把各类矛盾

① 范如国:《“全球风险社会治理”——复杂性范式与中国参与》,载《中国社会科学》2017 年第 2 期。

纠纷"网"在格子里，力求实现矛盾纠纷不出"格"。

再次，通过网格化多元治理手段化解社会纠纷，还意味着吸纳多元社会解纷力量进网格。目前，社会矛盾纠纷呈现主体多元、类型多样的新变化，针对社会矛盾纠纷的新变化，除发挥政府职能部门和司法机关的主要作用外，各地还鼓励和支持各种社会力量参与，构建了多元化的纠纷解决方式。社会解纷力量被充分纳入网格化社区，缩短了解纷力量与矛盾纠纷的距离，满足了网格内社会成员的解纷需求。目前，我国许多地方正在培育专业性、行业性调解组织和以"新乡贤"为表现形式的社会解纷力量，如果能够充分发挥这些社会解纷资源的作用，将有效地缓解行政职能部门和司法机关的压力，节约司法资源，提高解纷效率。

最后，借助网格化平台发展基层民主政治。社会治理法治化内蕴着强烈的以人民为中心、以人民为主体的理念。民主价值乃是推进社会治理法治化的重要价值目标之一。在现代民主政治语境下，民主制度及其实践远非仅仅意指代议制政体的运行，还包括了政治、经济、文化生活在社会基层的民主化展开。在新时代中国特色社会主义民主政治实践中，更应强调社会基层民主政治的发展，为此党的十九大特别指出，"众人的事情由众人商量，是人民民主的真谛……加强协商民主制度建设，形成完整的制度程序和参与实践，保证人民在日常政治生活中有广泛持续深入参与的权利"[①]。网格化社会治理平台，正是实现"众人的事情由众人商量""推动协商民主广泛、多层、制度化发展"的新型制度载体和实践方案。

推进社会治理法治化，网格化社会治理平台在民主政治方面提供了以下助力：一方面，利用网格化平台，进一步完善了基层民主选举。在过去一段时间内，基层民主选举过程中出现了上级干预、拉票贿选、"暗箱

---

① 习近平：《决胜全面建成小康社会 夺取新时代中国特色社会主义伟大胜利——在中国共产党第十九次全国代表大会上的报告》，人民出版社2017年版，第38页。

操作”等问题,影响了基层民主政治的健康发展。[①] 对此,各地依托网格化社会治理信息平台,实现报名参选、选举准备、确定候选人、召开选举大会等选举流程和环节的信息化,促使基层民主选举公开透明、高效留痕,引导基层民主选举走上了法治化的轨道。另一方面,利用网格化平台,进一步推进基层协商民主。在党的十八届三中全会提出“开展形式多样的基层民主协商,推进基层协商制度化”[②]的要求后,各地对基层协商民主展开了形式各样的实践探索,并取得了一定成效。然而,基层协商民主仍然存在主动参与不足、协商实践流于形式化、社会组织没有充分发挥作用等问题。[③] 为此,各地基层社区以网格化社会治理服务中心为依托,在网格内针对公共事务以定期召开对话会、听证会的方式,展开广泛讨论,尝试将网格化社区打造成多元主体协商共治的“公共论坛”。此外,对于疑难复杂的公共事务,社区还通过网格员在动态巡查中主动收集公众意见,并通过网格化信息系统进行数据上传,将公众意见转化为客观的数据,为作出合理决策提供了数据支撑。

---

① 参见苏爱萍:《我国基层民主选举实践:成就、问题与发展走向——以山东省村委会换届选举为样本》,载《山东社会科学》2012 年第 9 期。

② 《中共中央关于全面深化改革若干重大问题的决定》,人民出版社 2013 年版,第 31 页。

③ 参见陈家刚:《基层协商民主的实践路径与前景》,载《河南社会科学》2017 年第 8 期。

第七章　社会治理法治化的地方观察

党的十八大以来，中国人民在中国共产党的坚强领导下，取得了经济、政治、文化、社会和生态文明等各方面的伟大成就，同时也建立并不断完善了中国特色的社会治理体系。在当今世界"百年未有之大变局"中，中国的社会治理制度与社会治理体系被实践证明具有多方面的显著优势，这也是我国经济和社会体系有效运行、充满活力的根本所在。中国特色的社会治理实践在新时代孕生了丰富的经验。我们既要注意巩固、推广被实践检验了的社会治理经验，又要注意与时俱进地完善、发展社会治理制度体系，不断把制度优势转化为社会治理效能。社会治理法治化是一个实践性课题，涉及面很广，内涵十分丰富，其政策实践的各个部分相互融合、相辅相成、有机统一。为了便于叙述，本章分别从公共法律服务体系建设、社会矛盾纠纷法治化解、基层民主法治建设探索和社会治安防控体系建设四个方面，对新时代全国各地在社会治理实践中取得的成就进行观察。

一、公共法律服务体系建设

新时代以来,以习近平同志为核心的党中央高度重视公共法律服务体系建设。为全面推进这项社会治理法治化的基础性工程,中共中央办公厅、国务院办公厅于2019年7月专门印发了《关于加快推进公共法律服务体系建设的意见》。该意见明确了公共法律服务体系建设的指导思想和基本原则,强调要坚持党的领导,坚持人民主体地位,要坚持政府主导、社会参与,坚持改革创新、统筹协调。该意见提出了公共法律服务体系建设的目标和重点任务,其具体目标分为两个阶段,即"到2022年,基本形成覆盖城乡、便捷高效、均等普惠的现代公共法律服务体系。公共法律服务体制机制不断完善,服务平台功能有效发挥,服务网络设施全面覆盖、互联互通,公共法律服务标准化规范化体系基本形成,城乡基本公共法律服务均等化持续推进,人民群众享有的基本公共法律服务质量和水平日益提升。到2035年,基本形成与法治国家、法治政府、法治社会基本建成目标相适应的公共法律服务体系"①。同时,该意见中还部署了四个方面的重点任务,即推进基本公共法律服务均衡发展、促进公共法律服务多元化专业化、创新公共法律服务管理体制和工作机制以及加大保障力度等。

《关于加快推进公共法律服务体系建设的意见》出台以后,全国各地紧密结合实际,因地制宜,不断创新举措,加速推进公共法律服务体系建设,取得了显著成效。本章节将从全国各地做法和成功经验中,选择富有当地特点的内容,尝试以多种不同视角,观察近年来全国各地公共法律服务体系构建的进程。

(一)拓展公共法律服务体系建设的格局

公共法律服务体系建设,是经济和社会发展的基础性工程,是政府公共职能的重要组成部分,是社会稳定和人民群众安全的重要保障。各

---

① 《关于加快推进公共法律服务体系建设的意见》,人民出版社2019年版,第3页。

地在推进公共法律服务体系建设时，紧紧围绕中心工作，强化服务大局意识，注重将公共法律服务体系建设纳入国民经济和社会发展整体规划和考核体系，着力拓展法律服务体系建设的格局。

以成都市为例，近几年成都经济社会发展的大背景是积极推进和落实中共中央、国务院印发的《成渝地区双城经济圈建设规划纲要》和四川省政府批复的《成德眉资同城化综合试验区总体方案》。为此，成都市制定出台了《成都市加快推进公共法律服务体系建设行动方案（2020—2022）》，围绕同城化综合试验区建设的重大决策部署，探索推进渝、成、德、眉、资五市公共法律服务同城化。

围绕经济建设的主战场，成都市还制定出台了《公共法律服务助推国际化营商环境建设10项精准措施》，把法治作为最好的营商环境，为企业提供法律风险评估、建立法律援助容缺代办和"全域通办"制度。数据显示，企业在蓉投资意愿不断提升，2021年3月成都投资意愿指数为137.44，环比、同比分别提高16.11%和39.04%，呈现稳步上升发展趋势。[①] 为了更好地为民营企业等多种经济成分服务，成都市、县两级公共法律服务中心均开设"服务民营企业窗口"，发挥公共法律服务大厅"一站式"服务优势，对民营企业农民工和困难员工的法律援助申请，免经济状况审查，优先办理；对需要办理公证、司法鉴定的民营企业员工优先办理。

普惠均等、便捷高效、智能精准，是公共法律服务建设的重点要求。成都市坚持城乡均衡、地区均衡、人群均衡的"三均衡"原则，按照市、县、乡、村四级同建，实体、热线、网络"三大平台"同步的工作思路，共投入3510万余元用于各级公共法律服务平台建设，迄今已建成1个市级和22个区（市）县公共法律服务中心、276个公共法律服务工作站，4000余个社区（村）的法治咨询服务实现了全覆盖，已建立"社会法治之家"

---

① 参见宋豪新：《改革释放新动能 成都公共法律服务全业务全时空覆盖城乡》，载人民网，http://sc.people.com.cn/n2/2020/0430/c345509-33988361.html。

3000 多个,直接参与的公益司法服务人员已达到 6000 余人。在成都全境范围的公共司法服务网络体系已初步建立,遍布城乡,使广大人民群众享受公平,提升了群众对公益法律服务的知晓度、首选率和满意度。此外,相关司法服务的范畴进一步扩大,市、区(市)县二级公共司法服务中心的建立将司法服务大厅服务项目范围,由单纯的法律援助服务扩大至涵盖了法律咨询、法律援助、社会调解、鉴定工作、司法考试、律师业务、公证办理等事项的"5 + X"体系,集中为群众提供综合性的法律服务保障。

在全国各个副省级城市中,成都市率先把相关的 23 个热线统一整合为"12348"一个热线,推进了"全时空全业务"的公共法律服务。市一级以及各区(市)的各级公共法律服务中心均设立了"12348"接听处置服务平台,从而建立起以市"12348"指导管理中心为纽带,市、县两级"12348"热线,(村)司法咨询三级联动的机制。相关业务从原有的线上答疑变成了线上线下互动,从"单干"到全市的整体协作与互动。同时,委托第三方机构对拨打"12348"热线电话的市民逐一回访,发现服务不到位的,立即发出"质量跟踪办理单",及时有效解决群众遇到的与法律相关的问题。

(二)扩充公共法律服务人才队伍

深圳作为全国先行先试的改革示范区,建设法治先行示范城市是其新改革探索的重要目标;而建设一支强大的法律工作者和法律服务志愿者人才队伍,是深圳推动新时代公共法律服务体系建设的有效抓手和鲜明特色。

早在 2006 年,深圳市即成立了有百名律师注册的国内首个律师义工组织,[①]各类法律服务志愿者队伍广泛建立,志愿服务活动蓬勃开展。但是,与占常住人口的比例超过 10%,人数逾 200 万的城市公共服务注

① 参见曹颖、王红:《全国首个律师未成年人权益保护义工队在深成立》,载新浪网,https://news.sina.com.cn/c/2006-11-29/172510640685s.shtml。

册志愿者相比,法律服务志愿者力量仍显单薄。[1] 而且,早先的法律服务志愿者的服务活动往往停留在节日法律宣传、现场法律咨询等形式上,专业水平和服务质量也有待进一步提高。近年来,深圳市采取了动用社会积极力量,扩大法律服务志愿者队伍的措施,以扩充法律人才资源,提升服务水平档次。

高起点、高标准的强化法治服务团队建设,首先,要求充分发挥政府部门职能作用。深圳市凡涉及公共法治服务体系建设的各有关机关和单位,都要求以构建世界一流的法治城市为主题,以社会性、事业化、公益化、规范性的运营管理为导向,健全完善社区法律志愿者服务体系。其次,深圳市根据自身外来人员较多的城市特点,专门组建了外来人员法治宣传教育志愿者团队,充分运用外地人才优势进行城市法治宣传教育。这类举措旨在进一步发挥人民群众的主体作用和社区群团活动的重要力量,吸引社会各个阶层、各类人群的参与,壮大法律志愿服务队伍。同时,各类法律志愿服务计划的制订由各级司法部门牵头,法律志愿服务组织协助提供人力支持,形成一种协同配合新模式。

公共法律服务的队伍建设和强化管理,是公共法律服务可持续发展的重要保证。深圳市建立并不断完善法律志愿服务队伍管理机制,通过建章立制,加强法律志愿者队伍管理,对志愿者权利义务、招募办法、培训机制、激励办法、活动开展、相关保障等队伍建设要素,均建立了成文制度规章,以保证队伍的管理。在具体管理方法上,深圳市各级单位建立了法律服务志愿者档案,掌握志愿者的基本情况和服务特长,以跟踪服务、信息反馈等形式,对志愿者服务具体情况进行记录评价,并对法律志愿者工作中遇到的困难及常见问题有针对性地及时组织开展技能培训,以增强志愿者服务质量和水平。

基层法律顾问的待遇问题一直是基层法律服务建设中的难题,因此深圳市试图健全保障机制,要求明确各级政府经费保障的主体责任,逐

---

① 参见郭宇立、陈安获:《深圳注册志愿者已达 208 万》,载《深圳晚报》2021 年 3 月 5 日,第 6 版。

步提高村(社区)法律顾问的补贴标准,切实提高村(社区)法律顾问的待遇,将“村(社区)法律顾问补贴从每年保底1万元提高为2万元,并规定完成考核后给予顾问律师不低于20%的奖补”[①],实现了补贴标准的正常增长。此外,深圳市对资金运用效果和社会法律顾问管理工作开展考核分析,鼓励在经营状况较好,且法律业务活动较多的村(社区),逐步探索推行法律顾问工作质量与补贴挂钩的差别补贴制度,提高村(社区)法律顾问工作质量和财政资金使用效益。在此基础上,法律顾问的工作方式方法也得到了调整,推进了线上法律顾问业务。律师不仅进行常规的坐班和现场法律宣传业务,还通过接听热线电话,回复电子邮件、微信、QQ等多种方式,解答各类法律问题,为基层群众提供即时法律咨询。这些非现场服务也被纳入考核范围。

总体来说,深圳市以“建设完备的法律服务体系。推进覆盖城乡居民的公共法律服务体系建设,加强民生领域法律服务”[②],“完善法律援助制度,健全司法救助体系”[③]为目标,以“普惠均等、快捷高效、智能精准”为要求,以强有力的公共法律咨询服务人才队伍为支撑,通过强化服务团队建设与管理工作,让群众感受到公共法律服务就在身边。深圳覆盖全市的公共法律服务体系已初步建立,此体系由政府司法行政部门为主体,公共法律咨询服务机构、热线电话、网络平台等为载体,社会组织和人民群众广泛参与,较好地适应了日益增长的法律服务需求。

(三)夯实公共法律服务体系建设的基础

推进公共法律服务体系建设,对于提高国家治理体系和治理能力现代化水平具有重要意义。山东省坚持瞄准群众期盼,着力从“公共法律服务均等化、多元化、一体化、规范化”四个方面上下功夫,奠定公共法

---

① 参见《广东省司法厅关于广东省十三届人大四次会议第1571号代表建议答复的函》,载广东省司法厅网2021年6月21日,http://sft.gd.gov.cn/sfw/zwgk/zwwgk/content/post_3573966.html。

② 《中共中央关于全面推进依法治国若干重大问题的决定》,人民出版社2014年版,第28页。

③ 《中共中央 国务院关于完善产权保护制度依法保护产权的意见》,载《中华人民共和国法规汇编(2016年1月~12月)》,中国法制出版社2016年版,第8页。

律服务建设的重要基石。[①]

为保证群众均等享有基本的公共法律服务，山东省政府和相关部门的主要做法是加大法律服务的资源供给。其主要措施包括：稳步拓展律师、公证员、基层司法业务工作人员、社会法律援助工作人员、仲裁员等专业力量，加速发展壮大政府法律顾问和公职法律顾问团队，积极推动专职人民调解员团队建立。截至 2019 年年底，山东省法律服务机构已达 8.3 万个，法律服务人员 32.4 万人。[②] 在公共法律服务体系建设中，为加强综合保障，山东省司法厅联合相关部门印发文件，推动将公共法律服务体系建设所需的基础设施、信息化建设以及工作经费等列入同级财政预算。2019 年，山东省仅法律援助业务经费就达到 1.15 亿元。[③] 在实际工作中，相关部门试图优先解决最低生存保护工资、支付困难和低收入保障家属、农村特困供养人员、城市残疾人、农民工党员、老年人、学生等人群，以及军属和退伍军人等重点社会优抚对象的法律服务需要。

山东省围绕国家确定的高等教育、就业、社会保险、医药卫生、住房保障、文化体育等重要法律服务领域，积极整合各种司法业务资源，推进公共法律服务“多元化”。司法厅等相关部门指导和支持专门领域法律人才参与地方性法规、重大行政管理条例和规范性文本的制定讨论管理工作，参与重大决定、重大行政决策的合规性审查管理工作，参与行政法律应诉、行政法律申请复议、行政法律仲裁等司法事宜，以提高各地党政机关管理工作法治化水平。

山东省从保证群众获取基本公益法律服务的需求出发，推进公共法律服务“一体化”，新建服务设施，合理布局公共服务人力资源，优化公

---

① 山东省司法厅：《山东着力加强公共法律服务“四化”建设》，载人民网，http://m.people.cn/n4/2020/1208/c1517-14613312.html。

② 参见赵君、王新宇：《法治体检化纠纷 法律服务进万家 我省公共法律服务水平持续提升》，载山东省人民政府网，http://www.shandong.gov.cn/art/2021/5/19/art_97904_413949.html。

③ 参见戴玉亮：《我省公共法律服务工作走在全国前列》，载《大众日报》2019 年 12 月 5 日，第 4 版。

共服务过程,减少盲点,弥补短板,让老百姓方便快捷地获取公共法律服务。以人民群众的需求为导向,坚持群众需要什么就提供什么,要求打破司法行政机关内部的部门之间、法律服务行业之间的条条框框。山东省强化法治热线平台与网络平台在省级层面的融合,全面利用互联网技术、信息化、人工智能等新技术手段,促进"三大平台"融合,让群众足不出户就能享有便捷高效的"法治淘宝网"。截至2019年年底,山东省已建成市、县、乡公共法律服务中心(站)1989个,村(社区)司法行政工作室5.8万个,[①]服务内容涵盖了普法宣传培训、法治咨询服务、法治救助、调解、法律事务受理指导等一系列工作。

此外,要形成坚实的法律服务体系建设基础,还需要公共法律服务各方面的"规范化"。在此方面,山东省着力在构建公共法律服务的标准上下功夫,要求相关单位紧紧围绕"使群众得到便利有效的公共法律咨询服务"的总体目标,建立完善各类法治工作标准和业务流程,明确各类法治服务设施建立、业务单位资格确认等管理工作具体规范,统一规范服务机构项目标志,公示服务内容、岗位管理、职能设定等要求,规范公共法律咨询服务事项目录管理制度。此外,还建立健全公共法律咨询服务事项名录动态调整机制,适时向社会公布服务事项目录信息,方便群众知晓,接受群众监督。

山东省先后制定公布《关于完善法律援助制度的实施意见》《关于开展"一村(社区)一法律顾问"工作的实施意见》《山东省法律服务业转型升级实施方案》《关于完善国家工作人员学法用法制度的实施意见》《关于公证参与人民法院司法辅助事务试点工作的实施意见》等一系列文件,为公共法律服务工作提供了政策保障。另外,山东省还尝试建立了以服务标准指数、服务效果指数和社会评价指数为主要内容、以第三方评价制度和群众满意度检测为尺度的公共法律服务评价机制。

---

① 参见戴玉亮:《我省公共法律服务工作走在全国前列》,载《大众日报》2019年12月5日,第4版。

（四）补齐公共法律服务体系的短板

由于经济和社会发展状况不尽相同，各个地区在建设公共法律服务体系时，面临的困难和问题也必然不同。近年来，相对偏远地区或相对欠发达地区，亦按照国家统一部署，加快推进速度，补齐短板，也取得了显著成效。

为探索建立“海南模式”公共法律服务体系，降低人民群众寻求法律帮助的成本，确保将公共法律服务产品送到每一位群众手上，海南省制定出台《关于加快推进公共法律服务体系建设的实施意见》《海南经济特区律师条例》《海南国际仲裁院（海南仲裁委员会）管理办法》《海南省法律援助经费管理暂行办法》等一系列法律法规。为强化具有地方特色的公共法律服务平台建设，海南于 2020 年基本建成“城镇半小时、农村一小时”公共法律服务圈，实现了五级公共法律服务实体平台覆盖全省城乡。[①] 具体工作的重点是打造实体、网络、热线三个平台监管系统和 10 个子业务系统的海南公共法律服务网络平台。这一“集成”大平台通过网站、App、微信公众号、智能机器人、自助法律服务终端机、无人律所等法律服务产品，更适应本地百姓的法律需求。同时，海南“12348”公共法律服务热线升级建成一体化呼叫中心系统，全省各市、县公共法律服务中心增加了视频咨询等功能，全省“一条线”采用“白班 + 夜班 + 联动 + 回访”管理机制，全年提供“7 × 24 小时”免费法律咨询服务，成为普通群众身边的“好律师”。[②]

宁夏回族自治区统一规划，统筹推进公共法律服务实体平台、热线平台、网络平台工程建设，取得突出效果。全区设立自治区公共法律服务站 1 个、市、县公共法律服务站 27 个、城镇街道公共法律服务工作站 243 个、村居公共法律服务工作室 2809 个，具体平台建设数和覆盖面实

---

① 参见王慧：《城镇半小时农村一小时公共法律服务圈已建成》，载《法制时报》2020 年 9 月 2 日，第 1 版。

② 参见邢东伟、翟小功：《海南探索建立全岛同城化公共法律服务体系》，载光明网，https://m.gmw.cn/baijia/2020-11/30/1301851161.html。

现 100%。[①] 其中,实体平台上均安排有法律“全科医生”,热线平台安排有“法律明白人”,让群众随时随地享受优质法律服务。宁夏“12348”公共法律服务实现 365 天全天候提供免费法律服务;“掌上 12348”App 搭建了线上线下“一体化”服务,宁夏法治服务网全面上线运行,囊括了法治咨询服务、公证、司法鉴定、仲裁、人民调解各项工作,群众可通过多种途径询问、处理有关法律服务事宜,做到“掌上办”“指尖办”。宁夏以此种线上线下结合的方式,基本形成了符合国家相关部门要求的覆盖城乡、便捷高效、均等普惠的公共法律服务。

新疆地区则着重强化推进和完善经济欠发达区域公共法律服务网络建设,通过整合运用中央财政转移支付资金等途径,进一步完善公益律师服务费用保障制度体系,并对民族地区、边境地区、农村贫困地区等给予政策倾斜。其具体做法是以公共法律服务平台构建、社会律师服务培训和村(居)法律顾问等为重点,集中开展了一大批社会公共法律服务扶贫项目,通过建立健全法律服务资源,依法跨区域流动机制,重点扶持经济欠发达区域的律师事务所建设发展,引导地方律师事务所等社会公共法律服务组织在经济欠发达区域建立分支机构。区域内的法律服务组织,在政府和相关部门的领导和指引下,采用对口帮扶共建、挂职锻炼、合作交流培养等形式,支持经济欠发达区域的法律服务组织进一步发展壮大,加大了对欠发达地区培养法治公共服务人才和志愿者教育活动的优惠政策支持,并运用网络等新方法进行远程法律咨询服务。

新疆全区各地立足本地的司法救助中心、行政机关服务大厅、县乡镇便民服务大厅、村(居)委会等地方公共资源,建立健全并完善面向社会服务网络的四级公益型司法服务实体平台,基本达到对县乡镇的全面覆盖。实体平台已初步实现以法律顾问、人民调解、公证、鉴定、法律援助为服务内容集中进驻的综合型、全方位业务窗口。“12348”乌鲁木齐

① 参见宁夏回族自治区人民政府新闻办公室:《宁夏举行公共法律服务体系建设新闻发布会》,载中华人民共和国国务院新闻办公室网 2019 年 11 月 21 日,http://www.scio.gov.cn/xwfbh/gssxwfbh/xwfbh/ningxia/Document/1668792/1668792.htm。

公共法律服务热线电话、“12348”乌鲁木齐法网和“新疆掌上 12348”手机 App，做到 PC 端和移动客户端全覆盖，833 名驻场法治服务工作人员在线回答问题，减少人民群众寻找司法援助的成本。① 新疆推进实施乡村（社会）律师管理制度，完善乡村公益律师服务供给，统筹推动未成年人法治教育实践基地建设，维护特定人群基本公益律师服务权利。全区各司法行政部门和法律援助机关积极推动法律援助服务民生，提高法律援助服务质量，并不断创新公共法律服务方式。乌鲁木齐市择优确定 1283 名法律服务人才到“12348”公共法律服务热线平台驻场服务；选择 183 名法官、公证员等入驻“12348 新疆法网”平台，在线为群众进行法律服务。自治区以南疆为重心，下沉拓展业务，指导服务弱势群体和特殊人群，指导基层民族地区的法律咨询服务机构开展工作。② 区域内各级司法行政部门采取招录、选聘、向政府购买法律服务、发展志愿者团队等方法，完善为乡村司法所公共法律咨询服务的人才队伍结构；并以村干部、人民调解员、村级小组长负责人等为工作重点，尽快培养出乡村“法律明白人”。

（五）提升公共法律服务体系建设质效

为实现覆盖城乡、便捷高效、均等普惠的现代公共法律服务体系，除增加法律服务供给外，提升相关公共领域法律业务服务的质效、建立相应的评价体制、优化服务平台的构建、优化服务措施、优化业务管理环境，对于法律服务体系的建设也至关重要。江苏省着力增强公共法律服务质效，在全省各类公共法律服务机关和单位增加公共服务有效供给，同时重视队伍建设和评价体系建设，取得了显著成效。

---

① 参见潘从武：《新疆推动构建优质高效公共法律服务体系 多层次多领域个性化提供法律服务》，载中华人民共和国司法部网，http://www.moj.gov.cn/pub/sfbgw/fzgz/fzgzggflfwx/fzgzggflfw/202111/t20211101_440412.html。

② 参见新疆维吾尔自治区人民政府新闻办公室：《新疆举行推进公共法律服务体系建设工作情况新闻发布会》，载中华人民共和国国务院新闻办公室网 2019 年 8 月 27 日，http://www.scio.gov.cn/xwfbh/gssxwfbh/xwfbh/xinjiang/Document/1662854/1662854.htm。

江苏省统一部署各市构建四级实体服务平台体系,市级平台作为本区域公共法律服务的中心和枢纽,县(市、区)公共法律服务中心建设前店后厂“一站式”服务平台;同时改善街道(乡镇)司法机关行政服务站基础条件,打通公共服务社会群众“最后一千米”。四级实体网络平台统一建立平台技术标准、服务质量标准和运营管理标准,实现了上下游贯穿、功用优势互补的实体网络交互平台系统。为完善“互联网+”法律服务模式,“12348”江苏法网统一纳入各市“智慧城市”建设项目,“12348”热线与“12345”“110”等整合联合,丰富了“12348”移动平台业务内涵。[①] 这些举措推进了实体与热线、网络平台,司法机关业务与行政管理综合业务衔接互联与有机融合。

围绕城乡居民、低收入市民、特殊经济困难人员,以及社会特定案件当事人等不同人群的基本司法服务需要,江苏省关注司法救济工作制度的实效,争取将更多低收入、弱势群体列入救济范畴;积极建立社会专门服务,探索实施社会全生命周期司法服务,面向居民生育、入学、就业、结婚、离退休等生命的重要阶段。具体来说,江苏各地以政府采购制度为依据,引导社会司法服务机构工作人员,针对社会不同人群开展公益司法服务,建立健全社会参与制度。同时,为统筹合理配置社会公共服务资源,江苏省相关部门加强培育律师、公证、司法鉴定、法律援助服务等专业队伍,并引导市、县级公证、司法救济等部门建立各乡(镇、街道)的工作网点,鼓励律师资源相对集中地区的律师事务所,到律师数量不足地区设立分支机构,调剂补齐资源薄弱地区服务力量。此外,为广泛吸引社会志愿者参加公共法律服务项目,江苏省同时建立健全了注册募集、咨询服务录入、管理评估、奖惩保障等机制,进一步强化对公共法律服务项目质效监督管理,逐步形成省、市、县三级的公共法律服务基本项目名录,通过公示信息接受群众监督,建立岗位职责、服务质量保证、首

---

① 参见张全连:《江苏加速现代公共法律服务体系建设》,载中华人民共和国司法部网,http://www.moj.gov.cn/pub/sfbgw/zwgkztzl/2021nzt/20210420fdbnl_2329/sfxzgzxl/202107/t20210702_429799.html。

问责任、限时办结、服务对象信用档案、满意度考核等制度，制定法律服务供需评价的指标体系框架，并定期考核法律供需水平和群众满意程度。[①] 通过这一系列的举措，江苏力图形成和完善社会积极参与的公共法律服务机制，确保公共法律服务落到实处，取得实效。

（六）公共法律服务体系建设的相关思考

对前述部分地区公共法律服务体系建设情况的初步观察，是在海量信息中截取的少数片段。通过这些片段的管窥蠡测，也可以简要了解全国公共法律服务体系建设的基本概况，并形成以下几点认识。

第一，公共法律服务体系在全国范围统筹推进和协调发展。从前述观察中可以看到，各地为提升公共法律服务水平进行了大量的卓有成效的工作。公共法律服务工作成为全面依法治国的基础性、服务性和保障性工作，成为维护和改善社会民生的重大措施，也成为地方政府部门履行公共服务职责的重要部分，得到各级党委政府的高度重视。公共法律业务的公益性、法治性、服务性为其基本特征。作为保障公共利益最大化、维护公众利益的基础条件，形成一个规范公众法律服务工作的法规体制和政策法规系统，显得尤为重要。虽然全国各地的经济和社会发展状况不同，地域文化习俗各异，公共法律服务的主要对象和需求也有各自的特点，但是在各地党委政府的大力推进下，社会公益事业与法律服务体系建设已经呈现了相辅相成、互动发展的良好态势。公共服务体制逐步完善，法律服务平台逐渐增多，法律服务区域也日益扩大，服务内容也越来越丰富，法律服务队伍日益强大。无论是高度经济发展的东南沿海地区，还是经济相对欠发达省份，公共法律服务体系建设的一个基本要求与总体目标，如各级公共法律服务平台建设，都实现了省、市、县、乡（社区）的全覆盖。公众法治咨询的实体网站、热线系统和平台均得到同步推进，从而使社会各类不同群体得到适合自己的平台服务。例如，

① 参见刘通：《江苏全面构建覆盖城乡的公共法律服务体系》，载中国江苏网，http://jsnews.jschina.com.cn/hxms/202101/t20210122_2714759.shtml。

队伍建设方面,全国各地在专业司法工作人员队伍、城市法治志愿者团队和农村律师团队等的队伍建设方面不断加大投入,制定行之有效的管理和激励办法。同时,各地还因地制宜,努力拓展服务项目和范围,创新服务手段和机制。

在前述观察实例中,还有一个共同的特点值得关注,即各地充分挖掘潜力,有效整合现有服务资源。随着公共法律服务体系建设的稳步开展,群众在化解矛盾纠纷、保障自己利益等方面的公益法治咨询服务需求得以更好解决。但同时,也因为群众相关需求日益增长,社会对公共法律服务质量的要求日渐提升。这就要求加强整合法律顾问、公证、调解、社会法律救助、司法机关评估等社会公共法律咨询服务信息资源,并推进健全相应的制度,以实现社会公共法律服务资源集约式挖掘与运用,进一步提升社会公共法律咨询服务信息资源的整体运用效能,为人民群众带来更加适时高效的司法帮助。而各地在整合资源,为人民群众创造均衡化、多元化的公共法律服务上效果显著。从总体上观察,《中央办公厅 国务院办公厅关于加快推进公共法律服务体系建设的意见》所提出的近期目标,即2022年基本形成覆盖城乡、便捷高效、均等普惠的现代公共法律服务体系,公共法律服务体制机制不断完善,服务平台功能有效发挥,服务网络设施全面覆盖、互联互通,公共法律服务标准化规范化体系基本形成,城乡基本公共法律服务均等化持续推进,人民群众享有的基本公共法律服务质量和水平日益提升,已经如期实现。

第二,公共法律服务体系建设紧密结合本地实际,因地制宜,创新发展。

从前述观察中我们可以看到各地许多创新发展的实例。首先是政策制度方面,各地用新的政策理念拟定新的政策举措,制定有效的方式方法组织实施,以达成所需要实现的政策目标,并以此推动新的体制机制形成。例如,成都市打破行政区划的条条框框,以全新的空间概念为基础拟定政策,有效拓展了公共法律服务的综合效能。像这样从本地区的实际出发,创造性地贯彻落实中央的大政方针,创造性地制定实施具有区域特色的地方政策,充分发挥政策价值、政策目标创新在公共法律服务体系建设中的引领和“杠杆作用”,还有许多例子。各地在政策工具创新方面,则更加富有特色,深圳市在公共法律服务队伍建设管理上大量的创新举措,就具有很好的借鉴意义。

其次,在努力探索政策制度创新的同时,各地公共法律服务技术创新更加引人注目。特别是计算机和网络技术的发展,为多样性、专业化的现代公共法律服务体系构建提供了有力技术保障。网络、App、微信公众号、智慧机器人、自动司法业务终端机等公共法律服务信息化建设应用大量涌现,更好适应了个性化、多样化的业务需要。公共法律服务资源得到了充分发挥,各种公共法律服务资源高效互动、形成合力,进一步提高了服务效率和质量。从前述材料中我们可以看到,新疆面向社会服务网络的四级公益型司法服务实体平台,基本达到对县乡镇的全面覆盖,初步搭建起了法律顾问、人民调解、公证、鉴定、法律援助等全方位综合服务体系。“新疆掌上 12348”手机 App,做到 PC 端和移动客户端全覆盖,法治服务工作人员在线回答问题,减少人民群众寻找司法援助的成本。从字面上看,这似乎和其他地区没有太大的不同。但对于新疆这样幅员辽阔的地区,其意义则有天壤之别。如果没有技术创新的加持,公共服务体系建设基本目标如期实现可能非常困难。

政策制度创新和技术创新广泛深度相互渗透的融合创新,在各地推进公共法律服务体系建设过程中,发挥出显著的突出作用。它不仅满足了人民群众对法律服务的需求,同时对经济发展也是强有力的推动,如推动地方党政机关依法全面行使职责、推进国家司法公正与社会公平正义、保障国家重大经济活动等。在推进城乡均衡发展方面的作用也不可小视。因为经济、历史、人文等多种因素,相对于城市而言,乡村公共法律服务体系建设仍较为落后,能够扎根于乡村地区的优质、具有特色的农村公共法律服务资源仍较为欠缺。乡村公共法律服务的品质、有效性、普及率、专业化、多元化等,尚有较大的改善空间。所以,各地在城市区域的公共法律服务体系建设上做了大量的努力探索和创新,而更为可贵的创新是在乡村。乡村公共法律服务项目是政府公共服务项目的重要组成部分,对加强农村振兴战略的法治保障有着重大意义。统筹城乡公共法律服务体系建设,大力推进公共法律服务体系向乡村拓展、公共法律服务经费向乡村偏斜,以对口援建、交流培训等多种形式扶持乡村公益法律服务机构的发展壮大。完善村(居)法律顾问制度,充分发挥村(居)律师功能,为村庄整治工作提供了法治保障。采取下沉服务资源、丰富服务内容、建设公共服务特色项目、建设信息服务平台、拓展农村公共服务领域等方法,进一步完善了乡村公共法律服务制度建设,既保证了实现建设现代公共法律服务制度的基本任务,也推动了新时期中国全面深化农村振兴战略的落实。

第三,公共法律服务体系的建设,既有赖于地区社会经济发展水平,同时又是推动地区经济社会发展的决定性要素之一。不管在某个国家或者一个地区范围内,经济社会蓬勃发展整个过程的平衡都是相对的,不平衡仍然普遍出现,只是在各个阶段的体现水平程度有所不同罢了。目前,中国经济社会处在蓬勃发展的时期,发展不均衡的问题突出,同时社会发展水平如在公共基础设施、环境、文化、教育、医疗和社会保障等方面,都存在不平衡现象。社会文明程度、地区文化资源禀赋也存在很大的差异。公共法律服务体系建设也是如此,在前述观察中,我们可以看到,东南沿海经济发达地区在法律服务平台建设、法律服务人才队伍建设、各项法律服务保障措施等方面,也处于领先地位。市场经济就是法治经济,随着我国社会主义市场经济的逐步形成与不断完善,公共法律服务业务也在其不断形成、发展的过程中,通过处理各类争议、预防社会矛盾激化、防范商业经营法律风险、公司运作、涉外经济活动的法律保护等各种方法,发挥着越来越重要的作用。所以,公共法律服务体系建设,既与地区社会经济发展相适应,同时也推动了地区经济社会发展。

当然,除地区社会经济发展的硬实力外,文化、传统、习俗等地区的软实力也对公共法律体系建设水平起着关键的作用。群众学法、知法、守法、用法的自觉,是公共法律体系建设的核心要素。当前,中国经济转入高质量发展阶段,对地区统筹发展提出了新的要求,并不是单纯要求各区域在经济社会发展上达到同等水准,还要针对各区域的特殊条件,逐步走出优化发展的道路。必须承认完全平衡是不现实的,不平衡仍是很常见的现象。要在发展中实现比较平衡,这就是发展的辩证法。要根据客观市场经济规则调整完善地方政策制度,充分发挥各区域的比较优势,推动社会各种要素合理流动和高效整合,提高经济创新发展的动能,加快构建高质量发展的动力系统。要尊重市场客观规律。打破资源流向阻碍,让市场力量在资源配置中起决定性作用,推动各种生产要素的自由流转和向优势区域集聚,从而提升资源配置效益。充分发挥比较优势,完善空间管理。分类与精准施策,形成新的发展格局。公共法律体系建设,也应按照这些经济社会发展规律和要求,同步推动,相互促进。

第四,我国公共法律服务体系建设任重而道远,可持续发展仍是首要的任务。从总体上看,目前全国已经基本建立遍及城乡、便利有效、均等普惠的现代公共法律服务体系,确保了人民群众可以得到及时高效的公共法律服务。但由于我国经济、社会和各项事业的快速发展,公共法律服务不完善、不均衡的矛盾仍然十分突出。

首先,公共法律服务提供的数量增长迅速,但缺口仍然很大。以中国律师服务行业为例,从具体数据分析,当前的律师服务行业现状就是数量上升很快,但总体仍供不应求。截至2019年年底,全国共有执业律师47.3万多人,相对于我国近14亿人的人口总量而言,与经济发达国家相比,发展空间仍然很大。截至2020年年底,全国共有执业律师52.2万多人,律师人数超过1万人的省(区、市)有21个,其中超过3万人的省(市)有5个(分别是北京、上海、江苏、山东、广东)。[①] 每万人中辩护律师比率最大的地方是北京,每一万人口中拥有11.7名律师;排第二位的是上海,每一万人口中拥有6.7名律师;而人均律师比率最低的

① 参见《2020年度律师、基层法律服务工作统计分析》,载中华人民共和国司法部网,http://www.moj.gov.cn/pub/sfbgw/zwxxgk/fdzdgknr/fdzdgknrtjxx/202106/t20210611_427394.html。

地方则是西藏,每一万人口中仅有0.6名律师。目前,我国每一万人口中有不足一名律师的地区包括安徽、青海、甘肃、贵州、江西、西藏6个地区。而在律师事务所的规模方面,截至2020年年底,全国共有律师事务所3.4万余家,其中辩护律师10人(含)以下的律师事务所2.27万多家,占66.02%。辩护律师100人(含)以上的律师事务所360余家,占1.08%。[①] 横向对比经济发达国家,人均法律资源仍显不足。

其次,质量发展不均衡,法律服务行业的全球化、规模化、专业化、网络化的发展趋势十分明显。海外大型律师事务所的扩张规模也越来越大,专业化主要表现在越来越多的律师把自身的工作专长局限在一到二个领域上,"万金油"型的大律师在国际法律咨询服务市场上的份额也越来越少了。由于国际律师事务所规模的扩大,它们的分部在地域区域上划分得越来越广,部门的架构也越来越松散,而在律师事务所中法律顾问的职责也显得越来越专业化。所谓网络化,主要是指律师咨询服务的方法不局限于传统的面对面的提供方法,而是能够利用更先进的网络媒介技术来进行律师资讯服务与咨询;同时有第二个层次的含义,也就是国际律师工作者将在网络型的大律师事务所架构下进行工作。由于市场经济越来越国际化,包括商法和国际法的法律咨询服务在司法业务中所占的比例也越来越大,特别是在涉外法律市场,投资与运营中的各个环节都要求复杂和高效的律师咨询服务。

再次,中国传统的法律服务行业在新时代的大背景下,正悄悄进行着变革。前述变化的产生部分是基于新的科技力量对传统获取资讯方法的影响,部分则是基于传统法律从业者的思维方法产生了改变。但是仍然有部分基层公共法律服务项目墨守成规,没有跟上改革发展的形势。例如,在办理公证手续方面相对刻板保守,一些公证项目不论案值大小、情况是否特殊,手续却同样相对烦琐。有关方面更多考虑自身权

---

① 参见《2020年度律师、基层法律服务工作统计分析》,载中华人民共和国司法部网,http://www.moj.gov.cn/pub/sfbgw/zwxxgk/fdzdgknr/fdzdgknrtjxx/202106/t20210611_427394.html。

责限制和经济因素，对群众的困难不够关注，缺乏相应的灵活应对手段，导致如“被担架抬着去公证”之类的情形出现。

最后，目前基层公共法律服务体系建设，在发展程度不同的地区之间尚存在一些“落差”。经济发达地区法律服务的一些创新举措，还未能应用于更广大的区域。中国当前公共法律服务体系建设发展不均衡的问题，仍然十分突出，需要重点加以关注。

二、社会矛盾纠纷法治化解

社会矛盾纠纷化解是社会治理体系中的重要环节，以法治方式化解社会矛盾纠纷是社会治理实践在新时代的基本特征。2015 年 12 月 6 日，中共中央办公厅、国务院办公厅印发了《关于完善矛盾纠纷多元化解机制的意见》，对健全多元化解社会矛盾纠纷机制作出了总体部署，明确提出解决社会矛盾纠纷必须遵循法治化的原则。坚持法治思维、通过法治方式化解纠纷，并不单纯地表现为司法方式的强调，而是把法治原则视为判断是非和处理社会事务的准绳。这不仅需要司法及相关部门的努力，也需要全社会尊重法律权威、树立法治意识、培养法治思维，学会利用法治手段处理社会关系和问题。法治思维是以法治价值和法治原则为指导，利用法治原理、法律规范、法律技术手段面对问题和解决问题的思维方式。法治思维首先是正当性思维，即遵循正义、公平、民主的原则；其次是规则性思维，即以法治准则和立法规范为基础来引导人们的活动；还是指运用科学的思维，以法律方式为基础分析法治现实问题、解答社会难题、处理矛盾争议。法治方式是指人们在法律观念的基础上，依据现代法律规范和法治程序处理并解决社会问题的行为方法，不能仅仅理解为法律诉讼手段，而是包括遵循法治思维规律的普法教育、宣传以及信访、调解等各种方式。

党的十八大报告将法治提升到治国理政的方法论层面予以高度重视，习近平总书记提出，“坚持以法治的理念、法治的体制、法治的程序开展工作”[1]。按照党中央的统一部署，近年来各地紧密结合实际，因地制宜、坚持改革，积淀了多种法治化破解社会矛盾纠纷的有效经验。

（一）新时代信访工作的法治范例

人民来信来访工作是党和政府与人民群众之间的重要桥梁与纽带，是有关人民群众参政议政、权益救济、社会争议处理、社会治理的综合性、系统化工作，它要求严格遵循法治原则，把信访工作的各个环节都融入法治轨道。例如，吉林省积极推进全面依法治国实践，把信访工作与社会主义法治建设紧密联系在一起，着力建设更高质量的法治信访、阳光信访，力图形成权威、有效、务实的矛盾化解新格局。

吉林省在推动信访规范化建设时，首先强化基础即牢固树立法治观念，努力践行新理念、新思路、新策略，推进社会主义法治建设，推进政府信访工作机制变革。吉林的信访法治化构建工作，首要是建立与全省一系列制度文件衔接相配套的信访工作政策体系，健全人民来信来访体制，明晰信访工作职能位置，进一步厘清工作界限和部门职权目录。在信访工作中立规则讲规矩守规矩，才能营造信访工作的良好氛围，依法将人民信访工作引入法治化轨道。吉林将定期排查社会矛盾纠纷、干部接访下访、联席会议机制等具体工作办法和经验，转变为相关制度，逐步建立逻辑严密、交叉配合、内容广泛涵盖的信访工作体系，保障信访在社会法治框架内依法有序开展。

要发挥信访工作了解把握社情民意、保障群众正当权益、增进社会和谐稳定的职能作用，关键在于采用法治方式依法化解信访问题。吉林省坚持依法分类化解信访问题，严格落实法律诉讼和人民信访分开的规定，各地方政法部门认真处理涉法涉诉的信访问题，并严格保障地方政法部门的依法判决和结论。在实际工作中，只有认真厘清了信访与行政诉讼、民事仲裁、行政复议等合法途径的办理范围，依法实行分类办理工作，才能及时了解并掌握相关的社会动态和社情民意，政府相关职能部

① 习近平：《论坚持全面依法治国》，中央文献出版社 2020 年版，第 113 页。

门才能进行群众教育疏导、扶贫帮扶和社会现实问题化解等工作。群众所反映的社会问题，信访相关单位必须首先根据职责分析甄别，确定处理投诉的主要责任机关，使群众了解由谁来办和怎么办，其次明确告知信访人按照相关法律、行政法规的规定程序向相关部门提交。在依法分类处理方面，吉林省的一个具体经验是，正确对待维稳和维权之间的相互关系，发挥专门力量（如律师组织）在信访工作中的重要作用，督促责任主体认真负责地办理群众投诉，维护群众权益；通过基层组织发动广大人民群众，统筹整合各相关部门的资源能力，健全完善信访管理与协调衔接的机制，发挥"三调联动"、基层矛盾协调中心和网格化社区网络管理等机制功能，拓宽社区群众、专家学者、宗教人士、社区知名人士乃至各行业社会力量积极参与信访工作的途径。①

吉林省通过完善政府各部门的联合接访、共同监督，充分发挥信访管理工作联席委员会的功能，进一步推动基层单位综合治理，通过基层组织、发动广大人民群众，妥善处理社会矛盾。各地政府和相关单位统筹整合各相关部门的资源能力，健全完善信访协调衔接机制，发挥人民调解、行政调解、司法调解"三调联动"以及基层矛盾协调中心和网格化社区网络管理等机制的功能。在具体工作中，善用社会力量是重要的一环，各地均重视拓宽社区群众、专家学者、宗教人士、社区知名人士、人民法官乃至各行业社会力量积极参与信访工作的途径，广泛动员群众排查化解矛盾纠纷，将各种问题纠纷化解在早、解决在小、解决在基层。但在重视社会力量在基层社会矛盾化解中的作用的同时，吉林还特别强调了对信访相关事件和活动中的违法行为坚持依法处理，针对个别人员的违法行为强化处理力量，有效联合地方公安部门开展调查取证分析、依法打击。避免产生"大闹大解决问题、小闹小解决问题、不闹不解决问题"的错误导向，才能切实维护正常信访秩序和社会生活秩序。

---

① 参见任爽：《近千名律师参与，数千个问题化解——吉林省推进律师参与信访工作维护社会和谐稳定》，载《光明日报》2021 年 3 月 17 日，第 3 版。

(二)多元化解矛盾纠纷服务于大局

山东省济南市历下区积极推动人民调解由单纯的化解矛盾到社会治理的转型,做好各类重大疑难矛盾纠纷调解工作。历下区运用"人民调解+司法确认"方式,参与处置三联彩石山庄、人民传媒大厦、涉赵晋案房产等一大批群体性纠纷,涉及群众上万户,涉案金额数十亿元。其中,三联彩石山庄的房屋争议处理案件开创了济南市由社区协调机构工作人员直接介入调处大型社会矛盾纠纷和群体性事件的先例,是济南市第一个通过采用"人民调解+司法确认"程序处理的全国牵涉人数最多、标的额最高的集体性纠纷案件。2018 年 12 月,历下区组织 90 余人的调解队伍参与赵晋案涉案房地产纠纷化解处置调解工作,仅用一个月就顺利完成涉案金额达 22.6 亿元的 5665 起纠纷调解案件。历下区这一系列案件的调解,充分彰显了人民调解、多元化解在当前社会治理工作中的优势。2021 年,历下区又成立了法律保障工作组,进驻千佛山北入口改造项目、中国盒子、大地锐城项目,遴选资深律师团队,为居民提供及时有效的驻场法律服务,共为居民提供各类法律服务几百人次,得到了居民的广泛认可。①

济南市进一步完善矛盾纠纷多元化解新格局,努力实现矛盾不上交、不激化。而历下区立足中心城区的工作实际,依托省市相关部门,整合各街道、社区协调机构力量进行基层协调工作,积极推动诉调、警调等衔接工作方式。目前,该区已形成诉前民事纠纷、婚姻与家庭纠纷、旅游合同纠纷、劳动人事争议合同纠纷等专门的行业性调解委员会 34 个,矛盾纠纷多元化解工作正快速从"单兵作战"向"协同会战"过渡。各有关部门及时积极参与,依法、高效、就地解决争端,最大限度地保护了各方当事人的利益,维护了辖区社会和谐安定。人民法院、司法局、市交警支队历下大队共同制定并发布了《关于在交通事故损害赔偿处理中推行

① 参见《强化矛盾纠纷化解不断提高社会治理法治化水平》,载澎湃新闻 2021 年 10 月 12 日,http://www.thepaper.cn/newsDetail_forward_14872808。

人民调解制度的意见》，从市一级层面聘任了两名熟练掌握法律法规，能熟练使用社会协调技能且工作经验丰富的人员作为专职人民调解员，顺利地将居于法律中立地位的社区协调队伍，导入路面事故纠纷解决中。这一制度创新实现了路面车祸当事人的自我和解、群众协调、政府协调、司法调解“四位一体”的多元化纠纷处理机制。自建立以来，截至2021年，全区路面事故的人民调解委员已调解纠纷千余起，涉案金额过亿元。

（三）创新接地气的人民调解品牌

黑龙江省大庆市政府贯彻以民生服务为中心的发展思路，积极创造更接地气的人民调解方法，有效地把社会矛盾的纠纷化解在基层第一线。其具体做法如下：首先，创造接地气的“说和”社会调解品牌方式。大庆市定时在城市广场和各县同时召开“说和”会议，当场破解矛盾纠葛；在媒体创办“说和”专栏、采取“手拉手”“心贴心”的方式，解决群众眼前的冲突纠葛，在城乡社区设立86个“说和”工作站，组织调解员和“说和人”经常进车间、进市场、进田间、进社会、进家中，摆事说理、讲情普法，调处冲突纠葛。其次，运用信息化技术手段“键对键”“点对点”，探索“互联网＋人民调解工作”，创建“大庆法网”，利用“智能司法”办公系统、“调解助手”移动App，以及司法机关业务微信群开展网上咨询服务、诉讼检索、委托办理等业务，进行远程解疑释惑、排查预警、解决争议。

为确保社会调解工作始终坚持法治的道路，大庆市成立了医疗、房产、环保、旅游、信访等14类行业96人专门的协调机构，着力建设“叫得硬”的社区协调团队。聘请律师、基层法律服务工作者、退休政法干警等共249人担任专职人民调解员，已形成了由大学教授和医疗、心理、司法鉴定等方面专家学者近200人所构成的人民调解咨询专家库，全市人民调解员达到了4459名。①

---

① 参见《探索矛盾纠纷化解新模式 打造新时代大庆版“枫桥经验”》，载黑龙江省司法厅网2019年3月20日，http://sft.hlj.gov.cn/web/subject/six-assault-fortified-detail/947.html。

同时,大庆全市各级相关单位协调运作,精心构建了多层面的人民调解网,坚持重点转移、能力下沉。截至 2019 年,大庆市已在村居建设了以 385 个司法行政工作室、748 个人民调解委员会、73 个司法大院和品牌调解室为支点的"头道防线",突出提前介入、排查预防;在乡镇建设了以 86 个司法所和乡镇(街道)人民调解委员会为骨干、公安等部门参与的矛盾化解阵地。[①] 在乡镇一级,则建设以公安部门、法院、司法、信访等单位为基础的社会中坚枢纽,以体现和谐互动;在市级建立以人民调解、群众信访工作法治咨询服务和法律援助中心为重点的攻坚载体,强调解决难题、合力攻破;在县(区)两级设立社区协调中心、群众来信到访问题调处管理中心、群众来信访问法治服务站,并整合法律援助服务管理中心、综治工作管理中心。各个中心之间共享数据、整合力量、协同联动,实施面向重点敏感时期、重点人群的信访、司法机关、公安部门、综治"4 + X"综合稳控工作模式,以实现社会问题化解有效衔接、整合联动。

此外,大庆市政府一直在坚守用法律思维化解矛盾纠纷,紧扣"社区调解要在社会主义法治轨道上和民主法治框架内有效解决矛盾纠纷"这一核心,在此基础上引进各种积极的社会力量,调动各类人员参与到社区协调队伍中,积极寻找解决矛盾纠纷关键点,发挥社区法学专门人才的优势作用,以法治工作方式有效推动了社区公平正义与和谐安定。

(四)诉调对接有效化解矛盾纠纷

非诉讼方法处理矛盾纠纷,有利于修复社会关系,且成本较低。过去,政府在矛盾纠纷化解方面,往往倾向于"大包大揽"。政府负担过多社会管理事项,严重弱化了社会自我调整和自我救助的力量,大大降低了群众参与化解经济社会各项争议的积极性。我国法律确定的非诉讼

---

① 参见《探索矛盾纠纷化解新模式 打造新时代大庆版"枫桥经验"》,载黑龙江省司法厅网 2019 年 3 月 20 日,http://sft.hlj.gov.cn/web/subject/six-assault-fortified-detail/947.html。

争议处理方法大致有7种,人民调解是第一道防线,行政部门裁定、复议等方法是第二道防线,而司法机关是最后一道防线。从第一道防线开始,将争端由大到小、从复杂到简单,逐层递进,构成"漏斗形"层层递减的化解架构,使各种类型争端都能找到最好的解决途径。在所有解决纷争方法中,诉讼应该算是最费时费力、成本最高昂的。非诉讼解纷方法有助于减少各方当事人的时限成本费用、物力成本费用和机会成本费用。

深圳市宝安区人民法院紧密结合本地实际,厘清工作思路,积极探索非诉讼方法和诉调对接,有效化解矛盾纠纷。宝安区作为深圳的工业大区,外来人员较多,企业和工人之间的法律纠纷也比较普遍。同时,社会保障问题如家庭生存困境、征地搬迁、劳资纠纷、学生入学教育、医生患者争议等,也主要表现在权益诉讼方面。在纠纷中,一部分外来劳务人员处于弱势地位,同时也缺乏法律素养,往往难以理性维权,因而引发甚至激化矛盾纠纷。随着基层社区管理变革逐步步入"深水区",社会各类利益交叉冲突,不同诉求竞相发声。怎样合理缓解纷繁复杂的经济社会问题,是不可回避的现实问题。宝安区人民法院为了使矛盾纠纷化解在萌芽状态,将诉调对接作为工作重点,创新工作机制,引导群众信法用法,有效化解基层治理矛盾。

宝安区人民法院坚持将调解工作贯彻于诉前、诉中、诉后的全过程,并积极利用社会各界第三方资源,以提高法庭的协调力量。在法院受理的不少案件中,都反映了这一思路。比如,在车辆交通事故责任争议中,巡回审判法庭聘请了深圳保险消费者权益服务中心等第三方组织,参与庭前协调工作,将行业专门协调和司法调解工作紧密联系在一起,以帮助案件各方当事人取得意见一致;若调解失败,再作出当庭裁决等。这种做法既突出了多部门联合、多元化协调的功能,又彰显了法庭审理的有效性。在宝安区的几个派出法庭中,松岗法庭组建了松岗街道矛盾纠纷多元化解综合法律服务中心,第一时间参与基层矛盾纠纷应对,努力将冲突纠纷化解在萌芽状态,达到争议早参与、快解决、省资源的目标,同时也提升调解、仲裁、诉讼等冲突争议多元化解综合司法服务水平，满足辖区人民群众多元的法律需求。此外，松岗法庭与街道办、网格员的综合管理部门进行三方协作，共同构建“网格员送达机制”，力求有效化解其辖区内司法送达流程中送达人流动性过大、居住地变化频繁、情感矛盾严重等问题。而西乡法庭则设置了由专业的协调律师组成的诉调衔接队伍，与各街道派驻的协调员一起进行协调工作，并派遣律师进入各街道“说事评理”工作坊及其余各协调机构；同时建立志愿爱心协调室，通过整合民间协调机构，积极发掘优质的民间协调人员，实现了与法庭进行诉调衔接工作，将其作为地方行政协调、专业协调机构的有力补充。在各派驻法庭的工作中，更体现了部门互动和多元协作。比如，西乡法庭就积极做好与办事处综治办、劳动办、派出所等单位的互动联络，及时介入化解社会矛盾，有效缓解了社会问题的积累。①

宝安区人民法院的家事审判人员将工作重点由判决转至调解，并由专业的心理辅导师开展亲情修补工作。而在家事审理方法变革中，宝安区人民法院的诉前协调、心理引导、判后回访也作为家事审理的有力补充。宝安区人民法院形成了固定、专门的心理指导师团队，把家事审理治疗职责贯彻始终，以进一步修补个案亲情，挽回家人危机。在判决后期，专门社工进行不断回访，对破碎家庭问题进行心理帮助。另外，相关团队采取判后回访帮扶制度，由心理指导师开展电话和实地访谈，以做好后续情感引导；由专业社工收集经济困境、心灵创伤、孩子入学困难等状况，向有关政府部门提出社区支持意见函。

诉调对接制度措施将司法过程搬进了社会、工厂和校园。法官、检察官、律师、社会管理员等人员深入基层，可以让普通群众见证“阳光下的司法”，从而加强了其对司法公正的信心。同时，普法宣传教育也提高了群众的法律保护意识，并引导群众依法维权，依法化解矛盾纠纷。

① 参见皮韦、吕静：《用法治思维破解社会治理难题》，载搜狐网 2018 年 7 月 20 日，https://www.sohu.com/a/242253099_161794。

深圳市这一系列诉调对接的创新，看似增加了审判员的工作，也对审判员的业务素质提出了更高的标准，但因为便于集中力量解决基层难点问题，同时也因为靠近基层单位，能更有效地调动社会多元主体的能力，提高了基层单位矛盾化解效能，在根源上降低了纠纷案件的形成，实际上节约了行政和司法成本。

（五）矛盾纠纷法治化解简要评述与思考

要真正做到全方位推动依法治国，建立现代化社会主义法治，就需要采取相应举措，通过完善规定、从严执行、公平司法行为，大力普及法律常识，人民群众自觉地学法、知法、守法、用法，可以有效解决社会矛盾纠纷，构建起良好的法治环境。通过上述对各地社会矛盾法治化破解工作的实例观察，以下几点使人印象深刻。

第一，做好普法宣传工作、培养全民法治意识和法治思维，是矛盾纠纷法治化解的基石。建立完善社区矛盾纠纷法治化解决的管理机制是一项系统工程，需要各方面的协调与配合。在经济和社会转型的背景下，我国区域发展不均衡的现象长期存在，具体可能表现为各种社会问题的复杂叠加。“七五”普法已经取得重大成就，社会治理法治化水平明显提升。但无须讳言，有些地方的社会治理和法治体系仍有待进一步完善，群众法律意识仍有待加强。强化人民法治观念，推动社会主义法治体系的构建，仍存在重要而迫切的现实意义。前述的观察实例中，虽然是从不同侧面反映不同的工作内容，但贯穿各地经验的一个共同的特点，就是坚持在实际工作中，牢固树立法治思维。例如，前述吉林省正面临新形势下政府信访管理工作的重大目标、重要任务和新的形势，必须切实依法及时就地解决群众的合理投诉，进一步完善社会法治建设，完善矛盾化解机制，把政府信访管理工作和社会法治建设工作紧密联系在一起，以推进全面依法治国的落实。黑龙江省大庆市新时代注重运用法治思维解决矛盾纠纷，围绕“社区调解要在社会主义法治轨道上和民主法治框架内有效解决矛盾纠纷”这一中心，积极动员各类法律工作人员参与到社区协调队伍中，发挥法律专门人才的优势力量，搞好矛盾化解管理工作,用社会矛盾纠纷化解工作切实推动社区公平正义与和谐安定。

总之,在全社会确立法治威信,让群众意识到法治是维护自己权益的强有力武器,培养社会成员在做事依法、遇事找法、解决问题靠法的良好环境中,自觉抵制违法活动,自觉捍卫法治威严,整个社会的法治观念,形成"解决社会问题用法、化解社会矛盾靠法"的良好法治环境,才是社会矛盾纠纷法治化破解的基础和根本途径。

第二,各地社会矛盾纠纷化解机制的成功经验中,均具有"枫桥经验"的精神实质。习近平总书记曾就坚持和弘扬"枫桥经验"作出重大指示,提出把"枫桥经验"坚持好、发展好,把党的群众路线坚持好、贯彻好。① 坚持和弘扬"枫桥经验",关键就是领会其核心价值取向和宝贵的实践价值。

坚持和弘扬"枫桥经验"首先是坚持和弘扬蕴含于"枫桥经验"中的改革创新精神。"枫桥经验"的基本精髓是针对各个时代的新形势新任务,不断丰富和扩大新的时代内涵,把解决敌我矛盾的成功经验,发展为解决人民内部矛盾的成功经验,从政治斗争的实际转变为社会治安监管的实际,从社会治安监管发展到社会综合治理(而矛盾化解为其重点工作内容),最终发展为在中国共产党领导下的基层群众自治和社会管理的新型成功经验。

坚持和弘扬"枫桥经验",其次就是坚持和弘扬蕴含于"枫桥经验"中的科学精神。在当年社会主义教育运动初期,枫桥的部分干部与群众也曾想进行激烈的斗争,但当地党委和政府坚持了求真务实的科学态度,引导广大群众意识到,解决地方治安问题以及处理民间纠纷,其目的都是教育人、改造人。坚持和弘扬蕴含于"枫桥经验"中的民主精神,发动群众、依靠群众,坚持矛盾问题就地解决不上交,实际上便是党的群众路线的一种具体反映。在推进各项工作时,将党委和政府的决定,转变

---

① 参见《习近平就创新群众工作方法作出重要指示 强调把"枫桥经验"坚持好发展好 把党的群众路线坚持好贯彻好》,载《光明日报》2013 年 10 月 12 日,第 1 版。

为符合人民群众利益的自觉意识和行为,转变成人民群众的实践。在检查工作效果时,也要把是否满足了人民群众现实利益、人民群众能否真正获得经济实惠、人民群众能否满意作为基本准则。

坚持和弘扬"枫桥经验",归根结底是坚持和弘扬蕴含于"枫桥经验"中的法治精神。"枫桥经验"诞生于特殊的历史时期,但是"枫桥经验"是发动和依靠群众,实际表现是说理斗争,不是"捕"人,而是改造人。从一开始"枫桥经验"就表达了对人基本权利的重视,对平等与秩序的追求,是法治精神的体现。在这个基础上,"矛盾不上交"才是真正的法治化治理;而脱离了法治基础,则会退化为封闭的"土围子"。

如前所述,各地以"枫桥经验"为示范,创新社会矛盾纠纷化解方式,力求齐抓共管,形成合力,实现人民调解、行政调解、司法调解"三位一体"的"大调解"的非讼破解格局。例如,前述济南市历下区形成了司法机关、政府机构和社会调解力量之间有序的相互衔接与交流机制,积极促进了各类社会矛盾争议处理机制的良性互动。利用"人民调解+司法确认"的方法,组织处理了大量群体性纠纷,开创了由人民调解工作人员直接调处大型社会矛盾纠纷和重大群体性事件的范例。

第三,矛盾纠纷多元化解的过程中,人民法院的引领作用突出。最大限度地利用社会司法资源,充分发挥人民法院的导向和引领功能,已成为全国各地有关部门社会矛盾纠纷化解工作共同的重要工作目标。在多元解纷的系统工程中,既有诉讼与非诉讼的种类差异,也有公力救助、民间社会服务与私力救助之间的性质差异。而调解、仲裁、诉讼等不同的相互独立的制度也在各自的服务范畴内充分发挥了功能。为了使这种系统工程起到合力效果,需要把这种相对独立的体系有机地衔接起来,使各种体系之间可以做到数据互联、流程互动、协调配套和功能互补,使矛盾双方可以了解和多样化、便捷化地找到争议解决的途径,使各种争端可以有一定的化解机制,各类化解机制都有途径被便捷地找到并运用。作为争议化解制度中"最后一道防线"的承担主体,人民法院必须积极履行起与多元化争议处理制度的衔接责任,在其他机制之间构建起连接机制,以促进连接制度的形成与立法,将系统工程中的网络构建好,并使之充分地发挥系统作用。

人民法院要搭建好社会矛盾纠纷正常性化解的网络平台,除了要全方位构建好现代化诉讼服务体系,还要从诉源上下功夫。从各地经验来看,一是各地方法院力图全方位提升诉讼服务机构功能,建立集立案登记、诉调对接、速裁快审等多功能为一身的综合业务体系,配合所在地区的政法委、司法局等有关单位开展工作,让人民调解队伍踏踏实实地进入法院。二是调解人员队伍建设也成为各地的工作重点。例如,定期培训引导,建立考评激励机制,为调解工作以及诉调对接等提供支持,尤其是在制度上为人民调解员提供更多经济上的保障。三是除直接调解外,人民法院牵头提供的专门调解、特邀调解等配套措施也值得关注。相关单位设立特邀平台和特聘协调人名册,吸收具备沟通协作才能、专业背景的个人担任特邀调解人,发挥特聘调解人在保险争议、房产纠纷、婚姻家庭争议等领域的专业特长,更加针对性地提升诉前调解的效果。此外,各地法院近年来也意识到提升多元解纷的信息化与管理水平,积极推动线上诉调对接中心建设,努力打造自主的多元解纷平台,做到全过程信息化管理,为群众提供"一站式"解纷服务。

第四,各地矛盾纠纷化解工作取得长足的进步,但同时存在许多现实困难。从社会层面分析,其包括以下几个方面:其一,群众对人民调解的社会认知不足。日常发生矛盾纠纷以后,群众第一反应通常是找民警或者拨打"110"寻求帮助,很少有人想到去找调解机构或调解员,然而实际上这些矛盾纠纷中多数属于人民调解的工作范畴。[①] 公安机关会将此类案件转交至管辖区内的调解委员会,由人民调解员负责与老百姓进行矛盾调处。群众对调解工作的认知度不足、对调解员的信任度不足、对调解业务调解协议的法律效力认知缺乏,可能导致无法及时开展调处工作。其二,某些基层调解员专业知识技术水平不高。人民调解工

① 参见孟婷婷:《人民调解一线的奋斗者》,载《人民调解》2019年第10期。

作队伍整体年龄偏大，且部分调解员因缺乏专门的法学培训，对法规政策的掌握可能不全不透，无法熟练地运用法律和有关法规开展调解工作，部分人员的一些素质达不到工作需要。其三，调解工作标准化程度较低。司法部出台的《人民调解工作若干规定》虽然对社会调解业务的范围、流程等进行了规范，但在实际操作过程中，部分调解工作者往往受社会习惯及处事方式影响，不遵守协调流程，对调处的争议问题不记录、不制定调解协议书，进而导致当事人的权益得不到正确、有效的保护，导致调解业务的被动，也造成调解业务在相当程度上的收缩。其四，纠纷化解监管技术手段不足。当前大量社会矛盾纠纷调处工作均在街镇与村居层级进行化解，对人民调解工作的监管往往通过调解委员会提交的调解案例、上报的调解业务数据来了解，无法做到实时掌控纠纷化解进度与过程质量。监管工作水平距离动态把握社会矛盾纠纷趋势、科学预防社会问题风险热点、提供优质高效调解服务的要求还有较大差距。

从社会组织机构层面分析，可能产生问题的原因之一是，各职能部门之间尚未构建起一个有效的社会矛盾反映报告机制，部门上下之间沟通与交流有时也并不顺畅，从而导致矛盾当事人一方或双方对司法机构缺少相应的了解与信心。有些问题或已上报，但是各职能部门主动履行职责与合作的主体意识不强、对问题关注不足、处置不够积极、责任承担不够，则可能导致当事人双方矛盾越积越深，解决难度成倍加大。许多情况下矛盾纠纷化解方式先期仍以信访手段为主，一些社会问题主要通过信访途径表现出来。但这一类反映渠道所反映的情况相对单一，需要后期进行走访调查、部门反馈等方可初步了解情况，这与当前国内各社会群体权益诉求日趋多样的总体趋势并不完全符合，对于当前全面推进依法治国总体要求也难以适应。在基层的缠访闹访个案中，涉法涉诉占比较高，一定程度上反映了部分群众和基层相关部门在纠纷化解中过度依靠信访渠道和行政手段的传统思维习惯。

此外，社会矛盾化解需要社会力量的积极参与。除信访和司法工作外，在当前的社会问题化解中的社会力量参与度不高，行业协会、社会调解组织、基层组织等在化解社会问题上的主动意识、参与的广度和深度有待拓展。社会力量介入冲突调处的制度建设尚不完善，且在社会冲突化解中的效果与影响也相对有限，非政府机构参与的途径不畅通，且社会组织在社区冲突调处中也没有发挥“过滤网”的筛除功能。非诉讼协调的权威性还不够，各方当事人都自愿接受调解的个案比率不高，诉讼代理人由于受经济利益的影响，也并不愿意积极选择诉前协调。各种途径处理纠纷基本上是各自为战，不能进行合理的资源优化分配。但目前的法治架构设计仍表现出对法官的过高期望，使各类纠纷化解机构功能不能全面、合理发展。例如，交通事故仲裁、劳务纠纷、行政复议等，均以法庭作为最后解决的出口。当然法院自身应对矛盾纠纷多元化的工作机制不健全也是重要的问题。怎样把冲突纠纷问题顺利导入社会争议处理制度，怎样指导当事人针对各种情形选用最恰当的调解方法，由什么机关负责管理疏导冲突争议的流转途径等，这些关键性问题尚未得到妥善解决。缺乏统筹管理部门，权威、统一的协调指挥平台尚未建立，相应的工作机制、制度不健全，容易造成无序状况，人民调解、行业调解、行政调解和司法协调不能形成有机衔接，法院在发挥矛盾纠纷多元化解决中的引领作用尚未有效体现出来。

党的十九届四中全会决定强调：“必须加强和创新社会治理，完善党委领导、政府负责、民主协商、社会协同、公众参与、法治保障、科技支撑的社会治理体系，建设人人有责、人人尽责、人人享有的社会治理共同体。”[①]这一要求体现了党领导下多方参与、共同治理的理念，是社会治理理念、治理体制和治理方式的一次重大创新，是推进国家治理体系和治理能力现代化的必然要求。而针对现实社会矛盾纠纷化解工作存在的这些问题，要创新完善社会治理体制机制，实现政府治理和社会调节、居民自治良性互动，推进社会治理精细化。[②] 对照这一要求，还需经过

---

① 《中国共产党第十九届中央委员会第四次全体会议文件汇编》，人民出版社 2019 年版，第 49 页。

② 参见夏锦文：《深刻认识和有效克服能力不足危险》，载《人民日报》2018 年 5 月 6 日，第 5 版。

各级各部门和广大司法工作者及人民群众的共同努力，才能真正实现。

三、基层民主法治建设探索

党的十八大报告指出："社会主义协商民主是我国人民民主的重要形式"。[①] 十八大以来，习近平总书记就推进社会主义民主政治建设作出一系列重要论述，强调"我们要坚持和完善基层群众自治制度，发展基层民主，保障人民依法直接行使民主权利"[②]。2015 年，中共中央印发了《关于加强社会主义协商民主建设的意见》，明确提出推进协商民主的战略任务。同年 7 月，中共中央办公厅、国务院办公厅印发了《关于加强城乡社区协商的意见》，强调推进基层协商民主的发展。党的十九大报告提出，在新的历史方位下，要坚持"有事好商量，众人的事情由众人商量"[③]，加强协商民主制度建设，推动协商民主广泛、多层、制度化发展。

发展基层民主协商，是中国特色社会主义民主的具体实践形式，是社会主义民主政治建设的基础和重要组成部分。如何适应基层的实际，怎么样顺应群众需要，在基层决策管理各个方面，如何切实把协商民主落到实处，是发展基层民主协商必须要回答好的课题。社会日常生活中涉及群众切身利益的决策，通过各种方式同群众进行协商，充分听取群众意见，才能保障人民充分享有民主权利。深入展开基层民主协商，不断拓展实现形式，推进广泛的协商民主，是中国特色社会主义民主政治的特有形式和独特优势，同时也是党的群众路线在政治领域的重要体现。全过程人民民主是"最广泛、最真实、最管用的社会主义民主"[④]。

---

① 胡锦涛：《坚定不移沿着中国特色社会主义道路前进 为全面建成小康社会而奋斗——在中国共产党第十八次全国代表大会上的报告》，载《求是》2012 年第 22 期。

② 习近平：《在庆祝全国人民代表大会成立六十周年大会上的讲话》，载《中国人大》2019 年第 19 期。

③ 《"有事好商量，众人的事情由众人商量"（习近平的小康故事）——习近平推动人民民主的故事》，载《人民日报》2021 年 7 月 6 日，第 2 版。

④ 《习近平在中央人大工作会议上发表重要讲话强调 坚持和完善人民代表大会制度 不断发展全过程人民民主》，载《人民日报》2021 年 10 月 15 日，第 1 版。

习近平总书记指出，“涉及全国各族人民利益的事情，要在全体人民和全社会中广泛商量；涉及一个地方人民群众利益的事情，要在这个地方的人民群众中广泛商量；涉及一部分群众利益、特定群众利益的事情，要在这部分群众中广泛商量；涉及基层群众利益的事情，要在基层群众中广泛商量”[①]。各地在基层民主协商实践中，做了大量探索工作，取得许多可贵的经验。

（一）南京市鼓楼区的基层多方协商实践

作为南京市老城区，鼓楼区处于应对基层管理复杂问题的前沿。近年来，为进一步落实习近平总书记有关创新基层社区管理的重要论述，鼓楼区主要围绕四个关键问题，展开社区基层民主协商：一是回答好“谁来主导、怎么主导”基层民主协商的问题；二是回答好“协商什么、怎么协商”基层民主协商的问题；三是回答好“谁来参与、怎么参与”基层民主协商的问题；四是回答好“如何创新、怎样发展”基层民主协商的问题。

推进基层民主协商，必须坚持党建引领。鼓楼区街道工委“资源统筹、条块整合”，社区党委“上下沟通、左右联动”，有效引导社会力量参与社区建设和协商治理，形成了“以人民群众为中心”的城市基层党建共同体；同时引入党的建设管理网格化机制，将社区分设成若干个党的建设管理网格，形成了以“社区党委—支部—小组—党员干部楼栋长”为架构的建党网格系统。[②] 各街道每位党员都下沉网格，每一位党员都有一片责任田，主导推动居民协商、小区协商、楼栋协商等多形式的社区协商。

鼓楼区在推进社区协商的过程中，始终把人民群众放在主体地位，以人民群众的利益要求为准则和指向。政策法规制定与调整、社会公共

---

① 《习近平谈治国理政》（第2卷），外文出版社2017年版，第292～293页。

② 参见《党建引领社区协商 构建共商共治共享格局——江苏省南京市鼓楼区多方协同共治的基层治理实践》，载中华人民共和国民政部网2021年11月9日，http://www.mca.gov.cn/article/xw/mtbd/202111/20211100037737.shtml。

事务、公益事业发展等关乎居民切身利益的七大类事务，被明确为社会民主协商的一级目录。由一级目录细化出的二级目录清单包含150多项内容，涉及环境整治、节假日活动、公益慈善服务、居民自治管理等多个领域，精准贴近民生服务需求。例如，小桃园社区在社区层面设立“有一说一”工作室和说事理事会，工作中体现民主协商坚持人民群众的主体地位。工作室分为说事热线、说事专岗、说事网格，平日主要接待居民说事，每月11日的说事日进行议事协商。遵循“即时办理、协调化解、会商共处”的说事理事模式，协商解决关系居民切身利益的“急难愁盼”问题，确保“小事立马能落实，大事协商能解决”①，超出社区、街道层面的问题，逐级上报，协商解决。

鼓楼区制定了一系列文件，规范社区协商内容、操作标准及程序形式，从而构建了可量化的社区协商评价指标体系，由群众评判协商结果，以群众满意度作为标准。在实施层面，鼓楼区构建“街道、社区、社工”三级评价平台，形成“科学协商—如实反馈—整改落实—群众知晓—满意度提升”的协商管理闭环。在区级层面把协商结果及使用情况列入年终党建考核，并加强了监督检查；在街道层面建立对协商结果的接受、实施、反馈与沟通体系；在社区层级利用社区网络、公告栏、微信平台等发布协商结果，并建立了协商结果应用路线图，交给群众监督。

由于域内驻区机关、高校、研究机构等大单位多，鼓楼区意识到社区协商不能仅仅局限于街道社区力量的“单打独斗”，也需要驻区单位、社会精英、社会组织等利益相关方的参与。这些单位和组织既是协商的伙伴，也是协商的智库，是社区协商、协同共治不可或缺的力量。在具体工作模式上，鼓楼区各街道建立街道、各个居委会以及各单位协商利益关联方，良好互动、融洽参与民主协商的制度，以体现各方民主共治、公平友好地协商。在组织方法上，鼓楼区各街道的做法包括：一方面，借助评

① 马晓波：《南京鼓楼区基层治理创新：从传统议事会转向社区协商》，载搜狐网2018年8月14日，https://www.sohu.com/a/246972046_114731。

议会、恳谈会、圆桌会等传统文化平台，吸收社区老党员、老干部等一批具有典型代表性的协商骨干参与，发挥示范引领作用，凝聚了一批公益人员和热心人员；另一方面，以政府微博微信、鼓楼E家等社会自治平台为主要网络平台，吸引了上班族、大学生等年轻群众进行线上商谈。线上线下的双重模式形成了多层次、各有侧重的协商工作智库。

此外，鼓楼区相关单位还聘请辖区范围内“两代表一议员”、专家教授、工程技术人员、第三方组织代表等，以提升协商工作的科学性和专业化水平。总之，通过多方协商吸引更多的利益相关方参与社区治理，鼓楼区各街道社区的协商管理方式已经形成了初步变革创新，由“一元主导、单方管理”迈向“一体参照、多方协商”，最终期望实现“一致行动、共建共治”。[①]

（二）台州市基层民主协商规范运行

浙江省台州市以镇（街道）民主协商会为主渠道，以社区、企事业单位、人民群众代表等多元主体作为主要对象的基层民主协商机制，解决了谁具体抓协调工作、在哪儿协商、与谁协商、协商内容和如何协调、协商以后怎么办等基层民主协商系列问题。打通了协商理念贯穿基层社会领域的通道，基层社会各界人士代表有序参与，推动了基层协商民主广泛多层制度化发展。规范化的基层民主协商促进了基层治理体系和治理能力现代化。

台州市遵循先试先行、实践、总结、可重复可拓展的工作思路，先后在天台市、临海市等地试验，形成以统战部门牵头，吸引群众代表人士参加，以基层社区服务为重点内容的镇、村二级民主协商平台。临海市、天台市的试点为台州全市发展统战部门牵头的基层协商民主管理工作奠定基础，在此基础上进行推广，力图逐渐在全市域构建规范化、制度化民主协商的新形态与新载体。

---

① 参见《党建引领社区协商　构建共商共治共享格局——江苏省南京市鼓楼区多方协同共治的基层治理实践》，载中华人民共和国民政部网 2021 年 11 月 9 日，http://www.mca.gov.cn/article/xw/mtbd/202111/20211100037737.shtml。

台州市提出了通过“主渠道＋支渠道＋第三方”，构建“1＋X”协商平台的运行体系。其“主渠道”是建立乡镇民主协商会，经社会各界协商推选，并由同级党组织聘任各界别代表人士担任协商员。协商的议题重点围绕基层“四公一热”，即重要社会公共决定、公共事务、公共利益、公共事业和农村民生热门问题等公共问题。采取这一方式的目的是让基层群众切身体会到民主参与的“存在感”。而为了实现这一目的，在具体工作中各级单位还挖掘了多种形式的草根民主协调的“支渠道”，进一步开拓议事会民主协商新的形态与载体，其中包括“请进来民主恳谈”、“走出去圆桌会商”、议事人员联系农村（社区）制度和网上问政等多种形式。[①] 多样化的“支渠道”方便了基层群众更广泛、全方位参加民主协商。

为保证基层民主协商的规范化运行，台州市引进了第三方评价机制，各基层部门和民主协商机构可视自身状况聘请有关专家、学者以及乡土人才，组成民主协商评议组，以第三方身份，对议题所包含的立法、司法、政策等方面的专业性问题进行解释，并接受协商主体询问意见，对协商成果进行客观公正的评判。

（三）北京市朝阳区共治共享的基层协商

为实现社区治理问计于民、问需于民、问效于民，北京市朝阳区积极动员居民、属地单位、社会组织等共同参与基层协商，推进和完善了社区协商议事制度。全区在各街道共建立483个“居民议事厅”，在1439个楼院的居民小区建立议事台。根据统计，朝阳区各街道在5年内已通过协调议事方式处理社会各种问题7000多件[②]，共建共治共享的朝阳基层治理模式逐步形成。

“十三五”期间，朝阳区政府将探索化解城市管理难点作为重点工

---

① 参见中共浙江省台州市委统战部：《构建统战性“1＋X＋4”协商模式 推进基层协商民主建设》，载人民网，http://theory.people.com.cn/n1/2016/1230/c401815-28990267.html。

② 参见王成、朱松梅：《朝阳五年建成483个居民议事厅》，载北京市人民政府网，http://www.beijing.gov.cn/fuwu/bmfw/jmsh/jmshggts/202101/t20210127_2233904.html。

作,搭建了四级议事协商的“两会两厅”基础平台。借助市民的协调与议事平台,朝阳区各街道社区广泛深入地征询群众意见,并指导市民有序参与社区公共事务和各项公益活动,依法加强自我管理、自我服务、自我教育、自我监管。社区协商管理工作进一步向制度化、规范性、程序式发展,从而使党群、干群关系更加紧密,社区生活更为团结安定。

例如,花家地西里社区于 2018 年把原来社区居民的主要活动场所之一,一个占地六七十平方米的小院,改建为“住户议事厅”。之后,此处成了社区开展民主协商活动的场地。截至 2022 年,居民代表在此一起商讨处理了老旧电梯维修、居民楼管线阻塞、车辆停放无序杂乱等诸多历史问题。社区党组织、居民委员会与住户的联络更密切,社会内共商、共治、共享的氛围更浓。伴随民主协商工作的逐渐深入,花家地西里社区的住户们对议事厅的空间设计布置、功用扩展等有了更高要求。而议事厅本身的改造也是通过协商方式确定的,三场特别的住户议事会确定提交了小院外观绿化提升工程、举行议事厅标志设计比赛等可行性的改造实施方案。经过 5 个多月,花家地西里街区“市民议事厅”样貌焕然一新。①

在实施过程中,朝阳区政府重视协商议事代表的广泛性和代表性,主动吸收新老党员、老干部、市民代表、党代表、全国人大代表、政府工作人员、社会组织代表、专家学者等一同参与协商议事活动。通过培养强化社区协商工作的多元主体意识,促使不同利益、不同职业、不同角色的社会人士相互融合,凝聚起更多的智慧和力量,进而带动群众更好地把身边的事协商好、解决好。例如,城区一部分老旧楼房没有电梯,导致老年人上下楼很不方便,为了解决这类问题,在朝阳区左家庄街道静安里社区,居民们通过议事协商的方式提出在楼道安装折叠“小黄凳”的办法。在征求了各楼门的意见后,对设置“小黄凳”的具体事宜逐一商讨

---

① 参见安娜:《协商议事解决了 7000 多件社区“小事儿”》,载中华人民共和国民政部网 2021 年 1 月 22 日,http://www.mca.gov.cn/article/xw/mtbd/202101/20210100031828.shtml。

确定，包括板凳形状、尺寸、色彩和安放地点等。[①] 通过“居民议事厅”这个平台，更多地理解了社区居民的实际需要，使社区居民不再是社会治理的旁观者，而是真正成为自己家园的规划人和指导人。

（四）政协协商与基层协商有机衔接

江西省南昌市充分发挥专门协商机构作用，广泛开展“有事好商量，有事多商量，有事会商量”的“三有”基层民主协商活动，力图创新政协协商与基层协商有机衔接的新模式，激发基层民主协商的治理效能。截至 2021 年 9 月，南昌市共搭建基层民主协商“三有”活动平台 1131 个，实现各基层乡镇（街道）、村（社区）全覆盖，开展基层民主协商活动 3945 场，参与协商 27,676 人次，推动办理民生实事 2597 件。[②]

“三有”活动平台推进了基层协商程序化、常态化。例如，南昌西湖区绳金塔街道永叔路社区是典型的老旧小区，基础设施陈旧。区、街道和社区干部、人大代表、政协委员和普通市民代表在一起，进行了一场开在“家门口”的圆桌会。针对居民提出的由于社区内公厕旁的路灯缺失而导致附近居民晚上出行非常不便等问题，社区在会后立即联系路灯管理所妥善解决。诸如这种即时的、面对面的协商有效实现了干群间的交流，不但能让群众的诉求得以表达，也促使党员干部更多地去思考工作如何更贴近现实，基层协商的治理效能被充分激发。南昌市青山湖区罗家街道东方红社区很多居民反映，电动车停靠困难。街道政协委员联络组、东方红社区在社会协调议事厅组织智能车棚选址的“三有”社区协商活动。居民代表们与区政协委员、有关领导面对面充分沟通，经投票后决定把一处绿化的大草坪改造为智能车棚。通过工程设计、招投标、

---

① 参见安娜：《协商议事解决了 7000 多件社区“小事儿”》，载中华人民共和国民政部网 2021 年 1 月 22 日，http://www.mca.gov.cn/article/xw/mtbd/202101/20210100031828.shtml。

② 参见宋思嘉：《有事好商量 难事大家办——南昌积极创新基层民主协商的启示》，载《江西日报》2021 年 9 月 29 日，第 11 版。

建筑施工等流程，智能车棚建成后得到了社区市民的一致称赞。[①]

在“三有”基层民主协商过程中，南昌市充分发挥基层单位商谈工作的资源优势，以办实事为主体，以百姓所思、所想、所急、所盼为选题指向，有效助推破解一些关乎群众利益的操心事、烦心事、揪心事，给基层管理方式增添了不少新变化，为广大基层群众提供了不少实惠。此外，南昌市在问卷分析、调查摸底、走访调查的基础上，研究制定了“三有”年终商谈议事选题目录，列入各县(区)年内商谈议事工作安排，以年终商谈课题为引导，使“三有”社会活动更具有时效性和针对性。倾听群众意见、尊重法律法规，可能是解决关乎群众切身权益的城市民生“堵点”中最有效的方式。

(五)基层民主协商相关思考

通过对前述全国各地基层单位社会民主法治建设具体做法的初步考察，可以说，实践已经充分证明，在当代我国社会治理中，民主协商具有重要地位。这一富有中国特色的社会基层管理样式，在化解社会矛盾纠纷、解决基层治理问题、密切干群关系等方面都有着重大意义。基层社会民主协商是我国民主协商制度的一项组成部分，政党协商、人民代表大会协商、政府协商、政协协商、人民团体协商、基层协商、社会团体协商 7 种途径，已经形成了中国特色民主协商体制。在继续完善基层民主协商机制的过程中，需要发展基层单位民主协商的自身优势，同时又需要继续探寻与其他协商制度有效衔接协调的新途径。

民主管理、民主决策、民主监督，是我国基层民主协商工作的主要特点。在民主管理工作中，民主协商改变了单纯以政府部门为主的社会管理模式，使各社会主体进行平等对话交流，共同投入到经济社会管理工作流程中。民主协商改变了基层管理问题由个别主管领导拍板决定的方式，使社区经济社会管理服务决策决定成为协调沟通的结果。在民主

---

① 参见《破解民生难题 提升公众安全感》，载南昌青山湖区人民政府网 2020 年 11 月 10 日，http://www.ncqsh.gov.cn/ncqsh/jcdt/202012/05869a99ac8f4f6cbd9f6b14305ac622.shtml。

监督过程中，民主协商改善了以往监管不足的状况，使公民可以面对面向社会管理相关部门或单位进行质询，使政府部门、行政单位更好地保障公共利益。比较民主协商的各种职责可以发现，民主协商更注重于改变传统"垂直式"的社会管理方法，转变传统社区管理中各主体之间彼此"博弈"的行为逻辑和行为方式，并通过搭建对话交流平台，使各主体全面介入、公平协调，最后达成协同共治。可以说，基层民主协商集中体现了中国基层社区管理工作以人民为中心的价值理念。

加强党的领导，是保持基层民主协商正确政治方向的重要基础。社区管理是我国治理体制的主要部分，是我国社会治理的主要基石。以习近平同志为核心的党中央立足历史和时代的宽广视野，深化对民主政治发展规律的认识，提出了全过程人民民主的重大理念。[①] 党的十八大至今，在完善党委领导、政府主导、社会合作、公众参与、法治保障的社会主义社会管理体制的基础上，我国社会管理创新能力进一步加强，社会的和谐安定程度也进一步增强。这是在当前经济社会发展新趋势、变化的基础上，实现治理能力现代化的高度考虑，是对国民经济社会管理体制进行的重大革新。这说明民主协商作为社会治理的重要方式，对于突破基层社区管理难点、寻求广泛共识、推动社会和谐稳定等方面有着重大价值。与此同时，把民主协商引入社会治理也表明，理性协商、对话交流将成为当代我国基层社会治理的主要方式方法。在前文所述的个案中便可发现，各地党组织在创新民主协商治理体制中扮演着关键角色，积极倡导和推进民主协商治理体制革新，并作为协商的主导者和组织者，在广泛征询群众意见建议的基础上制定协商议程，统筹各方权益，以促进社会共识的实现。

为了进一步增强人民群众的满意度和获得感，就需要对既有社会治理体系加以改造革新，让广大群众有途径、有机会、有力量介入社会治理的全范畴和全过程。把民主协商精神融入社会治理体制，既是新时期我

---

① 参见《习近平在中央人大工作会议上发表重要讲话强调 坚持和完善人民代表大会制度 不断发展全过程人民民主》，载《人民日报》2021 年 10 月 15 日，第 1 版。

国经济社会发展的内在需求，也是进一步创新完善社会治理体制的实际需求；而民主协商精神，则是社会承载这一实际需求的主要表现形式。随着群众参与意识的日益增强，民主协商精神在基层经济社会管理中的实现空间将日益扩大。

此外，基层民主协商主题的选择也至关重要，把涵盖范围广泛、社会影响程度深刻的重大公共事务等基层社会管理重要议题作为主要协商课题，是充分发挥基层民主协商在推动基层社会管理方面的关键功能。从中国经济社会发展的基本现状以及广大人民群众的实际需要出发，把与广大人民群众息息相关的民生问题、事关广大人民群众切身权益的社会问题，作为当前基层民主协商的主要内容，同时也作为政府部门经济社会管理工作的重点事项，既能够调动人民群众积极参与协商的积极性，又能够促使政府部门通过群众诉求寻求进一步完善基层经济社会管理的新对策新思路。除此之外，在选择协商主体的方式上，各级政府和相关单位要在坚持党和国家对经济社会发展战略安排的前提下，积极引导人民群众等各类主体参与；还要广开言路，让各社会主体充分自主地表达自己的实际需要。得益于网络技术和数字技术的进步，基层部门和党组织可依托运用新兴科技手段构建信息化交流平台，使群众的诉求表达更加及时便捷，这有利于基层民主协商制度化、规范化地运行。

基层民主协商并不存在一成不变的实践形式，要针对不同主题、不同主体、不同情况、不同条件提供不同的协商形式，任何协商活动都要以解决问题为目标。在此基础上，合理选取协商形式时要充分考虑参加主体的数量等问题，让各协商参与者都可以更有效、便捷地投入到协商进程中。在一定意义上，协商形式的合理选取对协商成效也有很大影响。因为一旦协商主体数量和协商形式不相匹配，就会使协商的成效大打折扣。这就需要基层组织和地方政府部门，根据实际情况，因地制宜地选择协商模式，以及创造性地应用新的协商模式。

前述材料只是列举了少量典型事例，各地各级政府广开言路、广求良策，人民群众积极参与地方重大社会事务决策以及重大民生项目建设落实的事例和经验,不胜枚举。基层民主协商的方式与方法非常关键,需要经过精心设计和准备,如明确协商代表、选定协商的具体形式、推选协商主持人、提交有关材料和信息等。确定的协商代表,要兼顾代表性、代表意向、表达能力等要素,关于协商的具体形式,要健全提案、会议、座谈、论证、听证、公示、评议、质询、群众互动等多种形式,要严格按照具体问题及其影响范围等要素选取。而基层群众民主协商的效果使用状况,则直接影响广大基层群众对民主协商的信心、效果感受以及后续投入积极性。

群众满意不满意,是检验基层民主建设效果的最重要指标。无论什么类型,只要认真解决问题并达到群众满意,才最终能被看作成功的。所以,不断改进基层民主协商工作、提高实效,是实现基层民主协商工作可持续发展的根本方法。各地的做法是,将协商工作情况的落实和完成列为基层单位党组织行政机关年终工作考核的主要内容,强化监察督办管理工作强度。此外,若想提高协商工作实效,破解现实难题,则要动员更多具备专门职务的社会主体积极参与基层协商工作,使各领域各方面意见建议借助协商工作平台充分地表达出来,形成解决问题、推动发展的合力。同时,基层民主协商还具有传播党的政策、方针,宣传党委和政府的政策主张的功能。基层协商工作的价值发挥,群众思想政治引领,还有赖于实践中的基层民主协商机制的健全和完善,确保基层民主协商制度化、规范性、法治化、常态化、科学性。

综上所述,民主建设在当代我国社会治理体系的主要内涵正在逐渐发挥它自身的价值和功能。党的十九届四中全会以来,对这一社会治理新实践形态的普遍接受与确立,基层民主协商制度将更加与基层社会治理相互融合,成为进一步推进我国社会治理体系与治理能力现代化建设的重大措施。

四、社会治安防控体系建设

党的十八大以来,以习近平同志为核心的党中央精准把握时代和形势的新变化,谋划推进更高水平的平安中国建设。平安已经从传统意义上的生命财产安全，上升到安业、安居、安康、安心等各方面，涵盖国家政治安全、经济安全、文化安全、社会安全、生态安全等各领域，内涵外延不断拓展，标准要求更新更高。而社会治安防控体系建设，是其中至关重要的基础性工作，涉及面广，专业性很强。中共中央办公厅、国务院办公厅印发的《关于加强社会治安防控体系建设的意见》，提出了有效应对影响社会安全稳定的突出问题，创新立体化社会治安防控体系，依法严密防范和惩治各类违法犯罪活动，全面推进平安中国建设的一系列政策措施。

《关于加强社会治安防控体系建设的意见》指出，要以信息化为引领，以基础建设为支撑，健全点线面结合、网上网下结合、人防物防技防结合，要充分运用新一代互联网、物联网、大数据、云计算、智能传感、遥感、卫星定位、地理信息系统等技术，提升公共安全管理数字化、网络化、智能化水平。[①] 该意见还指出，要推动社会治安防控力量下沉，把网格化管理列入城乡规划，将人、地、物、事、组织等基本治安要素，纳入网格管理范畴。实现全国各县（市、区、旗）的中心城区网格化管理全覆盖，在乡镇（街道）推进建设综治中心，村（社区）以基层综合服务管理平台为依托建立实体化运行机制，全部网格化管理。[②]

《关于加强社会治安防控体系建设的意见》出台之后，各地各部门认真贯彻落实党中央决策部署，结合实际，推动社会治安防控体系建设，认真总结以往工作经验，结合本地实际和新时代形势发展的需要，继续不断创新，取得明显成效，为建设更高水平的平安中国作出新的更大贡献，为确保社会大局持续安全稳定发挥了重要作用。

（一）“网格化”治安综合防控体系构建

湖北省宜昌市政府把社会治安防范系统建设、智慧城市建设、平安创建内容纳入全市经济社会发展规划，为人民群众安居乐业营造了和谐稳定的社会环境，连续两次荣获全国综合治理最高奖“长安杯”。全市

---

① 参见《关于加强社会治安防控体系建设的意见》，人民出版社 2015 年版，第 2 页。

② 参见《关于加强社会治安防控体系建设的意见》，人民出版社 2015 年版，第 3 页。

的群众安全感、政法队伍建设满意度、公安工作满意度测评，多年位居湖北省市州首位，进入全国最安全的城市行列。

宜昌市公安系统创新性地打破了“分管、警种、分工”界限，建立街面警务站“前端打防”和市局、分局指挥作战中心“后台支撑”的多警联动机制。这一机制的核心是实行“情报、行动”一体化运转，“点、线、圈、片”打防相互结合，统筹压降发案、多破小案、快破大案，迅速破解群众最关切、社会最关注的警情热点和重大社会问题。

宜昌中心地区和 CBD 中央商业区，以“1 + 2 + 4 + 8 + N”巡防系统为蓝本，精确导防、查漏补防、区域密防、快速反应、快速打击。推动“人巡点，车巡线，视频巡面”，“7 × 24 小时”全时段、全天候屯警街面、动中备勤、武装巡查、紧急处突，全方位增强了对非法犯罪活动、人群集中、个人极端行为等活动的高压震慑和主动性防范能力。总体上，宜昌市全域建立起“7 秒迅速出警、点位处理 1 分钟、圈格处理 3 分钟、地域协防 5 分钟”的应急处理与防治圈。

“网格化”是宜昌市公共服务管理的一张名片，全市城乡划定管理网格 11,000 余个，一般每 400 人对应一位专职网格员动态录入保安要素信息系统，有效化解矛盾争议。“片警”下沉到乡村街区，与网格化管理无缝衔接，形成保一方平安的中坚力量。社区基层派出所规范化改革、城市警察站的“六站合一”，全方位提升了群众见警率。

宜昌的地形特点是“七分山地二分丘陵地一分平原地”，交管难度较大，相形之下，交管力量薄弱，重大事故曾一度高发。宜昌市政府因此推动“乡村道路交通安全管理技术创新”，整合业务，转变职能，下放了 18 项车驾、车管业务的办理权力至乡村派出所，并赋予了乡村派出所特殊交通管理职能，将推行的“路长”制等五项重要职责和治安基础工作融合，乡村交通秩序明显好转。①

---

① 参见《社会治安防控体系建设，宜昌这样做》，载宜昌长安网 2019 年 7 月 25 日，http://zfw.yichang.gov.cn/content-36751-962491-1.html? top。

（二）提升公共安全感指数首位度

昆明市积极探索“回应人民期盼、遵循改革需要、符合昆明实际”的防控勤务改革，实行“巡警特警一体化”巡逻体制，取得了“社会面见警率明显提升、治安控制能力明显提升、应急处置能力明显提升、街面警情明显下降”的“三升一降”的良好效果。全市社会治安持续向好，社会治安安全感指数排名上升 24 名，交通安全感指数从倒数第四跃居全国第一，公共安全感指数居全国省会城市首位。①

昆明市抽调 440 名民警充实到特警支队，将特警支队警力扩充至 2500 余人；各县、市分局组建近 4000 警力的巡特警队伍，增强警力，建设专业巡逻防控队伍。2018 年和 2019 年，全市分别新增辅警 3600 名和 6200 名，市区两级巡特警按照“平时在岗轮勤、定期集中训练、战时建制集结”的原则，“巡控、战备、处置”有效衔接一体化运作，各单位每天安排警力在营区集中训练备勤，全市可调动应急处突力量达 2000 人，重大活动安保期间不再调用派出所警力承担备勤处突任务。

另外值得一提的是昆明的“综合快反处置组”（Comprehensive Disposal Unit，CDU）。每个 CDU 按照“1 + N”模式进行组群，以 1 辆 PTU 为支点，配属两级特警巡逻车 4 辆、春城骑警 2 组，充分发挥 PTU 人员装备精良、巡逻车处警能力强、骑警快速机动的特点，形成区域性综合战斗实体。依托车载智能终端，以 PTU 为中心建立 CDU“局域通讯网络”，实现所属巡逻车、骑巡组等力量适时对讲、互联互通，实现各警务单元联动顺畅，重大敏感警情现场有效指挥处置，各警务单元及时有效支援大型活动安保属地公安机关等工作目标。平常每个 CDU 成员各做各的工作、发挥各自职能，在区域内组织“守点、巡线、保面”；而发生重大突发事件时，则开启“战时”模式，以 PTU 为中心建立 CDU“局域通讯网络”。充分发挥 PTU 人员装备精良、巡逻车处警能力强、骑警快速

① 参见唐丽：《昆明公共安全感指数跃居全国省会城市首位》，载昆明市人民政府网，http://www.km.gov.cn/c/2020-10-22/3697566.shtml。

机动的特点，形成区域性综合战斗实体。

昆明市、县、所三级防控警力，提级统一指挥管理，构建了“三网叠加”“三级一统”巡逻防控网，其目的是做实网格力量，赋予专业职能，提升工作效能。昆明以主城区为网、巡区为格进行网格化布防，形成反恐应急处突网，共设置5大巡区、73个网格、17个武装值守点，常态部署73辆特警巡逻车、17个武装处突单元。县市分局一级，也相应地打造了整体辐射的重点区域控制网，依托165个治安警务亭和201辆巡逻车，开展社区巡逻防控和警情处置工作，各级都建立了社巡合一、专群结合、守土有责的基础巡逻防控网。至2021年，昆明全市每天投入警力5400余人，常态部署388辆巡逻车、165个治安警务亭、114个春城骑警骑巡组、108个治安卡点、40个武装处突单元、5个“三道防线”查缉卡点、13个武警巡逻组，24小时“五班三运转”。主城区布警密度由2.4人/平方千米跃升至11.6人/平方千米，街面专业巡控警力和巡特警处突备勤力量，实现了双增长。①

（三）织密“天、地、人”三张“防控网”

所谓织密“天网”，指的是强化智慧防控。江苏省常州市公安局全面推进社会治安防控体系建设与市域社会治理现代化建设的深度融合，升级立体化、法治化、专业化、智能化社会治安防控体系，不断增强社会治安防控体系的整体性、协同性、精准性、实效性。常州主动融入部、省大数据智能化建设工作大局，大力实施科技强警战略和“情指勤舆”一体化建设，将大数据应用理念贯穿“圈层查控、单元防控、要素管控、舆情引导”各环节。以智能化、实战化、共享化为显著特征的“技防常州”建设，力图覆盖陆、空、水、地下、网域的“治安防控识别圈”。常州全市已建成人脸、人车结构化摄像机1.2万余套，累计建成各类视频监控超32万套，统一接入市公安局平台进行一网应用、一网运行、一网展示。

① 参见张春滨：《昆明警方推行“巡特一体”巡逻防控勤务机制 用“六度”标准护卫春城平安》，载澎湃新闻网2020年6月3日，https://www.thepaper.cn/newsDetail_forward_7685407。

省际交通检查站、水上公安检查站、街面警务站、市际卡口、城区查报点、国省道省市交界、高速收费站等全部设置了 e 卡通口，以筑牢城市的防控“钢铁屏障”。此外，常州市公安局根据各区域不同状况，创新推进“哨兵工程”，累计建成“泛卡口”3080 余套、智能识别摄像机 1240 余套，主城区封闭式小区实现 100% 覆盖；针对老旧小区，持续推进“末梢工程”建设；针对农村地区，持续推进视频监控“村村通”工程。全市累计完成技防入户 110.3 万户，惠及 370 余万居民群众，居民小区、农村地区侵财类案件呈大幅下降趋势。①

织密“地网”，即强调强化整体防控。具体来说，它是构建“点、线、面”巡防机制，针对各地具体人口密度、治安状况等实际情况，将城区及周边区域划分巡逻区，实行“1、3、5 分钟”快速响应，实施“定点执勤、动中备勤、高峰勤务、武装联勤”，采取日常勤务视频巡防、突发事件警力布控模式，形成人力与大数据互补的联防联控网。江苏省苏州市坚持一体设防全域防控，依托社会治安防控体系建设，路面侵财类警情较历史同期下降 75%，电信网络诈骗发案数、损失数同比、环比实现“双下降”。根据自身地形、人口和治安情况，苏州市社会治安防控建设紧扣“立体化”的要求，形成了完善覆盖水陆空网的多维防控网络。具体措施包括：依托水陆治安检查站、警务卡口、综合服务区警务工作站等查控节点，高标建成国省干线 17 个治安卡口和 250 路智能人车识别设备，固化道路交通秩序。苏州公安局和相关单位从大整治大提升“十大专项”行动中的具体经验战法，总结形成了水域安全联勤联控、铁路护路联防协调等成熟机制，市域围闭度达 100%。总体来说，苏州市在全域形成了严密的单元防范网络、全域动态巡防系统，共建设使用了 28 个街面警察工作站、1925 个社区警务室，布设了必巡线、应急堵控点、巡查必到点位，规划了 222 个“1、3、5 分钟”快速响应圈，成功形成了棋盘式、进攻型

---

① 参见顾燕：《2021 常州社会治安防控体系建设取得新成绩》，载常州长安网，http://zfw.changzhou.gov.cn/html/czzf/2022/OHPFQHHE_0210/19162.html。

防控布局。此外，苏州市还形成了全国公安单体规模最大的“城市盾牌”，联网接入 30 万套智能感知设备以及近万套智能采集设备，累计抓获违法犯罪嫌疑人超过 3 万人，同时帮助查找 1408 名走失人员回归家庭。①

织密“人网”，则是指强化群防群治。例如，甘肃省张掖市临泽县把网格化管理作为社会治理的“牛鼻子”和突破口。临泽县在全域划定网格 901 个，配置专兼职网格工作人员 1120 名，把有关基层社区管理工作的部分职责全面并入一个网格，实现多网合一、一网运行。四级网格的建立，使“中心吹哨、站所报道、分流交办、归口负责”模式，以及“矛盾纠纷联调、社会治安联防、突出问题联治、服务管理联抓、应急工作联动、重点人员联管、基层平安联创”七项联动机制成为可能。临泽在县、镇、村（社区）全部建立矛盾纠纷调处中心，共建立各类调解委员会、联调队、调解室 173 个，形成多元化、多层次、多渠道纠纷化解新格局。在公安层面，以“枫桥式公安派出所”创建和“百万警进千万家”活动为载体，临泽县在全域各派出所设立“警民联调”工作室，把“乡音乡情”当成主要资源，形成警民联调、民调入所、律师进所工作联动机制。2021 年累计调处矛盾纠纷 483 件，调处率达到 98% 以上。②

“天网”“地网”“人网”的“三网融合”，可实现进一步拓展防控体系的内涵和外延，达到防控体系“支点 + 科技 + 力量 + 机制”建设的有机融合，推动警务理念变革、警务流程再造，形成立体化、全覆盖、融合式、高智能的大防控格局。

（四）社会治安防控体系建设相关思考

社会治安防控体系建设具有重大的现实意义。中华民族伟大复兴战略全局和世界百年未有之大变局，是当前社会治安防控体系建设的现

① 参见《乘势再出发聚力谱写苏州防控体系新篇章》，载苏州市公安局网 2021 年 12 月 27 日，http://gonganju.suzhou.gov.cn/gaj/jwdt/202112/cb4513f9c9d64c0aae7f2db2288306c2.shtml。

② 参见龚利芳、安学海：《临泽县创建社会治安防控体系措施新成效好》，载法治甘肃网 2022 年 3 月 13 日，https://www.gsfzb.com/content-410-83573-1.html。

实背景和基本出发点。没有稳定的社会治安环境,国家经济建设、社会发展和人民生活都无法正常顺利进行,在世界格局加速演变中“中国之治”取得了显著成效,与“西方之乱”已形成强烈对照。同时,也要看到大环境与小环境中不稳定、不确定因素的增加。全球步入动态变化时期,变局与疫情叠加,社会治安稳定与防范体系构建将面临新的风险挑战。

从总体上分析,当前传统风险与非传统风险边界模糊不清,外来风险与内在风险交叉传递,隐形风险与显性风险交叉纠缠,偶发性风险与结构化风险交叉转换,风险的放大性特点也较为突出。地区社会治安遗留问题和防范工作盲点,随时可能爆发为“灰犀牛”“黑天鹅”事件。所以,各级相关部门必须增强忧患意识,充分预计可能遇到的艰难、棘手问题和矛盾,将工作基点放在动态处理错综复杂状况、驾驭复杂多变形势之上。地区社会治安防范系统建设与管理水平持续提高,方能确保国家安全、社会安定、人民安宁。

为有效应对当前危害经济社会安全稳定发展的突出问题,各地紧密联系实际,创新发展立体化网格化的社会治安稳定防范制度,依法严格预防和惩处各种违法犯罪活动,努力提高动态性、信息化条件下驾驭社会治安管理局势能力。以人民群众反映强烈的治安问题为导向,各地建立党委领导、政府主导、综治协调、各部门齐抓共管、社区力量参与的社会治安防控体系建设工作格局。以体系机构创新为发展动力,以基层建设为保障,以信息化建设为牵引,坚持源头管理、系统治理、综合治理、依法治理。在全国范围内,危害社会治安的暴力恐怖犯罪、个人极端暴力犯罪得到了有效控制,危害群众安全的多发性刑事案件和公共重大安全事故得到了有效预防,群众安全感和满意度都明显提高,经济社会发展更为和谐有序。

社会治安防控体系建设中,最突出的创新是技术手段的创新。各地在传统专业防控水平不断提升的同时,科技防控、智慧防控取得突破性进展。一批利用现代科技手段预防犯罪、保护人民群众生命财产安全的网络视频图像监测管理系统的建立、联网、使用，以及全域范围、全网同时共享、全时使用、全程控制的各种网络视讯图像资料，进一步推动了公安网络视频图像监测管理系统网络化，网络视讯图像信息在治安防范、城市社区管理、智慧交通、医疗服务人民、生态工程建设和环保等应用领域发挥了十分重要的作用。另外还包括体制的创新，如湖北省宜昌市的“密防快反”“三防两快”警务体制的创新、昆明市的 CDU、常州市的“1 + N”联合指挥架构等。同时，技术加机制的融合创新，即通过将“支点 + 技术 + 警务 + 机制”建设有机融为一体，促进了警察理念转变，将警察流程重塑，全面形成了立体化、全范围覆盖、智能化的现代社区警务综合防控体系。

社会治安防控体系建设取得突出成绩的同时，还存在一些薄弱环节。由于公安机关在城市范围内投入的警力较多，采取的治安防控措施比较到位，社会治安秩序较为平稳。相对而言，由于农村地区地广人稀、公安机关警力较少、经济条件总体较差，普遍存在警务运行机制滞后、群防群治工作薄弱、技防建设存在短板等问题。特别是经济欠发达地区和偏远地区，其社会治安防控面临许多突出的困难。

首先，农村边远地区面临的各种矛盾纠纷错综复杂。受教育观念和条件的影响，部分封建迷信势力和宗教团体利用农民思想文化淡薄、防范不严的空隙，灌输迷信思想，以诱骗或愚弄群众，从而控制民心。在公共收益分配方面一系列矛盾纠纷的产生，常常被作为导致治安、刑事犯罪和群体性事件的导火索。盗窃、诈骗等侵财类案件持续多发。农村居民分散，预防能力不高，涉及人身安全损害的违法犯罪事件时有发生。个别地区黑恶势力、宗族内邪恶势力活跃突出，破坏社区治安秩序，严重危害了当地社会安定。

其次，农村社会治安工作的防范圈网还不能完全筑牢织密，农村信息化、网格化、社会化的“三化”防控格局没有形成，农村基层派出所警力有限，加上村干部事务繁忙、不精通电脑，基本治安要素和信息采集不到位，有的连最基本的“一标三实”数据都收集不上来。同时，农村基层行政机构、社区党组织、农村经济组织的领导功能还不能发挥出来，工会、团委、妇联等人民团体和群众组织积极投入农村社会治安防控体系建设的积极性还不高。最近爆发的一些“网红”案件，也充分暴露了这一问题。

最后，造成乡村地区社会治安防控体系建设困难的因素也是多种多样的，如乡村区域面积广大，但居民分散，界线不清晰，交通不便，公共设施缺少和陈旧，社会治安防范系统的建设投入不够，以及基层建设比较薄弱。部分农村地区基层党组织对治安问题的了解还不够，综治人员素质参差不齐、工作积极性不高。农村警力不足，警务运行机制滞后，群众见警率不高，对违法犯罪的震慑力有限。

党的十九大报告明确提出了“落实农村振兴战略”的重要决策部署，推进完善乡村社会治安综合治理防控体系建设，保护农村地区的一方平安，是落实农村振兴战略的重要保障与基石。各级社会治安综合治理工作将以强化社会共治为重点，构建维稳责任落实网，以强化对违法行为严厉打击力度为着力点，保障农村社会治安稳定；以强化对农村社会治安防范系统建设的资金支持为保障，以强化农村精神文明建设为立足点，逐步巩固社会治安综合防控体系的群众根基。各地应当通过多种形式，进一步增强广大农民群众的主体意识和整体素质，进一步强化政府对黄赌毒等严重违法犯罪行为以及封建迷信、邪教等社会丑恶现象的严厉打击力度，进一步净化新型农村社区周边环境，让广袤的农村和边远地区都能形成人民群众安居乐业的和谐稳定环境。

主要参考文献

一、著作类

1.《中共中央关于全面深化改革若干重大问题的决定》,人民出版社 2013 年版。

2.《中共中央关于全面推进依法治国若干重大问题的决定》,人民出版社 2014 年版。

3.《中共中央 国务院关于加强和完善城乡社区治理的意见》,人民出版社 2017 年版。

4. 习近平:《决胜全面建成小康社会 夺取新时代中国特色社会主义伟大胜利——在中国共产党第十九次全国代表大会上的报告》(2017 年 10 月 18 日),人民出版社 2017 年版。

5. 习近平:《高举中国特色社会主义伟大旗帜 为全面建设社会主义现代化国家而团结奋斗——在中国共产党第二十次全国代表大会上的报告》(2022 年 10 月 16 日),人民出版社 2022 年版。

6.《中共中央关于坚持和完善中国特色社会主义制度 推进国家治理体系和治理能力现代化若干重大问题的决定》,人民出版社 2019 年版。

7.《中国共产党第十九届中央委员会第四次全体

会议文件汇编》,人民出版社 2019 年版。

8.《中国共产党第二十次全国代表大会文件汇编》,人民出版社 2022 年版。

9.《中共中央 国务院关于加强基层治理体系和治理能力现代化建设的意见》,人民出版社 2021 年版。

10.《习近平谈治国理政》(第 2 卷),外文出版社 2017 年版。

11.《习近平谈治国理政》(第 3 卷),外文出版社 2020 年版。

12. 习近平:《论坚持全面依法治国》,中央文献出版社 2020 年版。

13. 中共中央宣传部编:《习近平总书记系列重要讲话读本(2016 年版)》,学习出版社、人民出版社 2016 年版。

14. 中共中央文献研究室编:《习近平关于全面依法治国论述摘编》,中央文献出版社 2015 年版。

15. 民政部编写组编著:《〈中共中央 国务院关于加强和完善城乡社区治理的意见〉辅导读本》,人民出版社 2017 年版。

16.《法治社会建设实施纲要(2020—2025 年)》,人民出版社 2020 年版。

17. 陈伟东等:《中国社会治理实践理论与创新——武昌模式》,中国社会科学出版社 2018 年版。

18. 冯仕政:《当代中国的社会治理与政治秩序》,中国人民大学出版社 2013 年版。

19. 公丕祥:《区域法治发展的理论分析》,法律出版社 2020 年版。

20. 龚廷泰主编:《当代中国的法治社会建设》,法律出版社 2017 年版。

21. 卢汉龙等:《新中国社会管理体制研究》,上海人民出版社 2009 年版。

22. 马长山:《迈向数字社会的法律》,法律出版社 2021 年版。

23. 庞正:《法治的社会之维:社会组织的法治功能研究》,法律出版社 2015 年版。

24. 宋方青等:《软法之治与社会治理创新——海沧经验》,厦门大学出版社 2017 年版。

25. 童星:《中国社会治理》,中国人民大学出版社 2018 年版。

26. 魏礼群:《中国社会治理现代化之路》,社会科学文献出版社 2019 年版。

27. 燕继荣:《国家治理及其改革》,北京大学出版社 2015 年版。

28. 俞可平主编:《治理与善治》,社会科学文献出版社 2000 年版。

29. 余逊达、赵永茂主编:《参与式地方治理研究》,浙江大学出版社 2009 年版。

30. 张静:《社会治理:组织、观念与方法》,商务印书馆 2019 年版。

31. 张翼主编:《社会治理:新思维与新实践》,社会科学文献出版社 2014 年版。

32. 周红云主编:《社会治理与社会创新》,中央编译出版社 2015 年版。

二、论文类

1. 陈柏峰、吕健俊:《城市基层的网格化管理及其制度逻辑》,载《山东大学学报(哲学社会科学版)》2018 年第 4 期。

2. 陈柏峰:《中国法治社会的结构及其运行机制》,载《中国社会科学》2019 年第 1 期。

3. 陈柏峰:《基层治理在法治社会建设中的格局与布局》,载《法治现代化研究》2020 年第 6 期。

4. 陈成文、陈静、陈建平:《市域社会治理现代化:理论建构与实践路径》,载《江苏社会科学》2020 年第 1 期。

5. 陈成文:《论村规民约与新时代基层社会治理》,载《贵州社会科学》2021 年第 8 期。

6. 陈东辉:《基层党建引领社会治理创新的探索与路径》,载《理论与改革》2019 年第 3 期。

7. 陈寒非、高其才:《乡规民约在乡村治理中的积极作用实证研究》,载《清华法学》2018 年第 1 期。

8. 陈家刚:《基层治理:转型发展的逻辑与路径》,载《学习与探索》2015 年第 2 期。

9. 陈家刚:《基层协商民主的实践路径与前景》,载《河南社会科学》2017 年第 8 期。

10. 陈金钊、宋保振:《法治国家、法治政府与法治社会的意义阐释——以法治为修辞改变思维方式》,载《社会科学研究》2015 年第 5 期。

11. 陈松、阴蕾:《新时代中国社会治理共同体构建:理论内涵、现实需求及实践路径》,载《重庆社会科学》2020 年第 7 期。

12. 陈一新:《新时代市域社会治理理念体系能力现代化》,载《社会治理》2018 年第 8 期。

13. 陈秀红:《整体性治理:党建引领基层治理的一个解释框架》,载《学习与实践》2021 年第 12 期。

14. 董一冰、廖小红:《新时代民生保障制度优势向社会治理效能的转化》,载《学术交流》2021 年第 11 期。

15. 范逢春:《新发展阶段城乡基层治理的态势演变、逻辑转换与思路创新》,载《行政论坛》2021 年第 5 期。

16. 范如国:《“全球风险社会”治理:复杂性范式与中国参与》,载《中国社会科学》2017 年第 2 期。

17. 冯仕政:《社会治理与公共生活:从连结到团结》,载《社会学研究》2021 年第 1 期。

18. 葛洪义:《社会治理与法治社会》,载《现代法治研究》2016 年第 1 期。

19. 郭道晖:《法治新思维:法治中国与法治社会》,载《社会科学战线》2014 年第 6 期。

20. 高其才:《走向乡村善治——健全党组织领导的自治、法治、德治相结合的乡村治理体系研究》，载《山东大学学报（哲学社会科学版）》2021 年第 5 期。

21. 高奇琦：《智能革命与国家治理现代化初探》，载《中国社会科学》2020 年第 7 期。

22. 高晓波：《中国特色社会治理共同体的内涵、理论与构建》，载《甘肃社会科学》2021 年第 2 期。

23. 公丕祥：《新时代中国法治现代化的内在动因——基于我国社会主要矛盾新变化的初步分析》，载《中国高校社会科学》2019 年第 3 期。

24. 公丕祥：《新中国 70 年进程中的乡村治理与自治》，载《社会科学战线》2019 年第 5 期。

25. 公丕祥：《法治现代化的中国方案》，载《江苏社会科学》2020 年第 4 期。

26. 公丕祥：《习近平的法治与国家治理现代化思想》，载《法商研究》2021 年第 2 期。

27. 公丕祥：《中国式法治现代化新道路的内在逻辑》，载《法学》2021 年第 10 期。

28. 龚廷泰：《人的需要、社会主要矛盾与法治保障》，载《法学》2018 年第 8 期。

29. 龚廷泰：《“整体性法治”视域下市域社会治理的功能定位和实践机制》，载《法学》2020 年第 11 期。

30. 龚廷泰、常文华：《政社互动：社会治理的新模式》，载《江海学刊》2015 年第 6 期。

31. 郭星华、石任昊：《从社会管制、社会管理到社会治理——改革开放以来中国现代法治建设的变迁》，载《黑龙江社会科学》2014 年第 6 期。

32. 关爽、郁建兴：《国家主导的社会治理：当代中国社会治理的发展模式》，载《上海行政学院学报》2016 年第 2 期。

33. 郭晔:《新时代社会治理现代化的法理思辨——“社会治理的法治思维和法理思维”学术研讨会述评》,载《治理研究》2019 年第 2 期。

34. 韩瑞波、唐鸣:《基层社会治理智能化的潜在风险与化解防范——基于 Y 市 Z 区的案例研究》,载《宁夏社会科学》2021 年第 1 期。

35. 韩志明:《从粗放式管理到精细化治理——迈向复杂社会的治理转型》,载《云南大学学报(社会科学版)》2019 年第 1 期。

36. 胡仕浩:《多元化纠纷解决机制的“中国方案”》,载《中国应用法学》2017 年第 3 期。

37. 胡小君:《民主协商与社会治理共同体建设:价值、实践与路径分析》,载《河南社会科学》2020 年第 9 期。

38. 胡占光:《“三治结合”何以得到全国性推广?——基于政策创新扩散的视角》,载《治理研究》2022 年第 1 期。

39. 黄晓春:《党建引领下的当代中国社会治理创新》,载《中国社会科学》2021 年第 6 期。

40. 菅从进、王琦:《共同体视域下社区网格化治理法治化的主体之维》,载《广西社会科学》2021 年第 2 期。

41. 姜明安:《论法治国家、法治政府、法治社会建设的相互关系》,载《法学杂志》2013 年第 6 期。

42. 江必新:《以党的十九大精神为指导 加强和创新社会治理》,载《国家行政学院学报》2018 年第 1 期。

43. 江必新、王红霞:《社会治理的法治依赖及法治的回应》,载《法制与社会发展》2014 年第 4 期。

44. 景跃进:《从“社会管理”到“社会治理”——学习十八届三中全会〈决定〉有感》,载《华中科技大学学报(社会科学版)》2014 年第 3 期。

45. 李建伟、王伟进:《理解社会治理现代化:内涵、目标与路径》,载《南京大学学报(哲学·人文科学·社会科学)》2021 年第 5 期。

46. 李林:《坚持在法治轨道上推进国家治理体系和治理能力现代化》,载《暨南学报(哲学社会科学版)》2021 年第 1 期。

47. 李林:《社会主义法治文化概念的几个问题》,载《北京联合大学学报(人文社会科学版)》2012 年第 2 期。

48. 李瑜青、夏伟:《多元化纠纷解决机制的价值及其路径思考——兼驳机制的运行与法治社会建设相悖论》,载《学术界》2016 年第 9 期。

49. 廖永安、王聪:《我国多元化纠纷解决机制立法论纲——基于地方立法的观察与思考》,载《法治现代化研究》2021 年第 4 期。

50. 刘作翔:《关于社会治理法治化的几点思考——“新法治十六字方针”对社会治理法治化的意义》,载《河北法学》2016 年第 5 期。

51. 刘旭东、庞正:《“法治社会”命题的理论澄清》,载《甘肃政法学院学报》2017 年第 4 期。

52. 龙飞:《论多元化纠纷解决机制的衔接问题》,载《中国应用法学》2019 年第 6 期。

53. 马长山:《法治社会研究的现状与前景——基于国家与社会关系视角的考察》,载《法治现代化研究》2017 年第 1 期。

54. 马海韵:《“共建共治共享社会治理格局”的理论内涵——基于社会治理创新的视角》,载《北京交通大学学报(社会科学版)》2018 年第 4 期。

55. 马怀德:《预防化解社会矛盾的治本之策:规范公权力》,载《中国法学》2012 年第 2 期。

56. 马克林:《论我国社会治理中的公共性困境及其超越》,载《甘肃社会科学》2020 年第 1 期。

57. 马庆钰:《共建共治共享社会治理格局的意涵解读》,载《行政管理改革》2018 年第 3 期。

58. 倪咸林:《转型时期基层社会治理的问题与对策》,载《社会治理》2020 年第 6 期。

59. 庞正:《法治社会和社会治理:理论定位与关系厘清》,载《江海学刊》2019 年第 5 期。

60. 庞正:《法治社会建设的理论基础与应有理念》,载《法治现代化研究》2019 年第 4 期。

61. 彭勃、杜力:《“超行政治理”:党建引领的基层治理逻辑与工作路径》,载《理论与改革》2022 年第 1 期。

62. 饶世权:《论社会治理法治评估的正当性》,载《黑龙江社会科学》2019 年第 2 期。

63. 施伟东:《论市域社会治理数字化转型的法治推进》,载《政治与法律》2022 年第 3 期。

64. 孙冲:《村庄“三治”融合的实践与机制》,载《法制与社会发展》2021 年第 4 期。

65. 陶振:《基层治理中的条块冲突及其优化路径》,载《理论月刊》2015 年第 1 期。

66. 唐皇凤、吴昌杰:《构建网络化治理模式:新时代我国基本公共服务供给机制的优化路径》,载《河南社会科学》2018 年第 9 期。

67. 田先红:《中国基层治理:体制与机制——条块关系的分析视角》,载《公共管理与政策评论》2022 年第 1 期。

68. 王斌通:《新时代“枫桥经验”与矛盾纠纷源头治理的法治化》,载《行政管理改革》2021 年第 12 期。

69. 王丛虎、乔卫星:《基层治理中“条块分割”的弥补与完善——以北京城市“一体两翼”机制为例》,载《中国行政管理》2021 年第 10 期。

70. 王浦劬:《国家治理、政府治理和社会治理的基本含义及其相互关系辨析》,载《社会学评论》2014 年第 3 期。

71. 王琦:《“社会治理法治化”命题的理论澄清》,载《大连干部学刊》2022 年第 3 期。

72. 王琦:《社区网格化治理法治化的规范之维——基于社会内在性视域》,载谢晖、陈金钊、蒋传光主编:《民间法》第 25 卷,研究出版社 2021 年版。

73. 王绍光:《治理研究:正本清源》,载《开放时代》2018 年第 2 期。

74. 王绍光:《国家治理与基础性国家能力》,载《华中科技大学学报

（社会科学版）》2014 年第 3 期。

75. 王诗宗、宋程成：《独立抑或自主：中国社会组织特征问题重思》，载《中国社会科学》2013 年第 5 期。

76. 王伟进：《社会治理范围的模糊、清晰与泛化——理论、政策与实践的三种视角》，载《社会学评论》2021 年第 6 期。

77. 吴晓林：《"社会治理社会化"论纲——超越技术逻辑的政治发展战略》，载《行政论坛》2018 年第 6 期。

78. 吴晓林：《党如何链接社会：城市社区党建的主体补位与社会建构》，载《学术月刊》2020 年第 5 期。

79. 夏锦文：《共建共治共享的社会治理格局：理论构建与实践探索》，载《江苏社会科学》2018 年第 3 期。

80. 徐汉明、张新平：《社会治理法治建设指标体系的设计、内容及其评估》，载《法学杂志》2016 年第 6 期。

81. 徐尚昆：《推进公共法律服务体系建设的理论探讨》，载《中国特色社会主义研究》2014 年第 5 期。

82. 薛侃：《风险社会下推进城市社区治理法治化的基本路径》，载《中国党政干部论坛》2022 年第 2 期。

83. 薛澜：《国家治理框架下的社会治理——问题、挑战与机遇》，载《社会治理》2015 年第 2 期。

84. 杨凯：《论现代公共法律服务多元化规范体系建构》，载《法学》2022 年第 2 期。

85. 应松年：《加快法治建设促进国家治理体系和治理能力现代化》，载《中国法学》2014 年第 6 期。

86. 郁建兴、任杰：《中国基层社会治理中的自治、法治与德治》，载《学术月刊》2018 年第 12 期。

87. 郁建兴：《社会治理共同体及其建设路径》，载《公共管理评论》2019 年第 3 期。

88. 郁建兴：《"三治融合"的持续创新》，载《治理研究》2020 年第

6 期。

89. 俞可平:《民主法治:国家治理的现代化之路》,载《团结》2014 年第 1 期。

90. 俞可平:《推进国家治理体系和治理能力现代化》,载《前线》2014 年第 1 期。

91. 俞可平:《关于国家治理评估的若干思考》,载《华中科技大学学报(社会科学版)》2014 年第 3 期。

92. 俞可平:《国家治理体系的内涵本质》,载《理论导报》2014 年第 4 期。

93. 叶静漪、李少文:《新时代中国社会治理法治化的理论创新》,载《中外法学》2021 年第 4 期。

94. 赵赟、张蛟:《关于构建多元化纠纷解决机制问题的探讨》,载《理论探讨》2017 年第 5 期。

95. 张国磊、马丽:《新时代构建社会治理共同体的内涵、目标与取向——基于党的十九届四中全会〈决定〉的解读》,载《宁夏社会科学》2020 年第 1 期。

96. 张康之:《论主体多元化条件下的社会治理》,载《中国人民大学学报》2014 年第 2 期。

97. 张镭:《论基层自治规则的主导作用及其法律保障》,载《法学》2018 年第 9 期。

98. 张清:《基层自治制度的理论阐述与路径选择》,载《法律科学(西北政法大学学报)》2020 年第 2 期。

99. 张文显:《法治与国家治理现代化》,载《中国法学》2014 年第 4 期。

100. 张文显:《中国法治 40 年:历程、轨迹和经验》,载《吉林大学社会科学学报》2018 年第 5 期。

101. 张文显等:《推进自治法治德治融合建设,创新基层社会治理》,载《治理研究》2018 年第 6 期。

102. 张文显:《新时代中国社会治理的理论、制度和实践创新》,载《法商研究》2020 年第 2 期。

103. 张文显:《“三治融合”之理》,载《治理研究》2020 年第 6 期。

104. 张文显:《论中国式法治现代化新道路》,载《中国法学》2022 年第 1 期。

105. 张贤明、张力伟:《社会治理共同体:理论逻辑、价值目标与实践路径》,载《理论月刊》2021 年第 1 期。

106. 郑杭生:《“理想类型”与本土特质——对社会治理的一种社会学分析》,载《社会学评论》2014 年第 3 期。

107. 周汉华、刘灿华:《社会治理智能化的法治路径》,载《法学杂志》2020 年第 9 期。

108. 周恒、庞正:《法治社会的四维表征》,载《河北法学》2018 年第 1 期。

109. 周振超、侯金亮:《市域社会治理法治化:理论蕴含、实践探索及路径优化》,载《重庆社会科学》2021 年第 8 期。

110. 邹亚莎:《传统无讼理念与当代多元化纠纷解决机制的完善》,载《法学杂志》2016 年第 10 期。

111. 朱光磊:《中国政府职能转变问题研究论纲》,载《中国高校社会科学》2013 年第 4 期。

112. 朱媛媛:《关系运作:社会组织参与基层治理的空间实践——以 G 市政府购买服务项目为例》,载《江西社会科学》2019 年第 7 期。

113. 祝灵君:《再组织化:中国共产党引领基层治理的战略选择》,载《长白学刊》2016 年第 6 期。

后　记

本书是南京师范大学中国法治现代化研究院法治社会研究所的专、兼职研究人员集体劳动的智慧成果。六年前,中国法治现代化研究院在公丕祥院长领导下,组织出版了“中国法治现代化研究丛书”,法治社会研究所承担了该丛书的第五卷——《当代中国的法治社会建设》一书的写作任务。现在六年过去了,在以习近平同志为核心的党中央领导下,伴随新时代全面依法治国建设的步伐,中国的法治社会建设取得了重要进展。这些重要进展既有国家层面顶层设计的逐步展开,也有地方层面扎实推进的丰富实践,还有理论界对当代中国法治社会建设的理论、制度和实践的审慎研探;这些鲜活的法治研究理论成果、制度文献和实践样本,共同编织了一幅中国法治社会建设场域的巨幅画卷。

我们深知,由于我们受身份角色、学术视野、知识背景和研究能力所限,如果要求我们在短时间内对新时代法治社会建设的制度建设、实践推进和理论创新所发生的复杂多样的聚合效应作出全面准确、科学精当的理论总结和价值评价,是不可能达成的事情。加之,五年前我们对党的十八大以来的中国法治社会建设总况已经做了初步的理论研究,取得的学术成果已经出版;因此,法治社会研究所同人经过讨论,决定今年把研究的对象主要放在新时代社会治理法治化论域,这样研究范围相对较小,也容易把握,且“社会治理法治化”这一课题又是法治社会建设、法治中国建设的基础性问题,它与党的十八大以来特别是党的十九大以来一以贯之地强调和持续推进的国家治理体系和治理能力现代化建设目标高度契合。我们的这一设想得到了研究院院务会议的认可和同意,由此该选题最终确定下来。

本书是“新时代的中国式法治现代化研究丛书”第五卷,写作大纲由龚廷泰教授和庞正教授设计。写作组全体同人经过近半年艰辛的创作,终于使该书形成了目前的成果样态。各位作者的分工如下:

导论、后记:龚廷泰;第一章:庞正;第二章:刘旭东;第三章:李丹;第四章:王琦;第五章:周恒;第六章:李飞;第七章:夏少昂。全书最后由龚廷泰和庞正统稿、定稿。

在成果付梓之际,我们要感谢对本书的完稿有过帮助与支持的专家和朋友!感谢中国法治现代化研究院和南京师范大学法学院的领导和同事对我们写作组提供的大力支持与无私帮助,感谢参加通稿会的各位专家对本书初稿所提出的宝贵修改意见,感谢法律出版社领导和责编为本书的付梓所付出的辛勤劳动,感谢在本书内容中被我们参考引用的理论著述的所有著作者!

由于我们的理论功底和研究水平所限,本书的缺点、疏漏甚至错误在所难免,恳请学界同人和广大读者提出宝贵意见。

编 者

2023 年 5 月